2014年房地产经纪人资格全国统考专用辅导教材系列——

房地产基本制度与政策

（名师解读版）

《房地产基本制度与政策》编写组　编

人民邮电出版社
北　京

图书在版编目（CIP）数据

房地产基本制度与政策 ：名师解读版 / 《房地产基本制度与政策》编写组编. -- 北京 ：人民邮电出版社，2014.6
2014年房地产经纪人资格全国统考专用辅导教材系列
ISBN 978-7-115-35681-9

Ⅰ. ①房… Ⅱ. ①房… Ⅲ. ①房地产业－经济制度－中国－资格考试－自学参考资料②房地产业－经济政策－中国－资格考试－自学参考资料 Ⅳ. ①F299.233.1

中国版本图书馆CIP数据核字(2014)第093772号

内 容 提 要

本书是针对2014年房地产经纪人资格全国统考而编写的同步辅导用书。

本书从房地产经纪人资格考试的特点出发，针对房地产基本制度与政策科目的内容特点，对相关的重点、难点进行了深入的讲解，并运用丰富的例题进行多角度的分析，使考生能透彻掌握各项知识点，从而可以从容面对各种形式的考试。

本书适合参加2014年全国房地产经纪人资格考试的考生使用，也适合相关专业的在校师生和从业人员使用。

◆ 编 《房地产基本制度与政策》编写组
责任编辑 李宝琳
执行编辑 程珍珍
责任印制 杨林杰

◆ 人民邮电出版社出版发行 北京市丰台区成寿寺路11号
邮编 100164 电子邮件 315@ptpress.com.cn
网址 http://www.ptpress.com.cn
三河市潮河印业有限公司印刷

◆ 开本：787×1092 1/16
印张：18.5 2014年6月第1版
字数：200千字 2014年6月河北第1次印刷

定 价 39.00元

读者服务热线：（010）81055656 印装质量热线：（010）81055316

反盗版热线：（010）81055315

广告经营许可证：京崇工商广字第0021号

出 版 前 言

为了帮助参加2014年全国房地产经纪人资格考试的应试人员更加有效地学习考试教材，熟练掌握有关内容，顺利通过考试，人民邮电出版社特地聘请多年参加考前辅导的专家教授，严格按照2014年度《考试大纲》的要求和指定教材，在认真分析和总结历年考试情况的基础上，精心编写了这套辅导书。

本套图书的特点是针对性强、内容完整、重点难点突出，便于考生自学。在编写体例上，本套图书根据房地产经纪人资格考试的特点进行了科学的编排：在每一章中，首先对大纲要求进行了介绍；其次对照该章的知识框架结构，对重点难点进行了详细梳理，并以例题的形式进行演示讲解，同时提供了大量针对2014年考试特点进行预测的模拟训练题，使考生能得到充分的复习训练；最后，提供了高度仿真的四套模拟试卷，使考生能获得充分的自我检测。

本套图书的另一大特色是附加值高。书中最后部分，提供了自2010年到2012年的历年考试真题，并提供了标准答案和详细解析，使考生能充分了解近年来的考试全貌，体会考题特点，为真正走进考场应试做好全面的准备。

我们的出版理念是以精准的内容为考生提供价值最大化的辅导书，使考生从众多的复习书中解脱出来，真正让学习更轻松、让备考更有效。

选择我们的书，你就选择了一条高效的复习道路，选择了一条轻松的成功之路。

我们真诚地预祝各位考生考试取得成功！

目 录

第一部分 基础知识

第二部分　模拟试题

第三部分　历年试题

第四部分 参考答案及解析

学 习 攻 略

从2002年开始，房地产经纪人资格考试已经整整走过了12年的发展和考试历程，至今已进行了13次考试。十多年来，其考试大纲、考试命题都有了较大发展，特别是考试题型逐步规范，考试难度逐步加大。如何总结以往考试经验，做好学习和复习备考，探寻2014年的应试对策，是广大应考人员迫切需要认识和解决的首要问题。为使房地产经纪人资格考试参考人员对该资格考试有一个全面、深刻的认识，提高应试能力和考试通过率，我们特从以下几方面进行指导、分析和建议。

一、关于历年考试基本情况

不包括2002年7月通过认定考试的合格人数457人在内，我国自2002—2013年通过考试的人数为51 614人，合计共有52 071人取得了房地产经纪人执业资格。

二、关于本科目试题特点

1. 本科目客观性试题特点

房地产基本制度与政策科目考试采取闭卷形式，其试题性质为客观性试题，完全采用标准化考试方式。其中标准化考试试题答案具有唯一性，试题量大，覆盖面广，能比较全面地考查应试者对知识的掌握情况；正因为实行标准化试题模式，能够统一评分标准，所以能够实现考试公平，比较公正地测试应考人员的理论掌握水平，并能较好地防止猜题、押题等弊端。

针对本门课程标准化考试的特点，广大应试者要全面掌握房地产基本制度与政策，特别是要以年度考试大纲为依据，以指定教材为基础，进行系统、全方位的学习和复习。在学习中善于捕捉每一个知识点，对照考试大纲认真梳理可能涉及的考点，对教材中的知识点进行细化，尤其要重视对基本概念、基本理论、基本原理和基本方法的理解与掌握。

2. 本科目试卷结构及题型

近几年，本科目考试题型包括单项选择题、多项选择题、综合分析题，题量一般都是100道题，所占分值为150分，答题时间为2个小时。

三、关于本课程出题特点

1. 近几年考试中直白性试题所占比重较大

直白性试题是指在一道试题中只考核一个知识点，直白性试题可能是就教材中的一句话出题，也可能是对有关法律、法规和规章的具体条文进行考核。在2008—2012年的考试中直白性试题题量增加，主要原因是前几年本科目考试通过率较低，即降低试题难度、提高通过率，是近几年考试出题的特点。例如，以下例题突显了该特点。

【例题1】预告登记后，债权消灭或者自能够进行不动产登记之日起（　）个月内未申请登记的，预告登记失效。（2012年房地产经纪人试题）

A. 半　　B. 1

C. 2　　D. 3

【答案】D

【解析】《物权法》规定，当事人签订买卖房屋或者其他不动产物权的协议，为保障将来实现物权，按照约定可以向登记机构申请预告登记。预告登记后，债权消灭或者自能够进行不动产登记之日起三个月内未申请登记的，预告登记失效。

【例题2】出租共有房屋，应提交（　）同意出租的证明。（2011年房地产经纪人试题）

A. 共有人的证明人　　B. 其他共有权人

C. 共有人的委托人　　D. 其他承租人

【答案】B

【解析】出租共有房屋，还须提交其他共有权人同意出租的证明。出租委托代管房屋，还须提交代管人授权出租的书面证明。

2. 注重大纲和教材的变化及增加内容

从近几年考试来看，房地产基本制度与政策科目出题特别注重出奇、出新，尤其是出新：凡是当年房地产基本制度与政策大纲、指导教材的新增内容，以及现行法律、法规、政策的新变化内容，都是当年出题的重点和亮点。

为此，今年我们要特别重视这个特点，大纲和教材新增或修正了很多内容，这些都是今年的考试重点，要集中精力重点学好这部分内容。2008年、2010年、2012年本门课程指导教材均进行了修订，新增了不少内容，如物权法、土地制度、房屋登记办法、住宅专项维修资金等、国有土地上房屋征收、商品房屋租赁等。因此，也出了不少新增知识点的试题，如2010年考试中，针对教材关于《国有建设用地使用权出让合同》内容变化，出了一道单项选择题。

【例题1】土地使用者延期付款超过（　）日，经催交后仍不能支付国有建设用地使用权出让价款的，土地管理部门有权解除合同并可主张违约赔偿。

A. 15　　B. 30

C. 45　　D. 60

【答案】D

【解析】在签订出让合同后，土地使用者应缴纳定金并按约定期限支付地价款，土地使用者延期付款超过60日，经土地管理部门催交后仍不能支付国有建设用地使用权出让价款的，土地管理部门有权解除合同，并可以请求违约赔偿。

再如，2012年教材新增了“商品房屋租赁”内容，当年考试出了一道多项选择题。

【例题2】房屋租赁合同的内容一般应包括（　）。

A. 租赁期限　　B. 房屋价格

C. 租赁用途　　D. 租金及交付方式

E. 当事人姓名或名称

【答案】ACDE

【解析】《商品房屋租赁管理办法》规定，房屋租赁合同的内容应当包括：①当事人姓名或者名称及住所；②房屋的坐落、面积、结构、附属设施，家具和家电等室内设施状况；③租金和押金数额及交付方式；④租赁用途和房屋使用要求；⑤房屋和室内设施的安全性能；⑥租赁期限；⑦房屋维修责任；⑧物业服务、水、电、燃气等相关费用的缴纳；⑨争议解决办法和违约责任；⑩其他约定。

同时，2012年以来，与《房地产基本制度与政策》相关的、重新修正或新出台的法律、法规和政策主要包括如下。

（1）关注《土地管理法》的修正

2012年11月28日，国务院常务会议通过《土地管理法修正案（草案）》。此次《修正案》草案的修订主要集中在原《土地管理法》第四十七条，即对农民集体所有土地征收补偿制度作出了修改。第四十七条修订的基本原则即是将财产性补偿和安置补偿分离。

（2）2011年1月21日起施行的国务院令第590号《国有土地上房屋征收与补偿条例》。住房和城乡建设部出台配套文件《国有土地上房屋征收评估办法》。《国有土地上房屋征收评估办法》是“房屋征收制度与政策”内容的变化依据。

（3）2012年2月1日起施行的国务院令第613号《招标投标法实施条例》。

（4）《闲置土地处置办法》（国土资源部令第53号）修订颁布，原《闲置土地处置办法》（国土资源部令第5号）废止。

（5）住房和城乡建设部令第11号《公共租赁住房管理办法》，自2012年7月15日起施行。

3. 注重基本概念与基本原理考核

本科目考试采取客观性试题形式。客观性试题是给试题提供正确和错误答案备选，由被试者从中选择自己认为正确的答案。其评分标准统一、客观、准确，不受评卷人主观因素的影响，易于采用计算机阅卷，提高公平、公正程度，提高评卷速度，降低考试成本。客观性试题主要侧重于考查应试者对基本概念、基本政策、基本制度、基本原理的理解和掌握，具体包括以下内容。

（1）房地产、国有建设用地使用权出让、城市紫线、绿线、蓝线和黄线、房地产转让、房屋租赁、房地产抵押、房屋登记、住房公积金等基本概念。

（2）房地产权利（含房屋征收）、房地产开发、房地产交易、房地产登记、房地产税费、物业管理、住房保障和住房公积金等基本政策。

（3）国有土地有偿有限期使用制度、房地产成交价格申报制度、房地产价格评估制度、房地产价格评估人员资格认证制度、土地使用权和房屋所有权登记发证制度、住宅专项维修资金等基本制度。

【例题1】房地产咨询是为了从事房地产活动的当事人提供法律、信息、（　）等方面服务的经营活动。（2012年房地产经纪人试题）

A. 测绘　　B. 估价

C. 技术　　D. 管理

【答案】C

【解析】房地产咨询业主要是为有关房地产活动的当事人提供法律法规、政策、信息、技术等方面的顾问服务，现实中的具体业务有接受当事人的委托进行房地产市场调查研究、房地产投资项目可行性研究、房地产开发项目策划等。

【例题2】下列情形中，当事人无需申请房屋所有权转移登记的是（ ）。（2011年房地产经纪人试题）

A. 租赁　　B. 赠与

C. 互换　　D. 继承

【答案】A

【解析】房屋所有权转移登记是指，房屋因买卖、赠与、交换、继承等原因致使房屋所有权发生转移而进行的登记。

4. 注重有关法律、法规和规章条文的考核

近几年考试中，现行法律、法规和规章条文的考核所占比例较大。在学习中，我们不仅要熟悉本科目的相关内容，更要结合与教材相关的法律、法规、规章和规范性文件，全面熟悉教材内容。尤其是要结合当年考试大纲要求及教材内容，通读《土地管理法》、《城市房地产管理法》、《物权法》、《城乡规划法》、《国有土地上房屋征收与补偿条例》、《招标投标法实施条例》、《房屋登记办法》、《土地登记办法》、《闲置土地处置办法》、《商品房屋租赁管理办法》等重要法律、法规和规章条文内容，以切实掌握新政策，提高应试能力和水平。对于现行法律、法规和规章条文的考核，在教材中可能找不到出处。但是只要熟悉了有关房地产的法律、法规条文内容，就可准确作答。

【例题1】根据《商品房销售管理办法》，自商品房交付使用之日起60日内，应将房屋登记资料报送房屋所在地房地产行政主管部门的义务人是（ ）。（2012年房地产经纪人试题）

A. 房屋施工单位　　B. 物业服务企业

C. 房地产经纪机构　　D. 房地产开发企业

【答案】D

【解析】商品房交付中，房地产开发企业应协助购买人办理土地使用权变更和房屋所有权登记手续。即房地产开发企业应当在商品房交付使用之日起60日内，将需要由其提供的办理房屋权属登记的资料报送房屋所在地房地产行政主管部门。同时房地产开发企业还应当协助商品房买受人办理土地使用权变更和房屋所有权登记手续，并提供必要的证明文件。

【例题2】购买经济适用住房不满（ ）年的，不得直接上市交易。（2011年房地产经纪人试题）

A. 1　　B. 2

C. 3　　D. 5

【答案】D

【解析】此题依据的是《经济适用住房管理办法》规定：购买经济适用住房不满5年，不得直接上市交易，购房人因特殊原因确需转让经济适用住房的，由政府按照原价格并考虑折旧和物价水平等因素进行回购。

【例题3】对国有土地上被征收房屋价值的补偿，不得低于房屋征收决定公告之日被征收房屋类似房地产的（ ）。

A. 重置价格　　B. 租赁价格

C. 评估价格　　D. 市场价格

【答案】D

【解析】此题主要根据新的《国有土地上房屋征收与补偿条例》，该条例第十九条规定："对被征收房屋价值的补偿，不得低于房屋征收决定公告之日被征收房屋类似房地产的市场价格。"因此，我们必须要熟悉该行政法规的具体条文规定。

5. 全面掌握本科目内容

从近年试题的变化趋势来看，试题的覆盖面越来越广，采分点逐年增多，几乎涉及每个章节。每章内容都有大量考点出现，考试出题涉及教材的全部内容，甚至教材中出现的小例子都可能是出题的极好素材。我们平时可能认为并不重要，且比较偏僻的一些知识点，都会出现在考题中。对此，我们只有地切实掌握教材内容和知识体系，全面学习和复习，才有可能通过考试。

【例题1】申请人民法院强制执行征收补偿决定的案件，应由房屋所在地（ ）管辖。（2011年房地产经纪人试题）

A. 基层法院　　B. 中级人民法院

C. 高级人民法院　　D. 最高级人民法院

【答案】A

【解析】申请人民法院强制执行征收补偿决定案件，由房屋所在地基层人民法院管辖，高级人民法院可以根据本地实际情况决定管辖法院。

【例题2】客户交易结算资金专用存款账户中的交易结算资金，应（ ）房地产经纪机构财产。（2011年房地产经纪人试题）

A. 归属于　　B. 独立于

C. 从属于　　D. 视同于

【答案】B

【解析】客户交易结算资金专用存款账户中的交易结算资金，独立于房地产经纪机构和交易保证机构的固有财产及其管理的其他财产，不属于房地产经纪机构和交易保证机构的负债，交易结算资金的所有权属于交易当事人。

6. 注重综合知识的考核

此类题型与直白性试题只考核一个知识点正好相反。从近年考试来看，除综合分析题外，在单项选择题、多项选择题中，往往会涉及几个采分点，并注重对多个知识点的考核，其目的是全面考核应试者的综合能力。此类题型表现形式如，“以下关于××的表述中，不正确的是（　）”“以下关于××，说法正确的是（　）”等。其考试难度、考试内容范围都在增大，给应考人员带来了不少压力。

【例题1】关于正常使用情况下施工单位对房屋建筑工程最低保修期限的说法，正确的是（　）。（2012年房地产经纪人试题）

A. 装修工程1年

B. 外墙面防渗透5年

C. 给排水管道1年

D. 供热系统1个采暖期

【答案】B

【解析】在正常使用的情况下，房屋建筑工程的最低保修期限为：①地基基础和主体结构工程，为设计文件规定的该工程的合理使用年限；②屋面防水工程、有防水要求的卫生间、房间和外墙面的防渗漏，为5年；③供热与供冷系统，为2个采暖期、供冷期；④电气系统、给排水管道、设备安装为2年；⑤装修工程为2年。其他项目的保修期限由建设单位和施工单位约定。

【例题2】关于不动产登记的说法，错误的有（　）。（2011年房地产经纪人试题）

A. 各类不动产物权未经登记，均不发生物权效力

B. 因继承取得的房屋所有权自记载于不动产登记簿时发生物权效力

C. 房地产抵押和房地产转让均可办理预告登记

D. 共有的不动产，应由共有人共同申请登记

E. 不动产登记费按不动产价值的一定比例收取

【答案】ABE

【解析】因继承或者受遗赠取得物权的，自继承或者受遗赠开始时发生效力。因合法建造、拆除房屋等事实行为设立或者消灭物权的，自事实行为成就时发生效力。《物权法》第二十二条规定，不动产登记费按件收取，不得按照不动产的面积、体积或者价款的比例收取。

7. 注重考试出题的灵活性

从近几年考试出题的变化特点来看，有一类试题属于重点考查应考人员灵活运用、举一反三和综合分析问题、解决问题的能力。此类题型主要表现为采用案例、实例或情景再现形式，将枯燥的理论或知识点融入其中，然后提出相关问题。做此类题型，要求应考人员在学习和复习过程中多做、多练，所谓见多识广，就是这个道理。

【例题1】下列房屋中，可以采用协议方式取得建设用地使用权的是（　）。（2012年房地产经纪人试题）

A. 社区小型超市

B. 环保器材厂生产车间

C. 非盈利的社会团体办公楼

D. 限房价、限套型普通商品住房

【答案】C

【解析】协议出让，是指政府作为土地所有者（出让人）与选定的受让方磋商用地条件及价款，达成协议并签订国有建设用地使用权出让合同，有偿出让土地使用权的行为。协议出让方式的特点是自由度大，不利于公平竞争。这种方式适用于公共福利事业和非盈利性的社会团体、机关单位用地和某些特殊用地。

【例题2】下列行为中，应缴纳契税的是（　）。（2011年房地产经纪人试题）

A. 中国公民受让英国的一套住房

B. 某高校承受房产用于教学

C. 张某以获奖方式取得一套房屋

D. 王某继承取得房屋

【答案】C

【解析】在我国境内转移土地、房屋权属，承受的单位和个人为契税的纳税人。下列方式视同为转移土地、房屋权属，予以征税：①以土地、房屋权属作价投资、入股；②以土地、房屋权属抵债；③以获奖方式承受土地、房屋权属；④以预购方式或者预付集资建房款方式承受土地、房屋权属。

【例题3】某房地产经纪机构承担一个技术难度大、情况复杂、耗用人员和时间多的房地产项目的全程咨询服务，项目总投资额为8亿元，该机构符合有关规定的收费有（　）万元。（2011年房地产经纪人试题）

A. 160　　B. 240

C. 400　　D. 640

E. 800

【答案】ABC

【解析】技术难度大、情况复杂、耗用人员和时间较多的咨询报告，可适当提高收费标准，但一般不

超过咨询标的额的0.5%。最高收费：80 000 ×0.5% = 400（万元），选项中只有D、E两项超过400万元，所以应选A、B、C。

8. 注重对重要考点的连续出题

覆盖面广是历年房地产经纪人资格考试出题的一个重要特点，但也不排除对一些重要考点的多次考查、连续出题，如在2008—2010年连续3年对“在建工程抵押登记”内容进行出题。

【例题1】在建工程抵押权登记转为房屋抵押权登记的前提条件是，已抵押登记的在建工程竣工并经（　）后。（2010年房地产经纪人试题）

A. 房屋所有权初始登记

B. 在建工程抵押权注销登记

C. 在建工程预告登记

D. 房屋销售预告登记

【答案】A

【解析】在建工程竣工并经房屋所有权初始登记后，当事人应当申请将在建工程抵押权登记转为房屋抵押权登记。

【例题2】下列关于在建工程抵押登记的表述中，错误的是（　）。（2009年房地产经纪人试题）

A. 已经登记的在建工程抵押可以申请变更登记

B. 已经登记的在建工程抵押可以申请转移登记

C. 房屋所有权初始登记后，应当申请将在建工程抵押权登记转为房屋抵押权登记

D. 在建工程抵押登记后，由登记机构发放《房屋他项权证》

【答案】D

【解析】在建工程抵押可变更、转让。已经登记在建工程抵押权变更、转让或者消灭的，当事人应当申请变更登记、转移登记、注销登记。在建工程抵押权登记的其他事项在房屋登记簿上予以记载后，由房屋登记机构发放在建工程抵押登记证明。

【例题3】下列关于在建工程抵押登记的表述中，错误的是（　）。（2008年房地产经纪人试题）

A. 在建工程抵押权可以转让

B. 已经登记在建工程抵押权转让的，应当申请变更登记

C. 已经登记在建工程抵押权消灭的，应当申请注销登记

D. 在建工程竣工并经房屋所有权初始登记后，应当申请将在建工程抵押权登记转为房屋抵押权登记

【答案】B

【解析】已经登记在建工程抵押权变更、转让或者消灭的，当事人应当申请变更登记、转移登记、注销登记。在建工程竣工并经房屋所有权初始登记后，当事人应当申请将在建工程抵押权登记转为房屋抵押权登记。

9. 计算题的考核逐步增多

近年来，计算题往往出现在单项选择题和综合分析题中。计算题主要是对各类房地产基本制度与政策中有关计算知识点的综合考查和对报考人员理解运用所学知识的能力考查，这无疑增加了试题的难度，所以在平时学习和复习中要加强对有关计算题的训练，掌握一定的解题技巧，确保计算题不失分。2008年考试有8道计算题，2009—2011年考试每年都有6道计算题，2012年考试又出了5道计算题。为此，应对每章内容中的计算知识点进行归纳汇总，以提高通过率。如针对房产税计算，2008—2012年连续5年出考题。

【例题1】李某于2010年2月将自有的一套住房出租，月租金为1 200元。则李某该年度应缴纳房产税（　）元。（2011年房地产经纪人试题）

A. 432　　B. 576

C. 864　　D. 1 728

【答案】B

【解析】2008年3月1日起，对个人出租住房，不区分用途，在3%税率的基础上减半征收营业税，按4%的税率征收房产税即为576（1 200 × 12 × 4%）元。

【例题2】刘某自营食品店，应税房产原值为50万元，每年需要缴纳的房产税额最少是（　）元。（2010年房地产经纪人试题）

A. 4 200　　B. 4 800

C. 5 400　　D. 6 000

【答案】A

【解析】非出租的房产：房产原值×（1－10%～30%）×1.2%。每年需要缴纳的房产税额最少：房产原值×（1－10%～30%）×1.2% = 500 000 ×70% ×1.2% =4 200（元）。

【例题3】李某自营地下商场，应税房产原值为40万元，每年需要缴纳的房产税额最多为（　）元。（2009年房地产经纪人试题）

A. 3 240　　B. 4 200

C. 4 320　　D. 5 400

【答案】C

【解析】非出租的房产：房产原值×（1－10%～30%）×1.2%。每年需要缴纳的房产税额最多：房产

原值×（1－10%～30%）×1.2%＝400 000×90%×1.2%＝4 320（元）。

【例题4】甲公司所有的房产原值为2 450万元，若当地规定房产原值扣除比率为20%，则该公司年应纳房产税为（　）万元。（2008年房地产经纪人试题）

A. 23.52　　B. 29.40

C. 294.00　　D. 235.20

【答案】A

【解析】2 450×（1－20%）×1.2%＝23.52（万元）

2012年对房产税的考查放在了综合分析题部分，具体如下。

【例题5】王某于2011年4月将自住房出租给李某1年，年租金为5 000元。2011年5月王某将房屋抵押给甲银行，并办理了抵押登记。2011年6月，李某将房屋转租给张某，并签订了6个月的转租合同。王某应缴纳房产税（　）元。

A. 150　　B. 200

C. 500　　D. 600

【答案】D

【解析】房产税依照房产租金收入计算缴纳的，税率为12%。王某应缴纳的房产税＝5 000×12%＝600（元）。

四、关于本课程的学习技巧

（一）*在通读教材的基础上，熟悉大纲要求和框架*

在熟悉考试大纲的前提下，要通读指定教材《房地产基本制度与政策》。“通读”就是对指定教材内容一字不落的“精读”，“通读”每章内容前，要对照大纲要求，弄清哪些知识点是必须掌握的，哪些又是熟悉、了解的，可以在教材上进行注明。注意，房地产经纪人考试大纲非常重要，各科目考试大纲的内容，分为“掌握”、“熟悉”、“了解”三个层次。在考试内容中，“掌握”的部分约占60%，“熟悉”的部分约占30%，“了解”的部分约占10%。同时在“通读”每章内容时，最好勾画出重点，这里需要特别强调的是，应试者要学会做精读笔记。笔记应当能够提炼出教材中的知识点精华，以利于把知识点串联起来或对照起来看，便于日后强化记忆，以达到融会贯通的目的。从以往几年考试情况看，房地产经纪人考试命题逐渐呈点散、面宽、灵活、量大的特点，这就要求应考人员全面、系统掌握每章内容，“通读指定教材”可以有效解决上述问题。从这个意义上说，“通读指定教材”是知识准备、积累的途径，同时知识准备还是心理准备的前提和基础。

（二）*在全面学习和掌握知识基础上，重视“强化练习”的作用*

1. 要做强化练习题

在系统学习《房地产基本制度与政策》教材内容的同时，要通过联想对比、归类，理清本科目知识体系，了解知识之间的内在联系，全面掌握知识。在此基础上，不能将这些已学到的知识束之高阁，而应趁热打铁，多做些练习，巩固所学知识，增强对知识的应用能力，做到查漏补缺。

2. 要做模拟试题

多做一次模拟试题，犹如参加一次考试。做几遍模拟试题，等于增加几次实战练习，并巩固知识，提高技能，积累经验。等我们一旦进入真正的考场，就不会紧张，能够熟练答题，更重要的是可以节约时间。

3. 要做历年试题

历年试题永远比模拟试题更接近考试的真实状况。历年试题均为命题组专家根据积淀多年的出题经验，并结合每年变动的大纲要求精心编制而成，水准绝非一般模拟试题可比。做历年试题，一方面了解考试的特点，指导复习；另一方面可以检查自己的不足，有针对性地完善和弥补。做历年试题，应注意两点：①做历年试题，模拟真实考场，严格按照考试时间来作答，做完后根据答案自己打分，对错误的问题进行归纳、整理和记忆，防止再犯类似错误；②做历年试题，要坚持批判的态度，因目前很多政策变化很快、很大，一些历年试题可能已严重过时，不能因做这些过时的试题，反而把自己引入误区。

（三）*要在强化训练的基础上，切实掌握应试技巧*

在考试中应注意以下应试技巧。

1. 要合理控制做题时间，学会放弃

考试时，一定要学会放弃，这也是提高得分的技巧。具体是拿到试卷后，按试题编排顺序，一道题一道题地做，对于没有把握的，要跳过，先做会的。不要因为做得慢，导致最后做不完。等做完全部试题时，再做未做的试题。对确实不会做的，放弃才是上策，然后再做别的或全面系统检查一遍。

2. 要注意各题型答题要求，提高得分概率

（1）单项选择题，共50道题，每题1分，共50分。

作答要求：有4个选项，且只有1个选项是正确的，一般情况下，单选题不倒扣分。

考试作答建议：对于没把握的试题，也要作答，不可不答，选择了就有得分的希望。

（2）多项选择题，共 30 道题，每题 2 分，共 60 分。

作答要求：每题的备选答案中有 2 个或 2 个以上符合题意。全部选对的，得 2 分；错选或多选的，不得分；少选且选择正确的每个选项得 0.5 分。

考试作答建议：做题务必慎重，没把握的选项最好不选。尽管不倒扣分，但是只要其中一项选择错误，则整道试题不得分。

（3）综合分析题，共 20 道小题，每小题 2 分，共 40 分。

作答要求：每小题有 A、B、C、D 四个备选项，每小题的备选答案中有 1 个或 1 个以上符合题意。全部选对的，得 2 分；错选或多选的，不得分；少选且选择正确的，每个选项得 0.5 分。

考试作答建议：在综合分析题中，有的可能为单项选择题，也有可能为多项选择题。对于单项选择题，即使没把握的选项，也要作答，不可不答；而对于多项选择题，没把握的选项最好不选。

3. 要看清题意和要求，不要急于作答

拿到试卷要填写姓名，看清整张试卷结构，看清题意和备选答案。对于确实不会的题目，在此基础上，采取排除法或猜测法进行答题。

由于编者水平有限，书中难免有不足之处，欢迎读者批评指正和交流。

第一部分

基础知识

第 1 章　房地产法律法规

考纲解读

本章的考试目的是测试应考人员对房地产及房地产业、房地产法律体系、城市房地产管理法相关规定等内容的了解、熟悉和掌握程度。本章考试基本要求如下：

1. 掌握房地产及房地产业；
2. 熟悉房地产法律体系；
3. 掌握城市房地产管理法相关规定。

本章知识结构

- 房地产法律法规
  - 房地产及房地产业
    - 房地产的含义
    - 房地产业概述
    - 房地产业的作用
  - 房地产法律体系
    - 房地产法律的调整对象
    - 房地产法律体系
  - 城市房地产管理法相关规定
    - 国有土地有偿、有限期使用制度
    - 房地产成交价格申报制度
    - 房地产价格评估制度
    - 房地产价格评估人员资格认证制度
    - 土地使用权和房屋所有权登记发证制度
    - 房地产行政管理体制

重点难点分析

一、房地产及房地产业

房地产业是指从事房地产投资、开发、经营、服务和管理的行业，包括房地产开发经营、物业管理、房地产中介服务和其他房地产活动。在国民经济产业分类中，房地产业属于第三产业，是为生产和生活服务的部门。

本部分中，房地产业的行业细分，是学习的难点和考试的重点，主要考点如下。

房地产业主要包括房地产开发经营、物业管理、房地产中介服务和其他房地产活动。其中，物业管理和房地产中介服务合称房地产服务业。房地产中介服务业又可分为房地产咨询业、房地产估价业和房地产经纪业。

房地产开发经营业具有投资大、周期长、风险高、回报率高、附加值高、产业关联度高、带动力强等特点。房地产开发企业的收入具有不连续性。目前，在我国房地产业中，房地产开发经营业占主体地位。

物业管理业是劳动密集和知识密集的行业。

目前，房地产咨询业务主要由房地产估价师和房地产估价机构或者房地产经纪人和房地产经纪机构承担。

房地产估价业是知识密集型行业。

房地产经纪业是知识密集和劳动密集的行业。在成熟的房地产市场中，房地产经纪业居房地产业的主体地位。

【例题 1】在国民经济产业分类中，房地产属于（　）。

A. 第一产业　　B. 第二产业
C. 第三产业　　D. 第四产业

【答案】C

【解析】房地产业是从事房地产投资、开发、经营、服务和管理的行业，包括房地产开发经营、物业管理、房地产中介服务和其他房地产活动。在国民经济产业分类中，房地产业属于第三产业，是为生产和生活服务的部门。

【例题2】房地产中介服务包括（　）。

A. 房地产开发　　B. 房地产咨询
C. 房地产投资　　D. 房地产估价
E. 房地产经纪

【答案】BDE

【解析】房地产业可分为房地产开发经营业和房地产服务业，房地产服务业又可分为物业管理业和房地产中介服务业，房地产中介服务业又可分为房地产咨询业、房地产估价业和房地产经纪业。

【例题3】房地产服务业是房地产中介服务业和（　）的合称。

A. 房地产咨询业　　B. 房地产估价业
C. 物业管理　　D. 房地产经纪

【答案】C

【解析】物业管理和房地产中介服务合称房地产服务业。

【例题4】房地产服务业包括（　）。

A. 房地产开发经营业　　B. 物业管理业
C. 房地产经纪业　　D. 房地产咨询业
E. 房地产估价业

【答案】BCDE

【解析】房地产业可分为房地产开发经营业和房地产服务业，房地产服务业又可分为物业管理业和房地产中介服务业，房地产中介服务业又可分为房地产咨询业、房地产估价业和房地产经纪业。

【例题5】下列经济活动中，不属于房地产业的是（　）。

A. 房屋勘察设计　　B. 房地产开发经营
C. 物业管理　　D. 房地产中介服务

【答案】A

【解析】在房地产开发、经营等过程中，需要多学科的知识和多行业的参与，如测绘、勘察设计、城市规划、建筑、法律、市场营销等。

【例题6】房地产咨询业务包括（　）等。

A. 房地产市场调查研究
B. 房屋安全质量鉴定
C. 房屋阳光权纠纷损害赔偿估价
D. 房地产投资可行性研究
E. 楼盘销售策划

【答案】ADE

【例题7】房地产咨询是为从事房地产活动的当事人提供法律、信息、（　）等方面服务的经营活动。

A. 测绘　　B. 估价
C. 技术　　D. 管理

【答案】C

【解析】房地产咨询业主要是为有关房地产活动的当事人提供法律法规、政策、信息、技术等方面的顾问服务，现实中的具体业务有接受当事人的委托进行房地产市场调查研究、房地产投资项目可行性研究、房地产开发项目策划等。

【例题8】房地产经纪业是（　）行业。

A. 知识密集和资金密集
B. 资金密集和劳动密集
C. 知识密集和管理密集
D. 知识密集和劳动密集

【答案】D

二、房地产法律体系

本部分中，房地产法律体系，是学习和考试的重点，主要考点如下。

一是要熟悉法律。对《中华人民共和国城市房地产管理法》、《中华人民共和国土地管理法》、《中华人民共和国城乡规划法》、《中华人民共和国物权法》四部法律，要弄清楚其出台背景、实施时间、修订重点，另外需要指出的是，由全国人大及其常委会制定的，通常以《中华人民共和国××法》为表现形式。

二是要熟悉行政法规。房地产的行政法规制定主体是国务院，都是以国务院令颁布的，其表现形式一般是《××条例》。另外，以《××条例》为形式的还有地方性法规、自治区（自治州、自治县）的单行条例和自治条例。但与国务院令颁布《××条例》的区别主要是地方性法规、自治区（自治州、自治县）的单行条例和自治条例的名称中都要加“字号”，如《××省××条例》、《××自治州××自治条例》等。

三是要熟悉部门规章。房地产的部门规章是以国务院房地产行政主管部门的部长令颁布的，都是以《××办法》或《××规定》为表现形式的，如《房地产开发企业资质管理办法》、《城市商品房预售管理办法》等。

四是要熟悉规范性文件。房地产的规范性文件不是以国务院房地产行政主管部门的部长令颁布的，而是以一般的文件形式印发的，如《物业承接查验办法》（建房［2010］165号）、《关于进一步规范境外机构和个人购房管理的通知》（建房［2010］186号）、《国有土地上房屋征收评估办法》（建房［2011］77号）、《住房公积金行政监督办法》（建金管［2004］34号）等多项规范性文件。

五是要熟悉最高人民法院的司法解释。（1）最高人民法院《关于办理申请人民法院强制执行国有土地上房屋征收补偿决定案件若干问题的规定》（法释［2012］4号）；（2）《关于审理建设工程施工合同纠纷案件适用法律问题的解释》；（3）《最高人民法院关于审理城镇房屋租赁合同纠纷案件具体应用法律若干问题的解释》。

房地产法律体系知识汇总表

法的渊源	制定主体	地位及法律效力	备注
宪法	国家最高权力机关	具有最高法律效力的法	宪法是国家的根本大法
房地产法律	全国人民代表大会及其常务委员会	地位和效力低于宪法而高于其他法	—
房地产行政法规	国务院依法制定，国务院令颁布	效力低于宪法、法律，高于地方性法规、规章	—
地方性法规、自治条例、单行条例	省、自治区、直辖市的人民代表大会及其常务委员会；省、自治区的人民政府所在地的市，经济特区所在地的市和国务院批准的较大市的人民代表大会及其常务委员会；民族自治地方的人民代表大会	效力不超出本行政区域范围	—
房地产部门规章	住房和城乡建设部、国土资源部等国务院部委制定	其地位低于宪法、法律、行政法规，不得与它们相抵触	—
政府规章	省、自治区、直辖市和省、自治区的人民政府所在地的市，经济特区所在地的市和国务院批准的较大市的人民政府	除不得与宪法、法律、行政法规相抵触外，还不得与上级和同级地方性法规相抵触	—

【例题1】《商品房屋租赁管理办法》属于（　）。

A. 法律　　B. 行政法规

C. 地方性法规　　D. 行政规章

【答案】D

【解析】行政规章包括国务院部委制定的部门规章和有立法权的地方政府制定的政府规章，主要有：《房地产开发企业资质管理规定》、《商品房销售管理办法》、《城市商品房预售管理办法》、《城市房地产转让管理规定》、《房地产经纪管理办法》、《商品房屋租赁管理办法》、《房地产估价机构管理办法》、《城市房地产权属档案管理办法》、《已购公有住房和经济适用住房上市出售管理暂行办法》、《城市房地产抵押管理办法》、《注册房地产估价师管理办法》、《房产测绘管理办法》、《房屋登记办法》、《城市危险房屋管理规定》、《住宅室内装饰装修管理办法》、《物业服务企业资质管理办法》、《城市房屋白蚁防治管理规定》、《住宅专项维修资金管理办法》、《国有土地上房屋征收评估办法》等。

【例题2】下列司法机关中，有权作出司法解释的是（　）。

A. 基层人民检察院

B. 中级人民法院

C. 高级人民检察院

D. 最高人民法院

【答案】D

【解析】在审理房地产案件中，最高人民法院会对房地产领域的有关问题进行解释，或者对疑难问题进行研究并就此发布指导性文件，如最高人民法院《关于审理商品房买卖合同纠纷案件适用法律若干问题的解释》、最高人民法院《关于审理建设工程施工合同纠纷案件适用法律问题的解释》等，也是我国房地产法律体系的组成部分，即最高人民法院有权作出司法解释。

【例题 3】下列房地产法律、法规中，属于房地产行政法规的有（　）。

A.《物业管理条例》

B.《城市房地产管理法》

C.《土地管理法实施条例》

D.《商品房销售管理办法》

E.《安徽省城市房地产交易条例》

【答案】AC

【解析】房地产行政法规是以国务院令形式颁布的，主要有《城市房地产开发经营管理条例》、《国有土地上房屋征收与补偿条例》、《物业管理条例》、《中华人民共和国土地管理法实施条例》、《城镇国有土地使用权出让和转让暂行条例》、《住房公积金管理条例》等。B 项属于房地产法律；D 项属于房地产行政规章；E 项属于房地产地方性法规。

【例题 4】《城市房地产管理法》调整的是与（　）有关的各种社会关系。

A. 房地产信息　　B. 房地产开发

C. 房地产贷款　　D. 房地产交易

E. 房地产行政管理

【答案】BDE

【解析】房地产法律调整的是与房地产开发、交易和管理有关的各种社会关系。

【例题 5】下列法律中，具有最高法律效力是（　）。

A.《宪法 》　　B.《物权法》

C.《合同法》　　D.《民法通则》

【答案】A

【解析】《宪法》具有最高的法律效力，无论是房地产立法或执法都必须遵循宪法规定的原则。

【例题 6】全国人大常委会审议通过的法律的效力低于（　）。

A. 部门规章　　B. 司法解释

C. 行政法规　　D. 宪法

【答案】D

【解析】全国人民代表大会及其常务委员会颁布的法律的效力仅次于宪法，是房地产法律体系中重要的法律规定，是制定有关房地产法规、规章的依据和基础。

【例题 7】下列房地产相关法规中，属于行政法规的有（　）。

A.《物业管理条例》

B.《住房公积金管理条例》

C.《土地管理法实施条例》

D.《城市房地产转让管理规定》

E.《商品房屋租赁管理办法》

【答案】ABC

【解析】《城市房地产转让管理规定》、《商品房屋租赁管理办法》属于部门规章。

【例题 8】《城市房地产开发经营管理条例》属于（　）。

A. 法律　　B. 行政法规

C. 地方性法规　　D. 行政规章

【答案】B

【解析】房地产的行政法规制定主体是国务院，都是以国务院令颁布的，其表现形式一般是《× ×条例》。

【例题 9】下列与房地产有关的法律法规中，属于行政法规的是（　）。

A.《物权法》

B.《住房公积金管理条例》

C.《房屋登记办法》

D.《房地产抵押估价指导意见》

【答案】B

【解析】房地产的行政法规制定主体是国务院，都是以国务院令颁布的，其表现形式一般是《× ×条例》。另外，以《× ×条例》为形式的还有地方性法规、自治区（自治州、自治县）的单行条例和自治条例。

【例题 10】以下属于部门规章的是（　）。

A.《城市房地产管理法》

B.《城市房地产开发经营管理条例》

C.《房屋登记办法》

D.《城市房地产抵押估价指导意见》

【答案】C

【解析】《城市房地产管理法》、《城市房地产开发经营管理条例》、《城市房地产抵押估价指导意见》分别属于法律、行政法规、地方性法规和规范性文件。

【例题11】下列与房地产有关的法律法规中，属于部门规章的有（　）。

A.《物业管理条例》

B.《城乡规划法》

C.《城市房地产中介服务管理规定》

D.《房屋登记办法》

E.《城市房地产抵押管理办法》

【答案】CDE

【解析】《物业管理条例》属于行政法规，《城乡规划法》属于法律。《城市房地产中介服务管理规定》已废止。

【例题12】《商品房销售管理办法》（建设部令第88号）是（　）。

A. 单行条例　　B. 行政法规

C. 地方性法规　　D. 部门规章

【答案】D

【解析】房地产方面的部门规章主要是指建设部制定的规章，如《商品房销售管理办法》、《房屋登记管理办法》等，原建设部制定的现行有效的房地产方面的部门规章有20多件。

三、城市房地产管理法相关规定

本部分内容主要依据《城市房地产管理法》所确立的一系列重要制度汇总而成。教材从国有土地有偿、有限期使用制度，房地产成交价格申报制度，房地产价格评估制度，房地产价格评估人员资格认证制度，土地使用权和房屋所有权登记发证制度五个方面，介绍了城市房地产管理法相关规定的政策和内容。

本部分中五项制度的法律规定条文，是学习和考试的重点。

【例题1】下列制度中，属于我国《城市房地产管理法》规定的房地产基本制度的有（　）。

A. 国有土地有偿、有限期使用制度

B. 房地产交易强制公证制度

C. 房地产成交价格申报制度

D. 房地产价格评估制度

E. 土地使用权和房屋所有权登记发证制度

【答案】ACD

【解析】作为全面规范房地产开发建设、房地产交易、房地产登记等行为的大法，《城市房地产管理法》确立了一系列重要制度和房地产行政管理体制：①国有土地有偿、有限期使用制度；②房地产成交价格申报制度；③房地产价格评估制度；④房地产价格评估人员资格认证制度；⑤土地使用权和房屋所有权登记发证制度；⑥房地产行政管理体制。

【例题2】以下（　）明确规定，国家实行国有土地有偿使用制度。

A.《农村土地承包法》　B.《土地管理法》

C.《城市房地产管理法》D.《城乡规划法》

E.《物权法》

【答案】BC

【解析】《城市房地产管理法》、《土地管理法》均明确规定，国家实行国有土地有偿使用制度。

【例题3】我国的房地产成交价格申报制度，要求房地产权利人转让房地产时应向（　）如实申报成交价格。

A. 县级人民政府

B. 县级以上国土资源管理部门

C. 县级以上人民政府规定的部门

D. 县级税务征管部门

【答案】C

【解析】《城市房地产管理法》规定，房地产权利人转让房地产，应当向县级以上地方人民政府规定的部门如实申报成交价，不得瞒报或者作不实的申报。

【例题4】在我国，房地产价格评估制度是根据（　）确立的一项房地产交易基本制度。

A. 法律　　B. 行政法规

C. 部门规章　　D. 政府规范性文件

【答案】A

【解析】《城市房地产管理法》规定“国家实行房地产价格评估制度”。

练习题

一、单项选择题（每题的备选答案中只有一个最符合题意）

1. 房地产中可以看得见、摸得着的有形部分是指（　）。

A. 房地产实物

B. 房地产权益

C. 房地产区位

D. 房地产实物和区位

2. 以下属于房地产特性的是（ ）。

A. 供给无限　　B. 用途单一

C. 不易受限制　　D. 保值增值

3. 房地产业属于（ ）产业。

A. 第一　　B. 第二

C. 第三　　D. 第四

4. 建筑业是物质生产部门，属于（ ）。

A. 第一产业　　B. 第二产业

C. 第三产业　　D. 第四产业

5. 下列关于在房地产开发活动中，房地产业与建筑业的关系，说法不正确的是（ ）。

A. 二者往往是甲方与乙方的合作关系

B. 建筑业是房地产开发和建设的甲方，房地产业是房地产开发和建设的乙方

C. 房地产业是房地产开发建设的甲方，建筑业是乙方

D. 房地产业是策划者、组织者和发包单位；建筑业是承包单位，按照承包合同的要求完成基础设施建设、场地平整等土地开发和房屋建设的生产任务

6. 以下不属于房地产中介服务业的是（ ）。

A. 房地产估价业　　B. 物业管理业

C. 房地产经纪业　　D. 房地产咨询业

7. 目前，我国房地产业中（ ）占主体地位。

A. 物业管理业　　B. 房地产咨询业

C. 房地产开发经营业　　D. 房地产经纪业

8. 以下关于房地产开发经营业的表述，错误的是（ ）。

A. 房地产开发经营业的特点包括产业关联度高、带动力强等

B. 房地产开发企业主要是组织者和决策者

C. 目前，我国房地产业中房地产开发经营业占主体地位

D. 房地产开发企业的收入具有连续性

9. 房地产估价业是（ ）的行业。

A. 知识密集

B. 劳动密集

C. 知识密集或劳动密集

D. 知识密集和劳动密集

10. 房地产经纪业是（ ）的行业。

A. 知识密集

B. 劳动密集

C. 知识密集或劳动密集

D. 知识密集和劳动密集

11. 在成熟的房地产市场中，（ ）是房地产业的主体。

A. 房地产开发经营业　　B. 房地产咨询业

C. 房地产经纪业　　D. 物业管理业

12. 下列关于房地产法律的调整对象，说法错误的是（ ）。

A. 房地产法有着特定的调整对象

B. 房地产法不是调整一般的民事关系

C. 房地产法是调整一般的民事关系

D. 房地产法不是调整普通的商品交易关系

13. 开发商依法取得土地使用权并进行基础设施建设、建造房屋过程中产生的法律关系，属于（ ）。

A. 房地产开发关系

B. 房地产交易关系

C. 房地产行政管理关系

D. 物业管理关系

14. （ ）是指参与房地产买卖、租赁、抵押等房地产交易行为的各方当事人在房地产交易过程中产生的法律关系。

A. 房地产开发关系

B. 房地产交易关系

C. 房地产行政管理关系

D. 物业管理关系

15. 下列不属于房地产法律体系的是（ ）。

A. 宪法　　B. 法律

C. 地方性法规　　D. 章程

16. （ ）具有最高的法律效力。

A. 《联合国宪章》　　B. 《宪法》

C. 《城市房地产管理法》　D. 《物权法》

17. 房地产行政法规是以（ ）形式颁布的。

A. 国务院令

B. 国务院会议纪要

C. 国务院通报

D. 国务院文件

18. 《物业管理条例》属于（ ）。

A. 房地产的法律

B. 房地产的行政法规

C. 房地产的部门规章

D. 房地产的规范性文件

19. 《住房公积金管理条例》属于（ ）。

A. 房地产的法律

B. 房地产的行政法规

C. 房地产的部门规章

D. 房地产的规范性文件

20. 下列不属于房地产的行政法规的是（ ）。

A.《城市私有房屋管理暂行条例》

B.《国有土地上房屋征收与补偿条例》

C.《房屋登记办法》

D.《住房公积金管理条例》

21. 省、直辖市、自治区人民政府根据法律、行政法规制定的规范性法文件是（ ）。

A. 地方性法规 B. 政府规章

C. 部门规章 D. 自治条例

22. 地方性法规的制定主体是（ ）。

A. 全国人民代表大会及其常务委员会

B. 有立法权的地方人民代表大会及其常务委员会

C. 县级人民代表大会及其常务委员会

D. 有立法权的地方人民政府

23.《房屋登记办法》属于（ ）。

A. 法律 B. 地方性法规

C. 部门规章 D. 政府规章

24.《廉租住房保障办法》属于（ ）。

A. 房地产的法律

B. 房地产的行政法规

C. 房地产的部门规章

D. 房地产的规范性文件

25.《房地产经纪管理办法》属于（ ）。

A. 法律

B. 地方性法规

C. 行政规章和规范性文件

D. 政府规章

26. 下列属于部门规章的有（ ）。

A.《物业管理条例》

B.《城乡规划法》

C.《房地产抵押估价指导意见》

D.《城市房地产抵押管理办法》

27. 以下属于部门规章的是（ ）。

A.《城市房地产管理法》

B.《城市房地产开发经营管理条例》

C.《房屋登记办法》

D.《城市房地产抵押估价指导意见》

28.《商品房屋租赁管理办法》属于（ ）。

A. 法律 B. 地方性法规

C. 部门规章 D. 政府规章

29. “房地产成交价格申报制度”是根据（ ）确立的一项房地产基本制度。

A. 宪法 B. 法律

C. 行政法规 D. 部门规章

30.《城市房地产管理法》规定，基准地价、标定地价和各类房屋重置价格应当定期确定并公布，具体办法由（ ）规定。

A. 全国人大

B. 全国人大常委会

C. 国务院

D. 国务院房地产主管部门

二、多项选择题（每题的备选答案中有两个或两个以上符合题意）

1. 房地产是指土地、建筑物及其他地上定着物，是（ ）三者的综合。

A. 实物 B. 时间

C. 空间 D. 权益

E. 区位

2. 以下（ ），不属于房地产的特性。

A. 可移动 B. 独一无二

C. 寿命长久 D. 不易受限制

E. 保值增值

3. 下列关于房地产业与建筑业的区别和联系，表述正确的是（ ）。

A. 房地产业与建筑业既有区别又有联系

B. 在房地产开发活动中，房地产业与建筑业往往是甲方与乙方的合作关系

C. 建筑业是物质生产部门，房地产业兼有生产、经营、服务和管理等多种性质

D. 房地产业属于第二产业；建筑业属于第三产业

E. 建筑业属于第二产业；房地产业属于第三产业

4. 房地产服务业可分为（ ）。

A. 市场管理业 B. 房地产估价业

C. 房地产经纪业 D. 房地产咨询业

E. 物业管理业

5. 房地产中介服务业包括（ ）。

A. 房地产交易业 B. 房地产咨询业

C. 房地产估价业 D. 房地产经纪业

E. 物业管理业

6. 房地产开发经营业具有（ ）等特点。

A. 周期长 B. 投资大

C. 风险小 D. 附加值高

E. 产业关联度高

7. 物业管理业是（ ）的行业。

A. 管理密集　　B. 资金密集

C. 知识密集　　D. 劳动密集

E. 资源密集

8. 下列关于房地产业的行业细分中，表述正确的是（ ）。

A. 房地产开发企业的收入具有连续性

B. 房地产经纪机构主要是为房地产经纪人员提供平台和品牌

C. 物业管理业是劳动密集和知识密集的行业

D. 房地产估价业是劳动密集和知识密集型行业

E. 房地产经纪业是知识密集和劳动密集的行业

9. 房地产法的调整对象包括（ ）。

A. 房地产开发关系

B. 房地产交易关系

C. 房地产行政管理关系

D. 房地产民事关系

E. 物业管理关系

10. 以下属于房地产开发关系内容的是（ ）。

A. 房地产开发企业对特定房地产拥有的所有权关系

B. 所有权人将房地产出售给他人时所形成的转让关系

C. 获得建设用地使用权

D. 在获得建设用地使用权的土地上建造房屋

E. 房地产权利人将房地产出租给他人所形成的租赁关系

11. 根据《宪法》，下列自然资源既有可能属于国有又有可能属于集体所有的有（ ）。

A. 矿藏、森林、海域

B. 水流、海域、滩涂

C. 森林、山岭、荒地

D. 森林、水流、海域

E. 草原、滩涂、荒地

12. 我国房地产的法律体系中，房地产法律主要有（ ）。

A.《城市房地产管理法》

B.《土地管理法》

C.《物权法》

D.《城乡规划法》

E.《物业管理条例》

13. 房地产行政法规包括（ ）。

A.《物业管理条例》

B.《房屋登记办法》

C.《城市房地产开发经营管理条例》

D.《住房公积金管理条例》

E.《国有土地上房屋征收评估办法》

14. 下列与房地产有关的法律法规中，属于部门规章的有（ ）。

A.《物业管理条例》

B.《城乡规划法》

C.《商品房屋租赁管理办法》

D.《房屋登记办法》

E.《房地产经纪管理办法》

15. 房地产的部门规章包括（ ）。

A.《商品房屋租赁管理办法》

B.《注册房地产估价师管理办法》

C.《房屋登记办法》

D.《土地登记办法》

E.《土地管理法实施条例》

16. 以下不属于部门规章的有（ ）。

A.《商品房销售管理办法》

B.《城市商品房预售管理办法》

C.《物业承接查验办法》

D.《住房公积金行政监督办法》

E.《国有土地上房屋征收评估办法》

17.《城市房地产管理法》确立的基本制度包括（ ）。

A. 物业管理制度

B. 房地产经纪人职业资格认证制度

C. 房地产价格申报制度

D. 房地产价格评估制度

E. 房地产价格评估人员资格认证制度

18. 房地产价格评估，应当遵循公正、公平、公开的原则，按照国家规定的技术标准和评估程序，以（ ）为基础，参照当地的市场价格进行评估。

A. 各类房屋的重置价格

B. 各类房屋的租赁价格

C. 各类房屋的收益价格

D. 基准地价

E. 标定地价

三、综合分析题（每个小题的备选答案中有一个或一个以上符合题意的答案。错选不得分；少选但选择正确的，每个选项得相应分）

2013年12月，甲省乙市人民政府为加强房地产管理工作，根据《城市房地产管理法》、《房屋登记办法》、甲省人大出台的《甲省城市房地产管理条例》及甲省政府颁布实施的《甲省房屋登记办法》

等法律、法规，出台了《乙市房屋登记办法》等一系列规定，全面建立并完善土地市场体系。

1.《城市房地产管理法》属于（ ）。

A. 法律　　B. 地方性法规

C. 政府规章　　D. 部门规章

2.《房屋登记办法》属于（ ）。

A. 法律　　B. 地方性法规

C. 部门规章　　D. 政府规章

3. 甲省人大出台的《甲省城市房地产管理条例》属于（ ）。

A. 法律　　B. 地方性法规

C. 政府规章　　D. 部门规章

4. 甲省政府颁布实施的《甲省房屋登记办法》属于（ ）。

A. 法律　　B. 地方性法规

C. 政府规章　　D. 规范性文件

5. 在上述所列土地法规中，效力最高的是（ ）。

A.《中华人民共和国城市房地产管理法》

B.《房屋登记办法》

C.《甲省城市房地产管理条例》

D.《甲省房屋登记办法》

6. 甲省乙市人民政府出台的《乙市房屋登记办法》属于（ ）。

A. 法律　　B. 地方性法规

C. 政府规章　　D. 规范性文件

第2章　房地产权利

考纲解读

本章的考试目的是测试应考人员对房地产所有权、建设用地使用权、国有土地上房屋征收等内容的了解、熟悉与掌握情况。本章考试要求如下：

1. 掌握我国现行土地所有权制度；
2. 掌握我国现行房屋所有权制度；
3. 掌握国有建设用地使用权范围；
4. 掌握国有建设用地使用权出让；
5. 掌握国有建设用地使用权划拨；
6. 熟悉国有建设用地使用权租赁或入股；
7. 掌握集体建设用地使用权；
8. 熟悉国有土地上房屋征收概述；
9. 掌握征收补偿；
10. 掌握国有土地上房屋征收补偿评估的具体规定。

本章知识结构

- 房地产权利
  - 房地产所有权
    - 我国现行土地所有权制度
    - 我国现行房屋所有权制度
  - 建设用地使用权
    - 国有建设用地使用权范围
    - 国有建设用地使用权出让
    - 国有建设用地使用权划拨
    - 国有建设用地使用权租赁或入股
    - 集体建设用地使用权
  - 国有土地上房屋征收
    - 国有土地上房屋征收概述
    - 征收补偿
    - 国有土地上房屋征收补偿评估的具体规定

重点难点分析

一、房地产所有权

教材从土地所有权制度和政策、房屋所有权制度两个方面，介绍了房地产所有权的政策和内容。

此部分的法规、政策依据包括：《土地管理法》；《物权法》；《城市房地产管理法》；《城镇国有土地使用权出让和转让暂行条例》；《土地管理法实施条例》；《基本农田条例》。

本部分中，国有土地的范围和集体征收政策，是学习和考试的重点。难点主要是房屋所有权原始取得和继受取得的区分。本节的主要考点如下。

（一）土地所有权

1. 土地实行社会主义公有制

《土地管理法》第二条规定：“中华人民共和国实行土地的社会主义公有制，即全民所有制和劳动群众集体所有制。”

（1）国有土地

《宪法》、《土地管理法》、《物权法》和《土地管理法实施条例》均规定了国有土地的范围，其中，《土地管理法实施条例》（国务院令第256号）明确了国有土地的范围：①城市市区的土地；②农村和城市郊区中已经依法没收、征收、征购为国有的土地；③国家依法征收的土地；④依法不属于集体所有的林地、草地、荒地、滩涂及其他土地；⑤农村集体经济组织全部成员转为城镇居民的，原属于其成员集体所有的土地；⑥因国家组织移民、自然灾害等原因，农民成建制地集体迁移后不再使用的原属于迁移农民集体所有的土地。

2011年1月，国务院令第588号《国务院关于废止和修改部分行政法规的决定》，将《土地管理法实施条例》第二条、第二十条第一款、第二十三条、第二十五条、第二十六条第二款、第四十五条中的“征用”修改为“征收”。

《物权法》第四十六条规定，矿藏、水流、海域属于国家所有。

（2）集体土地

农民集体的范围有：①村农民集体；②村内两个以上农村集体经济组织的农民集体；③乡（镇）农民集体。

《土地管理法》第十条规定：“农民集体所有的土地依法属于村农民集体所有的，由村集体经济组织或者村民委员会经营、管理；已经分别属于村内两个以上农村集体经济组织的农民集体所有的，由村内各该农村集体经济组织或者村民小组经营、管理；已经属于乡（镇）农民集体所有的，由乡（镇）农村集体组织经营、管理。”

《宪法》第十条规定：“农村和城市郊区的土地，除由法律规定属于国家所有的以外，属于集体所有；宅基地和自留地、自留山，也属于集体所有。《宪法》第九条规定：“矿藏、水流、森林、山岭、草原、荒地、滩涂等自然资源，都属于国家所有，即全民所有；由法律规定属于集体所有的森林和山岭、草原、荒地、滩涂除外。”

【例题1】国有土地所有权由（ ）代表国家行使。

A. 国务院

B. 国务院土地行政主管部门

C. 市、县人民政府

D. 市、县人民政府土地行政主管部门

【答案】A

【解析】《土地管理法》规定，全民所有，即国家所有土地的所有权由国务院代表国家行使。

【例题2】取得国有建设用地使用权的途径有（ ）。

A. 出让　　B. 划拨

C. 转让　　D. 土地或房产租赁

E. 开垦荒地

【答案】ABCD

【解析】取得国有建设用地使用权的途径主要有：①通过国家出让方式取得；②通过行政划拨方式取得；③通过房地产转让方式取得；④通过土地或房地产租赁方式取得。

【例题3】国有土地有偿使用的方式有（ ）。

A. 土地使用权出让

B. 国有土地租赁

C. 国有土地使用权作价出资

D. 国有土地使用权作价入股

E. 国有土地划拨

【答案】ABCD

【例题4】下列土地中，属于国有土地的有（ ）。

A. 城市市区的土地

B. 已被国家依法征收的土地

C. 依法不属于集体所有的林地

D. 宅基地

E. 经济适用住房占用的土地

【答案】ABCE

【解析】宅基地属于集体土地。

【例题5】关于建设用地使用权设立的说法，错误的是（ ）。

A. 建设用地使用权不得在地表以下设立

B. 新设立的建设用地使用权，不得损害已设立的用益物权

C. 设立建设用地使用权，可以采取划拨的方式

D. 建设用地使用权人有权将建设用地使用权转让与他人

【答案】A

【解析】《物权法》规定，建设用地使用权可以在土地的地表、地上或者地下分别设立。

【例题6】下列关于我国土地所有制的表述中，错误的有（ ）。

A. 我国实行土地的社会主义公有制

B. 国有土地所有权由土地管理部门代表国家行使

C. 城市市区的土地属于国家所有

D. 农村宅基地属于建房的村民所有

E. 森林、山岭、草原都属于国家所有

【答案】BDE

【解析】国家所有土地的所有权由国务院代表国家行使。宅基地和自留地、自留山，属于集体所有。《物权法》规定，矿藏、水流、海域属于国家所有。

【例题7】《宪法》规定，属于集体所有的土地是（ ）。

A. 国家依法征收的土地

B. 农村集体经济组织成员全部转为城镇居民后，原属于其成员集体所有的土地

C. 宅基地、自留地、自留山

D. 城市郊区土地

【答案】C

【解析】宅基地、自留地、自留山，属于集体所有。

【例题8】下列关于我国现行土地所有制的表述中，不正确的是（ ）。

A. 全部土地属于公有

B. 城市市区的土地属于国家所有

C. 城市郊区的土地全部属于集体所有

D. 农村和城市郊区的土地，除由法律规定属于国家所有的以外，属于农民集体所有

【答案】C

【解析】《宪法》规定："农村和城市郊区的土地，除由法律规定属于国家所有的以外，属于集体所有；宅基地、自留地、自留山，也属于集体所有。"

【例题9】法律规定可以属于集体所有的自然资源有（ ）。

A. 森林　　B. 矿藏

C. 水流　　D. 山岭

E. 荒地

【答案】ADE

【解析】《物权法》规定，矿藏、水流、海域属于国家所有。

2. 土地管理基本制度

（1）土地登记制度中，属于国有土地的，核发《国有土地使用证》，确认国有土地使用权，其中，中央国家机关使用的国有土地的具体登记发证机关，由国务院确定；属于农民集体所有土地的，核发《集体土地所有证》，确认集体土地所有权；使用集体土地的，核发《集体土地使用证》，确认集体土地使用权；属于土地他项权利的，核发土地他项权利证明书，确认土地他项权。土地权利证书包括：国有土地使用证；集体土地所有证；集体土地使用证；土地他项权利证明书。

（2）除了国家核准的划拨土地以外，凡新增土地和原使用的土地改变用途或使用条件、进行市场交易等，均实行有偿有限期使用。

（3）根据土地利用总体规划，将土地用途分为农用地、建设用地和未利用土地。土地用途管制的核心是不能随意改变农用地的用途。农用地转用须经有批准权的人民政府核准，其目的是为了控制建设用地总量，严格限制农用地转为建设用地。

【例题1】根据土地利用总体规划，土地用途包括（ ）。

A. 农用地　　B. 城市用地

C. 建设用地　　D. 公益用地

E. 未利用土地

【答案】ACE

【例题2】土地证书由土地管理部门填写，并代表（ ）颁发。

A. 县级以上土地管理部门

B. 县级以上人民政府

C. 县级土地管理部门

D. 县级人民政府

【答案】B

【解析】土地权利证书由土地管理部门填写，县级以上人民政府颁发。

【例题3】依据《土地登记办法》规定，我国土地权利证书不包括（ ）。

A.《国有土地使用证》

B.《集体土地所有证》

C.《农村承包地使用权证》

D.《土地他项权利证明书》

【答案】C

【解析】土地权利证书包括：①《国有土地使用证》；②《集体土地所有证》；③《集体土地使用证》；④《土地他项权利证明书》。

【例题4】某企业跨两个县用地，在进行土地登记时应该（ ）。

A. 在所涉及土地面积比例较大的县级以上人民政府办理土地登记

B. 报土地所跨区域各县级以上人民政府分别办理土地登记

C. 报上级市人民政府进行登记

D. 报省国土资源厅登记

【答案】B

【解析】《土地登记办法》规定，跨县级行政区域使用的土地，应当报土地所跨区域各县级以上人民政府分别办理土地登记。

【例题5】我国土地用途管制的核心是（ ）。

A. 实行土地有偿有限期使用制度

B. 经营土地有偿使用

C. 不能随意改变农用地的用途

D. 不能随意改变建设用地的用途

【答案】C

3. 集体土地征收制度

（1）区分土地征收和征用的不同点

土地征收的实质是强制收买，主要是土地所有权的改变，集体土地被征收后就变为了国有土地，不存在返还的问题；土地征用的实质是强制使用，只是使用权的改变，被征用的土地使用完毕，应当及时返还被征用人，即是一种临时使用土地的行为。

（2）征收土地时的五项原则

① 珍惜耕地，合理利用土地的原则。

② 保证国家建设用地的原则。

③ 妥善安置被征地单位和农民的原则。

④ 有偿使用土地的原则。

⑤ 依法征地的原则。

（3）征收土地两级审批制度

征收土地实行两级审批制度，即国务院和省级人民政府。征收基本农田、基本农田以外的耕地超过35公顷的，其他土地超过70公顷的，由国务院审批；其他用地由省级人民政府审批，并报国务院备案。

征收农地的，应先办理农用地转用手续。经国务院批准农用地转用的，同时办理征地审批手续；经省级人民政府在征地批准权限内批准农用地转用的，同时办理征地审批手续，超过征地批准权限的，应另行办理征地审批。

（4）临时用地的政策

工程项目施工，确实需要另行增加临时用地，由建设单位向批准工程项目用地的机关提出临时用地的数量和期限的申请，经批准后，同土地所有权单位签订临时用地协议后方可用地。临时使用土地的期限，最多不得超过两年，并不得改变批准的用途，不得从事生产性、营业性或其他经营性的活动，不得修建永久性建筑。

（5）征地补偿费

征地由用地单位依法支付土地补偿费、安置补助费、地上附着物和青苗补偿费。

【例题1】《宪法》规定，国家为了公共利益的需要，可以依照法律规定对土地实行（　）并给予补偿。

A. 没收

B. 没收或者征收

C. 没收或者征用

D. 征收或者征用

【答案】D

【例题2】以下不属于土地征用特点的是（　）。

A. 强制使用

B. 为了公共利益的目的

C. 强制收买

D. 必须严格依照法律规定的程序

【答案】C

【解析】土地征用的实质是强制使用。

【例题3】我国土地所有权发生转移的唯一方式是（　）。

A. 划拨　　B. 出让

C. 转让　　D. 征收

【答案】D

【例题4】下列不属于征收土地必须严格遵守的原则是（　）。

A. 珍惜土地，合理利用土地

B. 满足建设用地需要

C. 依法征地

D. 有偿使用土地

【答案】B

【解析】征收土地的原则中，不包括满足建设用地需要。

【例题5】征收基本农田，须经（　）批准。

A. 国务院　　B. 省级人民政府

C. 市级人民政府　　D. 县级人民政府

【答案】A

【解析】征收基本农田，基本农田以外的耕地超过35公顷的，其他土地超过70公顷的，由国务院审批。

【例题6】征收集体土地实行国务院和省级人民政府两级审批制度。在以下情形中，应由国务院批准的情形有（　）。

A. 征收基本农田5亩

B. 征收基本农田以外的耕地45公顷

C. 征收园地600亩

D. 征收集体建设用地45公顷

E. 征收未利用土地50公顷

【答案】AB

【解析】1亩＝0.066 7公顷。征收基本农田，基本农田以外的耕地超过35公顷的，其他土地超过70公顷的，由国务院审批。

【例题7】依据有关规定，征收（　），须经国务院批准。

A. 基本农田　　B. 园地30公顷

C. 草地40公顷　　D. 非耕地75公顷

E. 基本农田以外的耕地35公顷

【答案】AD

【例题8】应由用地单位支付的征收耕地补偿费用，不包括（　）。

A. 土地补偿费　　B. 安置补助费

C. 征地管理费　　D. 青苗补偿费

【答案】C

【解析】《土地管理法》规定，征收耕地的补偿费用包括土地补偿费、安置补助费以及地上附着物和青苗的补偿费等费用。

【例题9】关于使用临时用地的说法，错误的是（　）。

A. 使用期限一般不超2年

B. 可以修建永久性建筑

C. 可以修建临时性建筑

D. 使用后恢复土地原貌

【答案】B

【例题10】下列关于临时用地的表述中，错误的是（　）。

A. 使用期限一般不超过2年

B. 可改变批准的用途

C. 不得修建永久性建筑

D. 不得从事经营性活动

【答案】B

【解析】临时使用土地的期限，最多不得超过2年，并不得改变批准的用途，不得从事生产性、营业性或其他经营性的活动，不得修建永久性建筑。

【例题11】下列关于全民所有制企业同农村集体经济组织共同投资兴办的联营企业所使用的集体土地的表述中，正确的是（　）。

A. 由全民所有制企业向有关部门提出用地申请

B. 经批准使用的土地，必须按照国家建设用地的规定征地

C. 不计算土地补偿费和各种补助费

D. 农村集体经济组织可按照协议将土地使用权作为联营条件

【答案】D

【解析】由联营企业向县级以上人民政府土地管理部门提出用地申请，经批准使用的土地，可以按照国家建设用地的规定实行征收，也可以由农村集体经济组织按照协议将土地使用权作为联营条件。

【例题12】依照《土地管理法》等有关规定，被征收土地所在的市、县人民政府，在收到征收土地方案后，（　）日内应以书面或其他形式进行公告。

A. 10　　B. 15

C. 30　　D. 60

【答案】A

【例题13】下列关于合理使用征地补偿费问题，表述错误的是（　）。

A. 耕地占用税用于土地开发和农业发展

B. 土地复垦费用于农业发展

C. 防洪费用于菜田开发建设和土地的调整与治理

D. 征地管理费用于土地管理部门的各项业务开支

【答案】B

【解析】耕地占用税用于土地开发和农业发展；菜田基金、土地复垦费、土地荒芜费、防洪费用于菜田开发建设和土地的调整与治理；征地管理费用于土地管理部门的各种业务开支。

（二）房屋所有权

1. 房屋所有权的概念

房屋所有权，是房屋所有人独占性地支配其所有的房屋的权利。房屋所有人在法律规定的范围内，可以排除他人的干涉，对其所有的房屋进行占有、使用、收益、处分。

2. 我国房屋所有权的特点

（1）房屋的国家所有权、集体所有权和个人所有权同时并存，同等地受到宪法和法律的保护。

（2）房屋所有权的客体是具有一定结构、可供利用的房屋，而不是单指组成房屋的材料。

（3）房屋所有权与其所依附的土地的使用权不可分离。

（4）国家所有的房屋广泛实行所有权与使用权的分离。国家享有所有权，国有企事业单位和其他组织享有使用权。

（5）房屋所有权可以转让，但受到土地使用权转让的制约。

（6）房屋所有权的设立与移转，需办理房屋所有权登记和转移登记手续。

3. 房屋所有权的取得

（1）原始取得

原始取得是指由于一定的法律事实，根据法律的规定，取得新建房屋、无主房屋的所有权，或者不以原房屋所有人的权利和意志为根据而取得房屋的所有权。原始取得的情形：①依法建造房屋；②依法没收

房屋；③收归国有的无主房屋；④合法添附的房屋。

（2）继受取得

继受取得又称传来取得，是指根据原房屋所有人的意思接受原房屋所有人转移之房屋所有权，是以原房屋所有人的所有权和其转让所有权的意志为根据的。

4. 房屋所有权的消灭

房屋所有权的消灭，是指因某种法律事实的出现，使原房产权利人失去对该房产占有、使用、收益和处分的权利。

5. 建筑物区分所有权

业主的建筑物区分所有权，包括了三个方面的基本内容：

（1）对专有部分的所有权；

（2）对建筑区划内的共有部分享有共有权；

（3）对共有部分享有共同管理的权利。

【例题1】下列取得房屋所有权的情形中，属于原始取得的是（ ）。

A. 购买房屋　　B. 遗赠房屋

C. 交换房屋　　D. 自建房屋

【答案】D

【解析】原始取得是指由于一定的法律事实，根据法律的规定，取得新建房屋、无主房屋的所有权，或者不以原房屋所有人的权利和意志为根据而取得房屋的所有权。原始取得主要包括以下情形：①依法建造房屋；②依法没收房屋；③收归国有的无主房屋；④合法添附的房屋（如翻建、加层）。A、B、C三项均属于继受取得。

【例题2】房屋出租人不享有承租房屋的（ ）权。

A. 占有　　B. 使用

C. 收益　　D. 处分

【答案】B

【解析】房屋所有权，是房屋所有人独占性地支配其所有的房屋的权利。房屋所有人在法律规定的范围内，可以排除他人的干涉，对其所有的房屋进行占有、使用、收益、处分。出租人将房屋出租给承租人使用，一定期限内无使用权。

【例题3】房屋所有权中，（ ）是房屋产权的核心，是房屋产权最根本的权利。

A. 占有权　　B. 使用权

C. 收益权　　D. 处分权

【答案】D

【例题4】房屋所有权中，（ ）是产权人收取房产所产生的利益的权利。

A. 占有　　B. 使用

C. 收益　　D. 处分

【答案】C

【解析】收益是产权人收取房产所产生的利益的权利，如将房屋出租收取的租金、用房屋作为合伙入股取得红利等。

【例题5】我国房屋所有权的特点包括（ ）。

A. 房屋所有权的设立与移转，需办理房屋所有权登记和转移登记手续

B. 国家所有的房屋所有权与使用权不可分离

C. 房屋所有权与其所依附的土地的使用权可分离

D. 房屋所有权的客体是具有一定结构、可供利用的房屋

E. 房屋所有权可以转让，但受到土地使用权转让的制约

【答案】ADE

【解析】房屋所有权与其所依附的土地的使用权不可分离。国家所有的房屋广泛实行所有权与使用权的分离。

【例题6】因法律行为继受取得房屋所有权是取得房屋所有权最普遍的方法，通常包括（ ）。

A. 房屋买卖　　B. 房屋拍卖

C. 房屋继承　　D. 房屋赠与

E. 房屋相互交换

【答案】ABDE

【解析】因法律行为继受取得房屋所有权是取得房屋所有权最普遍的方法，通常有以下几种形式：房屋买卖（包括拍卖）；房屋赠与；房屋相互交换。

【例题7】引起房屋所有权消灭的法律事实包括（ ）。

A. 地震引起房屋的毁灭

B. 依法建造房屋

C. 收归国有的无主房屋

D. 依法没收房屋

【答案】A

【解析】引起房屋所有权消灭的法律事实有如下几种：房屋产权主体的消灭；房屋产权客体的消灭如地震引起房屋的毁灭等；房产转让、受赠等引起原房产权利人对该房产权利的消灭；因国家行政命令或法院判决而丧失；房产所有权人放弃所有权。

二、建设用地使用权

此部分的法规政策依据包括：①《土地管理

法》；②《物权法》；③《城市房地产管理法》；④《城镇国有土地使用权出让和转让暂行条例》；⑤《土地管理法实施条例》；⑥《基本农田条例》；⑦《招标拍卖挂牌出让国有建设用地使用权规定》；⑧《划拨用地目录》（国土资源部令第9号）；⑨《闲置土地处置办法》。其中，《闲置土地处置办法》已于2012年5月22日国土资源部第1次部务会议修订，并以国土资源部令第53号颁布《闲置土地处置办法》，原国土资源部令第5号《闲置土地处置办法》同时废止。

本部分中，国有建设用地使用权出让和划拨政策，是考试的重点。难点主要是闲置土地处置的新政策。

（一）国有建设用地使用权出让的主要考点

1. 国有建设用地使用权出让的概念及特征。

国有建设用地使用权出让，是指国家将国有土地使用权在一定年限内出让给土地使用者，由土地使用者向国家支付土地使用权出让金的行为。

2. 国有土地使用权出让法律依据、出让方式（招标、拍卖或者挂牌）和出让程序。

3. 国有建设用地使用权出让年限：（1）居住用地70年；（2）工业用地50年；（3）教育、科技、文化卫生、体育用地50年；（4）商业、旅游、娱乐用地40年；（5）综合或其他用地50年。

4. 土地使用权收回。国家收回土地使用权有多种原因，如使用权期间届满、提前收回等。

5. 国有建设用地使用权终止情形：建设用地使用权因土地灭失而终止；国有建设用地使用权因土地使用者的抛弃而终止。

6. 国有建设用地使用权出让合同签订主体、内容（依据《国有建设用地使用权出让合同》示范文本）。

7. 关于改变土地用途处置法律、法规依据。

（1）《物权法》第一百四十条：建设用地使用权人应当合理利用土地，不得改变土地用途；需要改变土地用途的，应当依法经有关行政主管部门批准。

（2）《土地管理法》第五十六条：建设单位使用国有土地的，应当按照土地使用权出让等有偿使用合同的约定或者土地使用权划拨批准文件的规定使用土地；确需改变该幅土地建设用途的，应当经有关人民政府土地行政主管部门同意，报原批准用地的人民政府批准。其中，在城市规划区内改变土地用途的，在报批前，应当先经有关城市规划行政主管部门同意。

（3）《城市房地产管理法》第十七条：土地使用者需要改变土地使用权出让合同约定的土地用途的，必须取得出让方和市、县人民政府城市规划行政主管部门的同意，签订土地使用权出让合同变更协议或者重新签订土地使用权出让合同，相应调整土地使用出让金。

（4）《城镇国有土地使用权出让和转让暂行条例》第十八条：土地使用者需要改变土地使用权出让合同规定的土地用途的，应当征得出让方同意并经土地管理部门和城市规划部门批准，依照本章的有关规定重新签订土地使用权出让合同，调整土地使用权出让金，并办理登记。

（5）《协议出让国有土地使用权规定》第十六条：以协议出让方式取得国有土地使用权的土地使用者，需要将土地使用权出让合同约定的土地用途改变为商业、旅游、娱乐和商品住宅等经营性用途的，应当取得出让方和市、县人民政府城市规划部门的同意，签订土地使用权出让合同变更协议或者重新签订土地使用权出让合同，按变更后的土地用途，以变更时的土地市场价格补交相应的土地使用权出让金，并依法办理土地使用权变更登记手续。

8. 闲置土地的处理

（1）处置方式

新的《闲置土地处置办法》明确：对因属于政府、政府有关部门的行为造成动工开发延迟的情形造成土地闲置的，市、县国土资源主管部门应当与国有建设用地使用权人协商，选择下列方式处置。

① 延长动工开发期限。从补充协议约定的动工开发日期起，延长动工开发期限最长不得超过一年。

② 调整土地用途、规划条件。

③ 由政府安排临时使用。临时使用期限最长不得超过两年。

④ 协议有偿收回国有建设用地使用权。

⑤ 置换土地。

（2）征收土地闲置费和无偿收回土地

不属于政府、政府有关部门的行为造成动工开发延迟的，对未动工开发满一年的，由市、县国土资源主管部门报经本级人民政府批准后，向国有建设用地使用权人下达《征缴土地闲置费决定书》，按照土地出让价款的20%征缴土地闲置费。未动工开发满两年的，由市、县国土资源主管部门按照规定，报经有批准权的人民政府批准后，向国有建设用地使用权人下达《收回国有建设用地使用权决定书》，无偿收回国有建设用地使用权。

【例题1】下列房屋中，可以采用协议方式取得建设用地使用权的是（ ）。

A. 社区小型超市

B. 环保器材厂生产车间

C. 非盈利的社会团体办公楼

D. 限房价、限套型普通商品住房

【答案】C

【解析】协议出让，是指政府作为土地所有者（出让人）与选定的受让方磋商用地条件及价款，达成协议并签订国有建设用地使用权出让合同，有偿出让土地使用权的行为。协议出让方式的特点是自由度大，不利于公平竞争。这种方式适用于公共福利事业和非盈利性的社会团体、机关单位用地和某些特殊用地。

【例题2】下列用地中，应通过出让方式取得建设用地使用权的是（　）。

A. 旅游用地

B. 国家机关用地

C. 公益事业用地

D. 城市基础设施用地

【答案】A

【解析】《物权法》规定，工业、商业、旅游、娱乐和商品住宅等经营性用地以及同一土地有两个以上意向用地者的，应当采取招标、拍卖等公开竞价的方式出让。B、C、D 三项用地均可以通过划拨方式取得。

【例题3】住宅建设用地使用权期间届满，法律规定（　）。

A. 可以续期

B. 自动续期

C. 申请续期给予批准

D. 由国家无偿收回

【答案】B

【解析】依据《物权法》规定，住宅建设用地使用权期间届满的，自动续期。非住宅建设用地使用权期间届满，土地使用者需要继续使用土地的，应当至迟于届满前一年申请续期，除根据社会公共利益需要收回该幅土地的，应当予以批准。

【例题4】国家可以依法收回建设用地使用权的情形有（　）。

A. 地震导致房屋灭失

B. 建设用地使用权届满

C. 司法机关决定收回建设用地使用权

D. 土地使用者未如期支付地价款

E. 土地使用者未按合同约定的期限和条件开发与利用土地

【答案】BCDE

【解析】国家收回土地使用权有多种原因，具体包括：①土地使用权期间届满收回；②提前收回国有土地使用权。国有土地使用权期间届满前，因公共利益需要提前收回该土地的，应当依法对该土地上的房屋及其他不动产给予补偿，并退还相应的出让金；③因土地使用者不履行土地使用权出让合同收回，有两种情况，一是土地使用者未如期支付地价款，二是土地使用者未按合同约定的期限和条件开发与利用土地；④司法机关决定收回土地使用权。

【例题5】在土地使用期限内，取得国有建设用地使用权的单位对土地拥有（　）。

A. 所有权　　B. 使用权

C. 占有权　　D. 收益权

E. 处分权

【答案】BCDE

【解析】经出让取得土地使用权的单位和个人，在土地使用期内没有所有权，只有使用权，在使用土地期限内对土地拥有使用权、占有权、收益权、处分权。

【例题6】下列关于国有土地使用权出让的表述中，错误的是（　）。

A. 国有土地使用权出让市场是土地一级市场

B. 国有土地使用权可以由国家、单位进行出让

C. 集体土地不经征用不得出让

D. 国有土地使用者只有向国家支付了全部土地使用权出让金后才能领取土地使用权证书

【答案】B

【解析】土地使用权出让也称批租或土地一级市场，由国家垄断，任何单位和个人不得出让土地使用权。

【例题7】下列关于国有土地使用权出让的表述中，不正确的是（　）。

A. 国有土地使用权出让的主体是国家

B. 国有土地使用权出让体现的是国家以土地所有者的身份与土地使用者之间关于权利和义务的经济关系

C. 国有土地使用权出让体现的是国家以社会管理者的身份与土地使用者之间的行政法律关系

D. 国有土地使用权出让方与受让方必须签订土地使用权出让合同

【答案】C

【解析】土地使用权出让是国家以土地所有者的身份与土地使用者之间关于权利和义务的经济关系，

具有平等、自愿、有偿、有期限的特点。

【例题8】土地使用权出让金由（　）。

A. 转让方缴纳

B. 受让方缴纳

C. 转让方和受让方各缴纳一半

D. 转让方与受让方协商缴纳

【答案】B

【解析】土地使用权出让金是指通过有偿有限期出让方式取得土地使用权的受让者，按照合同规定的期限，一次或分次提前支付的整个使用期间的地租。

【例题9】下列项目用地中，应办理建设用地使用权出让手续的是（　）。

A. 县级人大办公用地

B. 大型上市公司办公用地

C. 公立学校扩建用地

D. 公共体育场馆建设用地

【答案】B

【解析】《招标拍卖挂牌出让国有建设用地使用权规定》（国土资源部令第39号）同时规定商业、旅游、娱乐和商品住宅用地，必须采取拍卖、招标或者挂牌方式出让。

【例题10】商业用地不能采取（　）方式出让。

A. 招标　　B. 拍卖

C. 挂牌　　D. 协议

【答案】D

【例题11】按照有关规定，必须采取拍卖、招标或者挂牌方式出让的有（　）。

A. 商业用地　　B. 旅游用地

C. 娱乐用地　　D. 商品住宅用地

E. 廉租住房用地

【答案】ABCD

【例题12】国家规定，商品住宅用地必须采取（　）方式出让。

A. 抽签　　B. 招标

C. 拍卖　　D. 协议

E. 挂牌出让

【答案】BCE

【例题13】下列用地中，可以采取协议方式出让国有建设用地使用权的是（　）。

A. 商业用地

B. 商品住宅用地

C. 非营利的社会团体用地

D. 娱乐用地

【答案】C

【例题14】下列建设用地中，法定出让最高年限为50年的有（　）。

A. 纺织厂　　B. 普通商品住宅

C. 私立学校　　D. 旅游度假村

E. 高尔夫球场

【答案】AC

【解析】普通商品住宅法定出让年限最高为70年，旅游度假村、高尔夫球场属于旅游、娱乐用地，法定出让年限最高为40年。工业用地法定出让年限最高为50年。教育、科技、文化卫生、体育用地法定出让年限最高为50年。

【例题15】下列用地，法定出让年限为50年的有（　）。

A. 居住用地　　B. 工业用地

C. 体育用地　　D. 娱乐用地

E. 旅游用地

【答案】BC

【例题16】下列关于国有建设用地使用权出让最高年限的表述中，错误的是（　）。

A. 私立学校用地50年

B. 厂房用地50年

C. 大型超市用地50年

D. 别墅用地70年

【答案】C

【例题17】下列用地中，出让国有建设用地使用权法定年限最高为50年的有（　）。

A. 廉租住房用地

B. 酒厂用地

C. 教育、科技用地

D. 文化、体育用地

E. 度假村用地

【答案】BCD

【解析】《城镇国有土地使用权出让和转让暂行条例》规定，工业用地法定出让年限最高为50年。教育、科技、文化卫生、体育用地法定出让年限最高为50年。度假村用地属于旅游用地，法定出让年限最高为应为40年。廉租住房用地为划拨用地，无使用期限的限制。

【例题18】某医院计划在2006年年底通过出让方式取得一宗土地使用权用于扩建门诊大楼，如果能按计划获得土地，根据我国法律有关规定，在出让合同中国有土地使用时间最晚能签到（　）年底。

A. 2046　　B. 2056

C. 2066　　　　　　D. 不设定年期

【答案】B

【解析】教育、科技、文化、卫生、体育用地法定出让年限最高为50年。

【例题19】依据《物权法》的规定，住宅建设用地使用权期间届满的，（ ）。

A. 由国家无偿收回

B. 自动续期

C. 应于届满前6个月申请续期

D. 应于届满前1年申请续期

【答案】B

【例题20】下列关于建设用地使用权期间届满后的处理的表述中，正确的是（ ）。

A. 非住宅建设用地使用权期间届满后，自动续期

B. 住宅建设用地使用权期间届满后，自动续期

C. 非住宅建设用地使用权期间届满后，土地使用者需要继续使用土地的，应当至迟于期满前6个月申请续期

D. 非住宅建设用地使用权期间届满后，土地使用者需要继续使用土地的，应当至迟于期满前2年申请续期

【答案】B

【解析】《物权法》第一百四十九条规定，住宅建设用地使用权期间届满的，自动续期。非住宅建设用地使用权期间届满后的续期，依照法律规定办理。

【例题21】国家可以收回出让土地使用权的情况包括（ ）。

A. 土地使用权期限届满

B. 未按照合同约定支付土地使用权出让金

C. 司法机关决定没收

D. 房屋灭失

E. 土地使用者未按合同约定的期限和条件开发与利用土地

【答案】ABCE

【例题22】土地使用权出让合同由（ ）与土地使用者签订。

A. 市人民政府

B. 县人民政府

C. 省人民政府土地管理部门

D. 市、县人民政府土地管理部门

【答案】D

【解析】《城镇国有土地使用权出让和转让暂行条例》规定，土地使用权出让合同应当按照平等、自愿、有偿的原则，由市、县人民政府土地管理部门与土地使用者签订。

【例题23】土地使用者延期付款超过（ ）日，经催交后仍不能支付国有建设用地使用权出让价款的，土地管理部门有权解除合同并可主张违约赔偿。

A. 15　　　　　　B. 30

C. 45　　　　　　D. 60

【答案】D

【解析】在签订出让合同后，土地使用者应缴纳定金并按约定期限支付地价款，土地使用者延期付款超过60日，经土地管理部门催交后仍不能支付国有建设用地使用权出让价款的，土地管理部门有权解除合同，并可以请求违约赔偿。

【例题24】C房地产开发公司征收B县W村的40亩基本农田以外的耕地，欲建一住宅小区。2012年5月1日，C房地产开发公司签订了出让合同，按照规定，C房地产开发公司应在（ ）日前，支付全部地价款。

A. 2012年7月1日

B. 2012年8月1日

C. 2012年9月1日

D. 2012年10月1日

【答案】A

【解析】土地使用者应当在签订土地使用权出让合同后60日内，支付全部土地使用权出让金。

【例题25】开发商在以出让方式获得的土地上建商品住宅，后来在该块土地上改建商场，则必须（ ）。

A. 经规划管理部门同意

B. 经房产管理部门同意

C. 经原土地使用权出让方同意

D. 重新签订土地使用权出让合同或签订合同变更协议

E. 调整土地使用权出让金

【答案】ACDE

【解析】《城镇国有土地使用权出让和转让暂行条例》规定：土地使用者需要改变土地使用权出让合同规定的土地用途的，应当征得出让方同意并经土地管理部门和城市规划部门批准，依照本章的有关规定重新签订土地使用权出让合同，调整土地使用权出让金，并办理登记。

【例题26】以出让方式取得土地使用权的，转让

房地产后，受让人改变原土地使用权出让合同约定的土地用途，必须取得（ ）的同意，并依法办理相关手续。

A. 原出让方

B. 转让人

C. 规划行政主管部门

D. 原出让方和市、县规划行政主管部门

【答案】D

【解析】用地单位改变土地利用条件及用途，必须取得出让方和市、县人民政府城市规划行政管理部门的同意，变更或重新签订出让合同并相应调整地价款。

【例题 27】甲公司负责城市市区危改地块 A 的土地一级开发工作，甲公司委托乙公司承担拆迁业务。土地一级开发后收归市土地储备中心所有，并以住宅用地性质进行国有土地使用权拍卖。该地块的使用权由丙公司竞买得到。半年后，丙公司将该地块转让给丁公司，丁公司欲在该地块开发商业地产项目，而不建设住宅。

①《城镇国有土地使用权出让和转让暂行条例》规定，居住用地出让的最高年限为（ ）年。

A. 40　　B. 50

C. 60　　D. 70

【答案】D

【解析】《城镇国有土地使用权出让和转让暂行条例》规定的居住用地的土地使用权出让的最高年限为 70 年。

② 丁公司欲改变土地使用性质，须办理的手续和程序为（ ）。

A. 取得土地出让方和市、县人民政府城市规划行政主管部门的同意

B. 签订土地使用权出让合同变更协议或者重新签订土地使用权出让合同

C. 将该地块重新进行拍卖

D. 调整土地使用权出让金

【答案】ABD

【例题 28】对非属于政府、政府有关部门的行为造成动工开发延迟的，如果未动工开发满一年的，由市、县国土资源主管部门报经本级人民政府批准后，按照土地出让或者划拨价款的 20% 征缴（ ）。

A. 耕地占用税　　B. 土地使用税

C. 土地荒芜费　　D. 土地闲置费

【答案】D

【解析】对非属于政府、政府有关部门的行为造成动工开发延迟的，如果未动工开发满一年的，由市、县国土资源主管部门报经本级人民政府批准后，按照土地出让或者划拨价款的 20% 征缴土地闲置费。

（二）国有建设用地使用权划拨的主要考点

1. 国有建设用地使用权划拨的概念。

土地使用权划拨是指县级以上人民政府依法批准，在用地者缴纳补偿、安置等费用后将该幅土地交其使用，或者将土地使用权无偿交给土地使用者使用的行为。

2. 划拨国有建设用地使用权的范围：

（1）国家机关用地和军事用地；

（2）城市基础设施和公益事业用地；

（3）国家重点扶持的能源、交通、水利等项目用地；

（4）法律、行政法规规定的其他用地。

3. 划拨国有建设用地使用权的管理：可转让、出租和抵押的条件。

4. 国有企业改革中的划拨土地。对国有企业改革中涉及的划拨土地使用权，可分别采取国有土地出让、租赁、作价出资（入股）和保留划拨土地使用权等方式予以处置。

5. 凡上缴土地收益的土地，仍按划拨土地进行管理。

6. 划拨土地使用权的收回，国家无偿收回划拨土地使用权时，对其地上建筑物、其他附着物，根据实际情况应给原土地使用者适当补偿。

【例题 1】张某继承商铺 1 间，商铺土地使用权以划拨方式取得。经批准，张某将商铺转让给王某，土地使用权出让金应由（ ）缴纳。

A. 张某　　B. 王某

C. 张某与王某共同　　D. 张某和王某协商

【答案】B

【解析】划拨土地的转让有两种规定：①报有批准权的人民政府审批准予以转让的，应当由受让方办理土地使用权出让手续，并依照国家有关规定缴纳土地使用权出让金；②可不办理出让手续，但转让方应将所获得的收益中的土地收益上缴国家。本题中，该商铺土地使用权以划拨方式取得，经批准予以转让，应当由受让方王某办理出让手续、缴纳土地使用权出让金。

【例题 2】除法律、法规另有规定外，以（ ）方式取得的国有建设用地使用权没有使用期限的限制。

A. 出让　　B. 租赁

C. 抵押　　　　　　D. 划拨

【答案】D

【解析】除法律、法规另有规定外，划拨土地没有使用期限的限制，但未经许可不得进行转让、出租、抵押等经营活动。

【例题3】下列用地中，可以采取划拨方式取得使用权的有（　）。

A. 商品住宅小区用地

B. 加油站用地

C. 县人民公园用地

D. 军事设施用地

E. 造纸厂用地

【答案】CD

【解析】商品住宅小区用地、加油站用地、造纸厂用地，应以出让方式取得。

【例题4】经县级以上人民政府依法批准，可以以划拨方式取得土地使用权的有（　）。

A. 商品房建设用地

B. 商业用地

C. 学校办公楼建设用地

D. 工业用地

【答案】C

【解析】A、B、C三项：工业、商业旅游、娱乐和商品住宅等经营性用地以及同一宗地有两个以上意向用地者的，应以招标、拍卖或挂牌方式出让。

【例题5】下列用地中，不宜划拨供给的是（　）。

A. 部队伙房建设用地

B. 工商管理所办公楼建设用地

C. 上市公司保卫科值班室建设用地

D. 科技博物馆扩建项目建设用地

【答案】C

【解析】上市公司保卫科值班室建设用地，属于企业用地。

【例题6】关于划拨土地使用权的说法，错误的有（　）。

A. 以划拨方式取得土地使用权无须交纳土地出让金

B. 划拨土地使用权除法律法规另有规定外，没有使用期限的限制

C. 国家无偿收回划拨土地使用权时，对其地上建筑物不予补偿

D. 无地上建筑物的划拨土地使用权未经许可不得转让

E. 无地上建筑物的划拨土地使用权出租无须批准

【答案】CE

【解析】除法律、法规另有规定外，划拨土地没有使用期限的限制，但未经许可不得进行转让、出租、抵押等经营活动。国家无偿收回划拨土地使用权时，对其地上建筑物、其他附着物，根据实际情况应给原土地使用者适当补偿。《划拨土地使用权管理暂行办法》第六条规定，符合下列条件的，经市、县人民政府土地管理部门批准，其土地使用权可以转让、出租、抵押：①土地使用者为公司、企业、其他经济组织和个人；②领有国有土地使用证；③具有合法的地上建筑物、其他附着物产权证明；④依照《城镇国有土地使用权出让和转让暂行条例》和本办法规定签订土地使用权出让合同，向当地市、县人民政府交付土地使用权出让金或者以转让、出租、抵押所获收益抵交土地使用权出让金。

【例题7】依据《城市房地产管理法》和《城镇国有土地使用权出让和转让暂行条例》规定，以划拨方式取得的土地使用权（　）。

A. 一律不得转让

B. 经批准可以出租

C. 可以随房屋所有权一并抵押

D. 可以收回

E. 除法律、行政法规另有规定外，没有使用期限的限制

【答案】BCDE

【例题8】对国有企业改革中涉及的划拨土地使用权，可分别采取（　）等方式予以处置。

A. 国有土地出让

B. 国有土地转让

C. 国有土地租赁

D. 国有土地作价出资（入股）

E. 保留划拨土地使用权

【答案】ACDE

【解析】对国有企业改革中涉及的划拨土地使用权，可分别采取国有土地出让、租赁、作价出资（入股）和保留划拨土地使用权等方式予以处置。

（三）国有建设用地使用权租赁或入股的主要考点

1. 国有建设用地使用权租赁的概念。

国有土地租赁是指国家将国有土地租给使用者使用，由使用者与县级以上人民政府土地行政管理部门签订一定年期的土地租赁合同，并支付租金的行为。

国有土地租赁是国有土地有偿使用的一种形式，是出让方式的补充。

2. 国有土地租赁的方式。国有土地租赁，可以采用招标、拍卖或者双方协议的方式，有条件的，必须采取招标、拍卖方式。

3. 国有土地租赁的期限。国有土地租赁可以根据具体情况实行短期租赁和长期租赁。短期租赁年限一般不超过5年。

4. 国有土地租赁合同。租赁期限在六个月以上的国有土地租赁，应当由市、县土地行政主管部门与土地使用者签订租赁合同。

5. 国有土地使用权作价出资或入股。

国有土地使用权作价出资或入股，是指国家以一定年期的国有土地使用权作价，作为出资投入改组后的新设企业，该土地使用权由新设企业持有，可以依照土地管理法律、法规关于出让土地使用权的规定转让、出租、抵押。

【例题1】根据有关规定，国有土地租赁可以根据具体情况实行短期租赁和长期租赁。短期国有土地租赁的年限一般不超过（ ）年。

A. 5　　B. 10

C. 15　　D. 20

【答案】A

【解析】短期国有土地租赁的年限一般不超过5年。

【例题2】国有土地租赁期限在（ ）个月以上的，应当由市、县土地行政主管部门与土地使用者签订租赁合同。

A. 3　　B. 6

C. 9　　D. 12

【答案】B

【例题3】承租的国有建设用地使用权不能（ ）。

A. 转租　　B. 转让

C. 抵押　　D. 出让

【答案】D

【解析】承租土地使用权转租、转让或抵押，必须依法登记。

【例题4】承租人将承租土地转租给第三人，承租建设用地使用权归（ ）所有。

A. 原承租人

B. 第三人

C. 原承租人和第三人共有

D. 原承租人和第三人协商

【答案】A

（四）集体建设用地使用权的主要考点

1. 农村村民一户只能拥有一处宅基地，其宅基地的面积不得超过省、自治区、直辖市规定的标准。

2. 农村村民住宅用地，经乡（镇）人民政府审核，由县级人民政府批准；其中，涉及占用农用地的，依照《土地管理法》第四十四条的规定办理审批手续。

农村村民出卖、出租住房后，再申请宅基地的，不予批准。

3. 有下列情形之一的，农村集体经济组织报经原批准用地的人民政府批准，可以收回土地使用权：

（1）为乡（镇）村公共设施和公益事业建设，需要使用土地的；

（2）不按照批准的用途使用土地的；

（3）因撤销、迁移等原因而停止使用土地的。

依照前款第（1）项规定收回农民集体所有的土地的，对土地使用权人应当给予适当补偿。宅基地因自然灾害等原因灭失的，宅基地使用权消灭。对失去宅基地的村民，应当重新分配宅基地。

【例题1】依据有关规定，对于农村村民住宅，下列说法正确的有（ ）。

A. 农村村民每户只能有一处宅基地

B. 农村村民每户只能有两处宅基地

C. 回乡落户的城镇居民可申请宅基地

D. 村民因住房出卖、出租而使宅基地达不到标准的，不得申请宅基地

E. 农村村民建房，经乡（镇）人民政府批准后即可建设

【答案】AD

【解析】农村村民每户只能有一处宅基地，回乡落户的城镇居民不可申请宅基地。农村村民建住宅需要使用宅基地的，应向本集体经济组织提出申请，并在本集体经济组织或村民小组张榜公布。公布期满无异议的，报经乡（镇）审核后，报县（市）审批。

【例题2】张庄村民田某，于1992年申请宅基地建房居住，2000年7月，田某将其房屋租赁给外来打工人员居住，并收取租金。2001年，田某再次以无房居住为由，申请宅基地，按照《土地管理法》的规定，当地人民政府应（ ）。

A. 没收田某出租房屋所得

B. 对田某予以罚款

C. 在批准时核减用地数量

D. 对田某的申请不予批准

【答案】D

【解析】《土地管理法》第六十二条第四款规定，农村村民出卖、出租住房后，再申请宅基地的，不予批准。

三、国有土地上房屋征收

此部分的法规、政策依据包括：①《城市房地产管理法》；②《土地管理法》；③《物权法》；④《国有土地上房屋征收与补偿条例》、《国有土地上房屋征收评估办法》；⑤最高人民法院《关于办理申请人民法院强制执行国有土地上房屋征收补偿决定案件若干问题的规定》（法释［2012］4号）。

本部分中，房屋征收概述内容和房屋征收补偿政策，是学习和考试的重点。难点是房屋征收补偿评估的具体规定。

1. 房屋征收概述中有：房屋征收主体，房屋征收部门，征收决定程序。

2. 房屋征收补偿中有：合法建筑和临时建筑补偿，补偿内容，被征收房屋价值的评估。

3. 房屋征收强制执行的依据是《关于办理申请人民法院强制执行国有土地上房屋征收补偿决定案件若干问题的规定》（法释［2012］4号）。

4. 被征收房屋价值评估时点：房屋征收决定公告之日。

5. 被征收房屋价值考虑因素：被征收房屋的区位、用途、建筑结构、新旧程度、建筑面积以及占地面积、土地使用权等。

6. 申请人民法院强制执行征收补偿决定案件，由房屋所在地基层人民法院管辖，高级人民法院可以根据本地实际情况决定管辖法院。

【例题1】申请人民法院强制执行征收补偿决定的案件，应由房屋所在地（ ）管辖。

A. 基层人民法院

B. 中级人民法院

C. 高级人民法院

D. 最高级人民法院

【答案】A

【解析】申请人民法院强制执行征收补偿决定案件，由房屋所在地基层人民法院管辖，高级人民法院可以根据本地实际情况决定管辖法院。

【例题2】以下（ ），界定了公共利益的范围。

A.《物权法》

B.《土地管理法》

C.《城市房地产管理法》

D.《国有土地上房屋征收与补偿条例》

【答案】D

【例题3】《国有土地上房屋征收与补偿条例》所确定的公共利益包括（ ）。

A. 高档商品住房工程建设的需要

B. 由政府组织实施的能源、交通、水利等基础设施建设的需要

C. 由政府组织实施的防灾减灾的需要

D. 由政府组织实施的保障性安居工程建设的需要

E. 外交的需要

【答案】BCDE

【解析】《国有土地上房屋征收与补偿条例》界定了公共利益的范围，即：①国防和外交的需要；②由政府组织实施的能源、交通、水利等基础设施建设的需要；③由政府组织实施的科技、教育、文化、卫生、体育、环境和资源保护、防灾减灾、文物保护、社会福利、市政公用等公共事业的需要；④由政府组织实施的保障性安居工程建设的需要；⑤由政府依照城乡规划法有关规定组织实施的对危房集中、基础设施落后等地段进行旧城区改建的需要；⑥法律、行政法规规定的其他公共利益的需要。

【例题4】国有土地上房屋征收主体是（ ）。

A. 国务院

B. 省级人民政府

C. 市、县级人民政府

D. 房屋征收部门

【答案】C

【解析】国有土地上房屋征收的主体是市、县级人民政府。市、县级人民政府负责本行政区域的房屋征收与补偿工作。房屋征收部门可以委托房屋征收实施单位，承担房屋征收与补偿的具体工作，并对其在委托范围内实施的房屋征收与补偿行为负责监督，对其行为后果承担法律责任。

【例题5】按照《国有土地上房屋征收与补偿条例》规定，对征收补偿方案进行论证、修改后，市、县级人民政府应当予以公布，征求公众意见，期限不得少于（ ）日。

A. 15　　B. 30

C. 45　　D. 60

【答案】B

【例题6】以下关于房屋征收决定，说法错误的是（ ）。

A. 房屋被依法征收的，国有土地使用权同时

收回

B. 房屋征收实施单位有权作出房屋征收决定

C. 房屋征收决定涉及被征收人数量较多的，应当经政府常务会议讨论决定

D. 作出房屋征收决定后应当及时公告

【答案】B

【解析】为了保障国家安全、促进国民经济和社会发展等公共利益的需要，确需征收房屋的，应由市、县级人民政府作出房屋征收决定。

【例题7】房屋征收部门暂停办理相关手续的书面通知应当载明暂停期限。暂停期限最长不得超过（ ）。

A. 1 年　　B. 2 年

C. 3 年　　D. 5 年

【答案】A

【例题8】国有土地上房屋征收中，不予补偿的有（ ）。

A. 简易建筑　　B. 违法建筑

C. 危险房屋　　D. 公益事业房屋

E. 超过批准期限的临时建筑

【答案】BE

【解析】对认定为合法建筑和未超过批准期限的临时建筑，应当给予补偿，对认定为违法建筑和超过批准期限的临时建筑的，不予补偿。

【例题9】根据《国有土地上房屋征收与补偿条例》规定，房屋征收范围确定后，以下说法错误的是（ ）。

A. 不得在房屋征收范围内实施新建房屋

B. 不得在房屋征收范围内实施扩建房屋

C. 不得改变房屋用途

D. 不得转让房屋

【答案】D

【解析】房屋征收范围确定后，不得在房屋征收范围内实施新建、扩建、改建房屋和改变房屋用途等不当增加补偿费用的行为；违反规定实施的，不予补偿。

【例题10】2011 年 8 月，某城市作出房屋征收决定，被征收国有土地由甲房地产开发企业（以下简称“甲企业”）开发经济适用住房，项目总投资预算为 6 000 万元。刘某自有的一套住宅被征收，选择房屋产权调换的补偿方式。补偿协议约定，刘某取得该项目的一套经济适用住房和部分货币补偿。刘某应获得的补偿为（ ）。

A. 被征收房屋价值的补偿

B. 刘某精神损失补偿

C. 因征收房屋造成的搬迁临时安置的补偿

D. 因征收房屋造成的刘某误工损失补偿

【答案】ACD

【解析】作出房屋征收决定的市、县级人民政府对被征收人给予的补偿包括：①被征收房屋价值的补偿；②因征收房屋造成的搬迁、临时安置的补偿；③因征收房屋造成的停产停业损失的补偿。

【例题11】对国有土地上被征收房屋价值的补偿，不得低于房屋征收决定公告之日被征收房屋类似房地产的（ ）。

A. 重置价格　　B. 租赁价格

C. 评估价格　　D. 市场价格

【答案】D

【解析】《国有土地上房屋征收与补偿条例》规定：“对被征收房屋价值的补偿，不得低于房屋征收决定公告之日被征收房屋类似房地产的市场价格。”

【例题12】对被征收房屋价值的补偿，不得低于（ ）被征收房屋类似房地产的市场价格。

A. 房屋征收确定之日

B. 房屋征收决定公告之日

C. 签订房屋征收协议之日

D. 房屋征收实施之日

【答案】B

【例题13】2011 年 8 月，某城市作出房屋征收决定，被征收国有土地由甲房地产开发企业（以下简称“甲企业”）开发经济适用住房，项目总投资预算为 6 000 万元。刘某自有的一套住宅被征收，选择房屋产权调换的补偿方式。补偿协议约定，刘某取得该项目的一套经济适用住房和部分货币补偿。刘某签订的补偿协议的另一方为（ ）。

A. 甲企业

B. 该市人民政府土地管理部门

C. 该市人民政府房屋征收部门

D. 该市人民政府房地产管理部门

【答案】C

【解析】房屋征收部门与被征收人就补偿方式、补偿金额和支付期限、用于产权调换房屋的地点和面积、搬迁费、临时安置费或者周转用房、停产停业损失、搬迁期限、过渡方式和过渡期限等事项，订立补偿协议。

【例题14】申请人民法院强制执行房屋征收补偿决定案件，（ ）可以根据本地实际情况决定管辖法院。

A. 基层人民法院　　B. 中级人民法院

C. 高级人民法院　　D. 省级人大常委会

【答案】C

【例题15】按照规定，房屋征收强制执行的申请应当自被执行人的法定起诉期限届满之日起（ ）个月内提出；逾期申请的，除有正当理由外，人民法院不予受理。

A. 1　　B. 2

C. 3　　D. 6

【答案】C

【例题16】房屋征收的强制执行实行“裁执分离”为主导的方式，人民法院裁定准予执行的，（ ）。

A. 一般由作出征收补偿决定的市、县级人民政府组织实施

B. 一般由作出征收补偿决定的市、县级人民政府房屋征收部门组织实施

C. 一般由作出征收补偿决定的市、县级人民政府公安部门组织实施

D. 也可以由上级公安机关执行

E. 也可以由人民法院执行

【答案】AE

【例题17】对被征收房屋进行实地查勘时，（ ）应当在实地查勘记录上签字或者盖章确认。

A. 公证机构　　B. 房屋征收部门

C. 人民法院　　D. 注册房地产估价师

E. 被征收人

【答案】BDE

【解析】房屋征收部门、被征收人和注册房地产估价师应当在实地查勘记录上签字或者盖章确认。

【例题18】被征收房屋价值评估时，应当考虑的因素包括被征收房屋的（ ）。

A. 区位　　B. 用途

C. 建筑结构　　D. 建筑面积

E. 查封因素

【答案】ABCD

【解析】被征收房屋价值评估应当考虑被征收房屋的区位、用途、建筑结构、新旧程度、建筑面积以及占地面积、土地使用权等影响被征收房屋价值的因素。被征收房屋价值不考虑被征收房屋租赁、抵押、查封等因素的影响。

【例题19】被征收房屋价值评估不考虑被征收房屋（ ）因素的影响。

A. 区位　　B. 用途

C. 房屋抵押　　D. 使用年限

【答案】C

【解析】被征收房屋价值是指被征收房屋及其占用范围内的土地使用权在正常交易情况下，由熟悉情况的交易双方以公平交易方式在评估时点自愿进行交易的金额，但不考虑被征收房屋租赁、抵押、查封等因素的影响。

【例题20】房屋征收评估方法选用中，被征收房屋或者其类似房地产有经济收益的，应当选用（ ）评估。

A. 市场法　　B. 收益法

C. 成本法　　D. 假设开发法

【答案】B

【解析】被征收房屋的类似房地产有交易的，应当选用市场法评估；被征收房屋或者其类似房地产有经济收益的，应当选用收益法评估；被征收房屋是在建工程的，应当选用假设开发法评估。

【例题21】以下关于房屋征收评估方法选用中，说法正确的是（ ）。

A. 被征收房屋的类似房地产有交易的，应当选用市场法评估

B. 被征收房屋或者其类似房地产有经济收益的，应当选用收益法评估

C. 被征收房屋是在建工程的，应当选用假设开发法评估

D. 被征收房屋是在建工程的，应当选用市场法评估

E. 可以同时选用两种以上评估方法评估的，应当选用两种以上评估方法评估

【答案】ABCE

【例题22】被征收房屋价值评估时点应当为（ ）。

A. 房屋征收确定之日

B. 房屋征收实施之日

C. 签订房屋征收协议之日

D. 房屋征收决定公告之日

【答案】D

【解析】被征收房屋价值评估时点应当为房屋征收决定公告之日。

【例题23】被征收人或者房屋征收部门对评估结果有异议的，应当自收到评估报告之日起10日内，向（ ）申请复核评估。

A. 县级人民政府

B. 县级人民政府房屋征收主管部门

C. 被征收房屋所在地评估专家委员会

D. 房地产价格评估机构

【答案】D

【解析】被征收人或者房屋征收部门对评估结果有异议的，应当自收到评估报告之日起10日内，向房地产价格评估机构申请复核评估。

【例题24】《国有土地上房屋征收评估办法》规定，被征收人或者房屋征收部门对评估结果有异议的，应当自收到评估报告之日起（　）日内，向房地产价格评估机构申请复核评估。

A. 3　　B. 7

C. 10　　D. 30

【答案】C

【例题25】房地产价格评估机构或者房地产估价师出具虚假或者有重大差错的评估报告的，由发证机关责令限期改正，给予警告，对房地产估价师并处（　）罚款，并记入信用档案。

A. 5万元以上10万元以下

B. 5万元以上20万元以下

C. 1万元以上3万元以下

D. 3万元以上10万元以下

【答案】C

【解析】房地产价格评估机构或者房地产估价师出具虚假或者有重大差错的评估报告的，由发证机关责令限期改正，给予警告，对房地产价格评估机构并处5万元以上20万元以下罚款，对房地产估价师并处1万元以上3万元以下罚款，并记入信用档案；情节严重的，吊销资质证书、注册证书；造成损失的，依法承担赔偿责任；构成犯罪的，依法追究刑事责任。

练习题

一、单项选择题（每题的备选答案中只有一个最符合题意）

1. 国有土地，其所有权由国家代表全体人民行使，具体由（　）代表国家行使。

A. 全国人大　　B. 国务院

C. 国土资源部　　D. 住房和城乡建设部

2. 国家实行土地登记制度，由（　）对所管辖的土地进行登记造册。

A. 县级以上人民政府

B. 县级以上人民政府土地管理部门

C. 县级以上人民政府农业管理部门

D. 乡级以上人民政府

3. 以下有可能属于集体所有的自然资源有（　）。

A. 山岭　　B. 矿藏

C. 水流　　D. 海域

4. 按照目前我国土地登记制度规定，属于集体土地的，核发（　）。

A.《国有土地所有证》

B.《国有土地使用证》

C.《集体土地所有证》

D.《集体土地使用证》

5. 按照目前我国土地登记制度规定，属于国有土地的，核发（　）。

A.《国有土地所有证》

B.《国有土地使用证》

C.《集体土地所有证》

D.《集体土地使用证》

6. 按照目前我国土地登记制度规定，使用集体土地的，核发（　）。

A.《国有土地所有证》

B.《国有土地使用证》

C.《集体土地所有证》

D.《集体土地使用证》

7. 耕地中还包括（　）的沟、渠、路和田埂。

A. 南方宽度≥2.0米、北方宽度≥1.0米

B. 南方宽度≥1.0米、北方宽度≥3.0米

C. 南方宽度≥3.0米、北方宽度≥2.0米

D. 南方宽度<1.0米，北方宽度<2.0米

8. 2004年8月28日，十届人大常委会第十一次会议通过了《关于修改〈中华人民共和国土地管理法〉的决定》，区分了（　）。

A. “国有”和“集体”　B. “有偿”和“无偿”

C. “出让”和“转让”　D. “征收”和“征用”

9. 以下不属于土地征收特点的是（　）。

A. 强制使用

B. 必须予以公正补偿

C. 强制收买

D. 必须严格依照法律规定的程序

10.《土地管理法》规定，征收耕地的补偿费用不包括（　）。

A. 土地补偿费

B. 土地使用费

C. 安置补助费

D. 地上附着物和青苗的补偿费

11. 征收基本农田以外的耕地300亩，由（ ）审批。

A. 国务院　　B. 省级政府

C. 市级政府　　D. 县级政府

12. 下列关于目前我国征收土地批准权限规定，说法错误的是（ ）。

A. 征收土地实行两级审批制度，即国务院和省级人民政府

B. 征收农用地的，应先办理农用地转用手续，同时办理征地审批手续

C. 基本农田，由国务院审批

D. 基本农田以外的耕地未超过35公顷的，由国务院审批

13. A房地产开发公司在Z省A市征收基本农田以外的耕地180亩，应由（ ）审批。

A. 国务院　　B. 国土资源部

C. Z省人民政府　　D. A市人民政府

14. 目前，在我国征收土地实行（ ）级审批制度。

A. 一　　B. 两

C. 三　　D. 四

15. A省某开发公司开发一项目，需征收土地20公顷（hm^2）。为保证该项目的整体性，需征收基本农田内的耕地2公顷（hm^2），那么，这一项目的土地批准权为（ ）。

A. A省人民政府

B. 国务院

C. 项目所在地县政府

D. 项目所在地市政府

16. 下列关于临时用地的表述中，正确的是（ ）。

A. 临时用地的期限一般不超过1年

B. 临时用地不需签订土地使用合同

C. 临时用地上不得修建永久性建筑物

D. 临时用地的用途不受约束

17. 房屋所有权中，（ ）是产权人在事实上或法律上对房产进行处置的权利。

A. 占有　　B. 使用

C. 收益　　D. 处分

18. 房屋所有权中，（ ）是产权人对其房屋事实上的控制权，是房屋所有权的基本内容。

A. 占有权　　B. 使用权

C. 收益权　　D. 处分权

19. 房屋所有权中，（ ）一般只能由房屋产权人行使（法律上有特别规定的除外）。

A. 占有权　　B. 使用权

C. 收益权　　D. 处分权

20. 以下不属于我国房屋所有权特点的有（ ）。

A. 房屋的国家所有权、集体所有权和个人所有权同时并存

B. 房屋所有权的客体是单指组成房屋的材料

C. 国家所有的房屋广泛实行所有权与使用权的分离

D. 房屋所有权可以转让，但受到土地使用权转让的制约

21. 以下（ ），不属于因法律行为继受取得房屋所有权形式。

A. 房屋相互交换　　B. 房屋赠与

C. 房屋继承　　D. 房屋买卖

22. 以下关于业主的建筑物区分所有权包括的基本内容，说法不正确的是（ ）。

A. 对专有部分享有所有权

B. 对专有部分及建筑区划内的共有部分享有共有权

C. 对建筑区划内的共有部分享有共有权

D. 对共有部分享有共同管理的权利

23. 下列项目用地必须办理建设用地使用权出让手续的是（ ）。

A. “鸟巢”场馆建设用地

B. 国家大剧院建设用地

C. 地方政协办公用地

D. 房地产开发公司办公用地

24. 可以采用协议方式出让国有土地使用权的是（ ）。

A. 商业用地

B. 商品住宅用地

C. 非营利的社会团体用地

D. 旅游用地

25. 大型超市、工业厂房的土地使用权出让的最高年限分别为（ ）年。

A. 50、40　　B. 40、70

C. 40、50　　D. 50、70

26. 目前，工业用地出让年限最高为（ ）年。

A. 40　　B. 50

C. 60　　D. 70

27. 根据规定，教育、科技用地土地使用权出让的年限最高为（ ）。

A. 40 年　　B. 50 年

C. 60 年　　D. 70 年

28. 甲开发商 2002 年按法定最高出让年限取得一块商业用地的土地使用权，2004 年李某购得该地块上建成的商业用房一间，五年后又将该房转让给王某。王某取得该房的土地使用年限是（ ）年。

A. 33　　B. 35

C. 38　　D. 40

29. 甲开发公司按法定最高年限取得了某综合用地出让土地使用权，在取得土地使用权 2 周年时建成综合楼一座，底层为商铺，二层以上为办公用房。此时办公用房占用的土地使用权的剩余使用年限为（ ）年。

A. 38　　B. 40

C. 48　　D. 50

30. 非住宅建设用地使用权出让合同约定的使用年限届满，土地使用者需要继续使用土地的，应当至迟于期满前（ ）向土地管理部门提出申请。

A. 一年　　B. 二年

C. 三年　　D. 四年

31. 土地使用者应当在签订土地使用权出让合同后（ ）日内，支付全部土地使用权出让金。

A. 15　　B. 30

C. 45　　D. 60

32. 2014 年 1 月 1 日，B 企业取得了位于 A 市市中心的一商业建设用地使用权。按照土地使用权出让年限规定，如果该项出让合同约定的使用年限届满，B 企业需要继续使用该幅土地的，应当至迟于（ ）申请续期。

A. 2053 年 1 月 1 日至 2053 年 12 月 31 日

B. 2054 年 1 月 1 日至 2054 年 12 月 31 日

C. 2063 年 1 月 1 日至 2063 年 12 月 31 日

D. 2064 年 1 月 1 日至 2064 年 12 月 31 日

33. B 县 W 房地产开发公司取得 A 市 B 县县城一住宅土地使用权，按照规定，建设用地使用权出让合同由（ ）与 W 房地产开发公司签订。

A. A 市人民政府

B. A 市人民政府土地管理部门

C. B 县人民政府

D. B 县人民政府土地管理部门

34. 闲置土地处置中，从补充协议约定的动工开发日期起，延长动工开发期限最长不得超过（ ）。

A. 6 个月　　B. 9 个月

C. 1 年　　D. 2 年

35. 对不属于政府、政府有关部门的行为造成动工开发延迟的，如果未动工开发满一年的，由市、县国土资源主管部门报经本级人民政府批准后，按照土地出让或者划拨价款的（ ）征缴土地闲置费。

A. 10%　　B. 20%

C. 30%　　D. 40%

36. 以下用地中，不应划拨供给的有（ ）。

A. 军队营房建设用地

B. 行政服务中心大楼建设用地

C. 119 指挥中心建设用地

D. 民营公司扩建项目建设用地

37. 按照现行政策，国有企业改造或改组为国有独资公司的，其划拨土地使用权，经批准可保留划拨土地使用权，但保留划拨土地方式的期限不超过（ ）年。

A. 5　　B. 6

C. 8　　D. 10

38. 租赁期限（ ）个月以上的国有土地租赁，应当由市、县土地行政主管部门与土地使用者签订租赁合同。

A. 1　　B. 3

C. 6　　D. 9

39. 农村居民建住宅申请用地时，对（ ）的，政府不予批准。

A. 使用原有宅基地

B. 使用村内空闲地

C. 使用村内废弃地

D. 出租住宅后再申请宅基地

40. 房屋征收的主体是（ ）。

A. 市、县级人民政府房屋征收管理部门

B. 省级人民政府房屋征收管理部门

C. 市、县级人民政府

D. 省级人民政府

41. 房屋征收补偿方案的拟定主体是（ ）。

A. 房地产开发企业

B. 房屋征收实施单位

C. 房屋征收部门

D. 市、县级人民政府

42.《国有土地上房屋征收与补偿条例》规定，为了保障国家安全、促进国民经济和社会发展等公共利益的需要，确需征收房屋的，由（ ）作出房屋征收决定。

A. 房地产开发企业

B. 人民法院

C. 市、县级人民政府房屋征收部门

D. 市、县级人民政府

43. 按照条例规定，房屋征收决定涉及被征收人数量较多的，应当经（ ）讨论决定。

A. 房屋产权人代表

B. 房屋征收评估机构

C. 房屋征收管理部门

D. 政府常务会议

44. 房屋征收补偿的方式有货币补偿和房屋产权调换两种，由（ ）。

A. 评估机构选择

B. 人民法院选择

C. 被征收人选择

D. 征收人选择

45. 房屋征收部门暂停办理相关手续的书面通知应当载明暂停期限。暂停期限最长不得超过（ ）。

A. 1 年　　B. 2 年

C. 3 年　　D. 5 年

46. 国有土地上房屋征收中，对认定（ ）的，不予补偿。

A. 合法建筑

B. 超过批准期限的临时建筑

C. 产权有争议的房屋

D. 未售的公有住房

47. 在国有土地上房屋征收补偿中，（ ）应当给予补偿

A. 未超过批准期限的临时建筑

B. 违法建筑

C. 超过批准期限的临时建筑

D. 房屋征收范围确定后，在房屋征收范围内改建房屋

48. 作出房屋征收决定的市、县级人民政府对被征收人给予的补偿，不包括（ ）。

A. 因征收房屋造成的停产停业损失的补偿

B. 因征收房屋造成的搬迁、临时安置的补偿

C. 因被征收房屋抵押而造成的经济损失补偿

D. 被征收房屋价值的补偿

49. 对被征收房屋价值的补偿，不得低于（ ）被征收房屋类似房地产的市场价格。

A. 房屋征收确定之日

B. 房屋征收决定公告之日

C. 签订房屋征收协议之日

D. 房屋征收实施之日

50. 被征收房屋价值评估时点为（ ）之日。

A. 房屋征收确定

B. 房屋征收决定公告

C. 签订房屋征收协议

D. 房屋征收实施

51. 以下关于房屋征收补偿的说法，不正确的是（ ）。

A. 因征收房屋造成搬迁的，房屋征收部门应当向被征收人支付搬迁费

B. 被征收人可以选择货币补偿，也可以选择房屋产权调换

C. 对被征收房屋价值的补偿，可以低于房屋征收决定公告之日被征收房屋类似房地产的市场价格

D. 被征收人对补偿决定不服的，可以依法申请行政复议，也可以依法提起行政诉讼

52. 申请人民法院强制执行房屋征收补偿决定案件，由房屋所在地（ ）管辖。

A. 基层人民法院

B. 中级人民法院

C. 高级人民法院

D. 最高人民法院

53. 对于申请人民法院强制执行征收补偿决定案件，人民法院应当自立案之日起 30 日内作出是否准予执行的裁定；有特殊情况需要延长审查期限的，由（ ）批准。

A. 基层人民法院

B. 中级人民法院

C. 高级人民法院

D. 最高人民法院

54. 房屋征收的强制执行实行“裁执分离”为主导的方式：人民法院裁定准予执行的，一般由（ ）组织实施。

A. 作出征收补偿决定的市、县级人民政府

B. 作出征收补偿决定的市、县级人民政府房屋征收部门

C. 作出征收补偿决定的市、县级人民政府公安部门

D. 人民法院

55. 被征收房屋价值评估不考虑被拆征收房屋的（ ）因素的影响。

A. 区位　　B. 用途

C. 房屋租赁　　D. 使用年限

56. 房屋征收评估方法选用中，被征收房屋的类

似房地产有交易的，应当选用（ ）评估。

A. 市场法　　B. 收益法

C. 成本法　　D. 假设开发法

57. 房屋征收评估方法选用中，被征收房屋是在建工程的，应当选用（ ）评估。

A. 市场法　　B. 收益法

C. 成本法　　D. 假设开发法

58. 被征收人或者房屋征收部门对原房地产价格评估机构的复核结果有异议的，应当自收到复核结果之日起10日内，向（ ）申请鉴定。

A. 被征收房屋所在地县级人民政府

B. 被征收房屋所在地县级人民政府房屋征收主管部门

C. 被征收房屋所在地基层人民法院

D. 被征收房屋所在地评估专家委员会

二、多项选择题（每题的备选答案中，有两个或两个以上符合题意的答案）

1. 下列明确“城市（市区）的土地属于国家所有”内容的法律、法规包括（ ）。

A. 《宪法》　　B. 《城乡规划法》

C. 《城市房地产管理法》D. 《土地管理法》

E. 《土地管理法实施条例》

2. 下列属于《土地管理法实施条例》明确的国有土地范围的有（ ）。

A. 农村和城市郊区中已经依法没收、征收、征购为国有的土地

B. 国家依法征收的土地

C. 依法不属于集体所有的林地、草地、荒地、滩涂及其他土地

D. 农村集体经济组织全部成员转为城镇居民的，原不属于其成员集体所有的土地

E. 因国家组织移民、自然灾害等原因，农民成建制地集体迁移后不再使用的原属于迁移农民集体所有的土地

3. 下列属于农民集体土地范围的包括（ ）。

A. 村农民集体的土地

B. 村内两个以上农村集体经济组织的农民集体的土地

C. 乡（镇）农民集体的土地

D. 农村集体经济组织全部成员转为城镇居民的，原属于其成员集体所有的土地

E. 因国家组织移民、自然灾害等原因，农民成建制地集体迁移后不再使用的原属于迁移农民集体所有的土地

4. 根据有关法律，下列自然资源既有可能属于国有又有可能属于集体所有的有（ ）。

A. 矿藏、森林、海域　　B. 水流、海域、滩涂

C. 森林、山岭、荒地　　D. 矿藏、水流、海域

E. 草原、滩涂、荒地

5. 下列关于国家实行土地登记制度，说法正确的是（ ）。

A. 依法登记的土地所有权和使用权受法律保护，任何单位和个人不得侵犯

B. 属于国有土地的，核发《国有土地所有证》

C. 属于国有土地的，核发《国有土地使用证》

D. 属于集体土地的，核发《集体土地所有证》

E. 使用集体土地的，核发《集体土地使用证》

6. 取得建设用地使用权的途径包括（ ）。

A. 通过行政划拨方式取得

B. 通过国家出让方式取得

C. 通过房地产转让方式取得

D. 通过土地或房地产租赁方式取得

E. 通过土地抵押方式取得

7. 《土地管理法》规定，根据土地利用总体规划，将土地用途分为（ ）。

A. 农用地　　B. 其他农用地

C. 建设用地　　D. 商服用地

E. 未利用地

8. 下列关于集体土地征收或者征用的表述中，正确的有（ ）。

A. 征收或者征用都是为了公共利益需要

B. 征收或者征用都要依法给予补偿

C. 征收是国家行为，征用是企业行为

D. 征收是土地所有权发生改变，征用是土地使用权发生改变

E. 征收是强制性的，征用是非强制性的

9. 以下属于土地征收特点的是（ ）。

A. 强制收买

B. 强制使用

C. 为了公共利益的目的

D. 必须严格依照法律规定的程序

E. 必须予以公正补偿

10. 以下属于各国法律所规定的征收法定条件的是（ ）。

A. 为了公共利益的目的

B. 为了大集团利益的目的

C. 必须严格依照法律规定的程序

D. 必须遵守道德规范和公序良俗原则

E. 必须予以公正补偿

11. 征收集体土地应遵守的原则包括（ ）。

A. 珍惜耕地，合理利用土地的原则

B. 保证国家建设用地的原则

C. 妥善安置被征地单位和农民的原则

D. 无偿使用土地的原则

E. 依法征地的原则

12. 中国耕地具有（ ）明显的特点。

A. 人均占有耕地少　B. 耕地总体质量高

C. 生产水平低　D. 退化严重

E. 后备资源不足

13. 妥善安置被征地单位和农民原则的妥善安置主要包括（ ）等方面。

A. 要给被征地单位妥善安排生产用地

B. 要妥善安置征地范围外的拆迁户

C. 对征收的土地要适当补偿

D. 对因征地给农民造成的损失要适当补助

E. 对征地造成的剩余农民劳动力要适当安排

14. 目前我国具有征收土地审批权的部门有（ ）。

A. 国务院　B. 国土资源部

C. 省级人民政府　D. 市级人民政府

E. 县级人民政府

15. 下列征收土地情况中，应由国务院审批的包括（ ）。

A. 基本农田

B. 基本农田以外的耕地 50 公顷

C. 基本农田以外的耕地 30 公顷

D. 其他土地 100 公顷

E. 其他土地 50 公顷

16. 以下关于房屋所有权的说法，不正确的是（ ）。

A. 房屋所有权是房屋所有人独占性地支配其所有的房屋的权利

B. 占有是产权人对其房屋事实上的控制权

C. 用房屋作为合伙入股取得红利为收益

D. 处分权一般只能由房屋使用人行使

E. 房屋所有权是一种相对权

17. 以下（ ），属于房屋所有权原始取得。

A. 房屋赠与

B. 依法建造房屋

C. 合法添附的房屋

D. 收归国有的无主房屋

E. 依法没收房屋

18. 引起房屋所有权消灭的法律事实包括（ ）。

A. 房屋产权主体的消灭

B. 房屋产权客体的消灭

C. 因国家行政命令或法院判决而丧失

D. 房产所有权人主张所有权

E. 房产受赠引起原房产权利人对该房产权利的消灭

19. 土地使用权出让是国家以土地所有者的身份与土地使用者之间关于权利和义务的经济关系，具有（ ）的特点。

A. 平等　B. 自愿

C. 有偿　D. 无偿

E. 有限期

20. 下列关于建设用地使用权出让，表述正确的是（ ）。

A. 土地使用权出让，由国家垄断，任何单位和个人不得出让土地使用权

B. 经出让取得土地使用权的单位和个人，拥有所有权

C. 土地使用权可以进入市场，可以进行转让、出租、抵押等经营活动，包括地下埋藏物在内

D. 土地使用者只有向国家支付了全部土地使用权出让金后才能领取土地使用权证书

E. 集体土地不经征收不得出让

21.《招标拍卖挂牌出让国有建设用地使用权规定》确定，对招标出让中，（ ）应当确定为中标人。

A. 能够最大限度地满足招标文件中规定的各项综合评价标准的投标人

B. 能够最大限度地满足招标文件中规定的各项综合评价标准之一的投标人

C. 能够满足招标文件的形式性要求且价格最高的投标人

D. 能够满足招标文件的实质性要求且价格最低的投标人

E. 能够满足招标文件的实质性要求且价格最高的投标人

22. 按照有关规定，必须采取拍卖、招标或者挂牌方式出让的有（ ）。

A. 商业用地　B. 旅游用地

C. 娱乐用地　D. 商品住宅用地

E. 廉租住房用地

23. 根据规定，以下（ ），应当以招标、拍卖或者挂牌方式出让。

A. 工业用地　　B. 商业用地
C. 采矿用地　　D. 仓储用地
E. 商品住宅用地

24. 根据规定，市、县人民政府国土资源行政主管部门应当根据（　）综合确定标底或者底价。

A. 土地需求状况　　B. 土地供给状况
C. 土地估价结果　　D. 政府产业政策
E. 土地交易市场状况

25. 下列关于土地使用权的出让最高年限，说法不正确的是（　）。

A. 居住用地50年　　B. 体育用地50年
C. 娱乐用地40年　　D. 商业用地50年
E. 工业用地50年

26. 下列关于土地使用权出让权的最高年限，正确的是（　）。

A. 居住用地70年　　B. 工业用地40年
C. 文化卫生用地50年　　D. 商业用地40年
E. 娱乐用地50年

27. 国有土地使用权出让法定最高年限为50年的有（　）。

A. 居住用地
B. 工业用地
C. 教育、科技、文化卫生、体育用地
D. 商业、旅游、娱乐用地
E. 综合或其他用地

28. 下列关于建设用地使用权期间届满后的处理的表述中，正确的是（　）。

A. 住宅建设用地使用权期间届满后，自动续期

B. 非住宅建设用地使用权期间届满后，自动续期

C. 非住宅建设用地使用权期间届满后，土地使用者需要继续使用土地的，应当至迟于期满前6个月申请续期

D. 非住宅建设用地使用权期间届满后，土地使用者需要继续使用土地的，应当至迟于期满前1年申请续期

E. 非住宅建设用地使用权期间届满后，土地使用者需要继续使用土地的，应当至迟于期满前3年申请续期

29. 下列可无偿取得划拨土地使用权的有（　）。

A. 荒山　　B. 滩涂
C. 沙漠　　D. 集体土地
E. 城市的存量土地

30. 下列（　）用地，可以依法划拨土地使用权。

A. 大型商场　　B. 旅游设施
C. 部队营房　　D. 高速公路
E. 高尔夫球场

31. 下列可以采取划拨建设用地使用权的范围包括（　）。

A. 城市基础设施用地　　B. 国家机关用地
C. 军事用地　　D. 商品房建设用地
E. 国家重点扶持的能源项目用地

32. 国家无偿收回划拨土地使用权的原因有（　）。

A. 使用者自动放弃土地使用权
B. 矿场、机场等核准报废土地
C. 非法转让土地
D. 不按批准用途使用土地
E. 转让时未补交土地使用权出让金或土地收益

33. 下列（　）情况经批准可保留划拨建设用地使用权，但保留划拨土地方式的期限不超过5年。

A. 继续作为城市基础设施用地

B. 继续作为公益事业施用地

C. 国有企业兼并国有企业、非国有企业及国有企业合并后的企业是国有工业企业的

D. 在国有企业兼并、合并中，一方属于濒临破产企业的

E. 国有企业改造或改组为国有独资公司的

34. 下列（　）情况，国家可无偿收回划拨建设用地使用权。

A. 土地使用者因迁移、解散、撤销、破产或其他原因而停止使用土地的

B. 国家为了公共利益需要和城市规划的要求收回土地使用权

C. 各级司法部门没收其所有财产而收回土地使用权

D. 不按批准用途使用土地

E. 未经原批准机关同意，连续1年未使用

35. 经依法批准，以下（　）可以使用农民集体所有的土地，此类土地就是集体建设用地使用权。

A. 兴办乡镇企业
B. 农村村民建住宅
C. 商品房开发
D. 乡（镇）村公共设施建设
E. 乡（镇）村公益事业建设

36. （　）均明确规定房地产征收必须基于“公共利益的需要”。

A.《宪法》

B.《物权法》

C.《土地管理法》

D.《城市房地产管理法》

E.《城乡规划法》

37.《国有土地上房屋征收与补偿条例》所确定的公共利益包括（ ）。

A. 国防和外交的需要

B. 由政府组织实施的能源、交通、水利等基础设施建设的需要

C. 由政府组织实施的防灾减灾的需要

D. 由政府组织实施的保障性安居工程建设的需要

E. 由房地产开发企业组织实施的商品房工程建设的需要

38. 以下关于房屋征收决定的说法，不正确的是（ ）。

A. 市、县级人民政府有权作出房屋征收决定

B. 房屋征收实施单位有权作出房屋征收决定

C. 非公共利益的需要，只要经政府常务会议讨论决定，也可作出房屋征收决定

D. 作出房屋征收决定后应当及时公告

E. 被征收人对房屋征收决定不服的，可以依法申请行政复议，也可以依法提起行政诉讼

39. 国有土地上房屋征收中，对认定（ ）的，应当给予补偿。

A. 合法建筑

B. 已抵押的房屋

C. 违法建筑

D. 未超过批准期限的临时建筑

E. 超过批准期限的临时建筑

40. 征收房屋价值评估中，不考虑（ ）。

A. 被征收房屋新旧程度因素的影响

B. 被征收房屋用途因素的影响

C. 被征收房屋租赁因素的影响

D. 被征收房屋抵押因素的影响

E. 被征收房屋查封因素的影响

41. 房屋征收范围确定后，不得实施的活动包括（ ）。

A. 转让房屋　　B. 买卖房屋

C. 新建房屋　　D. 改变房屋用途

E. 扩建房屋

42. 作出房屋征收决定的市、县级人民政府对被征收人给予的补偿包括（ ）。

A. 被征收房屋价值的补偿

B. 因征收房屋造成的搬迁的补偿

C. 因征收房屋造成的临时安置的补偿

D. 因征收房屋造成的购房差价的补偿

E. 因征收房屋造成的停产停业损失的补偿

43. 房屋征收过程中，应依法予以补偿的包括（ ）。

A. 合法建筑　　B. 违法建筑

C. 产权不明的房屋　　D. 产权有纠纷的房屋

E. 超过批准期限的临时建筑

44. 房屋征收范围确定后，以下不予补偿的包括（ ）。

A. 新建的房屋　　B. 扩建的房屋

C. 改建的房屋　　D. 转让的房屋

E. 改变房屋用途不当增加补偿费用的房屋

45. 房屋征收补偿决定予以公告的条件包括（ ）。

A. 被征收房屋所有权人明确的

B. 被征收房屋所有权人不明确的

C. 在征收补偿方案确定的签约期限内达成补偿协议

D. 在征收补偿方案确定的签约期限内达不成补偿协议

E. 不为公共利益而征收房屋

46. 以下有关房屋征收强制执行有关的期限说法，正确的是（ ）。

A. 强制执行的申请应当自被执行人的法定起诉期限届满之日起 3 个月内提出

B. 申请机关对不予受理的裁定有异议的，可以自收到裁定之日起 15 日内向上一级人民法院申请复议

C. 人民法院裁定不准予执行的，应当说明理由，并在 5 日内将裁定送达申请机关

D. 申请机关对不准予执行的裁定有异议的，可以自收到裁定之日起 15 日内向上一级人民法院申请复议

E. 申请机关对不准予执行的裁定有异议的，上一级人民法院应当自收到复议申请之日起 60 日内作出裁定

47. 被征收房屋价值评估中，应当考虑影响被征收房屋价格的因素包括（ ）。

A. 被征收房屋的区位因素的影响

B. 被征收房屋的使用年限因素的影响

C. 被征收房屋租赁因素的影响

D. 被征收房屋抵押因素的影响

E. 被征收房屋查封因素的影响

48. 房地产价格评估机构由被征收人协商选定；协商不成的，通过多数决定、随机选定等方式确定，具体办法由（ ）制定。

A. 国务院　　B. 住房和城乡建设部

C. 省　　D. 自治区

E. 直辖市

49. 以下关于房屋征收评估争议调处，说法正确的是（ ）。

A. 对评估确定的被征收房屋价值有异议的，可以向房地产价格评估机构申请复核评估。对复核结果有异议的，可以向房地产价格评估专家委员会申请鉴定

B. 被征收人或者房屋征收部门对房地产估价机构的复核结果有异议的，应当在规定期限内，向被征收房屋所在地房地产价格评估专家委员会申请鉴定

C. 评估报告存在技术问题的，房地产价格评估专家委员会重新出具评估报告

D. 评估报告不存在技术问题的，应维持评估报告

E. 被征收人或者房屋征收部门对鉴定意见不服的，可以依法申请行政复议，也可以依法提起行政诉讼

三、综合分析题（每个小题的备选答案中有一个或一个以上符合题意的答案。错选不得分；少选但选择正确的，每个选项得相应分）

1. 2012 年 1 月，W 房地产开发公司拟获得甲省乙市丙县城市规划区内丁村所有的集体土地，从事商品住房的开发建设。该项目共征收丁村基本农田以外的耕地 30hm^2，该耕地被征收前三年的平均年产值为 600 元。丁村原耕地面积为 80hm^2，农业总人口为 600 人。2013 年 1 月，W 房地产开发公司在建设过程中，经批准，使用丁村临时用地一块。2014 年 3 月，该县居民孙某购买了该项目的一套住宅并办理房屋所有权证。

（1）《土地管理法》中规定的征收土地中，有批准权限的政府包括（ ）。

A. 丙县人民政府　　B. 乙市人民政府

C. 甲省人民政府　　D. 国务院

（2）征收该块土地需由（ ）部门批准。

A. 国务院　　B. 甲省人民政府

C. 乙市人民政府　　D. 丙县人民政府

（3）W 房地产开发公司支付的征收耕地的补偿费用包括（ ）。

A. 土地补偿费

B. 安置补助费

C. 土地管理费

D. 地上附着物和青苗补偿费

（4）依照《土地管理法》等有关规定，丙县人民政府在收到征地方案后，（ ）日内应以书面或其他形式进行公告。

A. 10　　B. 15

C. 30　　D. 60

（5）按照规定，该开发公司合法取得该地块的建设用地使用权的方式应是（ ）。

A. 协议出让方式　　B. 招标出让方式

C. 拍卖出让方式　　D. 划拨方式

（6）以下关于该项目临时用地，表述正确的是（ ）。

A. W 房地产开发公司向批准该工程项目用地的机关提出临时用地的数量和期限的申请

B. 经批准后，W 房地产开发公司同丁村村委会签订临时用地协议后，方可用地

C. 该临时使用土地的期限为 3 年

D. 不得改变批准的用途，不得修建永久性建筑

（7）以下关于该县居民孙某购买的住宅，表述正确的是（ ）。

A. 其房屋所有权与其所依附的土地的使用权不可分离

B. 孙某购买该住宅，属于原始取得房屋所有权

C. 孙某购买该住宅，属于因法律事件继受取得房屋所有权

D. 孙某购买该住宅，属于因法律行为继受取得房屋所有权

2. W 省甲市乙县丁房地产开发公司（以下简称“丁公司”）征收该县郊区 C 村的 360 亩基本农田，欲建一商业市场。该项目涉及 C 村农业人口 38 户，共 210 人。在此之前，C 村人均耕地面积为 2.0 亩。另外，已知 C 村耕地被征收前 3 年平均年产值约为 600 元/亩。

（1）根据《土地管理法》规定，丁公司应向 C 村支付的土地补偿费最低金额是（ ）万元。

A. 60　　B. 100

C. 129.6　　D. 216

（2）丁公司应向 C 村（ ）个农民进行安置。

A. 80　　B. 90

C. 150　　D. 180

（3）丁公司可获得该土地使用权的最高年限为（　）年。

A. 40　　B. 50

C. 60　　D. 70

（4）该建设项目用地的最终审批权属于（　）。

A. 省级人民政府

B. 国务院

C. 省级人民政府土地管理部门

D. 国务院土地管理部门

（5）如果丁公司需要使用C村的一块临时用地，以下说法正确的是（　）。

A. 由丁公司向批准工程项目用地的机关提出申请

B. 该临时用地经批准后，丁公司应当与乙县国土资源主管部门签订临时用地合同

C. 该临时用地经批准后，其使用土地期限最多不得超过两年

D. 临时用地超过批准的时间，可再提出申请，不退地又不申请的按违章用地处理

（6）如果丁公司征收360亩基本农田以外的耕地，应当（　）。

A. 由W省人民政府批准农用地转用，同时办理征地审批手续，不再另行办理征地审批

B. 由W省人民政府批准农用地转用，并另行办理征地审批

C. 由国务院批准农用地转用，同时办理征地审批手续，不再另行办理征地审批

D. 由国务院批准农用地转用，并另行办理征地审批

3. 2013年1月1日，W房地产开发公司（以下简称“W公司”）通过出让方式，取得甲市乙县规划区内一地块，从事住宅楼开发建设。并于次日签订了建设用地使用权出让合同，交纳土地出让金6 000万元，合同约定2013年3月1日开始动工建设。后属于非政府、政府有关部门的行为造成动工开发延迟的，该项目直到2014年5月1日才开始动工建设。同时W公司为提高整体投资效益，准备将临街的地块建成商业门市。

（1）该项目除临街的地块建成商业门市外，其余的住宅楼建设用地出让最高年限为（　）年。

A. 40　　B. 50

C. 60　　D. 70

（2）按照规定，W公司应在签订了出让合同后（　）日内，支付全部地价款。

A. 30　　B. 60

C. 90　　D. 120

（3）按闲置土地的规定，应向W公司征缴土地闲置费为（　）万元。

A. 1 200　　B. 1 300

C. 1 400　　D. 1 500

（4）W公司要改变该项目部分土地用途，必须取得（　）的同意。

A. 出让方

B. 甲市人民政府城乡规划行政管理部门

C. 甲市人民政府城市土地管理部门

D. 乙县人民政府城乡规划行政管理部门

（5）经同意，W公司改变该项目部分土地用途，必须（　）。

A. 变更或重新签订出让合同

B. 不需变更或重新签订出让合同

C. 相应调整地价款

D. 不用调整地价款

（6）本例中，该项目建设用地使用权出让合同签订的责任主体是（　）。

A. 甲市人民政府与W公司

B. 甲市人民政府土地管理部门与W公司

C. 乙县人民政府与W公司

D. 乙县人民政府土地管理部门与W公司

（7）W公司取得上述建设用地使用权，不可能采取的出让方式是（　）。

A. 招标方式　　B. 拍卖方式

C. 协议出让　　D. 挂牌出让方式

（8）根据规定，W公司取得上述建设用地使用权后，如因自身原因不被无偿收回土地使用权的最迟动工开发时间为（　）。

A. 2014年2月底　　B. 2014年3月底

C. 2015年2月底　　D. 2015年3月底

4. 2013年7月15日，甲省乙市（县级市）人民政府做出房屋征收决定，拟征收该市××街部分国有土地上的房屋，用于实施经济适用住房项目。该项目涉及征收市民张某在内的80户被征收房屋所有权人。2013年8月1日，丙房地产估价有限责任公司（以下简称“丙公司”）受托对拟征收房屋进行了评估，并出具了评估报告。

2013年8月10日，市民张某对该房屋征收决定不服；2014年1月15日，乙市人民政府申请人民法院强制执行该征收补偿决定。

2014年3月1日，委托丁房地产开发公司（以

下简称"丁公司"）实施该地块的开发建设。乙市国土资源局向丁公司颁发了《国有土地划拨决定书》和《建设用地批准书》，并依照规定办理了土地登记。

（1）以下关于该项目房屋征收的说法，不正确的是（　）。

A. 该项目房屋征收主体是乙市人民政府房屋征收部门

B. 乙市房屋征收部门可委托房屋征收实施单位，承担该项目房屋征收与补偿具体工作

C. 乙市房屋征收部门应拟定征收补偿方案，报乙市人民政府

D. 乙市人民政府应当组织有关部门对征收补偿方案进行论证并予以公布，征求公众意见，征求意见期限不得少于 10 日

（2）根据《国有土地上房屋征收与补偿条例》，对市民张某的补偿包括（　）。

A. 被征收房屋价值的补偿

B. 张某的精神损失补偿

C. 因征收其房屋造成的停产停业损失的补偿

D. 因征收其房屋造成的搬迁、临时安置的补偿

（3）对市民张某被征收房屋价值的补偿，不得低于（　）被征收房屋类似房地产的市场价格。

A. 房屋征收实施之日

B. 房屋征收确定之日

C. 签订房屋征收协议之日

D. 房屋征收决定公告之日

（4）与市民张某签订房屋征收补偿协议的另一方主体为（　）。

A. 乙市人民政府

B. 乙市国土资源局

C. 乙市人民政府房屋征收部门

D. 丁公司

（5）以下关于该申请法院强制执行征收补偿决定案件，说法正确的是（　）。

A. 该强制执行征收补偿决定案件，由房屋所在地中级人民法院管辖

B. 强制执行的申请应当自被执行人的法定起诉期限届满之日起 3 个月内提出

C. 申请机关对不予受理的裁定有异议的，可自收到裁定之日起 15 日内向上一级人民法院申请复议

D. 人民法院应当自立案之日起 60 日内作出是否准予执行的裁定

5. 2013 年 8 月，H 省 W 市拟建设经济适用住房项目，以切实解决低收入家庭住房困难。该项目需要征收部分国有土地上房屋，涉及包括李某在内的 300 户被征收房屋所有权人。2012 年 10 月，该市作出了房屋征收决定，并委托 A 房地产估价有限责任公司对被征收房屋进行评估。2014 年 3 月，与所有被征收房屋所有权人订立了补偿协议。2014 年 4 月，B 房地产开发有限责任公司全面启动了该项目。

（1）该项目涉及的房屋征收主体是（　）。

A. W 市人民政府房屋征收管理部门

B. W 市人民政府

C. H 省人民政府房屋征收管理部门

D. H 省人民政府

（2）以下关于该项目房屋征收程序，做法不规范的是（　）。

A. 该项目征收补偿方案由房屋征收部门拟定，并报市、县级人民政府批准

B. 对该项目征收补偿方案进行论证、修改后，及时公布并征求公众意见，期限为 7 日

C. 在作出房屋征收决定前，按照有关规定进行了社会稳定风险评估

D. 因该项目涉及被征收人数量较多，房屋征收决定最终经 W 市政府常务会议讨论决定

（3）对李某给予的补偿，不包括（　）。

A. 被征收房屋价值的补偿

B. 因征收房屋造成的临时安置的补偿

C. 因被征收房屋查封而造成的经济损失补偿

D. 因征收房屋造成的停产停业损失的补偿

（4）按照规定，李某的以下（　）行为，不予补偿。

A. 新建房屋增加补偿费用

B. 扩建房屋增加补偿费用

C. 改变房屋用途增加补偿费用

D. 转让房屋增加补偿费用

（5）A 房地产估价有限责任公司在进行房屋征收估价时，不应考虑的因素有（　）。

A. 被征收房屋建筑结构因素

B. 被征收房屋查封因素

C. 被征收房屋租赁因素

D. 被征收房屋的用途因素

（6）A 房地产估价有限责任公司进行房屋征收估价时，估价时点应当确定为（　）。

A. 房屋征收决定公告之日

B. 房屋征收实施之日

C. 房屋征收补偿协议签订之日

D. 房屋征收许可证颁发之日

（7）按照《国有土地上房屋征收评估办法》规定，如果李某对评估结果有异议，应当自收到评估报告之日起（　）日内，向房地产价格评估机构申请复核评估。

A. 5　　B. 7

C. 10　　D. 30

（8）下面A房地产估价有限责任公司进行房屋征收估价工作中，做法不规范的是（　）。

A. 被征收房屋价值评估目的应当表述为“为房屋征收部门与被征收人确定被征收房屋价值的补偿提供依据，评估被征收房屋的价值”

B. 用于产权调换房屋价值评估时点与被征收房屋价值评估时点一致

C. 房屋征收评估价值以人民币为计价的货币单位，精确到万元

D. 被征收房屋价值应考虑被征收房屋租赁、抵押、查封等因素的影响

（9）以下关于该项目，说法正确的是（　）。

A. 该项目可通过土地划拨方式取得

B. 实施该项目可以减免行政事业性收费

C. 该项目购房人拥有完全产权

D. 该项目单套建筑面积控制在60平方米左右

（10）B房地产开发有限责任公司全面运作该项目，确定以下利润率符合规定的是（　）。

A. 1%　　B. 2%

C. 3%　　D. 4%

6. 2014年5月，A市人民政府为切实落实廉租住房建设需要，拟对城市规划范围内的部分房屋予以征收，并作出房屋征收决定。在征收过程中，该市人民政府委托B房地产估价有限责任公司对被征收房屋进行评估。被征收国有土地由C房地产开发企业开发建设经济适用住房，项目总投资为8 000万元。刘某自有的一套住宅被征收，选择房屋产权调换的补偿方式。补偿协议约定，刘某取得该项目的一套经济适用住房和部分货币补偿。

（1）按照规定，该项目房屋征收补偿方案应由（　）拟定。

A. A市人民政府

B. A市人民政府房屋征收部门

C. B房地产估价有限责任公司

D. C房地产开发企业

（2）该项目房屋征收的主体是（　）。

A. C房地产开发企业

B. B房地产估价有限责任公司

C. A市人民政府房屋征收部门

D. A市人民政府

（3）以下关于该市人民政府作出房屋征收决定，说法正确的是（　）。

A. 在作出房屋征收决定前，应当按照有关规定进行社会稳定风险评估

B. 房屋征收决定涉及被征收人数量较多的，应当经人民法院讨论决定

C. 该房屋征收决定公告应当载明征收补偿方案和行政复议、行政诉讼权利等事项

D. 该项目房屋被依法征收的，国有土地使用权将同时收回

（4）按照规定，一般应由（　）与B房地产估价有限责任公司签订房屋征收评估委托合同。

A. C房地产开发企业

B. 被征收房屋代表

C. A市人民政府房屋征收部门

D. A市人民政府

（5）B房地产估价有限责任公司在房屋征收评估中，所确定的被征收房屋价值评估时点为（　）。

A. 该房屋征收确定之日

B. 该房屋征收决定之日

C. 该房屋征收决定公告之日

D. 该房屋征收协议签订之日

（6）刘某应获得的补偿为（　）。

A. 被征收房屋价值的补偿

B. 刘某精神损失补偿

C. 因征收房屋造成的搬迁临时安置的补偿

D. 因征收房屋造成的刘某停产停业损失的补偿

（7）刘某签订的补偿协议的另一方为（　）。

A. C房地产开发企业

B. 该市人民政府土地管理部门

C. 该市人民政府房屋征收部门

D. 该市人民政府房地产管理部门

（8）关于该项目及刘某享受税收优惠的说法，不正确的为（　）。

A. C房地产开发企业免交城镇土地使用税

B. C房地产开发企业免交营业税

C. 刘某免交印花税

D. 刘某免交契税

第3章　房地产开发经营

考纲解读

本章考试目的是测试应考人员对规划与设计管理、建设工程施工与质量管理、房地产开发项目质量责任管理、房地产广告管理等内容的了解、熟悉和掌握程度。本章考试基本要求如下：

1. 掌握城乡规划的基本概念；
2. 熟悉城镇体系规划；
3. 掌握城市规划管理；
4. 掌握城市紫线、绿线、蓝线和黄线管理；
5. 熟悉项目报建制度；
6. 掌握施工许可制度；
7. 熟悉建设工程质量管理；
8. 掌握建设工程质量保修管理；
9. 掌握建设工程的竣工验收管理；
10. 掌握房地产开发项目的质量责任制度；
11. 掌握住宅质量保证和住宅使用说明制度；
12. 熟悉商品房交付使用管理；
13. 掌握房地产广告管理。

本章知识结构

- 房地产开发经营
  - 规划与设计管理
    - 城乡规划的基本概念
    - 城镇体系规划
    - 城市规划管理
    - 城市紫线、绿线、蓝线和黄线管理
  - 建设工程施工与质量管理
    - 项目报建制度
    - 施工许可制度
    - 建设工程质量管理
    - 建设工程质量保修管理
    - 建设工程的竣工验收管理
  - 房地产开发项目质量责任管理
    - 房地产开发项目的质量责任制度
    - 住宅质量保证和住宅使用说明制度
    - 商品房交付使用管理
  - 房地产广告管理
    - 房地产广告应当遵守的原则及要求
    - 禁止发布房地产广告的几种情形
    - 发布房地产广告应当提供的文件
    - 房地产广告的内容
    - 房地产广告的要求

重点难点分析

一、规划与设计管理

此部分的法规、政策依据包括：①《城乡规划法》；②《城市蓝线管理办法》（原建设部令第145号）；③《城市房地产开发经营管理条例》；④《城市绿线管理办法》（原建设部令第112号）；⑤《城市紫线管理办法》（原建设部令第119号）；⑥《城市黄线管理办法》（原建设部令第144号）。

本部分中，城乡规划的基本概念，城市规划管理，城市“四线”的含义，是学习和考试的重点。难点包括城乡规划“一书两证”的领取范围和条件、“四线”含义的区别。

1. 城乡规划体系

城乡规划包括城镇体系规划、城市规划、镇规划、乡规划和村庄规划。城市规划、镇规划分为总体规划和详细规划。详细规划分为控制性详细规划和修建性详细规划。

【例题1】城市详细规划包括（　）。

A. 城市居住区规划　　B. 城市分区规划

C. 城镇体系规划　　D. 控制性详细规划

E. 修建性详细规划

【答案】DE

【例题2】依据《城乡规划法》的规定，城乡规划包括（　）等。

A. 城镇体系规划

B. 全国土地利用总体规划

C. 城市土地利用总体规划

D. 乡（镇）土地利用总体规划

【答案】A

【解析】《城乡规划法》所称城乡规划，包括城镇体系规划、城市规划、镇规划、乡规划和村庄规划。

2. 规划区划定

规划区的具体范围由有关人民政府在组织编制的城市总体规划、镇总体规划、乡规划和村庄规划中，根据城乡经济社会发展水平和统筹城乡发展的需要划定。城市规划区是指城市市区、近郊区以及城市行政区域内因城市建设和发展需要实行规划控制的区域。城市规划区的具体范围，由城市人民政府在编制的城市总体规划中划定。

【例题】城市规划区的具体范围由城市人民政府在编制的（　）中划定。

A. 城市总体规划

B. 城市分区规划

C. 城市控制性详细规划

D. 城市修建性详细规划

【答案】A

【解析】城市规划区的具体范围，由城市人民政府在编制的城市总体规划中划定。

3. 城乡规划原则、内容

制定和实施城乡规划，应当遵循城乡统筹、合理布局、节约土地、集约发展和先规划后建设的原则。《城乡规划法》规定：城市总体规划、镇总体规划的主要内容包括城市的发展布局，功能分区，用地布局，综合交通体系，禁止、限制和适宜建设的地域范围，各类专项规划等。

【例题1】制定和实施城乡规划，应当遵循（　）等原则。

A. 城乡统筹　　B. 先城市后乡村

C. 节约土地　　D. 集约发展

E. 先规划后建设

【答案】ACDE

【解析】《城乡规划法》第四条规定，制定和实施城乡规划，应当遵循城乡统筹、合理布局、节约土地、集约发展和先规划后建设的原则。

【例题2】为了解城市未来发展，注册房地产估价师在查阅城市总体规划时应研究的内容有（　）。

A. 城市的发展布局

B. 功能分区

C. 禁止、限止和适宜建设的地域范围

D. 建筑形态控制指标

E. 综合交通体系

【答案】ABCE

【解析】《城乡规划法》规定：城市总体规划、镇总体规划的主要内容包括城市的发展布局，功能分区，用地布局，综合交通体系，禁止、限制和适宜建设的地域范围，各类专项规划等。

4. 城市总体规划的期限和编制原则、审批

城市总体规划的规划期限一般为20年。城市总体规划还应当对城市更长远的发展作出预测性安排。

城市总体规划、镇总体规划以及乡规划和村庄规划的编制，应当依据国民经济和社会发展规划，并与土地利用总体规划相衔接。城市人民政府组织编制城市总体规划。

直辖市的城市总体规划由直辖市人民政府报国务

院审批。省、自治区人民政府所在地的城市以及国务院确定的城市的总体规划，由省、自治区人民政府审查同意后，报国务院审批。其他城市的总体规划，由城市人民政府报省、自治区人民政府审批。县人民政府组织编制县人民政府所在地镇的总体规划，报上一级人民政府审批。其他镇的总体规划由镇人民政府组织编制，报上一级人民政府审批。

城市、县人民政府城乡规划主管部门和镇人民政府可以组织编制重要地块的修建性详细规划。修建性详细规划应当符合控制性详细规划。城市人民政府城乡规划主管部门根据城市总体规划的要求，组织编制城市的控制性详细规划，经本级人民政府批准后，报本级人民代表大会常务委员会和上一级人民政府备案。

【例题 1】城市总体规划、镇总体规划以及乡规划和村庄规划的编制，应当依据国民经济和社会发展规划，并与（　）相衔接。

A. 土地利用总体规划

B. 土地利用总体规划大纲

C. 土地利用专项规划

D. 建设用地年度供应计划

【答案】A

【例题 2】下列关于城市总体规划的表述中，错误的是（　）。

A. 城市总体规划的规划期限一般为 20 年

B. 城市总体规划应当对城市更长远发展做出预测性安排

C. 城市的总体规划由城市人民政府审批

D. 城市总体规划报送审批前，应当采取论证会、听证会等方式征求社会意见

【答案】C

【解析】直辖市的城市总体规划由直辖市人民政府报国务院审批。省、自治区人民政府所在地的城市以及国务院确定的城市的总体规划，由省、自治区人民政府审查同意后，报国务院审批。其他城市的总体规划，由城市人民政府报省、自治区人民政府审批。

【例题 3】根据《城乡规划法》，直辖市的城市总体规划（　）审批。

A. 由直辖市人民政府

B. 由直辖市人民政府城乡规划行政主管部门

C. 由直辖市人民政府报国务院

D. 由直辖市人民政府报国务院城乡规划行政主管部门

【答案】C

【解析】直辖市的城市总体规划由直辖市人民政府报国务院审批。

【例题 4】根据《城乡规划法》，乡、镇人民政府组织编制乡规划、村庄规划应报（　）审批。

A. 乡、镇人民政府

B. 乡、镇城乡规划行政主管部门

C. 上一级人民政府

D. 上一级人民政府城乡规划行政主管部门

【答案】C

【例题 5】修建性详细规划应当符合（　）规划。

A. 控制性详细　　B. 区域

C. 近期建设　　D. 分区

【答案】A

【解析】城市、县人民政府城乡规划主管部门和镇人民政府可以组织编制重要地块的修建性详细规划。修建性详细规划应当符合控制性详细规划。

【例题 6】城市的控制性详细规划，一般由（　）批准。

A. 该市人民代表大会常务委员会

B. 该市人民政府

C. 该市城市规划行政主管部门

D. 该市上级人民政府

【答案】B

【解析】《城乡规划法》规定，城市人民政府城乡规划主管部门根据城市总体规划的要求，组织编制城市的控制性详细规划，经本级人民政府批准后，报本级人民代表大会常务委员会和上一级人民政府备案。

5. 城市规划的实施管理

城市规划的实施管理主要是报建审批管理和批后管理两部分内容。报建审批管理主要包括对建设项目选址审批核发项目选址意见书，对城市用地审批核发建设用地规划许可证，对建设工程审批核发建设工程规划许可证（简称“一书两证”）。批后管理主要是按照规划实施监督检查体系对违章占地和违章建设的查禁工作。在城市、镇规划区内以出让方式提供国有土地使用权的，在国有土地使用权出让前，城市、县人民政府城乡规划主管部门应当依据控制性详细规划，提出出让地块的位置、使用性质、开发强度等规划条件，作为国有土地使用权出让合同的组成部分。

【例题 1】城市规划管理中颁发的证书不包括（　）。

A. 建设项目选址意见书

B. 房屋权属证书

C. 建设用地规划许可证

D. 建设工程规划许可证

【答案】B

【解析】城市规划的实施管理主要是报建审批管理和批后管理两部分内容。报建审批管理主要包括对建设项目选址审批核发项目选址意见书，对城市用地审批核发建设用地规划许可证，对建设工程审批核发建设工程规划许可证。

【例题2】城市规划管理中的报建审批管理程序依次是（　）。

A. 核发建设用地规划许可证、核发项目选址意见书、核发建设工程规划许可证

B. 核发项目选址意见书、核发建设用地规划许可证、核发建设工程规划许可证

C. 核发建设用地规划许可证、核发建设工程规划许可证、核发项目选址意见书

D. 核发项目选址意见书、核发建设工程规划许可证、核发建设用地规划许可证

【答案】B

【例题3】出让地块的位置、使用性质等规划条件，作为国有土地使用权出让合同的组成部分，由城乡规划主管部门依据（　）提出。

A. 城镇体系规划　　B. 土地利用总体规划

C. 修建性详细规划　　D. 控制性详细规划

【答案】D

【解析】在城市、镇规划区内以出让方式提供国有土地使用权的，在国有土地使用权出让前，城市、县人民政府城乡规划主管部门应当依据控制性详细规划，提出出让地块的位置、使用性质、开发强度等规划条件，作为国有土地使用权出让合同的组成部分。

【例题4】关于城市规划管理的说法，正确的有（　）。

A. 城市总体规划期限一般为20年

B. 在城市规划区内，取得建设用地规划许可证或建设用地批准文件中的任何一项批件，即属于合法占用土地

C. 建设工程规划许可证是有关建设工程符合城市规划要求的法律凭证

D. 临时建设用地的使用期限一般不超过4年

E. 城市规划的报建审批管理包括对建设项目选址审批核发项目选址意见书

【答案】ACE

6. 建设工程规划许可管理

建设工程规划许可管理的主要内容包括：①建筑管理；②道路管理；③管线管理；④审定设计方案；⑤核发建设工程规划许可证；⑥放线、验线制度；⑦建设工程的竣工验收；⑧竣工资料的报送。

【例题1】建设工程符合城市规划要求的法律凭证是（　）。

A. 建设项目选址意见书

B. 建设工程施工许可证

C. 建设用地规划许可证

D. 建设工程规划许可证

【答案】D

【解析】建设工程规划许可证是有关建设工程符合城市规划要求的法律凭证。在城市规划区内新建、扩建和改建建筑物、构筑物、道路、管线和其他工程设施，必须持有关批准文件向城市规划行政主管部门提出申请，由城市规划行政主管部门根据城市规划提出的规划设计要求，核发建设工程规划许可证。在核发建设工程规划许可证前，城市规划行政主管部门应对建设工程施工图进行审查。建设单位或者个人在取得建设工程规划许可证和其他有关批准文件后，方可申请办理开工手续。

【例题2】核发建设工程规划许可证前的管理工作有（　）。

A. 建筑规划控制管理　　B. 道路规划控制管理

C. 工程放线管理　　D. 审定设计方案

E. 竣工验收

【答案】ABD

【解析】注意此题主要考核的是"核发建设工程规划许可证前"的管理工作。

7. 绿线、紫线、蓝线、黄线管理制度

城市紫线是指国家历史文化名城内的历史文化街区和省、自治区、直辖市人民政府公布的历史文化街区的保护范围界线，以及历史文化街区外经县级以上人民政府公布保护的历史建筑的保护范围界线。

城市绿线是指城市各类绿地范围的控制线。控制性详细规划应当提出不同类型用地的界线、规定绿化率控制指标和绿化用地界线的具体坐标。

城市蓝线是指城市规划确定的江、河、湖、库、渠和湿地等城市地表水体保护和控制的地域界线。

城市黄线是指对城市发展全局有影响的、城市规划中确定的、必须控制的城市基础设施用地的控制界线。城市基础设施包括城市公共交通设施、城市供水设施、城市环境卫生设施、城市供燃气设施、城市供热设施、城市消防设施、城市通信设施等。

【例题1】划定城市规划紫线的作用是确定

（ ）。

A. 绿地控制范围

B. 历史建筑保护范围

C. 地表水保护范围

D. 城市基础设施用地控制界线

【答案】B

【解析】城市紫线是指国家历史文化名城内的历史文化街区和省、自治区、直辖市人民政府公布的历史文化街区的保护范围界线，以及历史文化街区外经县级以上人民政府公布保护的历史建筑的保护范围界线。

【例题2】在城市规划中，用来确定城市地表水体保护和控制地域界线的是（ ）。

A. 城市蓝线　　B. 城市绿线

C. 城市紫线　　D. 城市黄线

【答案】A

【解析】城市蓝线是指城市规划确定的江、河、湖、库、渠和湿地等城市地表水体保护和控制的地域界线。

【例题3】城市规划中确定的必须控制的城市基础设施用地的控制界线，称为城市（ ）。

A. 绿线　　B. 蓝线

C. 黄线　　D. 紫线

【答案】C

【解析】城市黄线是指对城市发展全局有影响的、城市规划中确定的、必须控制的城市基础设施用地的控制界线。

二、建设工程施工与质量管理

教材从项目报建制度、施工许可制度、建设工程质量管理、建设工程质量保修管理和竣工验收管理四个方面，介绍了建设工程施工与质量管理的政策和内容。

此部分的法规、政策依据包括：①《建设工程质量管理条例》；②《建筑工程施工许可管理办法》；③《房屋建筑工程质量保修办法》；④《房屋建筑工程和市政基础设施工程竣工验收备案管理暂行办法》；⑤房屋建筑工程和市政基础设施工程竣工验收暂行规定》（原建设部令第142号）。

本部分中，施工许可制度、建设工程质量保修管理和竣工验收管理，是学习和考试的重点。难点主要是建设工程质量保修期限和两书制度中的保修期限的区分和计算。

1. 建筑工程施工许可管理的范围

（1）在中华人民共和国境内从事各类房屋建筑及其附属设施的建造、装修装饰和与其配套的线路、管道、设备的安装，以及城镇市政基础设施工程的施工，建设单位在开工前应当向工程所在地的县级以上人民政府建设行政主管部门申请领取施工许可证。

（2）工程投资额在30万元以下或者建筑面积在300平方米以下的建筑工程，可以不申请办理施工许可证。省、自治区、直辖市人民政府建设行政主管部门可以根据当地的实际情况，对限额进行调整，并报国务院建设行政主管部门备案。

（3）按照国务院规定的权限和程序批准开工报告的建筑工程，不再领取施工许可证。

（4）必须申请领取施工许可证的建筑工程未取得施工许可证的，一律不得开工。任何单位和个人不得将应该申请领取施工许可证的工程项目分解为若干限额以下的工程项目，规避申请领取施工许可证。

【例题1】下列建筑工程中，不需办理施工许可证的有（ ）。

A. 投资额为15万元的工厂的厕所

B. 建筑面积为280 ㎡的学校洗浴房

C. 投资额为20万元的医院自行车库

D. 建筑面积为290 ㎡的小区物业管理用房

E. 建筑面积为1 000 ㎡的博物馆库房

【答案】ABCD

【解析】工程投资额在30万元以下或者建筑面积在300 ㎡以下的建筑工程，可以不申请办理施工许可证。

【例题2】不需要办理施工许可证的是（ ）建设工程。

A. 工程投资额在30万元以下的

B. 建设面积在300 ㎡以下的

C. 建设面积在500 ㎡以下的

D. 工程投资额在30万元以下且建筑面积在400 ㎡以下的

E. 投资额在50万元以下且面积不超过300 ㎡的

【答案】AB

2. 申领建筑工程施工许可证的条件

建设单位申请领取建筑工程施工许可证的条件：（1）已经办理该建筑工程用地批准手续；（2）在城市规划区的建筑工程，已经取得建设工程规划许可证；（3）施工场地已经基本具备施工条件，需要拆迁的，其拆迁进度符合施工要求；（4）已经确定施工企业；（5）有满足施工需要的施工图纸及技术资料，施工图设计文件已按规定进行了审查；（6）有保证工程质量和安全的具体措施；（7）按照规定应该委托监理的工程已委托监理；（8）建设资金已经落实。建设工期不足一年的，到位资金原则上不得少于工程合同价的 50%，建设工期超过一年的，到位资金原则上不少于工程合同价的 30%；（9）法律、行政法规规定的其他条件。

【例题 1】建设工期不足一年的，建设单位依法落实到位建设资金原则上不得少于工程合同价的（　）。

A. 30%　　B. 35%

C. 40%　　D. 50%

【答案】D

【解析】申领建筑工程施工许可证的条件中，建设工期不足一年的，到位资金原则上不得少于工程合同价的 50%，建设工期超过一年的，到位资金原则上不少于工程合同价的 30%。

【例题 2】下列不属于申领建筑工程施工许可证的条件是（　）。

A. 已经办理该建筑工程用地批准手续

B. 已经确定施工企业

C. 有保证工程质量和安全的具体措施

D. 建设单位已支付工程款

【答案】D

【例题 3】甲公司依法取得 15 亩蔬菜生产基地和城市规划区内 20 亩国有土地的土地使用权，用于开发商品房和经济适用住房，并委托某房地产估价机构对被拆迁房屋的市场价格进行了评估。开发建设过程中，甲公司依法取得商品房预售许可证后，委托乙公司代理预（销）售商品房，委托协议签订后，乙公司在媒体发布商品房预售广告，并协助甲公司为部分购房者办理抵押贷款手续。该小区全部竣工后，购房者陈某对所购商品房面积提出疑问，乙公司的销售人员进行了解释。甲公司按规定与购房者各自缴纳税费后，为购房者办理了房屋权属登记手续。下列条件中，是甲公司申领建筑工程许可证须具备的为（　）。

A. 有保证工程质量和安全的具体措施

B. 施工企业必须保证按工程设计施工

C. 建设资金已落实

D. 已确定施工企业

【答案】ACD

3. 申请办理建筑工程施工许可证的程序

（1）建设单位向发证机关领取《建筑工程施工许可证申请表》。

（2）建设单位持加盖单位及法定代表人印鉴的《建筑工程施工许可证申请表》，并附上述申领建筑工程施工许可证应提交的九个方面的证明文件，向发证机关提出申请。

（3）发证机关在收到建设单位报送的《建筑工程施工许可证申请表》和所附证明文件后，对于符合条件的，应当自收到申请之日起 15 日内颁发施工许可证；对于证明文件不齐全或者失效的，应当限期要求建设单位补正，审批时间可以自证明文件补齐全后作相应顺延；对于不符合条件的，应当自收到申请之日起 15 日内书面通知建设单位，并说明理由。建筑工程在施工过程中，建设单位或者施工单位发生变更的，应当重新申请领取施工许可证。

（4）建设单位申请领取施工许可证的工程名称、地点、规模，应当与依法签订的施工承包合同一致。施工许可证应当放置在施工现场备查。

（5）施工许可证不得伪造和涂改。

（6）建设单位应当自领取施工许可证之日起 3 个月内开工。因故不能按期开工的，应当在期满前向发证机关申请延期，并说明理由；延期以两次为限，每次不超过 3 个月。既不开工又不申请延期或者超过延期次数、时限的，施工许可证自行废止。

（7）对未取得施工许可证或者为规避办理施工许可证将工程项目分解后擅自施工的，由有管辖权的发证机关责令改正；对不符合开工条件的，责令停止施工，并对建设单位和施工单位分别处以罚款。

【例题 1】关于建筑工程施工许可证管理的说法，错误的是（　）。

A. 施工许可证应当放置在施工现场备查

B. 施工许可证不得涂改

C. 建设单位应当自领取施工许可证之日起 3 个月内施工

D. 施工许可证不能延期

【答案】D

【例题 2】因故不能按期开工的建设单位，应当在施工许可证期满前向发证机关申请延期，并说明理由；延期以两次为限，每次不超过（　）个月。

A. 1　　B. 2

C. 3　　D. 4

【答案】C

【例题 3】建设单位领取施工许可证后，因故不能按期开工，可申请延期，延期（　）。

A. 以一次为限，不超过三个月

B. 以一次为限，不超过六个月

C. 以两次为限，每次不超过三个月

D. 以两次为限，每次不超过六个月

【答案】C

【解析】建设单位应当自领取施工许可证之日起3个月内开工。因故不能按期开工的，应当在期满前向发证机关申请延期，并说明理由；延期以两次为限，每次不超过3个月。

4. 房屋建筑工程质量保修期限

在正常使用的情况下，房屋建筑工程的最低保修期限如下表所示。

建筑工程项目	最低保修期限
地基基础和主体结构工程	设计文件规定的该工程的合理使用年限
屋面防水工程、有防水要求的卫生间、房间和外墙面的防渗漏	5年
供热与供冷系统	2个采暖期、供冷期
电气系统、给排水管道、设备安装	2年
装修工程	2年

建设工程的保修期，自竣工验收合格之日起计算。

关于"屋面防水"中的"屋面"。过去叫屋顶或楼顶，现在为了规范统一定为屋面。屋面工程是建筑工程的一个分部工程，是指屋盖面层的施工内容，它包括了屋面的防水工程和屋面的保温隔热工程。屋面工程一般包含砼现浇楼面、水泥砂浆找平层、保温隔热层、防水层、水泥砂浆保护层及避雷措施等，特殊工程时还有瓦面的施工。

【例题1】关于正常使用情况下施工单位对房屋建筑工程最低保修期限的说法，正确的是（ ）。

A. 装修工程1年

B. 外墙面防渗漏5年

C. 给排水管道1年

D. 供热系统1个采暖期

【答案】B

【解析】在正常使用下，房屋建筑工程的最低保修期限为：①地基基础和主体结构工程，为设计文件规定的该工程的合理使用年限；②屋面防水工程、有防水要求的卫生间、房间和外墙面的防渗漏，为5年；③供热与供冷系统，为2个采暖期、供冷期；④电气系统、给排水管道、设备安装为2年；⑤装修工程为2年。其他项目的保修期限由建设单位和施工单位约定。

【例题2】某商品住宅楼于2003年1月10日竣工验收合格，如该住宅楼的尾房于2006年1月10日交付给买受人，则房地产开发企业承担该商品住宅屋面防水的最低保修期限应至（ ）。

A. 2006年1月9日　　B. 2008年1月9日

C. 2009年1月9日　　D. 2011年1月9日

【答案】C

【解析】施工企业对房地产开发企业的屋面防水最低保修期为5年。从2003年1月10日起计至2008年1月9日。房地产开发企业对购房户的屋面防水最低保修期为3年。从2006年1月10日起计至2009年1月9日。按照"商品住宅的保修期不得低于建设工程承包单位向建设单位出具的质量保修书约定保修的存续期"，以2009年1月9日为准。

【例题3】在正常使用下，施工单位对房屋建筑工程最低保修期限的表述，正确的是（ ）。

A. 供热系统为1个供暖期

B. 电气系统为1年

C. 装修工程为2年

D. 卫生间防渗漏为2年

【答案】C

【解析】供热系统为2个供暖期，电气系统为2年，卫生间防渗漏为5年。

【例题4】在正常使用的情况下，下列符合施工单位对房屋建筑工程的最低保修期限规定的有（ ）。

A. 屋面防水为5年

B. 电气系统安装为1年

C. 装修工程为2年

D. 卫生间地面渗漏为1年

E. 供暖系统为1个供暖期

【答案】AC

【解析】电气系统安装为2年，卫生间地面渗漏为5年，供暖系统为2个供暖期。

【例题5】施工单位承担的房屋建筑工程质量保修期从（　）之日起计算。

A. 工程竣工验收合格　　B. 工程主体验收合格

C. 产权登记　　D. 业主实际入住

【答案】A

5. 建设工程的竣工验收管理

工程竣工的验收工作，由建设单位负责组织实施。对于委托监理的工程项目，监理单位对工程进行了质量评估，具有完整的监理资料，并提出工程质量评估报告。工程竣工验收合格后，建设单位应当及时提出工程竣工验收报告。

【例题1】建设工程竣工验收由（　）单位组织实施。

A. 施工　　B. 建设

C. 监理　　D. 工程质量监督管理

【答案】B

【例题2】建设工程竣工验收中，对于委托监理的工程项目，监理单位对工程进行了质量评估，具有完整的监理资料，并提出（　）。

A. 工程开工报告　　B. 工程竣工报告

C. 工程质量评估报告　　D. 工程质量检查报告

【答案】C

【例题3】以下建设工程竣工验收条件的说法，错误的是（　）。

A. 施工单位应提出工程竣工报告

B. 监理单位应提出工程质量评估报告

C. 监理单位应签署工程质量保修书

D. 勘察、设计单位提出质量检查报告

【答案】C

【解析】施工单位提出工程竣工报告。对于委托监理的工程项目，监理单位对工程进行了质量评估，具有完整的监理资料，并提出工程质量评估报告。

【例题4】甲开发公司（以下简称“甲公司”）2003年3月拟在某地投资建设一处用地规模为999 000m^2的综合小区，该地块原有133 200m^2工业生产用地、399 600m^2仓储用地、266 400m^2居住用地，均为国有划拨性质，其余为郊区某村办养牛场只宜种植牧草的盐碱地。甲公司先委托乙房地产估价公司（以下简称“乙公司”）提供项目咨询报告，项目实施后委托丙房地产经纪公司（以下简称“丙公司”）代理销售。预售期间对外承诺一次性付款给5%优惠。当地契税税率为4%。丁某于2002年秋通过公务员考试进入某单位，2002年12月以14万元的房改价格购得单位一套存量公有住房，2003年11月出售该房，售价20万元。同时丁某看中丙公司代理甲公司销售的一套标价为38万元的新建商品住宅期房，并一次性缴纳了房价款。下列表述中，正确的是（　）。

A. 承建单位9月1日领取施工许可证，如第二年5月12日仍未见施工，该施工许可证肯定已自行废止

B. 建设工程发生质量事故，有关单位应在12小时内向当地建设行政主管部门和其他有关部门报告

C. 商品房因设计缺陷导致严重质量问题的，设计单位直接向购房者承担质量责任

D. 工程验收的前提条件之一是甲公司已按合同约定支付工程款

【答案】D

【解析】建设单位应当自领取施工许可证之日起3个月内开工。因故不能按期开工的，应当在期满前向发证机关申请延期，并说明理由；延期以两次为限，每次不超过3个月。建设工程发生质量事故，有关单位应当在24小时内向当地建设行政主管部门和其他有关部门报告。在保修期内，因房屋建筑工程质量缺陷造成房屋所有人、使用人或者第三方人身、财产损害的，房屋所有人、使用人或者第三方可以向建设单位提出赔偿要求。建设单位向造成房屋建筑工程质量缺陷的责任方追偿。因保修不及时造成新的人身、财产损害，由造成拖延的责任方承担赔偿责任。工程验收的前提条件之一是甲公司已按合同约定支付工程款。

【例题5】工程竣工验收合格后，（　）应当及时提出工程竣工验收报告。

A. 勘察、设计单位　　B. 建设单位

C. 施工单位　　D. 监理单位

【答案】B

【解析】工程竣工验收合格后，建设单位应当及时提出工程竣工验收报告。

三、房地产开发项目质量责任管理

教材从房地产开发项目的质量责任制度、住宅质量保证和住宅使用说明制度、商品房交付使用管理三个方面，介绍了房地产开发项目质量责任管理的政策和内容。

此部分的法规、政策依据包括：①《城市房地产开发经营管理条例》；②原建设部关于印发《商品住宅实行住宅质量保证书和住宅使用说明书制度的规

定》的通知（建房［1998］第102号）。

本部分中，学习和考试的重点主要在于住宅“两书”制度，难点也是“两书”制度中的“保修项目和保修期限”。

1. 房地产项目的质量责任制度

房地产开发企业应当对其开发建设的房地产开发项目的质量承担责任。

对质量不合格的房地产开发项目的处理方式包括：商品房交付使用后，购房人认为主体结构质量不合格的，可以向工程质量监督单位申请重新核验。经核验，确属主体结构质量不合格的，购买人有权退房，给购买人造成损失的，房地产开发企业应当依法承担赔偿责任。应当注意：一是购房人在商品房交付使用之后发现质量问题，这里的交付使用之后，是指办理了交付使用手续之后，可以是房屋所有权证办理之前，也可以是房屋所有权证办理完备之后；二是确属主体结构质量不合格的，而不是一般性的质量问题；三是必须向工程质量监督部门申请重新核验，以质量监督部门核验的结论为依据；四是对给购房人造成损失应当有合理的界定，只应包含直接损失，不包含精神损失等间接性损失。

对于经工程质量监督部门核验，确属房屋主体结构质量不合格的，消费者有权要求退房，终止房屋买卖关系。选择退房还是换房，权力在消费者。

【例题1】由于施工的原因导致商品住宅出现质量问题，应首先由（ ）对购房者承担责任。

A. 施工单位

B. 房地产开发企业

C. 监理单位

D. 房地产开发主管部门

【答案】B

【解析】房地产开发企业必须对其开发的房地产项目承担质量责任。

【例题2】关于因房地产开发企业的责任导致主体结构质量不合格的已售商品住房处理方式的说法，正确的是（ ）。

A. 购房人只能要求退房，不能要求换房

B. 购房人只能要求换房，不能要求退房

C. 购房人有权选择退房或换房

D. 房地产开发企业同意后，购房人才能选择退房或换房

【答案】C

【解析】对于经工程质量监督部门核验，确属房屋主体结构质量不合格的，消费者有权要求退房，选择退房还是换房，权力在消费者。

【例题3】购房人发现商品房质量有问题，不能选择退房的情形有（ ）。

A. 使用一年后发现屋面漏水

B. 办理房屋所有权证后，确认房屋主体结构有质量问题

C. 办理房屋所有权证前，确认房屋主体结构有质量问题

D. 尚未使用即发现下水管道堵塞

E. 下雨时发现外墙渗水

【答案】ADE

【解析】对于经工程质量监督部门核验，确属房屋主体结构质量不合格的，消费者有权要求退房，终止房屋买卖关系。购房人在商品房交付使用之后发现质量问题，这里的交付使用之后，是指办理了交付使用手续之后，可以是房屋所有权证办理之前，也可以是房屋所有权证办理完备之后。

【例题4】经（ ）确认，确属房屋主体结构质量不合格的，购买人有权要求退房，终止房屋买卖关系。

A. 房地产行政主管部门

B. 工程质量监督部门

C. 工程监理部门

D. 城市规划行政主管部门

【答案】B

2. 住宅质量保证和住宅使用说明制度

房地产开发企业应当在商品住房交付使用时，向购买人提供《住宅质量保证书》和《住宅使用说明书》。

（1）商品住宅的保修期不得低于建设工程承包单位向建设单位出具的质量保修书约定保修的存续期；存续期少于最低保修期限的，保修期不得低于下列最低保修期限。

要理解“商品住宅的保修期不得低于建设工程承包单位向建设单位出具的质量保修书约定保修的存续期”中的“存续期”。

商品住宅的保修期不得低于建设工程承包单位向建设单位出具的质量保修书约定保修的存续期。例如，某商品住宅楼于2014年1月10日竣工验收合格，针对屋面防水保修问题，施工企业对房地产开发企业的屋面防水最低保修期为5年，并从竣工验收合格之日2014年1月10日起计至2019年1月9日。

再如其中的一套住宅于2014年3月20日，交付

给买受人。针对屋面防水保修问题，房地产开发企业对购房户的屋面防水最低保修期为 3 年，其保修期限则从商品住宅交付之日 2014 年 3 月 20 日算起，至 2017 年 3 月 19 日。

根据“商品住宅的保修期不得低于建设工程承包单位向建设单位出具的质量保修书约定保修的存续期”，就是要求房地产开发企业所承担的保修期不得低于施工企业的同类保修项目的保修存续期。如上述问题中，房地产开发企业承担该商品住宅屋面防水的最低保修期限，应至 2019 年 1 月 9 日，而不是至 2017 年 3 月 19 日。

（2）最低保修项目和保修期限如下表所示。

最低保修项目	保修期限
地基基础和主体结构	在合理使用寿命年限内承担保修
屋面防水	3 年
墙面、厨房和卫生间地面、地下室、管道渗漏	1 年
墙面、顶棚抹灰层脱落	1 年
地面空鼓开裂、大面积起砂	1 年
门窗翘裂、五金件损坏	1 年
管道堵塞	2 个月
供热、供冷系统和设备	1 个采暖期或供冷期
卫生洁具	1 年
灯具、电器开关	6 个月

商品住宅的保修期从商品住宅交付之日起计算。

（3）要分清《房屋建筑工程质量保修办法》与《住宅质量保证书》、《住宅使用说明书》制度确定的保修项目和最低保修期限的异同。一方面，二者调整的责任主体不同。《房屋建筑工程质量保修办法》中的“保修项目和保修期限”针对的是房地产开发单位和施工单位，是施工单位向房地产开发单位做的“保证”。“两书”中的“保修项目和保修期限”针对的是房地产开发单位和商品房购买人，是房地产开发单位向商品房购买人做的“保证”。另一方面，二者“保修”开始计算时间不同。《房屋建筑工程质量保修办法》中的“保修期限”是从房屋竣工验收合格之日起计算。“两书”中的“保修期限”针对的是房地产开发单位和商品房购买人，是从所购买商品房交付之日起计算。

【例题 1】关于商品住宅保修期的说法，正确的有（ ）。

A. 管道堵塞，保修期为 2 个月

B. 电器开关，保修期为 6 个月

C. 卫生洁具，保修期为 6 个月

D. 管道渗透，保修期为 2 年

E. 屋面防水，保修期为 3 年

【答案】ABE

【解析】商品住宅的保修期不得低于建设工程承包单位向建设单位出具的质量保修书约定保修的存续期；存续期少于最低保修期限的，保修期不得低于下列最低保修期限：①地基基础和主体结构在合理使用寿命年限内承担保修；②屋面防水 3 年（竣工多年后房屋售出的，房屋建筑工程的最低保修期限已不足 3 年的，适用此款）；③墙面、厨房和卫生间地面、地下室、管道渗漏 1 年；④墙面、顶棚抹灰层脱落 1 年；⑤地面空鼓开裂、大面积起砂 1 年；⑥门窗翘裂、五金件损坏 1 年；⑦管道堵塞 2 个月；⑧供热、供冷系统和设备 1 个采暖期或供冷期；⑨卫生洁具 1 年；⑩灯具、电器开关 6 个月。其他部位、部件的保修期限，由房地产开发企业与用户自行约定。

【例题 2】房地产开发企业对商品住宅的保修期自（ ）之日起计算。

A. 组织竣工验收

B. 工程竣工验收合格

C. 房屋所有权初始登记

D. 商品住宅交付给购房人

【答案】B

【解析】建设单位和施工单位应当在工程质量保修书中约定保修范围、保修期限和保修责任等，双方约定的保修范围、保修期限必须符合国家有关规定。

房屋建筑工程保修期从工程竣工验收合格之日起计算。

【例题3】关于住宅质量保证书中商品住宅有关项目最低保修期限的说法，正确的有（　）。

A. 墙面渗漏为 3 年

B. 墙面抹灰层脱落为 1 年

C. 卫生间地面渗漏为 1 年

D. 电气开关为 6 个月

E. 管道堵塞为 2 个月

【答案】BCDE

【解析】墙面渗漏为 1 年。

【例题4】在正常使用情况下，房地产开发企业向住宅买受人承担的最低保修期限为 1 年的保修项目有（　）。

A. 屋面防水　　B. 墙面渗漏

C. 墙面抹灰层　　D. 卫生洁具

E. 管道堵塞

【答案】BCD

【解析】屋面防水为 3 年，管道堵塞为 2 个月。

【例题5】房地产开发企业承担的商品住宅保修期从商品住宅（　）起计算。

A. 交付使用之日

B. 竣工验收合格之日

C. 商品房买卖合同签订之日

D. 买卖双方协商的日期

【答案】A

【解析】商品住宅的保修期从商品住宅交付之日起计算。

四、房地产广告管理

教材从房地产广告应当遵守的原则及要求、禁止发布房地产广告的情形、发布房地产广告应提供的文件、房地产广告内容、房地产广告要求五个方面，介绍了房地产广告管理的政策和内容。

此部分的法规、政策依据主要是《房地产广告发布暂行规定》（国家工商行政管理局令第 86 号修订）。

本部分中，房地产广告应当遵守的原则及要求、禁止发布房地产广告的几种情形、房地产广告的要求，是学习和考试的重点。难点主要是各项房地产广告的具体要求。

1. 房地产广告应当遵守的原则及要求

（1）发布房地产广告，应当遵守《中华人民共和国广告法》、《城市房地产管理法》、《土地管理法》及国家有关广告监督管理和房地产管理的规定。

（2）房地产广告必须真实、合法、科学、准确，符合社会主义精神文明建设要求，不得欺骗和误导公众。

（3）未取得商品房预售许可的房地产开发项目，不得以“内部认购”、“内部认定”、“内部登记”等名目发布房地产广告。

（4）房地产广告不得含有风水、占卜等封建迷信内容，对项目情况进行的说明、渲染，不得有悖社会良好风尚。

【例题】未取得商品房预售许可证的房地产开发项目，不得以（　）等名目发布房地产广告。

A. 内部认购　　B. 内部认定

C. 内部登记　　D. 内部预定

E. 房地产项目名称

【答案】ABC

【解析】未取得商品房预售许可的房地产开发项目，不得以“内部认购”、“内部认定”、“内部登记”等名目发布房地产广告。

2. 禁止发布房地产广告的几种情形

凡下列情况的房地产，不得发布广告：（1）在未经依法取得国有土地使用权的土地开发建设的；（2）在未经国家征用的集体所有的土地上建设的；（3）司法机关和行政机关依法规定、决定查封或者以其他形式限制房地产权利的；（4）预售房地产，但未取得该项目预售许可证的；（5）权属有争议的；（6）违反国家有关规定建设的；（7）不符合工程质量标准，经验收不合格的；（8）法律、行政法规规定禁止的其他情形。

【例题1】根据《房地产广告发布暂行规定》，禁止发布房地产销售广告的有（　）。

A. 集体土地上建设的房屋

B. 已出租的房屋

C. 已办理房屋初始登记的房屋

D. 已被法院查封的房屋

E. 权属有争议的房屋

【答案】ADE

【解析】已出租的房屋、已办理房屋初始登记的房屋，可以发布广告。

【例题2】根据《房地产广告发布暂行规定》，禁止发布房地产销售广告的房屋有（　）。

A. 集体土地上的合法建造房屋

B. 联建代管房屋

C. 已办理房屋初始登记的房屋

D. 合作开发房屋

E. 商品房预售许可证正在办理之中的房屋

【答案】AE

【解析】集体土地上的合法建造房屋、商品房预售许可证正在办理之中的房屋，不得发布广告。

【例题3】禁止发布房地产广告的是（　）。

A. 在划拨土地上开发建设的房地产

B. 已设定抵押的房地产

C. 未取得商品房预售许可证的房地产

D. 没有选聘物业管理企业的房地产

【答案】C

【解析】未取得商品房预售许可证的房地产，禁止发布房地产广告。这里的“物业管理企业”，目前已规范为“物业服务企业”。

3. 房地产广告的内容和要求

房地产预售、销售广告，必须载明以下事项：（1）开发企业名称；（2）中介服务机构代理销售的，载明该机构名称；（3）预售许可证书号。广告中仅介绍房地产项名称的，可以不必载明上述事项。

房地产广告中对价格有表示的，应当清楚表示为实际的销售价格，明示价格的有效期限；房地产中表现项目位置，应以从该项目到达某一具体参照物的现有交通道的实际距离表示，不得以所需时间来表示距离；房地产广告中涉及面积的，应当表明是建筑面积或者使用面积；房地产广告中涉及内部结构、装修装饰的，应当真实、准确。预售、预租商品房广告，不得涉及装修装饰内容；房地产广告中不得利用其他项目的形象、环境作为本项目的效果；房地产广告中不得出现融资或者变相融资的内容，不得含有升值或者投资回报的承诺。

【例题1】房地产开发企业发布预售商品房广告，不得涉及的内容有（　）。

A. 规划中的地铁

B. 装饰装修的内容

C. 物业管理的内容

D. 办理户口的承诺

E. 提供贷款的银行名称

【答案】BD

【解析】B项，房地产广告涉及内部结构、装修装饰的，应当真实、准确。预售、预租商品房广告，不得涉及装修装饰内容。D项，办理户口只能由政府有关部门依照规定进行。房地产广告中不得含有房地产开发企业、房地产权利人、房地产中介服务机构能够为入住者办理户口、就业、升学等事项的承诺。依照法律法规和有关规定可以办理户口的房地产项目，广告中有关办理户口的内容应当表述清楚、明白，标明有关规定的出处或者相关条件，不得使人产生误解。

【例题2】甲房地产中介公司代理预售某楼盘，并发布该楼盘销售广告，该广告必须载明的内容有（　）等。

A. 房地产开发企业名称

B. 甲房地产中介公司名称

C. 预售许可证号

D. 装修及其标准

E. 规划设计单位名称

【答案】ABC

【例题3】在商品房预售广告中，不得涉及的内容是（　）。

A. 中介服务　　B. 房屋结构

C. 装饰装修　　D. 物业管理

【答案】C

【例题4】商品房现房广告不得涉及的内容是（　）。

A. 销售价格　　B. 装饰装修

C. 小区环境　　D. 升值承诺

【答案】D

【解析】房地产广告中不得出现融资或者变相融资的内容，不得含有升值或者投资回报的承诺。房地产广告涉及内部结构、装修装饰的，应当真实、准确。预售、预租商品房广告，不得涉及装修装饰内容。

【例题5】房地产广告中不得（　）。

A. 涉及规划中的文化教育设施

B. 涉及物业管理内容

C. 含有升值或者投资回报的承诺

D. 使用建筑设计效果图或模型照片

【答案】C

【解析】房地产广告中不得出现融资或者变相融资的内容，不得含有升值或者投资回报的承诺。

【例题6】依据《房地产广告发布暂行规定》，下列表述中不正确的是（　）。

A. 房地产广告中涉及交通、商业、文化教育设施及其他市政条件的，如正在规划或者建设中，应当在广告中注明

B. 房地产广告中对价格有表示的，应当在广告中注明实际销售价格及有效期限

C. 房地产广告中涉及贷款服务的，应当载明提供贷款的银行名称及贷款额度、年期

D. 房地产广告中涉及面积的，必须是建筑面积

【答案】D

【解析】依据《房地产广告发布暂行规定》，在房地产广告中涉及面积的，应当表明是建筑面积还是使用面积。

【例题7】房地产开发企业发布预售商品房广告，不得涉及的内容有（ ）。

A. 对购房投资回报的承诺

B. 物业管理内容

C. 办理就业、升学的承诺

D. 装饰装修内容

E. 建筑设计效果图

【答案】ACD

【解析】房地产广告中不得利用其他项目的形象、环境作为本项目的效果；房地产广告中不得出现融资或变相融资的内容，不得含有升值或投资回报的承诺。

【例题8】下列房地产广告内容中，符合相关管理规定的房地产广告是（ ）。

A. 含有升值或者投资回报的承诺

B. 标明实际销售价格及其有效期限

C. 以乘车或开车到达时间表示距离

D. 利用其他项目的形象作为本项目的效果

【答案】B

【解析】地产广告中对价格有表示的，应当清楚表示为实际的销售价格，明示价格的有效期限。A项，房地产广告中不得出现融资或者变相融资的内容，不得含有升值或者投资回报的承诺。C项，房地产中表现项目位置，应以从该项目到达某一具体参照物的现有交通干道的实际距离表示，不得以所需时间来表示距离；房地产广告中的项目位置示意图，应当准确、清楚，比例恰当。D项，房地产广告中不得利用其他项目的形象、环境作为本项目的效果。

练习题

一、单项选择题（每题的备选答案中只有一个最符合题意）

1.《城乡规划法》所称规划区，是指（ ）。

A. 城市市区、近郊区以及因城乡建设和发展需要，必须实行规划控制的区域

B. 城市市区、镇区以及因城乡建设和发展需要，必须实行规划控制的区域

C. 城市、镇和村庄的建成区以及因城乡建设和发展需要，必须实行规划控制的区域

D. 城市、镇和村庄的建成区以及因城乡建设和发展需要，必须实行规划控制的行政区域

2. 城市规划、镇规划分为（ ）。

A. 总体规划和分区规划

B. 总体规划和详细规划

C. 总体规划和控制性详细规划

D. 总体规划和修建性详细规划

3. 城市详细规划分为（ ）。

A. 控制性详规、修建性详规

B. 总体规划、建设规划

C. 总体规划、详细规划

D. 分区规划、详细规划

4. 城市总体规划的编制依据包括（ ）。

A. 全国城镇体系规划

B. 土地利用总体规划

C. 国民经济和社会发展计划

D. 省域城镇体系规划

5. 城市规划区的具体范围，由城市人民政府在编制的（ ）中划定。

A. 城市总体规划　　B. 城镇体系规划

C. 镇规划　　D. 详细规划

6. 以下不属于城市总体规划内容的是（ ）。

A. 功能分区　　B. 用地布局

C. 道路系统规划设计　　D. 综合交通体系

7.《城乡规划法》规定，城市总体规划的规划期限一般为（ ）年。

A. 10　　B. 20

C. 30　　D. 50

8. 下列不用国务院审批城市总体规划的包括（ ）。

A. 上海市的城市总体规划

B. 太原市的城市总体规划

C. 某自治区首府的城市总体规划

D. W省B县的城市总体规划

9. 需要申请选址意见书的有（ ）。

A. 以招标出让方式提供国有建设用地使用权的

B. 以拍卖出让方式提供建设用地使用权的

C. 以挂牌出让方式提供建设用地使用权的

D. 以划拨方式提供建设用地使用权的

10. 以出让方式取得国有土地使用权的建设项目，在签订国有土地使用权出让合同后，建设单位应当持建设项目的批准、核准、备案文件和国有土地使用权出让合同，向城市、县人民政府城乡规划主管部门领取（ ）。

A. 选址意见书

B. 建设用地规划许可证

C. 施工许可证

D. 建设工程规划许可证

11.《城乡规划法》规定，在城市、镇规划区内进行建筑物、构筑物、道路、管线和其他工程建设的，建设单位或者个人应当向城市、县人民政府城乡规划主管部门或者省、自治区、直辖市人民政府确定的镇人民政府申请办理（ ）。

A. 选址意见书

B. 建设用地规划许可证

C. 施工许可证

D. 建设工程规划许可证

12.（ ）未纳入国有土地使用权出让合同时，该国有土地使用权出让合同无效。

A. 土地所有权　　B. 规划条件

C. 土地使用权　　D. 规划要点

13. 城市、县人民政府城乡规划主管部门和镇人民政府可以组织编制重要地块的修建性详细规划。修建性详细规划应当符合（ ）。

A. 城市、镇总体规划　　B. 控制性详细规划

C. 近期建设规划　　D. 分区规划

14. 在城市、镇规划区内进行临时建设的，应当经（ ）批准。

A. 城市、县人民政府

B. 城市、县建设行政主管部门

C. 城市、县人民政府国土资源主管部门

D. 城市、县人民政府城乡规划主管部门

15. 建设单位在取得（ ）后，方可向县级以上地方人民政府土地主管部门申请用地，经县级以上人民政府审批后，由土地主管部门划拨土地。

A. 选址意见书

B. 建设用地规划许可证

C. 施工许可证

D. 建设工程规划许可证

16. 建设单位应当在（ ）向城乡规划主管部门报送有关竣工验收资料。

A. 办理土地使用权证后六个月内

B. 办理土地使用权证后九个月内

C. 竣工验收后六个月内

D. 竣工验收后九个月内

17. 城市控制性详细规划组织编制主体是（ ）。

A. 城市人民政府

B. 城市人民政府的上一级政府

C. 城市人民政府国土资源主管部门

D. 城市人民政府城乡规划主管部门

18. 国家历史文化名城的（ ）由城市人民政府在组织编制历史文化名城保护规划时划定。

A. 城市黄线　　B. 城市绿线

C. 城市紫线　　D. 城市蓝线

19. 城市规划确定的江、河、湖、库、渠和湿地等城市地表水体保护和控制的地域界线，是指（ ）。

A. 城市紫线　　B. 城市绿线

C. 城市蓝线　　D. 城市黄线

20. 对城市发展全局有影响的、城市规划中确定的、必须控制的城市基础设施用地的控制界线，是指（ ）。

A. 城市绿线　　B. 城市黄线

C. 城市紫线　　D. 城市蓝线

21. 建设单位可不用办理施工许可证的情形包括（ ）。

A. 工程投资额在 40 万元以下且建筑面积在 400 ㎡以下

B. 工程投资额在 30 万元以下或建筑面积在 300 ㎡以下

C. 工程投资额在 30 万元以上且建筑面积在 500 ㎡以下

D. 工程投资额在 30 万元以下或建筑面积在 500 ㎡以下

22. 建设单位申请领取施工许可证时，应当提交建设资金已经落实的证明文件，建设工期超过一年的，到位资金原则上不少于工程合同价的（ ）。

A. 20%　　B. 25%

C. 30%　　D. 50%

23. 建筑施工许可证发证机关在收到建设单位报送的《建筑工程施工许可证申请表》和所附证明文件后，对于符合条件的，应当自收到申请之日起（ ）日内颁发施工许可证。

A. 15　　B. 30

C. 45　　D. 60

24. 建设单位应当自领取施工许可证之日起（ ）个月内开工。

A. 3　　B. 5

C. 6　　D. 9

25. 关于施工单位的质量责任与义务，以下说法错误的是（　）。

A. 施工单位在其资质等级许可的范围内承揽工程

B. 施工单位不得任意压缩合理工期

C. 施工单位对竣工验收不合格的建设工程，应当负责返修

D. 施工分包单位应当按照分包合同的约定对其分包工程的质量向建设单位负责

26. 建设工程发生质量事故，有关单位应当在（　）小时内向当地建设行政主管部门和其他有关部门报告。

A. 24　　B. 30

C. 36　　D. 48

27.《房屋建筑工程质量保修办法》规定房屋建筑工程保修期从（　）起计算。

A. 工程竣工之日

B. 工程竣工验收申请之日

C. 工程竣工验收之日

D. 工程竣工验收合格之日

28.《建设工程质量管理条例》规定，在正常使用条件下，建设工程的屋面防水工程最低保修期限是（　）年。

A. 1　　B. 2

C. 3　　D. 5

29. 在正常使用下，施工单位对房屋建筑工程最低保修期限的表述，正确的是（　）。

A. 供热系统为1个供暖期

B. 电气系统为1年

C. 装修工程为2年

D. 卫生间防渗漏为2年

30. 工程完工后，施工单位应向（　）提交工程竣工报告，申请工程竣工验收。

A. 勘察、设计单位　　B. 建设单位

C. 施工单位　　D. 监理单位

31. 经（　）确认，确属房屋主体结构质量不合格的，购买人有权要求退房，终止房屋买卖关系。

A. 房地产行政主管部门

B. 工程质量监督部门

C. 工程监理部门

D. 城市规划行政主管部门

32. 张某购买了A房地产开发公司在B市的住房一套，因质量问题，与A房地产开发公司发生了质量纠纷。如果张某认为该住房存在严重的主体质量问题，应以（　）作为能否退房的依据。

A. B市人民政府的核验结果

B. B市土地部门的核验结果

C. B市房管部门的核验结果

D. B市工程质量监督站的核验结果

33. 下列关于房地产开发经营的表述中，不正确的有（　）。

A. 商品住房交付使用时，房地产开发企业应当向买受人提供《住宅使用说明书》、《住宅质量保证书》

B. 商品房的保修期自物业管理企业物业接管验收合格之日起计算

C. 因不可抗力或者使用不当造成的损失，房地产开发企业不承担责任

D. 商品住宅的保修期不得低于建设工程承包单位向建设单位出具的质量保修书约定保修的存续期

34. 房地产开发企业销售商品住宅，其保修期从（　）之日起计算。

A. 工程竣工

B. 物业验收合格

C. 购房人实际入住

D. 开发企业向购房人交付房屋

35. 下列情形中，可以发布房地产广告的是（　）。

A. 在集体土地上建设的房屋

B. 取得预售许可证后的商品房

C. 经验收不合格的房屋

D. 权属有争议的房屋

36. 根据商品住宅两书制度规定，屋面防水最低保修期限为（　）年。

A. 1　　B. 2

C. 3　　D. 5

37. 在正常使用下，关于房地产开发企业对商品住宅最低保修期限的说法，正确的是（　）。

A. 屋面防水为1年

B. 电器开关为1年

C. 地面开裂为1年

D. 卫生间防渗漏为2年

38. 在房地产广告中表示项目位置，应以从该项目到达某一具体参照物的现有交通干道的（　）来表示。

A. 空间距离　　B. 时间距离

C. 实际距离　　D. 心理距离

39. 依据《房地产广告发布暂行规定》，下列表述中不正确的是（ ）。

A. 房地产广告中涉及交通、商业、文化教育设施及其他市政条件的，如正在规划或者建设中，应当在广告中注明

B. 房地产广告中对价格有表示的，应当在广告中注明实际销售价格及有效期限

C. 房地产广告中涉及贷款服务的，应当载明提供贷款的银行名称及贷款额度、年期

D. 房地产广告中涉及面积的，必须是建筑面积

40. 下列关于房地产广告的要求，表述不正确的是（ ）。

A. 房地产广告中涉及面积的，应当表明是建筑面积或者使用面积

B. 房地产广告中可利用其他项目的形象、环境作为本项目的效果

C. 房地产广告中涉及物业管理内容的，应当符合国家有关规定

D. 房地产中表现项目位置，不得以所需时间来表示距离

二、多项选择题（每题的备选答案中，有两个或两个以上符合题意的答案）

1. 城乡规划包括（ ）。

A. 土地利用总体规划　　B. 镇规划

C. 乡规划和村庄规划　　D. 城市规划

E. 城镇体系规划

2. 城市规划区是指（ ）因城市建设和发展需要实行规划控制的区域。

A. 城市市区　　B. 郊区

C. 远郊区　　D. 近郊区

E. 城市行政区域内

3. 省域城镇体系规划的内容应当包括（ ）。

A. 各类专项规划

B. 城镇空间布局和规模控制

C. 重大基础设施的布局

D. 为保护生态环境、资源等需要严格控制的区域

E. 综合交通体系

4. 城镇体系规划分为（ ）。

A. 全国城镇体系规划

B. 省域城镇体系规划

C. 市域（镇域）城镇体系规划

D. 县域城镇体系规划

E. 乡镇体系规划

5. 规划区的具体范围由有关人民政府在组织编制的（ ）中，根据城乡经济社会发展水平和统筹城乡发展的需要划定。

A. 城市总体规划　　B. 镇总体规划

C. 乡规划和村庄规划　　D. 总体规划

E. 详细规划

6. 制定和实施城乡规划应当遵循的原则包括（ ）。

A. 先建设后规划　　B. 集约发展

C. 节约土地　　D. 合理布局

E. 城乡统筹

7. 镇总体规划的内容包括（ ）。

A. 镇的发展布局　　B. 用地布局

C. 各类专项规划　　D. 建设条件分析

E. 功能分区

8. 以下属于城市总体规划主要内容的有（ ）。

A. 城市的发展布局　　B. 功能分区

C. 综合交通体系　　D. 各类专项规划

E. 不同使用性质的用地面积与用地界线

9. 以下（ ），应当作为城市总体规划、镇总体规划的强制性内容。

A. 规划区范围

B. 水源地和水系

C. 自然与历史文化遗产保护

D. 基础设施和公共服务设施用地

E. 建设条件分析和综合技术经济论证

10.《城乡规划法》规定，在城市、镇规划区内以出让方式提供国有土地使用权的，在国有土地使用权出让前，城市、县人民政府城乡规划主管部门应当依据控制性详细规划，提出出让地块的（ ）等规划条件，作为国有土地使用权出让合同的组成部分。

A. 位置　　B. 使用性质

C. 开发强度　　D. 建设用地的面积

E. 允许建设的范围

11. 在城市、镇规划区内以划拨方式提供国有土地使用权的建设项目，经有关部门批准、核准、备案后，建设单位应当提出建设用地规划许可申请，由城市、县人民政府城乡规划主管部门依据控制性详细规划核定（ ），核发建设用地规划许可证。

A. 使用性质　　B. 开发强度

C. 建设用地的位置　　D. 建设用地的面积

E. 允许建设的范围

12. 国务院关于城市总体规划审批的范围包括（ ）。

A. 直辖市的城市总体规划

B. 省和自治区人民政府所在地城市的总体规划

C. 县人民政府所在地镇的总体规划

D. 设市城市的总体规划

E. 国务院确定的其他城市的总体规划

13. 对于划拨土地，城市规划管理中的报建审批管理主要包括（ ）。

A. 核发建设项目选址意见书

B. 核发商品房预售许可证

C. 核发建设用地规划许可证

D. 核发建设工程规划许可证

E. 核发建筑工程施工许可证

14. 《城乡规划法》规定，在（ ）发放后，因依法修改城乡规划给被许可人合法权益造成损失的，应当依法给予补偿。

A. 选址意见书

B. 建设用地规划许可证

C. 建设工程规划许可证

D. 乡村建设规划许可证

E. 农村生产规划许可证

15. 《城乡规划法》规定，城市、县、镇人民政府应当根据（ ），制定近期建设规划，报总体规划审批机关备案。

A. 城市总体规划

B. 镇总体规划

C. 土地利用总体规划

D. 年度计划以及国民经济和社会发展规划

E. 详细规划

16. 《城乡规划法》规定，有下列（ ）情形之一的，组织编制机关方可按照规定的权限和程序修改省域城镇体系规划、城市总体规划、镇总体规划。

A. 上级人民政府制定的城乡规划发生变更，提出修改规划要求的

B. 行政区划调整确需修改规划的

C. 因国务院批准重大建设工程确需修改规划的

D. 经评估确需修改规划的

E. 经协商确需修改规划的

17. 以下关于城市规划管理的说法，正确的有（ ）。

A. 城市总体规划期限一般为10年

B. 制定和实施城乡规划中，应当遵循城乡统筹、合理布局、节约土地、集约发展和先规划后建设的原则

C. 省、自治区人民政府组织编制省域城镇体系规划，报住房和城乡建设部审批

D. 城市总体规划的内容包括禁止、限制和适宜建设的地域范围，各类专项规划等

E. 建设项目都需要申请选址意见书

18. 下列关于城市紫线、绿线、蓝线和黄线划定，表述正确的是（ ）。

A. 在编制城市规划时应当划定保护历史文化街区和历史建筑的紫线

B. 对城市发展全局有影响的、城市规划中确定的、必须控制的城市基础设施用地的控制界线，属于城市蓝线

C. 编制各类城市规划，应当划定城市蓝线

D. 城市蓝线应当与城市规划一并报批

E. 在制定城市总体规划和详细规划时应当划定城市黄线

19. 以下（ ）工程，可以不申请办理施工许可证。

A. 工程投资额为50万元

B. 工程投资额为20万元

C. 工程投资额为10万元

D. 建筑面积为180 ㎡

E. 建筑面积为500 ㎡

20. 以下关于对建筑工程施工许可管理原则，说法正确的是（ ）。

A. 应在开工前申请领取施工许可证

B. 申请领取施工许可证的责任单位是施工单位

C. 按照国务院规定的权限和程序批准开工报告的建筑工程，不再领取施工许可证

D. 建筑面积在500 ㎡以下的建筑工程，可以不申请办理施工许可证

E. 工程投资额在300万元以下的建筑工程，可不申请办理施工许可证

21. A房地产开发公司在B市市区内建设住宅小区，其提供的以下（ ）有关证明材料，是符合申请领取施工许可证条件的。

A. 该建筑工程用地批准手续

B. 取得的建设工程规划许可证

C. 建设资金已经落实

D. 已与施工企业协商

E. 有满足施工需要的施工图纸及技术资料，且施工图设计文件正在审查

22. 以下关于施工许可证的说法，正确的是（ ）。

A. 施工许可证应当放置在施工现场备查

B. 施工许可证不得伪造和涂改

C. 施工许可证不能延期

D. 施工许可证延期以两次为限，每次不超过 3 个月

E. 建设单位应当自领取施工许可证之日起 12 个月内开工

23.《建设工程质量管理条例》明确规定，在正常使用条件下，建设工程的最低保修期限为 5 年的有（ ）。

A. 屋面防水工程

B. 装修工程

C. 有防水要求的卫生间

D. 给排水管道

E. 外墙面的防渗漏工程

24. 在正常使用下，以下关于房屋建筑工程的最低保修期限，说法正确的是（ ）。

A. 有防水要求的卫生间为 3 年

B. 供热系统为 2 个采暖期

C. 给排水管道为 2 年

D. 装修工程为 1 年

E. 房间和外墙面的防渗漏为 5 年

25. 根据《建设工程质量管理条例》，下列工程中，在正常使用的条件下，最低保修期限为 2 年的有（ ）。

A. 屋面防水　　B. 给排水管道

C. 外墙的防渗漏　　D. 电气管线

E. 装修工程

26. 下列关于房屋建筑工程质量保修责任，说法错误的是（ ）。

A. 房屋建筑工程在保修期限内出现质量缺陷，建设单位应当向施工单位发出保修通知

B. 保修费用由施工单位承担

C. 保修完后，由建设单位或者房屋建筑所有人组织验收

D. 保修费用由质量缺陷的责任方承担

E. 因保修不及时造成新的人身、财产损害，由建设单位承担赔偿责任

27. 建设工程竣工验收的条件包括（ ）等。

A. 完成工程设计和合同约定的各项内容

B. 施工单位提出工程竣工报告

C. 已办理房屋所有权证

D. 施工单位签署的工程质量保修书

E. 建设单位已按合同约定支付部分工程款

28. 以下建设工程竣工验收条件的说法，正确的是（ ）。

A. 施工单位应提出工程竣工报告

B. 监理单位应提出工程质量评估报告

C. 监理单位应提出工程竣工报告和工程质量评估报告

D. 勘察、设计单位提出质量检查报告

E. 施工单位应签署工程质量保修书

29. 李某购买了 W 房地产开发公司的住房一套，因质量问题，与其发生了质量纠纷。如果李某在商品房交付使用之后发现质量问题，这里的“交付使用”之后，是指（ ）。

A. 未办理交付使用手续之前

B. 办理了交付使用手续之后

C. 可以是房屋所有权证办理之前

D. 可以是房屋所有权证办理完备之后

E. 以上选项均正确

30. 下列关于商品房交付，表述正确的有（ ）。

A. 在商品住宅交付时，房地产开发企业向购房人提供《住宅质量保证书》和《住宅使用说明书》

B. 房地产开发企业对商品房的保修期自工程竣工验收合格之日起计算

C. 超过合同约定的期限，开发商仍不能交付商品房的，购房人还有权解除合同

D. 未能按期交付的，房地产开发企业应当承担违约责任

E. 房地产开发企业应在商品房交付使用之日起一年内，将有关资料报房地产主管部门

31. 房地产开发企业销售商品住宅时，应当根据《商品住宅实行质量保证书和住宅使用说明书制度的规定》，向买受人提供（ ）。

A.《住宅平面示意图》　　B.《住宅立面示意图》

C.《住宅剖面示意图》　　D.《住宅质量保证书》

E.《住宅使用说明书》

32. 下列属于不得发布房地产广告情况的有（ ）。

A. 在未经国家征收的集体所有的土地上建设的

B. 在经依法取得国有土地使用权的土地上开发建设的

C. 权属有争议的

D. 预售房地产并取得商品房预售许可证的

E. 符合工程质量标准且经验收合格的

33. 根据《房地产广告发布暂行规定》，禁止发布房地产销售广告的情形有（ ）等。

A. 集体土地上的合法房屋

B. 代管房屋

C. 列入征收范围内的房屋

D. 共有房屋

E. 商品房预售许可证正在办理之中的房屋

34. 房地产预售、销售广告，必须载明的事项有（ ）。

A. 开发企业名称

B. 开发企业的资信证明

C. 中介服务机构代理销售的，应载明该机构名称

D. 房地产项目的背景

E. 预售或者销售许可证书号

35. 根据商品住宅两书制度，下列关于最低保修项目和保修期限，说法正确的是（ ）。

A. 管道渗漏为1年

B. 五金件损坏为2年

C. 管道堵塞为6个月

D. 电器开关为6个月

E. 供冷系统为1个供冷期

36. 关于住宅质量保证书中商品住宅有关项目最低保修期限的说法，正确的有（ ）。

A. 屋面防水2年

B. 五金件损坏1年

C. 顶棚抹灰层脱落2年

D. 灯具6个月

E. 卫生洁具1年

37. 房地产开发企业发布预售商品房广告，不得涉及的内容有（ ）。

A. 对购房投资回报的承诺

B. 物业管理内容

C. 办理就业、升学的承诺

D. 装饰装修内容

E. 建筑设计效果图

38. 下列符合房地产广告要求的有（ ）。

A. 房地产广告中对价格有表示的，应清楚表示为实际的销售价格，明示价格有效期限

B. 房地产中表现项目位置，可以以所需时间来表示距离

C. 房地产广告中涉及交通及其他市政条件等，如在规划或者建设中，应在广告中注明

D. 房地产广告中涉及面积的，应当表明是建筑面积或者使用面积

E. 预售、预租商品房广告，不得涉及装修装饰内容

三、综合分析题（每个小题的备选答案中有一个或一个以上符合题意的答案。错选不得分；少选，但选择正确的每个选项得相应分）

1. 2012年1月，H省A市甲房地产开发公司（以下简称“甲公司”）获得了某城市规划区内的一地块的建设用地使用权，用于商品房项目建设。该商品房项目建设占地全部为基本农田。2014年5月，该商品房项目取得当地房地产管理部门颁发的商品房预售许可证。

（1）甲公司可以以（ ）方式获得该地块建设用地使用权。

A. 拍卖出让　　B. 招标出让

C. 划拨　　D. 转让

（2）下列关于甲公司办理该项目报建手续的表述中，正确的有（ ）。

A. 甲公司在签订了建设用地使用权出让合同后，应向该市建设行政主管部门申请项目选址意见书

B. 甲公司在签订建设用地使用权出让合同前，应先向该市规划主管部门申请项目选址意见书和建设用地规划许可证

C. 甲公司在签订建设用地使用权出让合同后，应向该市规划主管部门申请建设用地规划许可证

D. 甲公司向该市规划主管部门申请建设用地规划许可证后，再签订建设用地使用权出让合同

（3）按照《物权法》规定，下列关于甲公司取得的该建设用地使用权，表述正确的是（ ）。

A. 该建设用地使用权应当采取招标、拍卖等公开竞价的方式出让取得

B. 该建设用地使用权应当采取出让或者划拨等方式取得

C. 甲公司应当合理利用土地，不得改变土地用途；需要改变土地用途的，应当依法经有关行政主管部门批准

D. 甲公司取得该建设用地使用权，应当采取书面形式订立建设用地使用权出让合同

（4）在该项目实施过程中，需要A市人民政府规划行政管理部门审批的证件包括（ ）。

A.《项目选址意见书》

B.《建设用地规划许可证》

C.《建设工程规划许可证》

D.《商品房预售许可证》

（5）该建设项目用地农用地转用审批权归（ ）。

A. H 省人民政府

B. 国务院

C. H 省人民政府土地管理部门

D. 国务院土地管理部门

(6) 下列关于此项目农用地转用审批手续，表述正确的是（ ）。

A. 该项目建设占用土地，涉及农用地转为建设用地，应当办理农用地转用审批手续

B. 该项目建设占用土地因是基本农田，不涉及农用地转为建设用地，不必办理农用地转用审批手续

C. 经国务院批准农用地转用的，同时办理征地审批手续，不再另行办理征地审批

D. 经国务院批准农用地转用的，先办理农用地转用审批手续，再办理征地审批手续

(7) 下列关于甲公司进行商品房预售的条件，正确的是（ ）。

A. 取得建设用地使用权证书

B. 持有建设工程规划许可证和施工许可证

C. 按提供预售的商品房计算，投入开发建设的资金达到工程建设总投资的 15% 以上，并已经确定施工进度和竣工交付日期

D. 取得《商品房预售许可证》

2. A 县甲房地产开发公司（以下简称“甲公司”），拟在该县城中心繁华地段进行开发建设一商业广场。2012 年 3 月 8 日，甲公司通过出让方式取得了该地块的建设用地使用权，并缴纳了土地使用权出让金。该项目建设工期为 11 个月。2012 年 4 月 8 日，甲公司通过招标方式选择了乙施工企业，工程合同价为2 000 万元。2012 年 4 月 18 日，通过招标方式选聘了丙监理企业。2013 年 10 月 8 日，该项目竣工验收合格。2013 年 12 月 8 日，该项目办理了房屋登记，并领取了房屋所有权证。

(1) 甲公司在申请领取施工许可证时，其到位资金原则上不得少于（ ）万元。

A. 300　　B. 800

C. 1 000　　D. 1 500

(2) 以下条件中，甲公司申领建筑工程许可证须具备的是（ ）。

A. 有保证工程质量和安全的具体措施

B. 施工企业必须保证按工程设计施工

C. 建设资金已落实

D. 已确定施工企业

(3) 该商业广场符合下列（ ）等要求，方可进行竣工验收。

A. 完成工程设计和合同约定的各项内容

B. 有完整的技术档案和施工管理资料

C. 有 A 县建设工程质量监督机构签署的质量合格文件

D. 有施工单位签署的工程质量保修书

(4) 针对该项目，乙施工企业承担的工程保修期，从（ ）起计算。

A. 2012 年 4 月 8 日

B. 2012 年 4 月 18 日

C. 2013 年 10 月 8 日

D. 2013 年 12 月 8 日

(5) 乙施工企业承担该商业广场屋面防水的最低保修期限，应算至（ ）。

A. 2016 年 10 月 8 日　　B. 2018 年 10 月 8 日

C. 2016 年 12 月 8 日　　D. 2018 年 12 月 8 日

3. 2013 年 8 月，甲房地产开发公司（以下简称“甲公司”）通过出让方式，在乙市丙县城内，以 100 万元土地使用权出让金，取得了一块建设用地使用权，出让合同约定由甲公司进行住宅建设。该项目开发总投资 400 万元，建设工期为 11 个月。2013 年 9 月，甲公司与丁施工企业签订了施工合同，工程合同价为 250 万元。甲公司在开发建设的同时，进行了大规模的房地产广告宣传。2014 年 6 月，该项目建成后，马某购买住房一套，因质量问题与甲公司产生了质量纠纷。

(1) 甲公司申领建筑施工许可证时，要求该项目应落实不少于（ ）万元的项目建设资金。

A. 75　　B. 90

C. 125　　D. 150

(2) 马某购买的住房存在严重主体质量问题，应以（ ）作为能否退房的依据。

A. 乙市工程质量监督站的核验结果

B. 乙市质量技术监督局的核验结果

C. 乙市住房保障部门的核验结果

D. 乙市规划局的核验结果

(3) 马某在商品房交付使用之后发现质量问题，这里的“交付使用”之后，可指（ ）。

A. 未办理交付使用手续之前

B. 办理了交付使用手续之后

C. 可以是房屋所有权证办理之前

D. 可以是房屋所有权证办理完备之后

(4) 如果经鉴定，马某购买的住房确实存在严重主体质量问题，以下关于造成损失界定，表述正确

的是（　）。

A. 给购房人造成损失，应包含直接损失，也应含精神损失等间接性损失

B. 给购房人造成损失，不应包含直接损失，但应含精神损失等间接性损失

C. 给购房人造成损失，不应包含直接损失，也不应含精神损失等间接性损失

D. 给购房人造成损失，应包含直接损失，不应含精神损失等间接性损失

（5）马某购买的住房，如果经鉴定存在（　）情况，马某可以退房。

A. 一般性的质量问题

B. 主体结构质量不合格

C. 主体结构质量合格，但存在一般性的质量问题

D. 主体结构质量合格，且不存在一般性的质量问题

（6）下列关于甲公司房地产广告宣传，符合现行政策的是（　）。

A. 房地产广告中表现项目位置，以所需时间来表示距离

B. 房地产广告中清楚表示了实际的销售价格，并明示了价格的有效期限

C. 房地产广告中涉及面积的，明示为建筑面积

D. 房地产广告中使用了建筑设计效果图，未在广告中注明

第 4 章　房地产转让

考纲解读

本章的考试目的是测试应考人员对房地产转让管理概述、商品房销售管理、商品房预售管理、其他类型房地产转让管理等内容的了解、熟悉和掌握程度。本章考试基本要求如下：

1. 掌握房地产转让的概念；
2. 掌握房地产转让的条件；
3. 熟悉房地产转让的程序；
4. 熟悉房地产转让合同；
5. 掌握商品房销售管理；
6. 掌握商品房预售制度概述；
7. 掌握商品房预售的条件、商品房预售许可；
8. 掌握商品房预售合同登记备案；
9. 熟悉商品房预售监管；
10. 了解违反商品房预售许可行为的处罚；
11. 熟悉其他类型房地产转让管理。

本章知识结构

- 房地产转让
  - 房地产转让管理概述
    - 房地产转让的概念
    - 房地产转让的条件
    - 房地产转让的程序
    - 房地产转让合同
  - 商品房销售管理
    - 商品房买卖合同
    - 商品房销售代理
    - 商品房现售的具体规定
    - 商品房销售中禁止的行为
    - 商品房买卖合同纠纷审理的司法解释
    - 违规销售行为的处罚
  - 商品房预售管理
    - 商品房预售制度概述
    - 商品房预售的条件
    - 商品房预售许可
    - 商品房预售合同登记备案
    - 商品房预售监管
    - 违反商品房预售许可行为的处罚
  - 其他类型房地产转让管理
    - 房地产开发项目转让管理
    - 已购公有住房和经济适用住房转让管理

重点难点分析

一、房地产转让管理概述

教材从房地产转让的概念、条件、程序和合同四个方面，介绍了房地产转让管理的政策和内容。

此部分的法规、政策依据包括：①《城市房地产管理法》；②《城市房地产开发经营管理条例》；③《城市房地产转让管理规定》；④《房屋登记办法》。

本部分中，房地产有偿转让和无偿转让的区分、房地产不得转让的范围，是学习和考试的重点。难点是申请房屋所有权转移登记的范围，即房地产转让的几种形式。

1.《城市房地产管理法》规定："房地产转让是指房地产权利人通过买卖、赠与或者其他合法方式将其房地产转移给他人的行为。"房地产转让的特征是房地产权属发生转移。《房屋登记办法》规定当事人应当申请房屋所有权转移登记的情形有：

（1）买卖；

（2）互换；

（3）赠与；

（4）继承、受遗赠；

（5）房屋分割、合并，导致所有权发生转移的；

（6）以房屋出资入股；

（7）法人或者其他组织分立、合并，导致房屋所有权发生转移的；

（8）法律、法规规定的其他情形。

2.《城市房地产管理法》规定，房地产转让应当签订书面转让合同，合同中应当载明土地使用权取得的方式。房地产转让时，房屋所有权和该房屋所占用范围内的土地使用权同时转让；土地使用权出让合同载明的权利、义务随之转移。

3. 房地产转让的种类

（1）有偿转让

有偿转让主要包括房地产买卖、房地产抵债、房地产入股等行为。其中，房地产买卖是指房地产权利人（房屋所有权人和该房屋占用范围内土地使用权人于一身的权利主体）将其合法拥有的房地产以一定价格转让给他人的行为。

（2）无偿转让

无偿转让主要包括房地产赠与、房地产继承等行为。其中，房地产赠与是指房地产权利人将其合法拥有的房地产无偿赠送给他人，不要求受赠人支付任何费用或为此承担任何义务的行为。

房地产买卖属于双务行为，即买卖双方均享有一定的权利，并需承担一定的义务，房地产赠与属于单务行为，受让人不需承担任何义务。

【例题1】下列情形中，当事人无需申请房屋所有权转移登记的是（ ）。

A. 租赁　　B. 赠与

C. 互换　　D. 继承

【答案】A

【解析】《房屋登记办法》进一步明确，有以下情形之一的，当事人应当申请房屋所有权转移登记：①买卖；②互换；③赠与；④继承、受遗赠；⑤房屋分割、合并，导致所有权发生转移的；⑥以房屋出资入股；⑦法人或者其他组织分立、合并，导致房屋所有权发生转移的；⑧法律、法规规定的其他情形。

【例题2】无须办理房屋所有权转移登记的是（ ）。

A. 房屋租赁

B. 受遗赠房屋

C. 以房屋出资入股

D. 房屋分割导致所有权发生转移

【答案】A

【解析】A项，房屋租赁，是指房屋所有权人作为出租人将其房屋出租给承租人使用，由承租人向出租人支付租金的行为。其转移的是房屋的使用权而非所有权，因此无须办理所有权转移登记。

【例题3】下列行为中属于单务行为的是（ ）。

A. 房地产抵债　　B. 房地产入股

C. 房地产遗赠　　D. 房地产互换

【答案】C

【解析】房地产买卖属于双务行为，即买卖双方均享有一定的权利，并需承担一定的义务，房地产赠与属于单务行为，受让人不需承担任何义务。

【例题4】下列行为属于房地产转让的有（ ）。

A. 房地产抵押　　B. 房地产租赁

C. 房地产买卖　　D. 房地产抵债

E. 房地产权属随企业兼并而转移

【答案】CDE

【解析】房地产交易包括房地产转让、房地产抵押和房屋租赁。

【例题5】下列房地产转让的方式中，不属于有偿转让的是（ ）。

A. 房地产抵债　　B. 房地产作价入股

C. 房地产买卖　　D. 房地产继承

【答案】D

【解析】有偿转让主要包括房地产买卖、房地产抵债、房地产入股等行为；无偿转让主要包括房地产赠与、房地产继承等行为。

【例题6】根据《城市房地产管理法》，以出让方式取得土地使用权属于房屋建设工程的，按照土地使用权出让合同约定进行投资开发，其完成的开发投资达不到项目开发投资总额的（　）以上的，不得转让。

A. 15%　　B. 20%

C. 25%　　D. 30%

【答案】C

【例题7】根据《城市房地产转让管理规定》，下列房地产中不得转让的有（　）。

A. 权属有争议的

B. 共有房地产，经其他共有人书面同意的

C. 已设定抵押的

D. 司法机关依法查封限制转移的

E. 未依法领取房地产权属证书的

【答案】ADE

【解析】共有房地产，经其他共有人书面同意的，可以转让。抵押期间，抵押人未经抵押权人同意，不得转让抵押财产，但受让人代为清偿债务消灭抵押权的除外。

【例题8】房地产转让当事人在房地产转让合同签订后（　）日内，向房地产所在地的房地产管理部门提出申请，并申报成交价格。

A. 15　　B. 30

C. 60　　D. 90

【答案】D

二、商品房销售管理

教材从商品房买卖合同、销售代理、现售规定、销售禁止行为、买卖合同纠纷审理司法解释、违规销售处罚六个方面，介绍了商品房销售管理的政策和内容。

此部分的法规、政策依据包括：①《城市房地产管理法》；②《城市房地产开发经营管理条例》；③《商品房销售管理办法》；④《最高人民法院关于审理商品房买卖合同纠纷案件适用法律若干问题的解释》（法释［2003］7号）。

本部分是本章最重要的一部分，也是本课程历年考试的重点和必考点。难点内容包括商品房买卖合同中的面积误差比计算和处理方式、法释［2003］7号要点。

1. 商品房买卖合同应包括的主要内容：

（1）当事人名称或姓名和住所；

（2）商品房基本情况；

（3）商品房的销售方式；

（4）商品房价款的确定方式及总价款、付款方式、付款时间；

（5）交付使用条件及日期；

（6）装饰、设备标准承诺；

（7）供水、供电、供热、燃气、通信、道路、绿化等配套基础设施和公共设施的交付承诺和有关权益、责任；

（8）公共配套建筑的产权归属；

（9）面积差异的处理方式；

（10）办理产权登记有关事宜；

（11）解决争议的办法；

（12）违约责任；

（13）双方约定的其他事项。

当事人应当在商品房买卖合同中约定房地产开发企业、房地产中介服务机构发布的商品房销售广告和宣传资料所明示的事项。

2. 商品房计价方式：商品房销售可以按套（单元）计价，也可以按套内建筑面积计价或按建筑面积计价等三种方式进行。

3. 面积误差比计算：

$$面积误差比=\frac{产权登记面积-合同约定面积}{合同约定面积}\times 100\%$$

4. 按套内建筑面积或者建筑面积计价的，面积误差的处理方式如下。

合同未作约定的，按以下原则处理：

（1）面积误差比绝对值在3%以内（含3%）的，据实结算房价款；

（2）面积误差比绝对值超出3%时，买受人有权退房。

① 买受人退房的，房地产开发企业应当在买受人提出退房之日起30日内将买受人已付房价款退还给买受人，同时支付已付房价款利息。

② 买受人不退房的：

a. 产权登记面积大于合同约定面积时，面积误差比在3%以内（含3%）部分的房价款由买受人补足；超出3%部分的房价款由房地产开发企业承担，产权归买受人。

b. 产权登记面积小于合同约定面积时，面积误差比绝对值在3%以内（含3%）部分的房价款由房

地产开发企业返还买受人；绝对值超出3%部分的房价款由房地产开发企业双倍返还买受人。

5. 中途变更规划、设计。

（1）房地产开发企业应当按照批准的规划、设计建设商品房。商品房销售后，房地产开发企业不得擅自变更规划、设计。

（2）经规划部门批准的规划变更、设计单位同意的设计变更导致商品房的结构形式、户型、空间尺寸、朝向变化，以及出现合同当事人约定的其他影响商品房质量或使用功能情形的，房地产开发企业应当在变更确立之日起10日内，书面通知买受人。

（3）买受人有权在通知到达之日起15日内作出是否退房的书面答复。买受人在通知到达之日起15日内未作出书面答复的，视同接受规划、设计变更以及由此引起的房价款的变更。

（4）房地产开发企业未在规定时限内通知买受人的，买受人有权退房，买受人退房的，由房地产开发企业承担违约责任。

6. 商品房销售禁止行为：（1）房地产开发企业不得在未解除商品房买卖合同前，将作为合同标的物的商品房再行销售给他人；（2）房地产开发企业不得采取返本销售或变相返本销售的方式销售商品房；（3）不符合商品房销售条件的，房地产开发企业不得销售商品房，不得向买受人收取任何预定款性质费用；（4）商品住宅不得分割拆零销售。

返本销售是指房地产开发企业以定期向买受人返还购房款的方式销售商品房的行为。返本销售另有变相形式，如采用抓奖、售后包租、租金回报等。这些行为均是国家明令禁止的行为。

售后包租是指房地产开发商将商品房出售给购房人，但是购房人并不用于自住，而是交给开发商或开发商委托的代理机构用于经营，并定期向购房人支付租金的一种销售方式。这种方式其实和“租金回报”是同一种销售类型。

租金回报是指客户买房不为入住，只为投资。客户将买下的房产托付给开发商，由开发商帮客户出租一段时间（通常在1~3年之间）后，客户将每年得到房款一定比例的资金回报。

【例题1】甲房地产公司与王某签订了一宗商品房买卖合同，合同约定建筑面积为100 ㎡。但交房时，经房产测绘部门测定的建筑面积为120 ㎡。若合同对面积误差未作约定，下列关于面积误差处理的表述中，正确的有（ ）。

A. 王某可以退房

B. 16.4 ㎡的建筑面积的房款由甲房地产公司承担，产权归王某

C. 20 ㎡的建筑面积的房款由甲房地产公司承担，产权归王某

D. 王某不能退房

E. 17 ㎡的建筑面积的房款由甲房地产公司承担，产权归王某

【答案】AE

【解析】双方所订合同未作约定的，按以下原则处理：①面积误差比绝对值在3%以内（含3%）的，据实结算房价款；②面积误差比绝对值超过3%时，即17［(120－100)－100×3%］m^2，买受人有权退房。所以选项E正确。

【例题2】王某向甲房地产开发企业预购了一套建筑面积为$90m^2$的商品住房，单价为6 000元/平方米，预售合同中未对房屋面积误差作出约定，商品住房实测建筑面积为$93m^2$，则王某实际支付房款（ ）万元。

A. 54.00 B. 55.18

C. 55.62 D. 55.80

【答案】C

【解析】面积误差比的计算公式为：面积误差比＝$\frac{产权登记面积-合同约定面积}{合同约定面积}\times 100\%$。则本题中，王某购房的面积误差比＝(93－90)÷90×100%＝3.3%，超出3%，王某实际应付购房款＝(3%×90＋90)×6 000＝556 200（元），即55.62万元。

【例题3】存量房买卖合同应载明的内容有（ ）。

A. 房屋交付的时间

B. 成交价格和支付方式

C. 双方当事人的联系方式

D. 建设工程规划许可证号

E. 房地产权属证书的名称和编号

【答案】AB

【解析】商品房买卖合同应包括的主要内容：①当事人名称或姓名和住所；②商品房基本情况；③商品房的销售方式；④商品房价款的确定方式及总价款、付款方式、付款时间；⑤交付使用条件及日期；⑥装饰、设备标准承诺；⑦供水、供电、供热、燃气、通信、道路、绿化等配套基础设施和公共设施的交付承诺和有关权益、责任；⑧公共配套建筑的产权归属；⑨面积差异的处理方式；⑩办理产权登记有关事宜等。当事人应当在商品房买卖合同中约定房地产开发企业、房地产中介服务机构发布的商品房销售广

告和宣传资料所明示的事项。

【例题4】为了防御地质灾害，甲房地产开发企业对已预售的房屋结构进行有利于购房者的更改，且不打算加价，则甲房地产开发企业（ ）。

A. 不必通知买受人

B. 应书面通知买受人

C. 应公示通知买受人

D. 可在交房时再告知买受人

【答案】B

【解析】规划变更、设计变更后，房地产开发企业应当在变更确立之日起10日内，书面通知买受人。

【例题5】甲房地产开发公司（以下简称“甲公司”）实施旧城改造项目，按照规划拟建20 000平方米商住楼，其中营业房3 000平方米。甲公司办理相关手续后对王某的住房实施拆迁。甲公司取得预售许可证后，开始对住宅进行预售，同时在媒体上发布广告。周某预购该项目的一套住宅，商品房买卖合同中约定建筑面积为80平方米。在施工中，甲公司发现原图纸客厅设计不合理，经规划和设计部门同意，将客厅宽度和面积做了修改，并立即由销售人员电话通知周某，要求其在15日内提出意见。建设过程中，甲公司又将在建的3 000万平方米的营业房向银行申请抵押贷款。房屋竣工后，经银行同意，甲公司将营业房公开招商。下列关于甲公司中途变更设计的表述中，正确的为（ ）。

A. 甲公司已在法定时间内通知了周某，周某一直未做答复。因此，应视同周某接受设计变更

B. 周某有权退房

C. 周某退房，甲公司应承担违约责任

D. 周某退房应承担违约责任

【答案】BC

【解析】甲公司在法定时间内只是电话通知了周某，未采取书面形式，属于违约。

【例题6】甲房地产开发公司（以下简称“甲公司”）以出让方式取得某住宅项目用地，委托拆迁后形成净地。甲公司委托乙房地产经纪机构代理该楼盘的销售。在预售过程中，甲公司报请城乡规划管理部门批准更改了原规划。被拆迁人李某预购了该项目一套住宅。在建设过程中，甲公司因资金紧张，将该项目部分用地转让给丙公司。下列关于规划变更的表述中，正确的为（ ）。

A. 甲公司应当自变更确立之日起7日内，书面通知买受人

B. 甲公司如果未在规定的时限内通知买受人，买受人有权选择退房，且应由甲公司承担违约责任

C. 规划、设计变更导致商品房的结构型式、户型、空间尺寸、朝向变化，以及出现合同约定的其他影响商品房质量和使用功能情形的，买受人必须在变更通知到达之日起10日内做出是否退房的书面答复

D. 买受人在变更通知到达之日起规定的时限内未做出是否退房的书面答复的，视同接受规划、设计变更以及由此引起的房价款的变更

【答案】BD

【解析】甲公司应当自变更确立之日起10日内，书面通知买受人，故A项错误。C项中的10日应为15日，故C项错误。

【例题7】2005年10月，甲房地产开发公司（以下简称“甲公司”）委托乙建筑公司（以下简称“乙公司”）承建其开发的小区。2006年4月，甲公司领取了商品房预售许可证，开始预售房屋。5月，甲公司与郑某签订了商品房预售合同。6月，甲公司申请变更小区规划、设计并获得批准。按照新的方案，郑某所购房屋的空间尺寸和朝向发生了变化。2007年1月该小区交付使用，甲公司选聘的物业服务企业开始实施物业管理。2月郑某将自己所购房屋出租给刘某，租期为2年。刘某在屋顶安装了一个广告牌，宣传自己所开公司的产品。4月郑某将出租房屋抵押给银行，贷款50万元，贷款期为1年，并办理了抵押登记手续。下列关于甲公司变更规划、设计的表述中，正确的为（ ）。

A. 甲公司应当在规划设计变更之日起10日内，书面通知郑某

B. 郑某在收到甲公司变更规划、设计通知之日起15日内未作出书面答复的视为接受规划、设计变更

C. 郑某如退房应在甲公司的变更规划、设计书面通知到达之日起15日内作出书面答复，否则应承担违约责任

D. 甲公司在规定的时限内通知了郑某，郑某有权要求甲公司承担违约责任

【答案】ABC

【解析】房地产开发企业未在规定时限内通知买受人的，买受人有权退房；买受人退房的，由房地产开发企业承担违约责任。

【例题8】房地产经纪机构代理预售商品房时，应向商品房购买人出示的资料有（ ）。

A. 商品房销售委托书

B. 商品房选址意见书

C. 商品房预售许可证

D. 预售房屋所有权证书

E. 销售场所的房屋租赁合同

【答案】AC

【解析】中介机构销售商品房时，应当向商品房购买人出示商品房的有关证明文件和商品房销售委托书。

【例题9】商品房现房销售应具备的条件有（ ）。

A. 取得土地使用权证书或使用土地的批准文件

B. 持有建设工程规划许可证

C. 已通过竣工验收

D. 物业管理方案已落实

E. 取得商品房销售许可证

【答案】ABCD

【解析】商品房现售应当符合的条件中，不包括"取得商品房销售许可证"。

【例题10】房地产开发企业不得采取（ ）的方式销售商品房。

A. 分期付款　　B. 收取预售款

C. 收取定金　　D. 返本销售

【答案】D

【解析】房地产开发企业不得采取返本销售或变相返本销售的方式销售商品房。

【例题11】商品房销售中，禁止的行为包括（ ）。

A. 返本销售

B. 实名制购房

C. 未取得商品房预售许可证收取定金

D. 成套住宅分割拆零销售

E. 预购人将购买的期房再行转让

【答案】ACDE

【解析】房屋所有权申请人与登记备案的预售合同载明的预购人不一致的，房屋权属登记机关不得为其办理房屋权属登记手续。实行实名制购房，推行商品房预售合同网上即时备案，防范私下交易行为。

【例题12】对未竣工的预售商品房，商品房预购人（ ）。

A. 可以转让，但须缴纳个人所得税

B. 可以转让，但转让价格不得超过预购价的20%

C. 可以转让，但须获得房地产主管部门同意

D. 不得转让

【答案】D

【解析】禁止商品房预购人将购买的未竣工的预售商品房再行转让。

【例题13】关于商品房销售管理的说法，错误的有（ ）。

A. 未竣工已预售的商品房不得再行转让

B. 销售商品房时无需核对买受人是否用实名购房

C. 国家推行商品房预售合同网上即时备案制度

D. 房地产经纪机构可以根据销售需要，发布虚构价格和销售进度信息

E. 房地产开发企业可以用返本销售的方式销售商品房

【答案】BDE

【解析】禁止商品房预购人将购买的未竣工的预售商品房再行转让。实行实名制购房，推行商品房预售合同网上即时备案，防范私下交易行为。房地产开发企业不得采取返本销售或变相返本销售的方式销售商品房。

【例题14】根据《城市房地产开发经营管理条例》的规定，房地产开发企业未取得商品房预售许可证，擅自预售商品房的，由县级以上人民政府房地产开发主管部门责令停止违法行为，没收违法所得，可以并处已收取的预付款（ ）以下的罚款。

A. 1%　　B. 2%

C. 3%　　D. 4%

【答案】A

【解析】《城市房地产开发经营管理条例》规定，违反法律、法规规定，擅自预售商品房的，责令停止违法行为，没收违法所得；收取预付款的，可以并处已收取的预付款1%以下的罚款。

【例题15】返本销售和变相返本销售商品房的处罚标准是处以警告，责令限期改正，并可处以罚款（ ）。

A. 1万元以下

B. 1万元以上2万元以下

C. 1万元以上3万元以下

D. 2万元以上3万元以下

【答案】C

【解析】返本销售或者变相返本销售商品房的处罚依据是《商品房销售管理办法》第四十二条。处罚的标准是：处以警告，责令限期改正，并可处以1万元以上3万元以下的罚款。

【例题16】以售后包租或变相售后包租方式销售未竣工商品房的处罚标准是处以警告，责令限期改正，并可处以（ ）的罚款。

A. 1万元以上2万元以下

B. 1万元以上3万元以下

C. 2万元以上3万元以下

D. 3万元以上5万元以下

【答案】B

【例题17】房地产中介机构代理销售不符合销售条件的商品房的，由县级以上房地产行政主管部门处以（ ），责令停止销售，并可处以罚款。

A. 警告　　B. 没收违法所得

C. 停业整顿　　D. 吊销营业执照

【答案】A

【解析】房地产中介服务机构代理销售不符合销售条件的商品房的处罚依据是《商品房销售管理办法》第四十三条。处罚的标准是：由县级以上人民政府房地产开发主管部门处以警告，责令停止销售，并可处以2万元以上3万元以下罚款。

【例题18】对房地产中介机构代理销售不符合销售条件的商品房处以警告，（ ），并可处以2万元以上3万元以下罚款。

A. 责令停止销售　　B. 责令限期改正

C. 收回资质证书　　D. 公告资质证书作废

【答案】A

【例题19】甲房地产开发公司将商品房预售给张某，合同约定建筑面积110㎡，单位建筑面积价格为5 000元。买卖双方对面积误差的处理方式未作约定。已知该商品房产权登记的建筑面积为100㎡，甲公司应当返还张某（ ）元。

A. 50 000　　B. 67 000

C. 83 490　　D. 100 000

【答案】C

【解析】①计算面积误差比。面积误差比＝（产权登记面积－合同约定面积）/合同约定面积×100%＝(100－110)÷110＝－9.09%。②返还张某房价款。产权登记面积小于合同约定面积时，面积误差比绝对值在3%（含3%）以内部分的房价款由房地产开发企业返还买受人；绝对值超过3%的房价款由房地产开发企业双倍返还买受人。返还张某房价款＝110×5 000×3%＋110×5 000×6.09%×2＝83 490（元）。

【例题20】商品房买卖合同约定面积为150m^2，价格为4 000元/平方米，交付使用时，产权登记面积为155m^2，买卖双方未对面积误差的处理方式做出约定。根据有关规定最后结算的房价款应为（ ）万元。

A. 60.0　　B. 61.0

C. 61.8　　D. 62.0

【答案】C

【解析】（1）面积误差比＝（产权登记面积－合同约定面积）/合同约定面积×100%＝（155－150）÷150＝3.33%。（2）根据面积误差比绝对值超过3%时，买受人有权退房。买受人不退房的，产权登记面积大于合同约定面积时，面积误差比在3%之内（含3%）的房价款由买受人补足；超出3%部分的房价款由房地产企业承担，产权归买受人，即最后算的房价款为61.8［150×（1＋3%）×4 000］万元。

【例题21】根据《合同法》，出卖人迟延交付房屋，经催告后在（ ）个月的合理期限内仍未履行，买受人请求解除合同的，人民法院应予支持，但当事人另有约定的除外。

A. 1　　B. 3

C. 4　　D. 6

【答案】B

【例题22】当事人以约定的违约金过高为由请求减少的，应当以违约金超过造成的损失（ ）为标准适当减少。

A. 15%　　B. 20%

C. 30%　　D. 35%

【答案】C

【例题23】商品房买卖当事人以约定的违约金低于造成的损失为由请求增加的，应当以（ ）确定违约金数额。

A. 违约造成的损失

B. 损失超过违约金30%为标准

C. 违约造成的损失上浮30%

D. 约定违约金的2倍

【答案】A

三、商品房预售管理

教材从商品房预售制度、预售条件、预售许可、预售合同登记备案、预售监管和违规处罚六个方面，介绍了商品房预售管理的政策和内容。

此部分的法规、政策依据包括：①《城市房地产管理法》；②《城市房地产开发经营管理条例》；③《城市商品房预售管理办法》。

商品房预售产生于20世纪80年代初，世界上有许多国家和地区也都有类似制度。1994年《城市房地产管理法》从国家法律上确立商品房预售许可制度，《城市商品房预售管理办法》对商品房预售管理机构、预售许可制度的实施和监管作出了具体的规定。在存量住房尚未基本满足社会需求，且直接融资渠道尚未充分形成的情况下，商品房预售制度对解决住房问题发挥了重要作用。目前各主要城市商品房预售比例普遍在80%以上，部分城市达90%以上。

本部分也是本课程历年考试的重点、难点和必考点。难点内容主要是商品房预售监管的具体措施。

1. 商品房预售的条件

《城市房地产管理法》、《城市房地产开发经营管理条例》、《城市商品房预售管理办法》均规定商品房预售条件，具体内容分别如下。

（1）《城市房地产管理法》第四十五条规定，商品房预售应当符合下列条件：①已交付全部土地使用权出让金，取得土地使用权证书；②持有建设工程规划许可证；③按提供预售的商品房计算，投入开发建设的资金达到工程建设总投资的25%以上，并已经确定施工进度和竣工交付日期；④向县级以上人民政府房地产管理部门办理预售登记，取得《商品房预售许可证》。

（2）《城市房地产开发经营管理条例》第二十三条规定，房地产开发企业预售商品房，应当符合下列条件：①已交付全部土地使用权出让金，取得土地使用权证书；②持有建设工程规划许可证和施工许可证；③按提供的预售商品房计算，投入开发建设的资金达到工程建设总投资的25%以上，并已确定施工进度和竣工交付日期；④已办理预售登记，取得商品房预售许可证明。

（3）《城市商品房预售管理办法》第五条规定，商品房预售应当符合下列条件：①已交付全部土地使用权出让金，取得土地使用权证书；②持有建设工程规划许可证和施工许可证；③按提供预售的商品房计算，投入开发建设的资金达到工程建设总投资的25%以上，并已经确定施工进度和竣工交付日期。④《城市商品房预售管理办法》第六条规定，商品房预售实行许可制度。开发企业进行商品房预售，应当向房地产管理部门申请预售许可，取得《商品房预售许可证》。

2. 商品房预售许可应提交的证件及资料：①商品房预售许可申请表；②开发企业的《营业执照》和资质等级证书；③土地使用权证书；建设工程规划许可证和施工许可证；④投入资金开发建设达到工程建设总投资25%以上的证明；⑤工程施工合同及关于施工进度的说明；⑥商品房预售方案；⑦其他有关资料。

3. 商品房预售许可办理程序：①受理；②审核；③许可；④公示。

4. 商品房预售合同登记备案。

（1）房地产开发企业取得了商品房预售许可证后，就可以向社会预售其商品房，开发企业应当与承购人签订书面预售合同。

（2）商品房预售人应当在签约之日起30日内持商品房预售合同到县级以上人民政府房地产管理部门和土地管理部门办理登记备案手续。

（3）房地产管理部门应当积极应用网络信息技术，逐步推行商品房预售合同网上登记备案。

（4）商品房预售合同登记等手续可以委托代理人办理，委托代理人办理的，应当有书面委托书。

【例题1】申请办理《商品房预售许可证》应提交的证件和资料有（ ）。

A. 商品房预售方案

B. 商品房预售许可申请表

C. 关于工程施工进度说明

D. 房地产开发企业的资质等级证书

E. 投入开发建设的资金达到工程建设总投资的20%以上的证明

【答案】ABCD

【解析】《城市商品房预售管理办法》规定，房地产开发企业申请办理《商品房预售许可证》，应当向市、县人民政府房地产管理部门提交下列证件及资料：①商品房预售许可申请表；②开发企业的《营业执照》和资质等级证书；③土地使用权证书；建设工程规划许可证和施工许可证；④投入资金开发建设达到工程建设总投资25%以上的证明；⑤工程施工合同及关于施工进度的说明；⑥商品房预售方案，应当说明商品房的位置、装修标准、竣工交付日期、预售总面积、交付使用后的物业管理等内容，并应当附商品房预售总平面图、分层平面图；⑦其他有关资料。

【例题2】规定商品房预售实行预售许可制度的法律是（ ）。

A.《城市房地产管理法》

B.《城市房地产开发经营管理条例》

C.《城市商品房预售管理办法》

D.《城市房地产转让管理规定》

【答案】A

【例题3】规定商品房预售实行预售许可制度的行政法规是（ ）。

A.《城市房地产开发经营管理条例》

B.《城市房地产管理法》

C.《城镇国有土地使用权出让和转让暂行条例》

D.《城市商品房预售管理办法》

【答案】A

【例题4】商品房预售应符合的条件有（ ）。

A. 已交付全部国有建设用地使用权出让金，取得土地使用权证书

B. 持有建筑工程规划许可证

C. 按提供预售的商品房计算，投入开发建设的资金达到工程建设总投资的25%以上，并已确定施工进度和竣工交付日期

D. 向县级以上人民政府房产管理部门办理预售登记，取得了商品房预售许可证

E. 已通过竣工验收

【答案】ABCD

【解析】已通过竣工验收，不属于商品房预售条件。

【例题5】商品房预售的条件之一是：投入的开发建设资金应达到工程建设总投资的一定比例以上，并有确定的（ ）。

A. 后续开发资金和施工措施

B. 后续开发资金和质量保障措施

C. 施工进度和竣工交付日期

D. 施工和质量保障措施

【答案】C

【解析】按提供预售的商品房计算，投入开发建设的资金达到工程建设总投资的25%以上，并已经确定施工进度和竣工交付日期。

【例题6】房地产开发企业申请商品房预售许可证，必须提交的证件包括（ ）。

A. 国有建设用地使用权证书

B. 工程施工合同

C. 建设工程规划许可证

D. 房屋拆迁许可证

E. 建设工程施工许可证

【答案】ABCE

【解析】房屋拆迁许可证，不属于办理《商品房预售许可证》应提交的证件。

【例题7】按照规定，（ ）应当加盖房地产管理部门的印章。

A. 商品房预售申请书

B.《商品房预售许可证》

C. 不予商品房预售许可决定书

D. 商品房预售许可决定书

【答案】B

【解析】商品房预售许可决定书、不予商品房预售许可决定书应当加盖房地产管理部门的行政许可专用印章，《商品房预售许可证》应当加盖房地产管理部门的印章。

【例题8】在某省会城市，甲房地产开发企业（以下简称“甲企业”）开发商品房住宅小区，共4栋，每栋10层，5个单元，每个单元均为一梯两户。2011年6月1日，该项目取得《商品房预售许可证》，准许销售300套。

① 下列关于商品房预售的说法，正确的有（ ）。

A. 房地产管理部门作出的准予商品房预售的许可，应当予以公开，公众有权查阅

B. 甲企业可在未解除合同前，将作为合同标的物的商品房再行销售给他人

C. 甲企业不得按套内面积计价预售商品房

D. 甲企业可以与购房人约定面积误差比绝对值超过2%时，买受人有权退房

【答案】AD

【解析】房地产管理部门作出的准予商品房预售许可的决定，应当予以公开，公众有权查阅。房地产开发企业不得在未解除商品房买卖合同前，将作为合同标的物的商品房再行销售给他人。商品房销售可以按套（单元）计价，也可以按套内建筑面积或按建筑面积计价。

② 该项目由商品房预售转为商品房现售，应符合的条件为（ ）。

A. 已通过竣工验收

B. 公共设备具备交付条件

C. 物业管理方案已落实

D. 取得房屋所有权证书

【答案】ABC

【解析】取得房屋所有权证书，不属于商品房现售所要求的条件。

【例题9】商品房预售合同登记备案的申请人是（ ）。

A. 商品房销售代理机构

B. 房地产开发企业

C. 商品房购买人

D. 商品房购买人和商品房预售人

【答案】B

【解析】房地产开发企业应当在签约之日起30日内持商品房预售合同到县级以上人民政府房产管理部门和土地管理部门办理登记备案手续。

【例题10】进行商品房预售时，预售人应当在预售合同签订后（ ）日内，将预售合同报县级以上人民政府房产管理部门和土地管理部门登记备案。

A. 7　　B. 15

C. 30　　D. 90

【答案】C

【解析】房地产开发企业应当自商品房预售合同签订之日起30日内，到商品房所在地的县级以上人民政府房地产开发主管部门和负责土地管理工作的部门备案。

【例题11】商品房预售合同应由（ ）向登记部门登记备案。

A. 购房人

B. 房地产开发企业

C. 购房人和房地产开发企业

D. 购房人或房地产开发企业

【答案】B

【解析】办理商品房预售登记备案手续的申请人或责任主体应是“房地产开发企业”。

【例题12】商品房预售许可的最低规模不得小于（ ）。

A. 套　　B. 层

C. 单元　　D. 栋

【答案】D

【解析】《关于进一步加强房地产市场监管完善商品住房预售制度有关问题的通知》规定，严格商品住房预售许可管理。各地要结合当地实际，合理确定商品住房项目预售许可的最低规模和工程形象进度要求，预售许可的最低规模不得小于栋，不得分层、分单元办理预售许可。

【例题 13】商品房预售方案应包括的内容有（ ）。

A. 项目基本情况

B. 预售房屋套数

C. 销售人员姓名和身份证号

D. 竣工交付日期

E. 住房质量责任承担主体

【答案】ABE

【解析】商品房预售方案应当包括项目基本情况、建设进度安排、预售房屋套数、面积预测及分摊情况、公共部位和公共设施的具体范围、预售价格及变动幅度、预售资金监管落实情况、住房质量责任承担主体和承担方式、住房能源消耗指标和节能措施等。

【例题 14】预售的商品房交付使用之日起 90 日内，承购人应当依法到（ ）办理权属登记手续。

A. 房地产管理部门

B. 建设管理部门

C. 市、县人民政府土地管理部门

D. 市、县人民政府规划管理部门

E. 市、县人民政府

【答案】AC

【例题 15】开发企业不按规定使用商品房预售款项的，由房地产管理部门责令限期纠正，并可处以（ ）的罚款。

A. 违法所得 3 倍以下

B. 不超过 3 万元

C. 违法所得 3 倍以下但不超过 3 万元

D. 违法所得 3 倍以上但不超过 5 万元

【答案】C

四、其他类型房地产转让管理

教材从房地产开发项目转让管理、已购公有住房和经济适用住房转让管理两个方面，介绍了其他类型房地产转让管理的政策和内容。

此部分的法规、政策依据包括：①《城市房地产管理法》；②《城市房地产开发经营管理条例》；③《经济适用住房管理办法》；④《已购公有住房和经济适用住房上市出售管理暂行办法》；⑤《关于加强经济适用住房管理有关问题的通知》（建保［2010］59 号）。

本部分中的房地产开发项目转让条件、程序，房地产项目转让后的实际使用年限计算，已购公有住房和经济适用住房转让及转让后的政策，是学习和考试的重点。难点主要是经济适用住房管理的最新政策。

1. 房地产开发项目转让管理

《城市房地产转让管理规定》规定以下几种情况可以不办理出让手续。

（1）经城市规划行政主管部门批准，转让的土地用于《城市房地产管理法》第二十三条规定的项目，即：

第一，国家机关用地和军事用地；

第二，城市基础设施用地和公益事业用地；

第三，国家重点扶持的能源、交通、水利等项目用地；

第四，法律、行政法规规定的其他用地。

（2）私有住宅转让后仍用于居住的。

（3）按照国务院住房制度改革有关规定出售公有住宅的。

（4）同一宗土地上部分房屋转让而土地使用权不可分割转让的。

（5）转让的房地产暂时难以确定土地使用权出让年限、土地用途和其他条件的。

（6）根据城市规划土地使用权人不宜出让的。

（7）县级以上地方人民政府规定暂时无法或不需要采取土地使用权出让方式的其他情形。

对于暂不办理土地使用权出让手续的，应当将土地收益上缴国家或做其他处理，并在合同中注明。

2. 已购公有住房和经济适用住房转让管理

（1）经济适用住房购房人拥有有限产权。购买经济适用住房不满5年，不得直接上市交易，购房人因特殊原因确需转让经济适用住房的，由政府按照原价格并考虑折旧和物价水平等因素进行回购。

（2）购买经济适用住房满5年，购房人上市转让经济适用住房的，应按照届时同地段普通商品住房与经济适用住房差价的一定比例向政府交纳土地收益等相关价款，具体交纳比例由市、县人民政府确定，政府可优先回购；购房人也可以按照政府所定的标准向政府交纳土地收益等相关价款后，取得完全产权。

【例题1】下列项目用地中，应办理建设用地使用权出让手续的是（　）。

A. 县级人大办公用地

B. 大型上市公司办公用地

C. 公立学校扩建用地

D. 公共体育场馆建设用地

【答案】B

【解析】经城市规划行政主管部门批准，转让的土地用于《城市房地产管理法》第二十三条规定的项目，可以不办理出让手续，即：①国家机关用地和军事用地；②城市基础设施用地和公益事业用地；③国家重点扶持的能源、交通、水利等项目用地；④法律、行政法规规定的其他用地。

【例题2】2007年6月，甲房地产开发企业（以下简称“甲企业”）通过出让方式获得一宗居住用途的国有建设用地的使用权，2009年3月开工建设。2010年4月，甲企业将该项目转让给乙房地产开发企业（以下简称“乙企业”）。2011年6月该居住区建成，由丙物业服务企业（以下简称“丙企业”）实施物业管理。

① 因未按照土地出让合同约定的期限开工建设，甲企业应缴纳相当于土地使用权出让金（　）的土地闲置费。

A. 10%　　B. 15%

C. 20%　　D. 30%

【答案】C

【解析】在城市规划区范围内，以出让等有偿使用方式取得土地使用权进行房地产开发的闲置土地，超过出让合同约定的动工开发日期满1年未动工开发的，可以征收相当于土地使用权出让金20%以下的土地闲置费。

② 甲企业转让该项目给乙企业应符合的条件为（　）。

A. 已经支付全部土地使用权出让金

B. 取得土地使用权证书

C. 征得城市规划部门同意

D. 投入房屋建设工程的资金额占全部开发投资总额的25%以上

【答案】ABD

【解析】以出让方式取得的土地使用权，转让房地产开发项目时的条件：一是属于房屋建设的，开发单位除土地使用权出让金外，实际投入房屋建设工程的资金额应占全部开发投资总额的25%以上；二是属于成片开发土地的，应形成工业或其他建设的用地条件，方可转让。

【例题3】根据《城市房地产管理法》，以出让方式取得土地使用权属于房屋建设工程的，按照土地使用权出让合同约定进行投资开发，其完成的开发投资达不到项目开发投资总额的（　）以上的，不得转让。

A. 15%　　B. 20%

C. 25%　　D. 30%

【答案】C

【解析】以出让方式取得的土地使用权，转让房地产开发项目时的条件中，属于房屋建设的，开发单位除土地使用权出让金外，实际投入房屋建设工程的资金额应占全部开发投资总额的25%以上。

【例题4】下列房地产项目中，不得转让的有（　）。

A. 已完成开发投资总额35%的高档公寓项目

B. 已支付全部土地出让金并取得建设用地使用

权证书的成片开发工业用地

C. 已支付全部土地出让金，尚未取得建设用地使用权证书的成片开发建设用地

D. 未竣工已预售的商品房

E. 少数共有人以书面表示不同意转让的共有房产

【答案】CDE

【例题5】甲房地产开发公司将一块以出让方式获得的土地使用权转让给乙房地产开发公司，土地用途为住宅用地，3年后该项目建成，由丙物业管理公司实施物业管理。甲公司转让该项目必须符合的条件为（　）等。

A. 经城市规划管理部门同意

B. 经县级以上人民政府建设部门批准

C. 已支付全部土地使用权出让金，取得土地使用权证

D. 投入房屋建设工程的资金应达到全部开发投资总额的25%以上

【答案】CD

【例题6】甲房地产开发公司（以下简称"甲公司"）以出让方式取得某住宅项目用地，委托拆迁后形成净地。甲公司委托乙房地产经纪机构（以下简称"乙机构"）代理该楼盘的销售。在预售过程中，甲公司报请城乡规划管理部门批准更改了原规划。被拆迁人李某预购了该项目一套住宅。在建设过程中，甲公司因资金紧张，将该项目部分用地转让给丙公司。甲、丙公司应当在办理完土地使用权变更登记手续之日起（　）日内持转让合同到房地产开发主管部门备案。

A. 7　　B. 15

C. 30　　D. 60

【答案】C

【解析】转让房地产开发项目，转让人和受让人应当自土地使用权变更登记手续办理完毕之日起30日内，持房地产开发项目转让合同到房地产开发主管部门备案。

【例题7】某游乐场按土地法定最高出让年限取得土地使用权，经营15年后转让，则取得该土地使用权的剩余使用年限是（　）年。

A. 15　　B. 25

C. 35　　D. 55

【答案】B

【解析】《城镇国有土地使用权出让和转让暂行条例》规定，娱乐用地国有土地使用权出让最高年限为40年。以房地产转让方式取得出让土地使用权的权利人，其实际使用年限不是出让合同约定的年限，而是出让合同约定的年限减去原土地使用者已经使用年限后的剩余年限。

【例题8】甲公司以出让方式按法定最高年限取得了某度假村土地使用权，3年后建成开业，则开业时度假村的土地使用权剩余使用年限为（　）年。

A. 37　　B. 40

C. 47　　D. 50

【答案】A

【解析】《城镇国有土地使用权出让和转让暂行条例》规定，旅游、娱乐用地为40年。

【例题9】甲公司获得某商业用地的土地使用权用来建造商场，土地使用年限为法定最高年限，建造期为2年，投入使用13年后转让给乙公司，则乙公司取得的该宗土地的使用年限是（　）年。

A. 25　　B. 27

C. 35　　D. 38

【答案】A

【例题10】某宗土地使用权出让的法定最高年限为70年，土地使用权出让合同约定的使用年限为50年，土地使用者使用该宗地15年后转让，受让人取得该宗土地的使用年限为（　）。

A. 15年　　B. 35年

C. 55年　　D. 70年

【答案】B

【例题11】以出让方式取得土地使用权的某栋住宅用地已使用了10年。按照国家规定，该住宅剩余土地使用年限最高为（　）年。

A. 40　　B. 50

C. 60　　D. 70

【答案】C

【例题12】开发商在以出让方式获得的土地上建商品住宅，后在该块土地上改建商场，则必须（　）。

A. 经规划管理部门同意

B. 经房产管理部门同意

C. 经原土地使用权出让方同意

D. 重新签订土地使用权出让合同或签订合同变更协议

E. 调整土地使用权出让金

【答案】ACDE

【解析】土地使用者需要改变土地使用权出让合同规定的土地用途的，应当征得出让方同意并经土地

管理部门和城市规划部门批准，依照本章的有关规定重新签订土地使用权出让合同，调整土地使用权出让金，并办理登记。

【例题13】以出让方式取得土地使用权的，转让房地产后，受让人改变原土地使用权出让合同约定的土地用途，必须取得（ ）同意，并依法办理相关手续。

A. 原出让方

B. 转让人

C. 规划行政主管部门

D. 原出让方和市、县规划行政主管部门

【答案】D

【解析】用地单位改变土地利用条件及用途，必须取得出让方和市、县人民政府城市规划行政管理部门的同意，变更或重新签订出让合同并相应调整地价款。

【例题14】以划拨方式取得土地使用权的，转让房地产时，属于下列（ ）情形的，经有批准权的人民政府批准，可以不办理土地使用权出让手续。

A. 经城市规划行政主管部门批准，转让的土地用于公安机关用地

B. 私有住宅转让后不用于居住的

C. 按照国务院住房制度改革有关规定出售公有住宅的

D. 根据城市规划土地使用权应当出让的

E. 转让的房地产能够确定土地使用权出让用途、年限和其他条件的

【答案】AC

【解析】私有住宅转让后不用于居住的、根据城市规划土地使用权宜出让的、转让的房地产能够确定土地使用权出让用途、年限和其他条件的，应办理土地使用权出让手续。

【例题15】根据《城市房地产转让管理规定》，以下（ ），可不办出让手续。

A. 私有住宅转让后不用于居住的

B. 国家机关用地和军事用地

C. 城市基础设施用地和公益事业用地

D. 转让的房地产能确定土地使用权出让用途、年限和其他条件的

E. 按照国务院住房制度改革有关规定出售公有住宅的

【答案】BCE

【解析】“私有住宅转让后不用于居住的、转让的房地产能确定土地使用权出让用途、年限和其他条件的”，是不属于《城市房地产转让管理规定》规定的可以不办出让手续的范围。

【例题16】经济适用住房建设用地应采取（ ）方式供应。

A. 拍卖 B. 招标

C. 协议 D. 划拨

【答案】D

【解析】经济适用住房的土地使用权全部是划拨供给，已购公有住房的土地使用权绝大部分也是划拨的，原先的政策对这两类住房的上市有较严格的限制性规定。

【例题17】购买经济适用住房不满（ ）年的，不得直接上市交易。

A. 1 B. 2

C. 3 D. 5

【答案】D

【解析】购买经济适用住房不满5年，不得直接上市交易，购房人因特殊原因确需转让经济适用住房的，由政府按照原价格并考虑折旧和物价水平等因素进行回购。

【例题18】《经济适用住房管理办法》规定，经济适用住房购房人拥有（ ）。

A. 完全产权 B. 全部产权

C. 60%产权 D. 有限产权

【答案】D

【解析】《经济适用住房管理办法》规定，经济适用住房购房人拥有有限产权。

【例题19】经济适用住房上市交易时，住房保障部门应当对（ ）等情况出具书面意见。

A. 个人是否已缴纳相应土地收益等价款取得完全产权

B. 成交价格是否符合正常交易

C. 政府是否行使优先购买权

D. 开发商是否行使优先购买权

E. 中介机构是否行使优先购买权

【答案】ABC

【解析】经济适用住房上市交易，必须符合有关政策规定并取得完全产权。住房保障部门应当对个人是否已缴纳相应土地收益等价款取得完全产权、成交价格是否符合正常交易、政府是否行使优先购买权等情况出具书面意见。

练习题

一、单项选择题（每题的备选答案中只有一个最符合题意）

1. 房地产转让的特征是（ ）。

A. 未发生房地产权利人转移

B. 房地产权利人发生转移

C. 未发生房地产权属转移

D. 房地产权属发生转移

2. 根据《房屋登记办法》，以下（ ）情形，当事人不能申请房屋所有权转移登记。

A. 买卖

B. 房屋分割，导致所有权发生转移的

C. 以房屋出资入股

D. 房屋的翻建

3. 下列关于房地产转让，表述错误的是（ ）。

A. 房地产转让时，房屋所有权和该房屋所占用范围内的土地使用权同时转让

B. 房地产买卖属于双务行为，房地产赠与属于单务行为

C. 房地产转让可分为有偿和无偿两种方式

D. 以房屋出资入股，不属于申请房屋所有权转移登记的情形

4. 面积误差比的计算公式为（ ）。

A. 面积误差比 =（合同约定面积 - 产权登记面积）/合同约定面积 ×100%

B. 面积误差比 =（产权登记面积 - 合同约定面积）/产权登记面积 ×100%

C. 面积误差比 =（合同约定面积 - 产权登记面积）/产权登记面积 ×100%

D. 面积误差比 =（产权登记面积 - 合同约定面积）/合同约定面积 ×100%

5. 李某与 W 房地产开发公司签订了商品房预售合同，合同约定建筑面积都为 100 平方米。后经过有关部门批准，李某所预购商品房产权登记建筑面积为 95 平方米。其面积误差比为（ ）。

A. -3%　　B. 3%

C. -5%　　D. 5%

6. 某商品房售价为每平方米 4 000 元，买卖双方对面积误差的处理方式未作约定，已知该商品房的产权登记的建筑面积 $100m^2$，合同约定建筑面积为 $97m^2$。该商品房的成交价格是（ ）。

A. 388 000 元　　B. 388 640 元

C. 399 640 元　　D. 400 000 元

7. 某商品房售价为 5 000 元/平方米，买卖双方对房屋面积误差的处理方式未作约定，已知该商品房产权登记的建筑面积是 $96m^2$，合同约定的建筑面积是 $100m^2$，则购房人实际支付该房的价款是（ ）万元。

A. 40. 00　　B. 47. 50

C. 67. 60　　D. 70. 00

8. 商品房建筑面积由套内建筑面积和分摊的共有建筑面积组成，分摊的共有面积部分为（ ）。

A. 独立产权　　B. 单独产权

C. 共有产权　　D. 双方产权

9. 按照规定，房地产开发企业在变更事项书面通知买受人后，买受人在规定时间内未做出书面答复的，（ ）。

A. 视同接受规划、设计变更，但不接受由此引起的房价款的变更

B. 视同不接受规划、设计变更以及由此引起的房价款的变更

C. 视同接受规划、设计变更以及由此引起的房价款的变更

D. 视同有条件地接受规划、设计变更以及由此引起的房价款的变更

10. 按照规定，商品房买卖当事人应当在合同中就保修范围、保修期限、保修责任等内容做出约定，其保修期从（ ）起计算。

A. 商品房竣工之日

B. 商品房竣工验收之日

C. 商品房竣工验收合格之日

D. 商品房交付之日

11. 按照规定，房地产开发企业在变更事项书面通知买受人后，买受人有权在通知到达之日起（ ）日内做出是否退房的书面答复。

A. 15　　B. 30

C. 45　　D. 60

12. 中介机构销售商品房时，应当向商品房购买人出示商品房的有关证明文件和（ ）。

A. 商品房销售广告书

B. 商品房销售协议书

C. 商品房销售意向书

D. 商品房销售委托书

13. 下列关于商品房预（销）售的表述中，错误的是（ ）。

A. 未竣工的预售商品房不得再行转让

B. 尊重客户的选择即意味着销售商品房时无需核对买受人是否用实名购房

C. 国家推行商品房预售合同网上即时备案制度

D. 房地产开发企业和中介机构不得发布不实价格和销售进度信息，恶意哄抬房价

14. 国务院决定，禁止（　）。

A. 商品房预购人将购买的未竣工的预售商品房再转让

B. 商品房预购人将购买的未竣工的预售商品房出租

C. 商品房预购人购买未竣工的预售商品房

D. 商品房预购人利用抵押贷款方式购买未竣工的预售商品房

15. 根据最高人民法院关于商品房买卖合同纠纷案件审理的司法解释，当事人以约定的违约金过高为由请求减少的，应当以违约金超过造成的损失（　）为标准适当减少。

A. 10%　　B. 20%

C. 30%　　D. 40%

16. 根据最高人民法院关于商品房买卖合同纠纷案件审理的司法解释，法律没有规定或者当事人没有约定，经对方当事人催告后，解除权行使的合理期限为（　）个月。对方当事人没有催告的，解除权应当在解除权发生之日起（　）年内行使；逾期不行使的，解除权消灭。

A. 1；1　　B. 3；1

C. 3；3　　D. 6；3

17. 按提供预售的商品房计算，投入开发建设的资金达到工程建设总投资的（　）以上，并已经确定施工进度和竣工交付日期，属于商品房预售条件之一。

A. 5%　　B. 10%

C. 15%　　D. 25%

18. 按照规定，商品房预售合同签约后，（　）要持商品房预售合同到县级以上人民政府有关部门办理登记备案手续。

A. 购房人　　B. 中间人

C. 中介代理商　　D. 房地产开发企业

19. 按照规定，商品房预售合同签约之日起（　）日内，有关责任人要持商品房预售合同到县级以上人民政府有关部门办理登记备案手续。

A. 30　　B. 45

C. 60　　D. 90

20. 下列（　），规定了房地产项目转让条件。

A. 《城市房地产管理法》

B. 《土地管理法》

C. 《城乡规划法》

D. 《城市商品房预售管理办法》

21. 转让房地产开发项目，转让人与受让人应当自土地使用权变更登记手续办理完毕之日起（　）日内，持房地产开发项目转让合同到房地产开发主管部门备案。

A. 30　　B. 45

C. 60　　D. 90

22. 房地产开发企业应当在办理完土地使用权登记手续后30日内，到市、县人民政府的（　）行政主管部门办理项目转让备案手续。

A. 规划　　B. 土地

C. 房地产　　D. 建设

23. 某建设用地使用权出让合同约定的使用年限为70年，原土地使用者使用28年后转让，受让人的使用年限只有（　）年。

A. 40　　B. 42

C. 50　　D. 52

24. 某大型商场按土地法定最高出让年限取得建设用地使用权，开发建设2年后，经营15年后转让，则取得该建设用地使用权的剩余使用年限是（　）年。

A. 17　　B. 23

C. 33　　D. 38

25. 以出让方式取得土地使用权的，转让房地产后，受让人改变原土地使用权出让合同约定的土地用途的，必须取得原土地出让方和（　）的同意。

A. 市、县人民政府

B. 市、县人民政府城市规划行政主管部门

C. 市、县人民政府城市建设行政主管部门

D. 市、县人民政府城市房产行政主管部门

26. 《经济适用住房管理办法》规定，经济适用住房购房人拥有（　）。

A. 完全产权　　B. 全部产权

C. 60%产权　　D. 有限产权

27. 根据《经济适用住房管理办法》，以下关于经济适用住房的说法，不正确的是（　）。

A. 已购买经济适用住房的家庭不得再购买经济适用住房

B. 政府回购的经济适用住房，仍应用于解决低收入家庭的住房困难

C. 个人购买经济适用住房后，可以用于出租经营

D. 已参加福利分房的家庭在退回所分房屋前不得购买经济适用住房

28. 按照规定，购买经济适用住房不满（ ）年，不得直接上市交易。

A. 1　　B. 3

C. 5　　D. 10

29. 经济适用住房上市交易，必须符合有关政策规定并取得（ ）。

A. 有限产权　　B. 完整产权

C. 完全产权　　D. 部分产权

二、多项选择题（每题的备选答案中有两个或两个以上符合题意）

1. 房地产转让是指房地产权利人通过（ ）或者其他合法方式将其房地产转让给他人的行为。

A. 买卖　　B. 出租

C. 抵押　　D. 质押

E. 赠与

2. 下列（ ），属于房地产有偿转让。

A. 房地产买卖　　B. 房地产入股

C. 房地产继承　　D. 房地产抵债

E. 房地产赠与

3. 以下关于房地产赠与，说法正确的是（ ）。

A. 房地产赠与属于单务行为，受让人不需承担任何义务

B. 房地产赠与属于双务行为，受让人需承担任何义务

C. 房地产赠与双方当事人均享有一定的权利，并需承担一定的义务

D. 房地产赠与属于双务行为，不属于单务行为

E. 房地产赠与的受让人不需承担任何义务

4. 下列属于不得转让房地产情况的有（ ）。

A. 司法机关依法决定查封的

B. 共有房地产，经过其他共有人书面同意的

C. 未依法登记领取权属证书的

D. 依法登记领取权属证书的

E. 权属无争议的

5. 下列可以不办出让手续的是（ ）。

A. 部队营房用地

B. 私有住宅转让后，改变居住性质的

C. 城市中心广场用地

D. 转让的房地产能确定土地使用权出让用途、年限和其他条件的

E. 同一宗土地上部分房屋转让而土地使用权不可分割转让的

6. 下列关于房地产转让，表述正确的是（ ）。

A. 房地产转让时，应当签订书面转让合同

B. 当事人应在房地产转让合同签订后90日内提出转让申请，并申报成交价格

C. 以房地产转让方式取得出让土地使用权的权利人，其实际使用年限等于出让合同约定的年限

D. 划拨土地使用权转让中，必须办理出让手续，变划拨土地使用权为出让土地使用权

E. 按照国务院住房制度改革有关规定出售公有住宅的，可不办土地使用权出让手续

7. 房地产开发企业不得采取（ ）的方式销售商品房。

A. 分期付款　　B. 预售商品房

C. 销售商品房　　D. 返本销售

E. 变相返本销售

8. 商品房销售方式包括（ ）。

A. 按均摊建筑面积计价

B. 按套内使用面积计价

C. 按建筑面积计价

D. 按套（单元）计价

E. 按套内建筑面积计价

9. 经规划部门批准的规划变更、设计单位同意的设计变更导致（ ），房地产开发企业应当在变更确立之日起10日内，书面通知买受人。

A. 商品房的结构型式变化

B. 商品房的户型变化

C. 商品房施工方式

D. 商品房空间尺寸、朝向变化

E. 出现合同当事人约定的其他影响商品房质量或使用功能情形的

10. 按照规定，房地产开发企业在变更事项确定后，未在规定时限内通知买受人的，处理的原则是（ ）。

A. 买受人无权退房

B. 买受人有权退房

C. 买受人不退房的，由房地产开发企业继续执行原合同

D. 买受人退房的，由房地产开发企业承担违约责任

E. 买受人退房的，由规划部门承担违约责任

11. 下列关于商品房预售的表述中，错误的有（ ）。

A. 未竣工的预售商品房不得再行转让

B. 为尊重客户，销售商品房时无需核对买受人是否用实名购房

C. 国家推行商品房预售合同网上即时备案制度

D. 房地产开发企业和中介机构不得发布不实价格和销售进度信息，恶意哄抬房价

E. 房屋所有权申请人与登记备案的预售合同载明的预购人不一致，登记机关可以为其办理房屋登记手续

12. 下列（ ），对商品房预售问题进行了明确规定。

A.《城市房地产管理法》

B.《土地管理法》

C.《城市房地产开发经营管理条例》

D.《城市商品房预售管理办法》

E.《商品房销售管理办法》

13. 下列属于商品房预售条件的有（ ）。

A. 取得土地使用权证书

B. 持有建设工程规划许可证

C. 持有施工许可证

D. 按建设的商品房计算，投入开发建设的资金达到工程建设总投资的 25% 以上，并已经确定施工进度和竣工交付日期

E. 取得《商品房预售许可证》

14. 按照规定，（ ）应当加盖房地产管理部门的行政许可专用印章。

A. 商品房预售申请书

B. 商品房预售合同

C. 不予商品房预售许可决定书

D. 商品房预售许可决定书

E.《商品房预售许可证》

15. 以下关于商品房预售许可的程序要求，表述正确的是（ ）。

A. 对申请预售许可材料不齐的，应当场或者 5 日内一次性书面告知需补充的材料

B. 申请符合法定条件的，主管部门应在受理之日起 10 日内，作出行政许可书面决定

C. 主管部门应在作出决定之日起 30 日内向开发企业颁发、送达《商品房预售许可证》

D. 申请不符合条件的，主管部门应在受理之日起 30 日内，作出不予许可的书面决定

E. 主管部门作出的准予商品房预售许可的决定，应当予以公开，公众有权查阅

16. 王某购买了 A 房地产开发公司在 W 省 B 市 C 县开发建设的商品房一套，与 A 房地产开发公司签订了商品房预售合同后，按照规定，应持商品房预售合同到（ ）部门办理登记备案手续。

A. B 市房产管理部门

B. B 市土地管理部门

C. C 县房产管理部门

D. C 县土地管理部门

E. W 省房产管理部门和土地管理部门

17. A 房地产开发商以出让方式取得的一块住宅用地土地使用权，并进行了开发建设，后因改作其他投资，拟转让该房地产项目，下面 A 房地产开发商转让条件符合规定的是（ ）。

A. 按照出让合同约定已经支付全部土地使用权出让金 1 000 万元

B. 按照出让合同约定已经支付部分土地使用权出让金 600 万元

C. 取得了该房地产项目土地使用权证书

D. 实际投入房屋建设工程的资金额（含土地使用权出让金）应占全部开发投资总额的 25% 以上

E. 实际投入房屋建设工程的资金额（不含土地使用权出让金）应占全部开发投资总额的 25% 以上

18. 关于商品房预售，以下说法正确的是（ ）。

A. 已交付全部土地使用权出让金，取得土地使用权证书

B. 预售许可的最低规模不得小于栋

C. 持有建设工程规划许可证和施工许可证

D. 不得分单元办理预售许可

E. 可以分层办理预售许可

19. 下列关于现行经济适用住房政策，表述正确的是（ ）。

A. 经济适用住房建设用地应以协议出让方式供应

B. 经济适用住房单套的建筑面积控制在 60 平方米左右

C. 经济适用住房面向城市中、低收入住房困难家庭供应

D. 经济适用住房购房人拥有有限产权

E. 个人购买的经济适用住房在取得完全产权以前，可以用于出租经营

20. 以下关于经济适用住房政策，表述正确的是（ ）。

A. 政府可优先回购经济适用住房

B. 购房人可以按照政府所定的标准向政府交纳土地收益等相关价款后，取得完全产权

C. 购房人上市转让经济适用住房的，应按照届时同地段普通商品住房与经济适用住房差价的一定比例交纳土地收益等相关价款

D. 对已购经济适用住房的家庭，不能提供住房保障部门出具的书面意见的，任何中介机构不得代理买卖、出租其经济适用住房

E. 经济适用住房购房人拥有全部产权

三、综合分析题（每个小题的备选答案中有一个或一个以上符合题意的答案。错选不得分；少选，但选择正确的，每个选项得相应分）

1. 2012 年 11 月 1 日，甲市丙房地产开发公司（以下简称“丙公司”）在乙市城市规划区内，取得了一块建设用地使用权，项目总投资 5 000 万元。该项目开发临街部分建 5 层商场，其余建设商品住宅。2013 年 12 月 31 日，丙公司制定了完善的商品房预售方案，并取得《商品房预售许可证》，后委托丁房地产经纪公司（以下简称“丁公司”）代理预售商品房，2014 年 3 月 1 日，丙公司与赵某签订了商品房预售合同，每平方米合同价格为 2 000 元，合同约定建筑面积都为 100 平方米。后丙公司经过有关部门批准，对包括赵某所预购的商品房户型进行了变更。经确权登记，赵某所预购的商品房建筑面积为 104 平方米。根据上述资料回答下列问题。

（1）丁公司代理预售商品房时，应向商品房购买人出示的资料有（ ）。

A. 销售场所的房屋租赁合同

B. 商品房销售委托书

C. 商品房预售许可证

D. 预售房屋所有权证书

（2）在代理商品房预售中，以下关于对丁公司的要求，表述错误的是（ ）。

A. 丁公司负责持商品房预售合同到县级以上房产管理部门和土地管理部门办理登记备案手续

B. 应当向买受人出具商品房的有关证件

C. 可以收取佣金以外的其他费用

D. 发布商品房预售广告，但不得涉及装修内容

（3）如果丙公司变更该商品房户型，必须报（ ）批准。

A. 乙市人民政府土地管理部门

B. 乙市人民政府规划管理部门

C. 甲市人民政府土地管理部门

D. 甲市人民政府规划管理部门

（4）下列关于丙公司对商品房户型进行变更的表述，符合现行政策的有（ ）。

A. 丙公司应当在变更确立之日起 10 日内，以电话通知的形式，通知买受人

B. 赵某有权在丙公司通知到达之日起 15 日内，做出是否退房的书面答复

C. 如果丙公司未在规定时限内通知购房者赵某，赵某要求退房，应由赵某承担违约责任

D. 赵某在丙公司通知到达之日起 15 日内未做出书面答复的，应视同接受变更以及由此引起的其房价款的变更

（5）赵某所预购商品房登记的建筑面积为 104 平方米，其面积误差比的绝对值等于（ ）。

A. 3% B. 4%

C. 6% D. 7%

（6）赵某购买该商品房，最终应付总房价款为（ ）元。

A. 200 000 B. 203 000

C. 206 000 D. 208 000

（7）丙公司制定的商品房预售方案应包括的内容有（ ）。

A. 销售人员姓名和身份证号

B. 预售房屋套数

C. 建设进度安排

D. 预售价格及变动幅度

（8）丙公司申领《商品房预售许可证》，应向（ ）提出申请。

A. 乙市人民政府土地管理部门

B. 乙市人民政府房地产管理部门

C. 甲市人民政府土地管理部门

D. 甲市人民政府房地产管理部门

（9）以下有关部门对丙公司商品房许可程序表述中，说法正确的是（ ）。

A. 材料齐全的，乙市房地产管理部门应当场出具受理通知书；材料不齐的，应当场或者 5 日内一次性书面告知需要补充的材料

B. 经审查，丙公司的申请符合法定条件的，乙市房地产管理部门应当在受理之日起 10 日内，依法作出准予预售的行政许可书面决定

C. 乙市房地产管理部门作出决定之日起 60 日内向开发企业颁发、送达《商品房预售许可证》

D. 经审查，丙公司的申请不符合法定条件的，乙市房地产管理部门应当在受理之日起 10 日内，依法作出不予许可的书面决定

（10）按照规定，丙公司与赵某签订商品房预售合同后，应在（ ）之前办理商品房预售合同登记

备案手续。

A. 2014 年 3 月 31 日

B. 2014 年 4 月 28 日

C. 2014 年 5 月 31 日

D. 2014 年 9 月 30 日

(11) 丙公司与赵某签订商品房预售合同后，办理商品房预售合同登记备案手续的责任方应是（ ）。

A. 赵某　　B. 赵某的代理人

C. 丁公司　　D. 丙公司

(12) 丙公司与赵某签订商品房预售合同后，按照规定，应到（ ）部门办理商品房预售合同登记备案手续。

A. 乙市人民政府土地管理部门

B. 乙市人民政府房地产管理部门

C. 甲市人民政府土地管理部门

D. 甲市人民政府房地产管理部门

2. W 市甲房地产开发公司（以下简称“甲公司”）开发建设的某住宅建设项目，总投资 6 000 万元。2013 年 8 月，甲公司取得《商品房预售许可证》后，委托乙房地产经纪公司（以下简称“乙公司”）代理预售商品房。2013 年 10 月 18 日，甲公司与王某、高某分别签订了商品房预售合同，合同约定建筑面积都为 100 平方米。建设中，甲公司经过有关部门批准，对包括王某、高某所预购的商品房户型进行了变更。2014 年 4 月，经房屋登记，王某所购商品房建筑面积为 108 平方米，高某所购商品房建筑面积为 95 平方米。

(1) 甲公司应向（ ）提出商品房预售申请。

A. W 市人民政府建设管理部门

B. W 市人民政府土地管理部门

C. W 市人民政府房地产管理部门

D. W 市人民政府规划管理部门

(2) 与承购人签订书面预售合同后，甲公司应在签约之日起（ ）日内办理登记备案手续。

A. 10　　B. 20

C. 30　　D. 60

(3) 甲公司在其他条件均具备时，投入开发建设资金应达到（ ）万元以上，才可以申领《商品房预售许可证》。

A. 1 200　　B. 1 500

C. 1 800　　D. 2 400

(4) 甲公司持商品房预售合同到（ ）办理登记备案手续。

A. W 市人民政府房产管理部门

B. W 市人民政府土地管理部门

C. W 市人民政府规划管理部门

D. W 市人民政府建设管理部门

(5) 甲公司对户型进行变更，须经（ ）批准。

A. W 市人民政府房产管理部门

B. W 市人民政府土地管理部门

C. W 市人民政府规划管理部门

D. W 市人民政府建设管理部门

(6) 如果合同对误差问题未作约定，以下关于王某退房和补交房款问题，说法正确的是（ ）。

A. 王某有权退房

B. 王某无权退房

C. 王某若不退房，应补交 3 平方米房价款

D. 王某若不退房，应补交 7 平方米房价款

(7) 如果合同对误差问题未作约定，以下关于高某退房和房款返还问题，说法正确的是（ ）。

A. 高某有权退房

B. 高某无权退房

C. 高某若不退房，甲公司应返还 5 平方米房价款

D. 高某若不退房，甲公司应返还 7 平方米房价款

(8) 以下关于乙公司在代理商品房预售，说法不正确的是（ ）。

A. 应持商品房预售合同负责到房产管理部门和土地管理部门办理登记备案手续

B. 不必向买受人出具商品房的有关证件

C. 不得收取佣金以外的其他费用

D. 发布商品房预售广告不得涉及装修内容

第 5 章　房屋租赁

考纲解读

本章的考试目的是测试应考人员对房屋租赁概述、商品房屋租赁合同、商品房屋租赁登记备案、其他房屋租赁管理等内容的了解、熟悉与掌握情况。本章考试基本要求如下：

1. 熟悉房屋租赁的概念及分类；
2. 掌握商品房屋租赁基本要求；
3. 熟悉商品房屋租赁合同的概念及法律特征；
4. 掌握商品房屋租赁合同的内容；
5. 掌握商品房屋租赁合同当事人的权利和义务；
6. 掌握商品房屋转租；
7. 掌握商品房屋租赁合同的解除；
8. 掌握商品房屋租赁登记备案；
9. 熟悉其他房屋租赁管理。

本章知识结构

- 房屋租赁
  - 房屋租赁概述
    - 房屋租赁的概念及分类
    - 商品房屋租赁基本要求
  - 商品房屋租赁合同
    - 商品房屋租赁合同的概念及法律特征
    - 商品房屋租赁合同的内容
    - 商品房屋租赁合同当事人的权利和义务
    - 商品房屋转租
    - 商品房屋租赁合同的解除
  - 商品房屋租赁登记备案
    - 商品房屋租赁登记备案材料
    - 商品房屋租赁登记备案办理
    - 商品房屋租赁登记备案证明
    - 商品房屋租赁登记备案信息系统
    - 商品房屋租赁登记备案效力
  - 其他房屋租赁管理
    - 已购公房租赁管理
    - 廉租住房租赁管理
    - 公共租赁住房管理

重点难点分析

商品房屋租赁管理知识汇总如下表所示。

重点	内容
基本要求	商品房屋租赁基本要求包括：（1）房屋可以依法出租；（2）租住面积符合规定；（3）租金不得随意提高

（续表）

重点	内容
合同法律特征	商品房屋租赁合同的法律特征包括：①转移的是房屋使用权而非所有权；②诺成、双务、有偿合同；③实行登记备案制度
登记备案办理	符合条件的，直辖市、市、县人民政府建设（房地产）主管部门应当在3个工作日内办理房屋租赁登记备案，向租赁当事人开具房屋租赁登记备案证明
登记备案效力	未办理房屋登记备案的不影响合同的效力。房屋租赁合同为诺成性合同。出租人交付房屋，承租人交付租金，合同即生效。尽管房屋租赁合同不以登记备案为生效条件，但登记备案的房屋租赁合同，具有对抗第三人的效力
廉租住房租赁管理	廉租住房是指政府以租金补贴或实物配租的方式，向符合城镇居民最低生活保障标准且住房困难的家庭提供社会保障性质的住房。廉租住房只租不售。廉租住房供应对象为城市低收入住房困难家庭。实物配租的住房租金标准实行政府定价 廉租住房租赁合同终止的情形主要有：①承租人已不符合规定条件的；②将所承租的廉租住房转借、转租、调换和转让廉租住房的；③改变廉租住房用途的；④无正当理由连续6个月以上未在所承租的廉租住房居住或者未交纳廉租住房租金的
公共租赁住房管理	公共租赁住房指通过政府或政府委托的机构，参照市场租价向中低收入的住房困难家庭提供可租赁的住房。公共租赁住房供应对象主要是城市中等偏下收入住房困难家庭。有条件的地区，可以将新就业职工和有稳定职业并在城市居住一定年限的外来务工人员纳入供应范围。已享受廉租住房实物配租和经济适用住房政策的家庭，不得承租公共租赁住房。公共租赁住房出租人与承租人应当签订书面租赁合同。公共租赁住房租赁合同期限一般为3~5年，合同示范文本由省、自治区、直辖市住房城乡建设（住房保障）部门制定

一、房屋租赁概述

教材从房屋租赁的概念及分类、商品房屋租赁基本要求两个方面，介绍了房屋租赁概述政策和内容。

此部分的政策依据主要是《商品房屋租赁管理办法》。

本节中，房屋租赁概念、商品房屋租赁两个基本要求，是学习和考试的重点。

房屋租赁是房地产市场中一种重要的交易形式。《城市房地产管理法》第五十三条规定："房屋租赁，是指房屋所有权人作为出租人将其房屋出租给承租人使用，由承租人向出租人支付租金的行为。"

【例题1】房屋租赁是房地产市场中一种重要的（　）形式。

A. 转让　　B. 买卖

C. 交易　　D. 析产

【答案】C

【解析】房屋租赁不是转让、买卖、析产形式。

【例题2】根据（　），房屋租赁可分为市场化的商品房屋租赁和政府支持的保障性住房租赁。

A. 房屋地理位置不同　　B. 房屋用途不同

C. 房屋产权性质不同　　D. 房屋建筑技术不同

【答案】C

【解析】根据房屋用途不同，房屋租赁可分为住宅用房租赁与用于商业、办公、生产等非住宅用房租赁。根据房屋产权性质不同，房屋租赁可分为市场化的商品房屋租赁和政府支持的保障性住房租赁。

二、商品房屋租赁合同

教材从商品房屋租赁合同的概念、特征、内容、权利和义务、解除和商品房屋转租五个方面，介绍了商品房屋租赁合同的政策和内容。

此部分的法规、政策依据包括：①《城市房地产管理法》；②《合同法》；③《商品房屋租赁管理办法》；④《最高人民法院关于审理城镇房屋租赁合同纠纷案件具体应用法律若干问题的解释》。

本部分中，商品房屋租赁合同的特征、内容，商品房屋转租，是学习和考试的重点。难点是商品房屋租赁合同的特征。

1.《城市房地产管理法》规定房屋租赁内容："房屋租赁，出租人和承租人应当签订书面租赁合同，约定租赁期限、租赁用途、租赁价格、修缮责任等条款，以及双方的其他权利和义务，并向房产管理部门登记备案。”

2. 商品房屋租赁合同内容中租赁期限规定：“租赁期限不得超过二十年，超过二十年的，超过部分无效。租赁期间届满当事人可以续订租赁合同，但约定的租赁期限自续订之日起不得超过二十年。”

3. 承租人的权利。承租人除享有出租房屋的使用权、收益权外，为保护承租人合法权益不受侵害，我国法律还赋予承租人一系列特殊权利。如出租人出卖租赁房屋的，应当在出卖之前的合理期限内通知承租人，承租人享有以同等条件优先购买的权利；房屋租赁期间内，因赠与、析产、继承或者买卖转让房屋的，原房屋租赁合同继续有效；承租人在房屋租赁期间死亡的，与其生前共同居住的人可以按照原租赁合同租赁该房屋。

4. 商品房屋转租政策。

（1）承租人转租房屋的，应当经出租人书面同意。

（2）承租人经出租人同意将租赁房屋转租给第三人时，转租期限不得超过原房屋租赁合同剩余期限，但出租人与转租人双方协商一致的除外。

（3）房屋转租也须签订转租协议，并办理登记备案手续。

5. 出租人单方解除的情形和承租人单方解除的情形。

（1）出租人单方解除

① 承租人将承租的房屋擅自转租的。

② 承租人擅自变动房屋建筑主体和承重结构或扩建的。

③ 承租人未按照约定的方法或者租赁物的性质使用房屋，致使房屋受损的。

④ 承租人在合理期限内未支付租金的。

⑤ 法律、法规规定的其他可以收回的。

发生上述行为，出租人除终止租赁合同、收回房屋外，还可索赔由此造成的损失。

（2）承租人单方解除

① 租赁房屋被司法机关或者行政机关依法查封的。

② 租赁房屋权属有争议的。

③ 租赁房屋具有违反法律、行政法规关于房屋使用条件强制性规定情况的。

【例题1】房屋租赁合同的内容一般应包括（ ）。

A. 租赁期限　　B. 房屋价格

C. 租赁用途　　D. 租金及交付方式

E. 当事人姓名或名称

【答案】ACDE

【解析】《商品房屋租赁管理办法》规定，房屋租赁合同的内容应当包括：①当事人姓名或者名称及住所；②房屋的坐落、面积、结构、附属设施，家具和家电等室内设施状况；③租金和押金数额及交付方式；④租赁用途和房屋使用要求；⑤房屋和室内设施的安全性能；⑥租赁期限；⑦房屋维修责任；⑧物业服务、水、电、燃气等相关费用的缴纳；⑨争议解决办法和违约责任；⑩其他约定。

【例题2】出租人与承租人签订的，用于明确租赁双方权利和义务关系的协议，称之为（ ）。

A. 商品房屋租赁政策　　B. 商品房屋租赁制度

C. 商品房屋租赁合同　　D. 商品房屋租赁规范

【答案】C

【例题3】不属于商品房屋租赁合同法律特征的是（ ）。

A. 转移的是房屋使用权而非所有权

B. 实践、双务、无偿合同

C. 诺成、双务、有偿合同

D. 实行登记备案制度

【答案】B

【解析】商品房屋租赁合同自双方当事人达成协议时成立，并不以房屋的交付为合同的成立要件，故为诺成合同而非实践合同。

【例题4】《城市房地产管理法》规定的房屋租赁合同必备条款包括（ ）。

A. 租赁期限　　B. 租赁用途

C. 租赁价格　　D. 修缮责任

E. 当事人姓名

【答案】ABCD

【解析】《城市房地产管理法》规定：“房屋租赁，出租人和承租人应当签订书面租赁合同，约定租赁期限、租赁用途、租赁价格、修缮责任等条款。”“当事人姓名”不是《城市房地产管理法》规定的房屋租赁合同必备条款。

【例题5】按《合同法》规定，房屋租赁期限（ ）。

A. 不得超过10年　　B. 不得超过15年

C. 不得超过20年　　D. 不受限制

【答案】C

【解析】《合同法》规定，房屋租赁期限不得超过20年，超过20年的，超过部分无效。

【例题6】租赁期限届满，当事人可以续订租赁合同，但约定的租赁期限自续订之日起不得超过（ ）。

A. 10年　　B. 20年

C. 30年　　D. 50年

【答案】B

【解析】《合同法》规定，租赁期限不得超过20年，超过20年的，超过部分无效。租赁期间届满当事人可以续订租赁合同，但约定的租赁期限自续订之日起不得超过20年。

【例题7】根据房屋租赁合同，（　）是出租人最基本的权利。

A. 交付租金　　B. 对房屋进行维修

C. 提供符合要求的房屋　　D. 享有租金收益权

【答案】D

【例题8】以下关于商品房屋租赁中的维修责任，表述错误的是（　）。

A. 出租人应当按照合同约定履行房屋的维修义务并确保房屋和室内设施安全

B. 未及时修复损坏的房屋，影响承租人正常使用的，应当按照约定减少租金，但不可承担赔偿责任

C. 当租赁物出现故障时，承租人应及时通知承租人在合理期限内维修

D. 出租人未履行维修义务的，承租人可以自行维修，维修费用由出租人负担

【答案】B

【解析】出租人应当按照合同约定履行房屋的维修义务并确保房屋和室内设施安全。未及时修复损坏的房屋，影响承租人正常使用的，应当按照约定承担赔偿责任或者减少租金。

【例题9】承租人在租赁期内死亡，有权要求维持原租赁关系的是承租人的（　）。

A. 已离异的前妻

B. 在异国定居的女儿

C. 居住在邻近城市的养子

D. 现共同居住的儿子

【答案】D

【解析】承租人在租赁期间内死亡，租赁房屋的共同居住人要求维持原租赁关系的，出租人应当继续履行原租赁合同。

【例题10】刘某将其拥有的一套住宅出租给了许某，租赁期间刘某又将该住宅卖给了张某，刘某与许某原签订的房屋租赁合同（　）。

A. 继续有效

B. 自动失效

C. 由刘某确定是否有效

D. 由张某确定是否有效

【答案】A

【解析】商品房屋租赁期间内，因赠与、析产、继承或者买卖转让房屋的，原房屋租赁合同继续有效。

【例题11】承租人在租赁期内死亡，租赁房屋的共同居住人要求继承原租赁关系的，出租人（　）。

A. 应重新办理租赁登记备案手续，房屋租赁合同方可生效

B. 可以收回房屋出租给其他人

C. 可以要求增加租金

D. 应当继续履行原租赁合同

【答案】D

【例题12】商品房屋租赁中，以下属于出租人义务的有（　）。

A. 享有租金收益权

B. 提供符合要求的房屋

C. 对房屋进行维修

D. 交付租金

E. 合理使用、善意保管房屋

【答案】BC

【解析】享有租金收益权是出租人最基本的权利。交付租金，合理使用、善意保管房屋，属于承租人的义务。

【例题13】出租人知道或者应当知道承租人转租，但在六个月内未提出异议，其以承租人未经同意为由请求解除合同或者认定转租合同无效的，人民法院将（　）。

A. 依法裁定　　B. 依法判决

C. 应予支持　　D. 不予支持

【答案】D

【例题14】以下关于商品房屋转租，表述错误的是（　）。

A. 须经出租人书面同意

B. 转租期限不得超过原合同规定的期限

C. 房屋转租须签订转租协议，但不再办理登记备案手续

D. 承租人转租的，承租人与出租人之间的房屋租赁合同继续有效

【答案】C

【解析】房屋转租也须签订转租协议，并办理登记备案手续。

【例题15】商品房屋租赁合同的双方解除，又称（　）。

A. 法院解除　　B. 合意解除

C. 协议解除　　D. 出租人单方解除

E. 承租人单方解除

【答案】BC

【解析】双方解除，又称协议解除、合意解除，是指合同的双方当事人依双方的合意，使原合同的效力溯及消灭。

【例题 16】商品房房屋出租人可以单方解除租赁合同的情形有（　）。

A. 出租人拟将房屋出卖

B. 承租人将房屋擅自转租

C. 承租人擅自扩建承租房屋

D. 司法机关查封出租房屋

E. 承租人在合理期限内未支付租金

【答案】BCE

【解析】出租人单方解除租赁合同的情形主要有：①承租人将承租的房屋擅自转租的；②承租人擅自变动房屋建筑主体和承重结构或扩建的；③承租人未按照约定的方法或者租赁物的性质使用房屋，致使房屋受损的；④承租人在合理期限内未支付租金的；⑤法律、法规规定的其他可以收回的情形。

【例题 17】因租赁房屋被司法机关或者行政机关依法查封的，导致租赁房屋无法使用，承租人请求解除合同的，人民法院（　）。

A. 依法裁定　　B. 依法判决

C. 应予支持　　D. 不予支持

【答案】C

【解析】因下列情形之一，导致租赁房屋无法使用，承租人请求解除合同的，人民法院应予以支持：①租赁房屋被司法机关或者行政机关依法查封的；②租赁房屋权属有争议的；③租赁房屋具有违反法律、行政法规关于房屋使用条件强制性规定情况的。

三、商品房屋租赁登记备案

教材从商品房屋租赁登记备案材料、办理、证明、信息系统和备案效力五个方面，介绍了商品房屋租赁登记备案的政策和内容。

此部分的法规、政策依据包括：①《城市房地产管理法》；②《商品房屋租赁管理办法》；③《最高人民法院关于审理城镇房屋租赁合同纠纷案件具体应用法律若干问题的解释》。

本部分中，商品房屋租赁登记备案办理和备案效力，是学习和考试的重点，也是难点。

1. 商品房屋租赁登记备案时限

《商品房屋租赁管理办法》第十四条规定："房屋租赁合同订立后三十日内，房屋租赁当事人应当到租赁房屋所在地直辖市、市、县人民政府房地产主管部门办理房屋租赁登记备案。"对商品房屋租赁当事人提交的材料齐全并且符合法定形式、出租人与房屋所有权证书或者其他合法权属证明记载的主体一致、不属于《商品房屋租赁管理办法》规定不得出租的房屋的，直辖市、市、县人民政府建设（房地产）主管部门应当在 3 个工作日内办理房屋租赁登记备案，向租赁当事人开具房屋租赁登记备案证明。

商品房屋租赁登记备案内容发生变化、续租或者租赁终止的，当事人应当在三十日内，到原租赁登记备案的部门办理房屋租赁登记备案的变更、延续或者注销手续。

2. 商品房屋租赁登记备案效力

当事人以房屋租赁合同未按照法律、行政法规规定办理登记备案手续为由，请求确认合同无效的，人民法院不予支持。由此可见未办理房屋登记备案的不影响合同的效力。房屋租赁合同为诺成性合同，只要双方当事人就主要内容达成一致合同即告成立。出租人交付房屋，承租人交付租金，合同即生效。

尽管房屋租赁合同不以登记备案为生效条件，但登记备案的房屋租赁合同，具有对抗第三人的效力。

【例题 1】关于房屋租赁合同备案的说法，正确的是（　）。

A. 房屋租赁当事人应当在租赁合同签订后 10 日内，持有关证明文件到市、县人民政府房地产管理部门办理登记备案手续

B. 备案时应当提交的证明文件中包括书面租赁合同和房屋所有权证书

C. 备案时只需要提供承租人的身份证件

D. 如果房屋租赁当事人订立的是口头租赁合同，需到场说明情况

【答案】B

【解析】A 项，《商品房屋租赁管理办法》第十四条规定，房屋租赁合同订立后三十日内，房屋租赁当事人应当到租赁房屋所在地直辖市、市、县人民政府房地产主管部门办理房屋租赁登记备案。B、C、D 三项，商品房屋租赁当事人办理房屋租赁登记备案，应当提交下列材料：①房屋租赁合同；②房屋租赁当事人身份证明；③房屋所有权证书或者其他合法权属证明；④直辖市、市、县人民政府建设（房地产）主管部门规定的其他材料。

【例题 2】房屋租赁当事人（　）。

A. 不能书面委托他人办理房屋租赁登记备案

B. 可以书面委托他人办理房屋租赁登记备案

C. 可以口头委托他人办理房屋租赁登记备案

D. 不宜书面委托他人办理房屋租赁登记备案

【答案】B

【例题3】对商品房屋租赁符合房屋租赁登记备案要求的，直辖市、市、县人民政府建设（房地产）主管部门应当在（ ）个工作日内办理房屋租赁登记备案，向租赁当事人开具房屋租赁登记备案证明。

A. 1　　B. 3

C. 7　　D. 15

【答案】B

【解析】对商品房屋租赁当事人提交的材料齐全并且符合法定形式、出租人与房屋所有权证书或者其他合法权属证明记载的主体一致、不属于《商品房屋租赁管理办法》规定不得出租的房屋的，直辖市、市、县人民政府建设（房地产）主管部门应当在3个工作日内办理房屋租赁登记备案。

【例题4】《商品房屋租赁管理办法》规定，商品房屋租赁登记备案内容发生变化、续租或者租赁终止的，当事人应当在（ ）日内，到原租赁登记备案的部门办理房屋租赁登记备案的变更、延续或者注销手续。

A. 10　　B. 30

C. 45　　D. 60

【答案】B

【例题5】签订、变更房屋租赁合同的，房屋租赁当事人应当在租赁合同签订后（ ）日内，持有关证明文件到市、县人民政府房地产管理部门办理登记备案手续。

A. 15　　B. 30

C. 45　　D. 60

【答案】B

【例题6】按照《商品房屋租赁管理办法》要求，直辖市、市、县房地产主管部门应当（ ）。

A. 建立房屋租赁登记备案信息系统

B. 逐步实行房屋租赁合同行政登记备案

C. 逐步实行房屋租赁合同网上登记备案

D. 纳入政府公务信息系统

E. 纳入房地产市场信息系统

【答案】ACE

【例题7】以下关于商品房屋租赁登记备案效力，说法不正确的是（ ）。

A. 未办理房屋登记备案的不影响合同的效力

B. 出租人交付房屋，承租人交付租金，合同即生效

C. 房屋租赁合同以登记备案为生效条件

D. 当事人以房屋租赁合同未按照法律、行政法规规定办理登记备案手续为由，请求确认合同无效的，人民法院不予支持

【答案】C

【解析】未办理房屋登记备案的不影响合同的效力。房屋租赁合同不以登记备案为生效条件。

四、其他房屋租赁管理

教材从已购公房租赁、廉租住房租赁、公共租赁住房租赁三个方面，介绍了其他房屋租赁管理的政策和内容。

此部分的法规、政策依据包括：①《廉租住房保障办法》；②《公共租赁住房管理办法》（住房和城乡建设部令第11号）；③住房和城乡建设部、民政部、财政部联合印发的《关于加强廉租住房管理有关问题的通知》（建保［2010］62号）；④住房和城乡建设部等7部门印发的《关于加快发展公共租赁住房的指导意见》（建保［2010］87号）。

需要说明的是，《公共租赁住房管理办法》自2012年7月15日起施行，修订主要依据《关于加快发展公共租赁住房的指导意见》（建保［2010］87号）。

本部分中，廉租住房和公共租赁住房租赁政策，是学习和考试的重点。难点是公共租赁住房租赁。

1. 廉租住房租赁管理

（1）廉租住房供应对象

廉租住房供应对象为城市低收入住房困难家庭。

（2）廉租住房租金标准

实物配租的住房租金标准实行政府定价。实物配租住房的租金，按照配租面积和市、县人民政府规定的租金标准确定。有条件的地区，对城市居民最低生活保障家庭，可以免收实物配租住房中住房保障面积标准内的租金。

（3）廉租住房租赁合同终止情形

①承租人已不符合规定条件的；②将所承租的廉租住房转借、转租、调换和转让廉租住房的；③改变廉租住房用途的；④无正当理由连续6个月以上未在所承租的廉租住房居住或者未交纳廉租住房租金的。

2. 公共租赁住房管理

（1）公共租赁住房供应对象

公共租赁住房供应对象主要是城市中等偏下收入住房困难家庭。有条件的地区，可以将新就业职工和有稳定职业并在城市居住一定年限的外来务工人员纳入供应范围。公共租赁住房的供应范围和供应对象的收入线标准、住房困难条件，由市、县人民政府确定。已享受廉租住房实物配租和经济适用住房政策的

家庭，不得承租公共租赁住房。

(2) 公共租赁住房租金水平

公共租赁住房租金水平，由市、县人民政府统筹考虑住房市场租金水平和供应对象的支付能力等因素合理确定，并按年度实行动态调整。符合廉租住房保障条件的家庭承租公共租赁住房的，可以申请廉租住房租赁补贴。对承租人拖欠租金和其他费用的，可以通报其所在单位，从其工资收入中直接划扣。

(3) 公共租赁住房租赁合同

公共租赁住房出租人与承租人应当签订书面租赁合同。公共租赁住房租赁合同期限一般为 3 ~ 5 年，合同示范文本由省、自治区、直辖市住房城乡建设(住房保障) 部门制定。承租人应当按照合同约定合理使用住房，及时缴纳租金和其他费用。租赁合同期满后承租人仍符合规定条件的，可以申请续租。

(4) 公共租赁住房合同终止

① 违法出借、转租或闲置

公共租赁住房只能用于承租人自住，不得出借、转租或闲置，也不得用于从事其他经营活动。承租人违反规定使用公共租赁住房的，应当责令退出。

② 拥有其他住房

承租人购买、受赠、继承或者租赁其他住房的，应当退出。

【例题 1】公共租赁住房合同的租赁期限一般为(　) 年。

A. 1 ~ 2　　B. 3 ~ 5

C. 6 ~ 8　　D. 10 ~ 20

【答案】B

【解析】公共租赁住房出租人与承租人应当签订书面租赁合同。公共租赁住房租赁合同期限一般为 3 ~ 5年，合同示范文本由省、自治区、直辖市住房城乡建设 (住房保障) 部门制定。承租人应当按照合同约定合理使用住房，及时缴纳租金和其他费用。

【例题 2】公共租赁住房的供应范围和供应对象的收入线标准、住房困难条件，由 (　) 确定。

A. 市、县人民政府住房保障部门

B. 市、县人民政府

C. 省级人民政府住房保障部门

D. 省级人民政府

【答案】B

练习题

一、单项选择题 (每题的备选答案中只有一个最符合题意)

1. 根据 (　)，房屋租赁可区分为住宅用房租赁与非住宅用房租赁。

A. 房屋地理位置不同

B. 房屋用途不同

C. 房屋产权性质不同

D. 房屋建筑技术不同

2. 以下不得出租的房屋，(　) 不属于《商品房屋租赁管理办法》的规定。

A. 属于违法建筑的房屋

B. 不符合安全、防灾等工程建设强制性标准的房屋

C. 经济适用住房，不能提供住房保障部门出具的书面意见的

D. 违反规定改变房屋使用性质的房屋

3. 下列关于房屋租赁的表述中，不正确的是 (　)。

A. 出租商品住房的，应当以原设计的房间为最小出租单位

B. 人均租住建筑面积不得低于当地人民政府规定的最低标准

C. 厨房、卫生间、阳台和地下储藏室可以出租供人员居住

D. 在房屋租赁合同期内，出租人不得单方面随意提高租金水平

4. 在商品房屋租赁关系中，出租人与承租人之间所发生的民事关系主要是通过 (　) 确定。

A. 房屋租赁政策　　B. 房屋租赁制度

C. 房屋租赁合同　　D. 房屋租赁规范

5. 商品房屋租赁合同属于 (　)。

A. 无偿合同　　B. 单务合同

C. 诺成合同　　D. 实践合同

6. 商品房屋租赁合同内容中，(　) 是租赁合同的核心之一，是引起租赁纠纷的主要原因。

A. 租赁用途　　B. 租金标准

C. 租赁期限　　D. 房屋维修责任

7. 商品房屋租赁合同内容中，(　) 是指房屋租赁合同中规定的出租房屋的使用性质。

A. 租赁用途　　B. 租金标准

C. 租赁期限　　D. 房屋维修责任

8. 《合同法》规定，租赁期限不得超过 (　)

年，超过部分无效。

A. 10　　B. 20

C. 25　　D. 30

9.《合同法》规定，租赁期间届满当事人可以续订租赁合同，但约定的租赁期限自续订之日起不得超过（ ）年。

A. 10　　B. 20

C. 25　　D. 30

10. 下列有关房屋租赁的有关政策，说法不正确的是（ ）。

A. 房屋租赁期间内，因赠与、析产、继承或买卖转让房屋的，原房屋租赁合同继续有效

B. 租赁期限内，房屋所有权人转让房屋所有权，应当在出售前合理期限内通知承租人，承租人在同等条件下有优先购买权

C. 承租人在租赁期内死亡，租赁房屋的共同居住人要求继承原租赁关系的，出租人应不继续履行原租赁合同

D. 出租住房的，应当以原设计的房间为最小出租单位，人均租住建筑面积不得低于当地人民政府规定的最低标准

11. 商品房屋租赁期间内，因赠与、析产、继承或者买卖转让房屋的，原房屋租赁合同（ ）。

A. 失去效力　　B. 相对无效

C. 绝对无效　　D. 继续有效

12. 承租人在房屋租赁期间死亡的，与其生前共同居住的人可以（ ）。

A. 原租赁合同已无效

B. 不可租赁该房屋

C. 按照原租赁合同租赁该房屋

D. 由人民法院决定能否租赁该房屋

13. 按照规定，出租人知道或者应当知道承租人转租，但在（ ）个月内未提出异议，其以承租人未经同意为由请求解除合同或者认定转租合同无效的，人民法院将不予支持。

A. 1　　B. 3

C. 6　　D. 9

14. 因租赁房屋权属有争议的，导致租赁房屋无法使用，承租人请求解除合同的，人民法院（ ）。

A. 依法裁定　　B. 依法判决

C. 应予支持　　D. 不予支持

15.《商品房屋租赁管理办法》规定："房屋租赁合同订立后（ ）日内，房屋租赁当事人应当到租赁房屋所在地直辖市、市、县人民政府房地产主管部门办理房屋租赁登记备案。"

A. 10　　B. 30

C. 45　　D. 60

16.《商品房屋租赁管理办法》规定，商品房屋租赁登记备案内容发生变化、续租或者租赁终止的，当事人应当在（ ）日内，到原租赁登记备案的部门办理房屋租赁登记备案的变更、延续或者注销手续。

A. 10　　B. 30

C. 45　　D. 60

17. 以下关于房屋租赁的表述中，不正确的是（ ）。

A. 房屋租赁登记备案证明遗失的，应当向原登记备案的部门补领

B. 房地产主管部门应当建立房屋租赁登记备案信息系统，逐步实行房屋租赁合同网上登记备案，并纳入房地产市场信息系统

C. 租赁期限不得超过 20 年，超过 20 年的，超过部分无效

D. 房屋租赁当事人不能书面委托他人办理房屋租赁登记备案

18. 以下关于廉租住房政策，表述不正确的是（ ）。

A. 廉租住房属于社会保障性质的住房

B. 廉租住房只售不租

C. 廉租住房实物配租的住房租金标准实行政府定价

D. 改变廉租住房用途的，属于廉租住房租赁合同终止的情形

19. 按照规定，无正当理由连续（ ）个月以上未在所承租的廉租住房居住或者未交纳廉租住房租金的，属于廉租住房租赁合同终止的情形。

A. 3　　B. 5

C. 6　　D. 9

二、多项选择题（*每题的备选答案中有两个或两个以上符合题意*）

1. 根据房屋产权性质不同，房屋租赁可分为（ ）。

A. 住宅用房租赁

B. 非住宅用房租赁

C. 市场化的商品房屋租赁

D. 政府支持的保障性住房租赁

E. 企业支持的保障性住房租赁

2. 有下列（ ）情形之一的房屋不得出租。

A. 属于违法建筑的

B. 属于合法建筑的

C. 不符合安全等工程建设强制性标准的

D. 不符合防灾等工程建设强制性标准的

E. 违反规定改变房屋使用性质的

3. 以下关于商品房屋租赁基本要求，说法正确的是（ ）。

A. 房屋可以依法出租

B. 租住面积符合规定

C. 租金不得随意提高

D. 出租住房的，应当以原设计的房间为最小出租单位

E. 人均租住建筑面积应低于当地人民政府规定的最低标准

4. 根据《商品房屋租赁管理办法》规定，以下（ ），不得出租供人员居住。

A. 厨房　　B. 卫生间

C. 商品房　　D. 阳台

E. 地下储藏室

5. 商品房屋租赁合同法律特征包括（ ）。

A. 商品房屋租赁转移的是房屋所有权

B. 商品房屋租赁转移的是房屋使用权

C. 商品房屋租赁合同为诺成合同

D. 商品房屋租赁合同为实践合同

E. 商品房屋租赁合同为双务有偿合同

6.《城市房地产管理法》规定的房屋租赁必备条款包括（ ）。

A. 租赁地址　　B. 租赁期限

C. 租赁用途　　D. 租赁价格

E. 修缮责任

7. 商品房屋租赁中，以下属于承租人义务的有（ ）。

A. 提供符合要求的房屋

B. 租赁关系终止时归还房屋

C. 对房屋进行维修

D. 交付租金

E. 合理使用、善意保管房屋

8. 以下关于商品房屋转租，说法正确的是（ ）。

A. 承租人转租的，承租人与出租人之间的房屋租赁合同继续有效

B. 须经出租人口头同意或书面同意

C. 转租期限不得超过原合同规定的期限

D. 承租人未经出租人同意转租的，出租人可以解除合同

E. 房屋转租不须签订转租协议，但应办理登记备案手续

9. 根据解除条件，商品房屋租赁合同的单方解除可分为（ ）。

A. 法院解除　　B. 合意解除

C. 协议解除　　D. 出租人单方解除

E. 承租人单方解除

10. 以下属于承租人单方解除商品房屋租赁合同情形的主要有（ ）。

A. 租赁房屋权属有争议的

B. 租赁房屋被司法机关或者行政机关依法查封的

C. 承租人将承租的房屋擅自转租的

D. 承租人未按照约定的方法或者租赁物的性质使用房屋，致使房屋受损的

E. 租赁房屋具有违反行政法规关于房屋使用条件强制性规定情况的

11. 商品房屋租赁登记备案办理的条件包括（ ）。

A. 商品房屋租赁当事人提交的材料齐全并且符合法定形式

B. 出租人与房屋所有权证书或者其他合法权属证明记载的主体不一致

C. 出租人与房屋所有权证书或者其他合法权属证明记载的主体一致

D. 不属于《商品房屋租赁管理办法》规定不得出租的房屋的

E. 属于《商品房屋租赁管理办法》规定不得出租的房屋的

12. 以下关于商品房屋租赁登记备案效力，表述正确的是（ ）。

A. 当出租人就同一房屋订立数份租赁合同，在合同均有效的情况下，已经办理登记备案手续的优先于非登记备案的

B. 未办理房屋登记备案的，影响合同的效力

C. 房屋租赁合同以登记备案为生效条件

D. 登记备案的房屋租赁合同，具有对抗第三人的效力

E. 出租人交付房屋，承租人交付租金，合同即生效

13. 廉租住房租赁合同终止的情形主要有（ ）。

A. 承租人已不符合规定条件的

B. 将所承租的廉租住房转借的

C. 将所承租的廉租住房转租的

D. 无正当理由连续3个月以上未在所承租的廉

租住房居住的

E. 无正当理由连续 6 个月以上未缴纳廉租住房租金的

三、综合分析题（每个小题的备选答案中有一个或一个以上符合题意的答案。错选不得分；少选，但选择正确的，每个选项得相应分）

2008 年 5 月，王某购买了一套 80㎡的经济适用住房。2013 年 1 月，王某将该住房出租给李某，并签订了《商品房屋租赁合同》，租赁期为 1 年。2013 年 5 月，王某因经济原因，欲出售该套住房。2013 年 5 月底，王某取得了该套住房的完全产权。2013 年 6 月，王某将该套住宅按照市场价出售给刘某，并办理了房屋登记手续。2014 年 5 月，刘某因结婚急等装修房屋，要求李某提前搬走，李某不同意。

（1）王某购买的经济适用住房，王某拥有（　）。

A. 完全产权　　B. 完整产权

C. 有限产权　　D. 部分产权

（2）按照规定，王某购买的经济适用住房在（　）前，不得直接上市交易。

A. 2011 年 5 月　　B. 2012 年 5 月

C. 2013 年 5 月　　D. 2014 年 5 月

（3）王某与李某签订的《商品房屋租赁合同》属于（　）。

A. 诺成合同　　B. 双务合同

C. 有偿合同　　D. 实践合同

（4）王某将该房屋出租给李某，以下关于该房屋租赁登记备案问题，说法正确的是（　）。

A. 如果有关当事人以该合同未办理房屋租赁登记备案手续为由，请求确认该房屋租赁合同无效的，人民法院应予支持

B. 如果该房屋租赁合同未办理房屋登记备案，一定会影响该合同的效力

C. 该房屋租赁合同不以登记备案为生效条件

D. 如果该房屋租赁合同办理了房屋登记备案，则具有对抗第三人的效力

（5）王某将该套住宅出售给刘某，则王某与李某签订的《商品房屋租赁合同》（　）。

A. 自动失效

B. 继续有效

C. 由房管部门确定是否有效

D. 由人民法院确定是否有效

（6）以下关于王某将该房屋出租给李某，说法不正确的是（　）。

A. 如果双方签订的合同期限为 25 年，则该商品房屋租赁合同无效

B. 王某、李某应到租赁房屋所在地房地产主管部门办理房屋租赁登记备案

C. 王某应当按照合同约定履行房屋的维修义务，并确保房屋和室内设施安全

D. 该房屋的租赁期无限制，由租赁当事人约定

（7）如果在房屋租赁期间李某死亡，则与其生前共同居住的人（　）。

A. 可按照原租赁合同租赁该房屋

B. 不可再按原租赁合同租赁该房屋

C. 由当地房管部门决定能否租赁该房屋

D. 由当地人民法院决定能否租赁该房屋

（8）关于该房屋租赁的说法，正确的为（　）。

A. 租赁期限未到期，李某有权主张原租赁合同继续履行

B. 刘某急等房屋装修结婚系正当理由，王某与李某签订的原租赁合同自动终止

C. 王某转让该房屋时，应提前通知李某，李某在同等条件下有优先购买权

D. 王某将该房屋出租给李某，转移的是房屋使用权

（9）王某出售该住房时，住房保障部门应当对（　）等情况出具书面意见，否则房屋登记机构将暂停办理王某家庭购买其他房屋的权属登记。

A. 王某是否已缴纳相应土地收益等价款取得完全产权

B. 成交价格是否符合正常交易

C. 政府是否行使优先购买权

D. 开发商是否行使优先购买权

第6章　房地产抵押

考纲解读

本章的考试目的是测试应考人员房地产抵押概述、房地产抵押的一般规定、房地产抵押合同与房地产抵押估价、房地产抵押登记、房地产抵押权的效力和实现等内容的了解、熟悉和掌握情况。本章考试基本要求如下：

1. 掌握房地产抵押的概念及特征；
2. 掌握房地产抵押的条件；
3. 掌握房地产抵押的一般规定；
4. 熟悉房地产抵押合同与房地产抵押估价；
5. 熟悉房地产抵押登记；
6. 掌握房地产抵押权的效力和实现。

本章知识结构

- 房地产抵押
  - 房地产抵押概述
    - 房地产抵押的概念及特征
    - 房地产抵押的条件
  - 房地产抵押的一般规定
    - 享受优惠政策房地产抵押规定
    - 不同性质企业的房地产抵押规定
    - 不同类型房地产抵押规定
    - 物权法与房地产抵押有关的一般规定
    - 房地产抵押的主要类型
  - 房地产抵押合同与房地产抵押估价
    - 房地产抵押合同
    - 房地产抵押估价
  - 房地产抵押登记
    - 房地产抵押的登记机构
    - 房地产抵押登记的要件
  - 房地产抵押权的效力与实现
    - 房地产抵押权的效力
    - 房地产抵押权的实现

重点难点分析

一、房地产抵押概述

教材从房地产抵押的概念及特征、条件两个方面，介绍了有关房地产抵押概述的政策和内容。

此部分的法规、政策依据包括：①《城市房地产管理法》；②《物权法》；③《城市房地产抵押管理办法》。

本部分中，房地产抵押的条件，根据《物权法》不得抵押财产范围和允许设定抵押房地产范围，是学习和考试的重点、难点。

《城市房地产管理法》规定："依法取得的房屋所有权连同该房屋占用范围内的土地使用权，可以设定抵押权。以出让方式取得的土地使用权，可以设定抵押。"

【例题1】根据《物权法》，可以设定抵押的房地产是（　）。

A. 农村宅基地

B. 乡镇企业的厂房

C. 老年福利院的办公楼

D. 所有权有争议的房屋

【答案】B

【解析】《物权法》规定下列财产不得抵押：①土地所有权；②耕地、宅基地、自留地、自留山等集体所有的土地使用权，但法律规定可以抵押的除外；③学校、幼儿园、医院等以公益为目的的事业单位、社会团体的教育设施、医疗卫生设施和其他社会公益设施；④所有权、使用权不明或者有争议的财产；⑤依法被查封、扣押、监管的财产；⑥法律、行政法规规定不得抵押的其他财产。

【例题2】依法不得抵押的不动产有（　）。

A. 农民的自留地　B. 国有土地所有权

C. 学校的校办工厂　D. 公立医院的门诊楼

E. 被人民法院查封的属于个人的营业房

【答案】ABDE

【例题3】房地产抵押是指抵押人以其合法的房地产，并以（　）的方式向抵押权人提供债务、履行担保的行为。

A. 不转移占有　B. 转移占有

C. 转移房屋所有权　D. 转移土地使用权

【答案】A

【例题4】抵押权人包括（　）。

A. 接受房地产抵押作为债务人履行债务担保的公民

B. 接受房地产抵押作为债务人履行债务担保的法人

C. 接受房地产抵押作为债务人履行债务担保的其他组织

D. 将依法取得的房地产提供给抵押权人，作为本人履行债务担保的公民、法人或者其他组织

E. 将依法取得的房地产提供给抵押权人，作为第三人履行债务担保的公民、法人或者其他组织

【答案】ABC

【解析】抵押人是指将依法取得的房地产提供给抵押权人，作为本人或者第三人履行债务担保的公民、法人或者其他组织。抵押权人是指接受房地产抵押作为债务人履行债务担保的公民、法人或者其他组织。

【例题5】为担保债务的履行，债务人或者第三人不转移财产的占有，将该财产抵押给债权人的，债务人不履行到期债务或者发生当事人约定的实现抵押权的情形，债权人有权就该财产优先受偿。前款规定的债务人或者第三人为（　）。

A. 抵押人　B. 抵押权人

C. 抵押财产　D. 抵押登记部门

【答案】A

【解析】《物权法》规定："为担保债务的履行，债务人或者第三人不转移财产的占有，将该财产抵押给债权人的，债务人不履行到期债务或者发生当事人约定的实现抵押权的情形，债权人有权就该财产优先受偿。前款规定的债务人或者第三人为抵押人，债权人为抵押权人，提供担保的财产为抵押财产。"

【例题6】《物权法》规定，不得抵押的财产有（　）。

A. 依法被查封的财产　B. 正在建造的建筑物

C. 所有权有争议的财产　D. 学校的教学楼

E. 工厂的生产设备

【答案】ACD

【例题7】以单纯的土地使用权抵押的，其设定抵押的前提条件是，土地必须是以（　）方式取得的。

A. 划拨　B. 出让

C. 出租　D. 抵押

【答案】B

二、房地产抵押的一般规定

教材从享受优惠政策房地产抵押规定、不同性质企业的房地产抵押规定、不同类型房地产抵押规定、物权法与房地产抵押有关的一般规定和房地产抵押的主要类型五个方面，介绍了房地产抵押的一般规定的政策和内容。

此部分的法规、政策依据包括：①《物权法》；②《担保法》。

本部分是本章最重要的一部分，也是本课程历年考试的重点和必考点。重点、难点内容包括物权法与房地产抵押有关的16条一般规定、最高额抵押的规定和政策。

【例题1】关于最高额抵押的说法，正确的有（　）。

A. 最高额抵押所担保的实际发生额不确定

B. 最高额抵押所担保的最高债权额是确定的

C. 最高额抵押是对一定期间内将要连续发生的债权作担保

D. 最高额抵押的抵押财产，只能由债务人提供，不能由第三人提供

E. 最高额抵押所担保的债权确定前，部分债权转让，最高额抵押权不得转让

【答案】ABC

【解析】A和B两项，最高额抵押所担保的债权额是确定的，但实际发生的债权额是不确定的。设定最高额抵押时，债权尚未发生，为保证将来债权的实

现，抵押权人与抵押人协议商定担保的最高债权额度，抵押人以其抵押财产在此额度内对债权作担保。C和D两项，最高额抵押是指为担保债务的履行，债务人或者第三人对一定期间内将要连续发生的债权用房地产提供担保的行为。E项，最高额抵押担保的债权确定前，部分债权转让的，最高额抵押权不得转让，但当事人另有约定的除外。

【例题2】关于房地产抵押人权利和义务的说法，正确的有（ ）。

A. 抵押人享有对抵押房地产的占有权

B. 抵押人享有对抵押房地产的使用权

C. 抵押人可以对抵押物设立多个顺位抵押权

D. 未经抵押权人同意，抵押人不得将抵押房地产出租

E. 未经抵押权人同意，抵押人不得将抵押房地产转让

【答案】ABCD

【解析】A、B两项，《城市房地产抵押管理办法》指出，房地产抵押是指抵押人以其合法的房地产，以不转移占有的方式向抵押权人提供债务履行担保的行为。房地产抵押的特征是不转移占有，因此抵押人仍享有对抵押房地产的占有权和使用权。C项，抵押人可以就同一抵押物在抵押后剩余的担保价值设定其他的抵押权。D项，抵押权设立后抵押财产出租的，该租赁关系不得对抗已登记的抵押权；《城市房屋租赁管理办法》第六条规定，已抵押，未经抵押权人同意的不得出租。E项，抵押期间，抵押人未经抵押权人同意，不得转让抵押财产，但受让人代为清偿债务消灭抵押权的除外。

【例题3】下列关于房地产抵押规定的表述中，错误的有（ ）。

A. 以集体所有制企业的房地产抵押，必须经该企业职工代表大会通过

B. 抵押人死亡，其合法继承人应当继续履行原抵押合同

C. 学校教育设施以外的房地产可以为第三人提供担保

D. 在建工程不得为第三人提供担保

E. 同一财产不得向两个以上的债权人抵押

【答案】CDE

【解析】A项，以集体所有制企业的房地产抵押的，必须经集体所有制企业职工（代表）大会通过，并报其上级主管机关备案。B项，抵押人死亡、依法被宣告死亡或者被宣告失踪时，其房地产合法继承人或者代管人应当继续履行原抵押合同。C项，《物权法》规定学校、幼儿园、医院等以公益为目的的事业单位、社会团体的教育设施、医疗卫生设施和其他社会公益设施不得抵押。D项，在建工程抵押是指抵押人为取得在建工程继续建造资金的贷款，以其合法方式取得的土地使用权连同在建工程的投入资产，以不转移占有的方式抵押给贷款银行作为偿还贷款履行担保的行为。E项，同一财产可以向多个债权人抵押。

【例题4】中外合资企业的房地产抵押的，必须经（ ）通过，但企业章程另有约定的除外。

A. 工会　　B. 职工（代表）大会

C. 股东大会　　D. 董事会

【答案】D

【例题5】房地产开发公司欲将在建工程向银行抵押贷款，该公司章程无相关规定的，需经（ ）同意。

A. 董事会或股东大会　　B. 全体股东

C. 董事长　　D. 总经理

【答案】A

【解析】以股份有限公司、有限责任公司的房地产抵押的，必须经董事会或者股东大会通过，但企业章程另有约定的除外。

【例题6】集体所有制企业的房地产抵押的，必须经（ ）通过，并报其上级主管机关备案。

A. 集体所有制企业工会

B. 集体所有制企业职工（代表）大会

C. 集体所有制企业股东大会

D. 集体所有制企业董事会

【答案】B

【例题7】张三将其拥有的一套住宅出租给了李四，租赁期间张三将该住宅进行了抵押，张三将租赁情况告知了抵押权人，并将抵押情况告知李四，张三与李四原签订的房屋租赁合同（ ）。

A. 自动失效

B. 继续有效

C. 由张三确定是否有效

D. 由抵押权人确定是否有效

【答案】B

【解析】以已出租的房地产抵押的，抵押人应当将租赁情况告知抵押权人，并将抵押情况告知承租人，原租赁合同继续有效。

【例题8】下列关于房地产抵押规定的表述中，正确的有（ ）。

A. 有经营期限的企业以其所有的房地产抵押的，所担保债务的履行期限可超过企业的经营期限

B. 以依法取得的国有土地上的房屋抵押的，该房屋占用范围内的国有土地使用权同时抵押

C. 以共有的房地产抵押的，抵押人必须事先征得其他共有人书面同意

D. 预购商品房贷款抵押的，商品房开发项目必须符合房地产转让条件并取得商品房预售许可证

E. 抵押人死亡，其房地产合法继承人不再履行原抵押合同

【答案】BCD

【解析】有经营期限的企业以其所有的房地产抵押的，所担保债务的履行期限不应当超过企业的经营期限。抵押人死亡、依法被宣告死亡或者被宣告失踪时，其房地产合法继承人或者代管人应当继续履行原抵押合同。

【例题 9】第三人提供担保，未经其书面同意，债权人允许债务人转移全部或者部分债务的，担保人（　）。

A. 应当承担相应的担保责任

B. 必须承担相应的担保责任

C. 不再承担相应的担保责任

D. 与债权人协商是否承担相应的担保责任

【答案】C

【解析】第三人提供担保，未经其书面同意，债权人允许债务人转移全部或者部分债务的，担保人不再承担相应的担保责任。

【例题 10】被担保的债权既有物的担保又有人的担保的，针对债务人不履行到期债务，以下做法正确的是（　）。

A. 债权人不能再按照约定实现债权

B. 债权人应当按照约定实现债权

C. 没有约定的，对债务人自己提供物的担保的，债权人应当先就该物的担保实现债权

D. 第三人提供物的担保的，债权人可以就物的担保实现债权

E. 第三人提供物的担保的，债权人不可再要求保证人承担保证责任

【答案】BCD

【解析】被担保的债权既有物的担保又有人的担保的，债务人不履行到期债务或者发生当事人约定的实现担保物权的情形，债权人应当按照约定实现债权；没有约定或者约定不明确，债务人自己提供物的担保的，债权人应当先就该物的担保实现债权；第三人提供物的担保的，债权人可以就物的担保实现债权，也可以要求保证人承担保证责任。提供担保的第三人承担担保责任后，有权向债务人追偿。

【例题 11】下列房屋中，可以设定抵押权的是（　）。

A. 医院门诊大楼

B. 农村宅基地上的房屋

C. 学校教学大楼

D. 乡（镇）村企业厂房

【答案】D

【例题 12】现行法律未禁止设定抵押权的房地产是（　）。

A. 权属有争议的房地产

B. 乡镇企业的厂房

C. 以公益为目的的教育设施

D. 依法被查封的房地产

【答案】B

【解析】以乡镇、村企业的厂房等建筑物抵押的，其占用范围内的建设用地使用权一并抵押。

【例题 13】张三将其拥有的一套住宅进行了抵押，并进行了抵押权登记。抵押期间张三将该住宅出租给了李四，张三与李四签订的房屋租赁合同（　）。

A. 不受该抵押权影响　　B. 应当解除

C. 没有效力　　D. 不得对抗该抵押权

【答案】D

【解析】订立抵押合同前抵押财产已出租的，原租赁关系不受该抵押权的影响。抵押权设立后抵押财产出租的，该租赁关系不得对抗已登记的抵押权。

【例题 14】甲向乙借款并将自己的房子抵押给乙，并办理了抵押登记。抵押后甲又将该房屋出租给丙，因甲无力还款，乙欲行使抵押权。下列表述正确的是（　）。

A. 甲与丙之间的租赁合同不具有效力，因为该房已抵押给乙

B. 甲与丙之间的租赁合同具有效力，租赁合同可以对抗乙的抵押权

C. 甲与丙之间的租赁合同具有效力，但租赁合同不得对抗乙的抵押权

D. 甲与丙之间的租赁合同效力未定

【答案】C

【例题 15】抵押期间，抵押人未经抵押权人同意，可以转让抵押财产的除外情况为（　）。

A. 抵押人已经死亡的

B. 抵押人已经人民法院宣告死亡的

C. 受让人代为清偿部分债务的

D. 受让人代为清偿债务消灭抵押权的

【答案】D

【解析】抵押期间，抵押人未经抵押权人同意，不得转让抵押财产，但受让人代为清偿债务消灭抵押权的除外。

【例题16】抵押期间，抵押人经抵押权人同意转让抵押财产的，应当将转让所得的价款（ ）。

A. 向人民法院提前清偿债务或者提存

B. 向抵押权人提前清偿债务或者提存

C. 向人民法院提存，但不能提前清偿债务

D. 向抵押权人提前清偿债务，但不能提存

【答案】B

【解析】抵押期间，抵押人经抵押权人同意转让抵押财产的，应当将转让所得的价款向抵押权人提前清偿债务或者提存。

【例题17】《物权法》规定，由于抵押人的行为造成抵押财产价值减少的，抵押权人有权要求（ ）。

A. 恢复抵押财产的价值

B. 提供与减少的价值相应的担保

C. 债务人重新办理抵押手续

D. 扣押抵押人的账户资金

E. 申请法院办理财产保全

【答案】AB

【解析】抵押人的行为足以使抵押财产价值减少的，抵押权人有权要求抵押人停止其行为。抵押财产价值减少的，抵押权人有权要求恢复抵押财产的价值，或者提供与减少的价值相应的担保。抵押人不恢复抵押财产的价值也不提供担保的，抵押权人有权要求债务人提前清偿债务。

【例题18】《物权法》规定，抵押权人可以与抵押人协议以抵押财产折价优先受偿，如协议损害其他债权人利益的，其他债权人可以在知道或者应当知道撤销事由之日起（ ）年内请求人民法院撤销该协议。

A. 半　　B. 1

C. 2　　D. 6

【答案】B

【例题19】抵押财产折价或者拍卖、变卖后，其价款超过债权数额的部分（ ）。

A. 归债务人所有，不足部分由抵押人清偿

B. 归抵押权人所有，不足部分由债务人清偿

C. 归抵押权人所有，不足部分由抵押人清偿

D. 归抵押人所有，不足部分由债务人清偿

【答案】D

【解析】抵押财产折价或者拍卖、变卖后，其价款超过债权数额的部分归抵押人所有，不足部分由债务人清偿。

【例题20】以下房地产抵押规定，表述错误的是（ ）。

A. 有经营期限的企业以其所有的房地产抵押的，所担保债务的履行期限不应当超过该企业的经营期限

B. 以乡镇、村企业的厂房等建筑物抵押的，其占用范围内的建设用地使用权一并抵押

C. 以具有土地使用年限的房地产抵押的，所担保债务的履行期限应该超过土地使用权出让合同规定的使用年限减去已经使用年限后的剩余年限

D. 以享受国家优惠政策购买的房地产抵押的，其抵押额以房地产权利人可以处分和收益的份额为限

【答案】C

【解析】以具有土地使用年限的房地产抵押的，所担保债务的履行期限不得超过土地使用权出让合同规定的使用年限减去已经使用年限后的剩余年限。

【例题21】下列关于“抵押权设立后抵押房屋出租的”，表述错误的是（ ）。

A. 该租赁关系可以对抗已登记的抵押权

B. 抵押权实现后，租赁合同对受让人不具有约束力

C. 抵押人将已抵押的房屋出租时，如果抵押人未书面告知承租人该房屋已抵押的，抵押人对出租抵押物造成承租人的损失承担赔偿责任

D. 抵押人将已抵押的房屋出租时，如果抵押人已书面告知承租人该房屋已抵押的，抵押权实现造成承租人的损失，由承租人自己承担

【答案】A

【解析】抵押权设立后抵押房屋出租的，该租赁关系不得对抗已登记的抵押权。

【例题22】下列关于房地产抵押的表述中，正确的是（ ）。

A. 实现房地产抵押权的方式只有拍卖

B. 房地产抵押自合同签订之日起生效

C. 订立抵押合同前抵押财产已出租的，原租赁关系不受该抵押权的影响

D. 房地产抵押登记记载的内容与抵押合同约定的内容不一致的，以合同约定的内容为准

【答案】C

【解析】抵押权人可以与抵押人协议以抵押财产折价或者以拍卖、变卖该抵押财产所得的价款优先受偿。抵押物登记记载的内容与抵押合同约定的内容不一致的，以登记记载的内容为准。抵押合同自登记之日起生效，而不是自抵押合同签订之日起生效。

【例题23】一般房地产抵押是指为担保债务的履行，债务人或者第三人（ ），将该房地产抵押给债权人的行为。

A. 转移房地产的占有

B. 不转移房地产的占有

C. 转移房屋所有权

D. 转移土地使用权

【答案】B

【例题24】下列不属于在建工程抵押特点的是（ ）。

A. 目的是取得在建工程继续建造资金的贷款

B. 以其合法方式取得的土地使用权连同在建工程的投入资产作为偿还贷款履行担保

C. 以转移占有的方式抵押给贷款银行

D. 以不转移占有的方式抵押给贷款银行

【答案】C

【解析】在建工程抵押，是指抵押人为取得在建工程继续建造资金的贷款，以其合法方式取得的土地使用权连同在建工程的投入资产，以不转移占有的方式抵押给贷款银行作为偿还贷款履行担保的行为。

【例题25】最高额抵押是指为担保债务的履行，债务人或者第三人对一定期间内将要（ ）用房地产提供担保的行为。

A. 间隔发生的债权　　B. 连续发生的债权

C. 已经发生的债权　　D. 可能发生的债权

【答案】B

【例题26】《物权法》规定，当没有约定债权确定期间或者约定不明确，抵押权人或者抵押人自最高额抵押权设立之日起满（ ）年后请求确定债权的，抵押权人的债权确定。

A. 1　　B. 2

C. 3　　D. 5

【答案】B

三、房地产抵押合同与房地产抵押估价

本部分主要包括房地产抵押合同、房地产抵押估价两个方面的内容。房地产抵押估计又分为对房地产管理部门的要求、对商业银行的规定、对估价机构的规定。本部分的重点、难点主要是房地产抵押估价的政策。

此部分的法规、政策依据包括：①《城市房地产管理法》；②《物权法》；③《担保法》。

【例题1】担保合同属于（ ）。

A. 实践合同　　B. 单务合同

C. 主合同　　D. 从合同

【答案】D

【解析】担保合同是主债权债务合同的从合同。

【例题2】房地产抵押估价中，以下关于对房地产管理部门的要求，说法不正确的是（ ）。

A. 房地产管理部门应建立和完善房地产估价机构、注册房地产估价师信用档案

B. 房地产管理部门不得要求抵押当事人委托评估房地产抵押价值

C. 房地产管理部门可以指定房地产估价机构评估房地产抵押价值

D. 房地产管理部门应定期对房地产估价报告进行抽检

【答案】C

【解析】对房地产管理部门的要求中，不得要求抵押当事人委托评估房地产抵押价值，不得指定房地产估价机构评估房地产抵押价值。

【例题3】以下关于房地产抵押估价的说法，不正确的是（ ）。

A. 房地产管理部门可以要求抵押当事人委托评估房地产抵押价值，但不得指定房地产估价机构评估房地产抵押价值

B. 商业银行在发放房地产抵押贷款前，应当确定房地产抵押价值

C. 房地产抵押估价原则上由借款人委托，但商业银行与借款人另有约定的，从其约定

D. 房地产抵押价值由抵押当事人协商议定，或者由房地产估价机构进行评估

E. 房地产估价机构的选用，由商业银行内信贷决策以外的部门，择优决定

【答案】AC

【解析】房地产管理部门不得要求抵押当事人委托评估房地产抵押价值，不得指定房地产估价机构评估房地产抵押价值。房地产抵押估价原则上由商业银行委托，但商业银行与借款人另有约定的，从其约定，估价费用由委托人承担。

四、房地产抵押登记

此部分的法规、政策依据包括：①《城市房地

产管理法》；②《物权法》；③《房屋登记办法》。本部分的重点主要是房地产抵押登记的要件。

【例题1】陈某申请办理房屋抵押权登记，抵押权自（　）时生效。

A. 抵押合同订立

B. 房屋登记机构受理

C. 记载于登记簿

D. 领取房屋他项权证

【答案】C

【解析】《物权法》明确规定不动产物权的设立、变更、转让和消灭，经依法登记，发生效力；未经登记，不发生效力。房地产抵押未经登记的，不发生物权效力，对抵押物不具有优先受偿权。

【例题2】申请房屋抵押权登记，申请人应提交的材料有（　）。

A. 抵押合同

B. 登记申请书

C. 申请人的学历证明

D. 申请人的工作证明

E. 申请人的身份证明

【答案】ABE

【解析】《房屋登记办法》规定，以房屋设定抵押的，当事人应持下列文件到房地产所在地的房地产管理部门申请抵押权登记：①登记申请书；②申请人的身份证明；③房屋所有权证书或房地产权证书；④抵押合同；⑤主债权合同；⑥其他必要材料。

【例题3】个人住房贷款抵押合同自（　）之日起生效。

A. 合同签订　　B. 抵押登记

C. 借款合同生效　　D. 债权生效

【答案】B

【解析】《物权法》规定抵押权自登记时设立。房地产抵押未经登记的，抵押权不生效。抵押物不具有优先受偿权。

五、房地产抵押权的效力与实现

此部分的法规、政策依据主要是《物权法》。本部分的重点主要是房地产抵押担保范围，担保物权消灭的四种情形，拍卖、变卖抵押财产所得价款清偿顺序。

【例题1】房地产抵押担保的范围包括（　）。

A. 违约金

B. 损害赔偿金

C. 主债权及利息

D. 申请人的工作证明

E. 申请人的身份证明

【答案】ABC

【解析】房地产抵押担保的范围包括主债权及利息、违约金、损害赔偿金和实现抵押权的费用。抵押合同另有约定的，按照约定。

【例题2】房地产抵押担保的范围包括（　）。

A. 主债权及利息　　B. 违约金

C. 定金　　D. 损害赔偿金

E. 实现抵押权的费用

【答案】ABDE

【例题3】担保物权消灭情形，不包括（　）。

A. 主债权消灭

B. 担保物权实现

C. 债权人主张担保物权

D. 债权人放弃担保物权

【答案】C

【解析】有下列情形之一的，担保物权消灭：①主债权消灭；②担保物权实现；③债权人放弃担保物权；④法律规定担保物权消灭的其他情形。

【例题4】当抵押人与债务人不是同一人时，债务履行期届满抵押权人未受清偿的，抵押权人可处理抵押房地产方式有（　）。

A. 与抵押人协商折价抵债

B. 与债务人协商变卖

C. 自行拍卖

D. 将抵押物直接过户给自己

E. 向人民法院提起诉讼

【答案】AE

【解析】《物权法》规定，债务人不履行到期债务或者发生当事人约定的实现抵押权的情形，抵押权人可以与抵押人协议以抵押房地产折价或者以拍卖、变卖该抵押房地产所得的价款优先受偿。

【例题5】某大楼先后抵押给三家银行并都办理了抵押登记，债务人未能及时清偿债务，拍卖该楼所得的价款按（　）顺序清偿。

A. 贷款合同签订的先后

B. 贷款数额的大小

C. 向人民法院起诉的先后

D. 房地产抵押登记的先后

【答案】D

【解析】同一财产向两个以上债权人抵押，拍卖、变卖抵押物所得的价款按照抵押权登记的先后顺序清偿，顺序相同的，按照债权的比例清偿。

练习题

一、单项选择题（每题的备选答案中只有一个最符合题意）

1. 房地产抵押是指抵押人以其合法的房地产，以（ ）的方式向抵押权人提供债务履行担保的行为。

A. 不转移占有　　B. 转移占有

C. 转移房屋所有权　　D. 转移土地使用权

2. 房地产抵押的特征是（ ）。

A. 转移占有　　B. 不转移占有

C. 转移房屋所有权　　D. 转移土地使用权

3.《物权法》规定，为担保债务的履行，债务人或者第三人不转移财产的占有，将该财产抵押给债权人的，债务人不履行到期债务或者发生当事人约定的实现抵押权的情形，债权人有权就该财产优先受偿。前款规定的债权人为（ ）。

A. 抵押人　　B. 抵押权人

C. 抵押财产　　D. 抵押登记部门

4.《物权法》规定，下列（ ）财产，不得抵押。

A. 建筑物和其他土地附着物

B. 建设用地使用权

C. 正在建造的建筑物

D. 土地所有权

5. 以单纯的土地使用权抵押的，其设定抵押的前提条件是，土地必须是以（ ）方式取得的。

A. 划拨　　B. 出让

C. 出租　　D. 抵押

6. 以集体所有制企业的房地产抵押的，必须经（ ）通过，并报其上级主管机关备案。

A. 集体所有制企业工会

B. 集体所有制企业职工（代表）大会

C. 集体所有制企业股东大会

D. 集体所有制企业董事会

7. 以中外合资企业的房地产抵押的，必须经（ ）通过，但企业章程另有约定的除外。

A. 工会　　B. 职工（代表）大会

C. 股东大会　　D. 董事会

8. 以股份有限公司、有限责任公司的房地产抵押的，必须经（ ）通过，但企业章程另有约定的除外。

A. 工会

B. 职工（代表）大会

C. 董事会或者股东大会

D. 监事会或者股东大会

9. 以已出租的房地产抵押的，抵押人应当将租赁情况告知抵押权人，并将抵押情况告知承租人，原租赁合同（ ）。

A. 自动有效

B. 继续失效

C. 由抵押人确定是否有效

D. 由抵押权人确定是否有效

10. 张三将其拥有的一套住宅出租给了李四，租赁期间张三将该住宅进行了抵押，张三与李四原签订的房屋租赁合同（ ）。

A. 不受该抵押权影响　　B. 应当解除

C. 没有效力　　D. 不得对抗抵押权

11.《物权法》规定，以建设用地使用权抵押的，该土地上的建筑物（ ）。

A. 不能抵押　　B. 分别抵押

C. 一并抵押　　D. 允许抵押

12. 乡镇、村企业的建设用地使用权（ ）。

A. 经出让人同意，可以单独抵押

B. 可以单独抵押

C. 经有批准权政府批准，可以单独抵押

D. 不得单独抵押

13. 抵押期间，抵押人未经抵押权人同意，可以转让抵押财产的除外情况为（ ）。

A. 抵押人已经死亡的

B. 抵押人已经人民法院宣告死亡的

C. 受让人代为清偿部分债务的

D. 受让人代为清偿债务消灭抵押权的

14. 甲向乙借款并将自己的房子抵押给乙，并办理了抵押登记。抵押后甲又将该房屋出租给丙，因甲无力还款，乙欲行使抵押权。下列表述正确的是（ ）。

A. 甲与丙之间的租赁合同不具有效力，因为该房已抵押给乙

B. 甲与丙之间的租赁合同具有效力，租赁合同可以对抗乙的抵押权

C. 甲与丙之间的租赁合同具有效力，但租赁合同不得对抗乙的抵押权

D. 甲与丙之间的租赁合同效力未定

15. 以下关于房地产抵押规定，表述不正确的是（ ）。

A. 抵押权人可以放弃抵押权或者抵押权的顺位

B. 乡镇、村企业的建设用地使用权可以单独抵押

C. 订立抵押合同前抵押房地产已出租的，原租赁关系不受该抵押权的影响

D. 抵押权设立后抵押房屋出租的，该租赁关系不得对抗已登记的抵押权

16. 抵押期间，抵押人经抵押权人同意转让抵押财产的，应当将转让所得的价款（　）。

A. 向人民法院提前清偿债务或者提存

B. 向抵押权人提前清偿债务或者提存

C. 向人民法院提存，但不能提前清偿债务

D. 向抵押权人提前清偿债务，但不能提存

17.《物权法》规定，抵押权人可以与抵押人协议以抵押财产折价优先受偿，如协议损害其他债权人利益的，其他债权人可以在知道或者应当知道撤销事由之日起（　）年内请求人民法院撤销该协议。

A. 半　　B. 1

C. 2　　D. 6

18. 最高额抵押是指为担保债务的履行，债务人或者第三人对一定期间内将要（　）用房地产提供担保的行为。

A. 间隔发生的债权　　B. 连续发生的债权

C. 已经发生的债权　　D. 可能发生的债权

19. 最高额抵押权设立前已经存在的债权，经（　）同意，可以转入最高额抵押担保的债权范围。

A. 抵押权人　　B. 上级主管部门

C. 房地产主管部门　　D. 当事人

20.《物权法》规定，当没有约定债权确定期间或者约定不明确，抵押权人或者抵押人自最高额抵押权设立之日起满（　）年后请求确定债权的，抵押权人的债权确定。

A. 1　　B. 2

C. 3　　D. 5

21. 以下房地产抵押规定，表述错误的是（　）。

A. 有经营期限的企业以其所有的房地产抵押的，所担保债务的履行期限不应当超过该企业的经营期限

B. 以乡镇、村企业的厂房等建筑物抵押的，其占用范围内的建设用地使用权一并抵押

C. 以具有土地使用年限的房地产抵押的，所担保债务的履行期限应该超过土地使用权出让合同规定的使用年限减去已经使用年限后的剩余年限

D. 以享受国家优惠政策购买的房地产抵押的，其抵押额以房地产权利人可以处分和收益的份额为限

22. 下列关于"抵押权设立后抵押房屋出租的"，表述错误的是（　）。

A. 该租赁关系可以对抗已登记的抵押权

B. 抵押权实现后，租赁合同对受让人不具有约束力

C. 抵押人将已抵押的房屋出租时，如果抵押人未书面告知承租人该房屋已抵押的，抵押人对出租抵押物造成承租人的损失承担赔偿责任

D. 抵押人将已抵押的房屋出租时，如果抵押人已书面告知承租人该房屋已抵押的，抵押权实现造成承租人的损失，由承租人自己承担

23. 某公司以一宗房地产先向甲银行申请抵押贷款，同时办理了抵押登记；后又以该房地产向乙银行申请抵押贷款，也办理了抵押登记。贷款到期后，该公司无力还款，依法定程序拍卖，拍卖所得款（　）。

A. 甲银行优先受偿

B. 按两家银行的债权数额大小确定受偿顺序

C. 乙银行优先受偿

D. 按两家银行的债权比例受偿

24. 某大楼先后抵押给三家银行并都办理了抵押登记，债务人未能及时清偿债务，拍卖该楼所得的价款按（　）顺序清偿。

A. 贷款合同签订的先后

B. 贷款数额的大小

C. 向人民法院起诉的先后

D. 房地产抵押登记的先后

25. 下列关于房地产抵押的表述中，正确的是（　）。

A. 实现房地产抵押权的方式只有拍卖

B. 房地产抵押自合同签订之日起生效

C. 订立抵押合同前抵押财产已出租的，原租赁关系不受该抵押权的影响

D. 房地产抵押登记记载的内容与抵押合同约定的内容不一致的，以合同约定的内容为准

26. 同一财产向两个以上债权人抵押的，对拍卖、变卖抵押财产所得的价款，以下不正确的说法是（　）。

A. 抵押权已登记的，顺序不同的，按照债权比例清偿

B. 抵押权已登记的，顺序相同的，按照债权比例清偿

C. 抵押权已登记的先于未登记的受偿

D. 抵押权未登记的，按照债权比例清偿

二、多项选择题（每题的备选答案中有两个或两个以上符合题意）

1. 根据《城市房地产管理法》规定精神，下列

( )，可以设定抵押。

A. 以招标出让方式取得的土地使用权

B. 以拍卖出让方式取得的土地使用权

C. 以挂牌出让方式取得的土地使用权

D. 以协议出让方式取得的土地使用权

E. 以划拨方式取得的土地使用权

2. 根据《物权法》规定，下列（ ）房地产，不得设定抵押权。

A. 建设用地使用权

B. 正在建造的建筑物

C. 土地所有权

D. 所有权、使用权不明或者有争议的财产

E. 被依法查封的房地产

3.《物权法》规定，以下（ ），属于不得抵押的财产。

A. 土地所有权

B. 以出让方式取得的建设用地所有权

C. 所有权有争议的财产

D. 依法被扣押的财产

E. 依法被查封的财产

4. 以下房地产抵押的一般规定中，说法不正确的是（ ）。

A. 以集体所有制企业的房地产抵押的，必须经集体所有制企业职工（代表）大会通过，并报其上级主管机关备案

B. 有经营期限的企业以其所有的房地产抵押的，所担保债务的履行期限不应当超过企业的经营期限

C. 以具有土地使用年限的房地产抵押的，所担保债务的履行期限必须超过土地使用权出让合同规定的使用年限减去已经使用年限后的剩余年限

D. 预购商品房贷款抵押的，商品房开发项目必须符合房地产转让条件并取得商品房预售许可证

E. 企事业单位法人分立或合并后，原抵押合同自动失效

5. 被担保的债权既有物的担保又有人的担保的，针对债务人不履行到期债务，以下做法正确的是（ ）。

A. 债权人不能再按照约定实现债权

B. 债权人应当按照约定实现债权

C. 没有约定的，对债务人自己提供物的担保的，债权人应当先就该物的担保实现债权

D. 第三人提供物的担保的，债权人可以就物的担保实现债权

E. 第三人提供物的担保的，债权人不可再要求保证人承担保证责任

6. 当抵押人与债务人不是同一人时，债务履行期届满抵押权人未受清偿的，抵押权人可处理抵押房地产方式有（ ）。

A. 与抵押人协商折价抵债

B. 与债务人协商变卖

C. 自行拍卖

D. 将抵押物直接过户给自己

E. 向人民法院提起诉讼

7. 以下关于房地产抵押估价的说法，不正确的是（ ）。

A. 房地产管理部门可以要求抵押当事人委托评估房地产抵押价值，但不得指定房地产估价机构评估房地产抵押价值

B. 商业银行在发放房地产抵押贷款前，应当确定房地产抵押价值

C. 房地产抵押估价原则上由借款人委托，但商业银行与借款人另有约定的，从其约定

D. 房地产抵押价值由抵押当事人协商议定，或者由房地产估价机构进行评估

E. 房地产估价机构的选用，由商业银行内信贷决策以外的部门，择优决定

8. 下列关于抵押的表述中，不正确的是（ ）。

A. 抵押权人是债权人，但抵押人未必是债务人

B. 以乡镇、村企业的厂房等建筑物抵押的，其占用范围内的建设用地使用权一并抵押

C. 抵押权设立后抵押房屋出租的，该租赁关系不得对抗已登记的抵押权

D. 抵押人在抵押期间转让抵押财产，无需经抵押权人同意

E. 抵押权的变更，未经其他抵押权人书面同意，可以对其他抵押权人产生不利影响

9. 下列关于房地产抵押规定，表述正确的是（ ）。

A. 单纯的土地使用权抵押的，要求土地必须是以划拨方式取得的

B. 抵押期间，抵押人未经抵押权人同意，不得转让抵押财产，但受让人代为清偿债务消灭抵押权的除外

C. 抵押财产折价或者拍卖、变卖后，其价款超过债权数额的部分归抵押人所有，不足部分由债务人清偿

D. 抵押权不得与债权分离而单独转让或者作为其他债权的担保

E. 建设用地使用权抵押后，该土地上新增的建筑物不属于抵押财产

10. 以下属于申请抵押权登记要件的是（ ）。

A. 主债权合同

B. 抵押合同

C. 申请人的学历证明

D. 申请人的资信证明

E. 申请人的身份证明

11. 下列关于房地产抵押的表述，正确的是（ ）。

A. 房地产管理部门不得要求抵押当事人委托评估房地产抵押价值，但可指定房地产估价机构评估房地产抵押价值

B. 以已出租的房地产抵押的，原租赁合同继续有效

C. 有经营期限的企业以其所有的房地产抵押的，所担保债务的履行期限不应当超过该企业的经营期限

D. 订立抵押合同前抵押财产已出租的，原租赁关系受该抵押权的影响

E. 抵押权设立后抵押财产出租的，该租赁关系不得对抗已登记的抵押权

12. 对抵押合同没有约定的，房地产抵押担保的范围包括（ ）。

A. 实现抵押权的费用　B. 罚金

C. 损害赔偿金　D. 违约金

E. 主债权及利息

13. 有下列情形（ ）之一的，担保物权消灭。

A. 主债权存续

B. 主债权消灭

C. 债权人放弃担保物权

D. 债权人主张担保物权

E. 担保物权实现

14. 同一财产向两个以上债权人抵押的，拍卖、变卖抵押财产所得的价款，依照下列（ ）规定清偿。

A. 抵押权已登记的，按照登记的先后顺序清偿

B. 顺序相同的，按照债权比例清偿

C. 抵押权已登记的先于未登记的受偿

D. 抵押权未登记的，不予清偿

E. 抵押权未登记的，按照债权比例清偿

三、综合分析题（每个小题的备选答案中有一个或一个以上符合题意的答案。错选不得分；少选，但选择正确的每个选项得相应分）

2011年8月，冯某通过甲房地产经纪机构（以下简称“甲机构”）的居间服务购买了一套80 ㎡的二手房。2011年9月冯某委托甲机构，办理了与W银行的二手房抵押贷款，2011年10月又委托甲机构代理对外租赁。经甲机构介绍，但未经W银行同意，找到承租人褚某，将抵押事实书面告知了褚某。2011年11月，按照市场价格双方签订了房屋租赁合同，租赁期从2011年11月1日起，至2014年10月31日。2014年3月，冯某委托甲机构代理出售该住房，同年4月该套住宅按照市场价转售给卫某，并办理了房屋登记手续。卫某因结婚急等装修房屋，要求褚某提前搬走，褚某不同意。

（1）关于房屋抵押的说法，正确的为（ ）。

A. 房屋抵押权自登记之日起发生物权效力

B. 冯某的住房抵押贷款只能选择商业贷款

C. 冯某租赁前，应将房屋已经抵押的事实书面告知褚某

D. 冯某签订的房地产抵押合同自签订之日起生效

（2）以下关于冯某与W银行签订的房地产抵押合同，表述错误的是（ ）。

A. 该房地产抵押合同是其债权债务合同的从合同

B. 其债权债务的主合同无效，不影响该房地产抵押合同的效力

C. 该房地产抵押合同中，可以约定在债务履行期届满抵押权人尚未受清偿时，抵押物的所有权转移为抵押权人所有的内容

D. 如果抵押物须保险的，当事人应在合同中约定，并在保险合同中将抵押权人作为保险赔偿金的优先受偿人

（3）冯某在办理抵押房屋贷款过程中，正确的为（ ）。

A. 应签订书面抵押合同

B. 冯某和W银行应办理变更登记

C. 不管是否办理了抵押登记，W银行对抵押房屋都具有优先受偿权

D. 其抵押权自登记时设立

（4）下列关于冯某将已抵押房屋出租的表述中，正确的为（ ）。

A. 在未征得W银行同意的情况下，冯某不能将已抵押的房屋出租

B. 在抵押权实现后，冯某与褚某的租赁合同对受让人无约束力

C. 在抵押权实现后，褚某如有损失，冯某应赔偿

D. W银行有权要求冯某让褚某搬出，但应赔偿冯某损失

（5）如果债务履行期满后，冯某无力归还贷款，则 W 银行有权（ ）。

A. 占用该抵押房屋

B. 扣押该抵押房屋

C. 与冯某协议变卖该抵押房屋

D. 请求人民法院拍卖该抵押房屋

（6）以下关于冯某将该房屋出租给褚某，说法不正确的是（ ）。

A. 如果双方签订的合同期限为 25 年，则该商品房屋租赁合同无效

B. 冯某、褚某应当到租赁房屋所在地房地产主管部门办理房屋租赁登记备案

C. 冯某应当按照合同约定履行房屋的维修义务并确保房屋和室内设施安全

D. 该房屋的租赁期无限制，由租赁当事人约定

（7）如果在房屋租赁期间褚某死亡，则与其生前共同居住的人（ ）。

A. 可以按照原租赁合同租赁该房屋

B. 不可再按原租赁合同租赁该房屋

C. 由当地房管部门决定能否租赁该房屋

D. 由当地人民法院决定能否租赁该房屋

（8）关于该房屋租赁的说法，正确的为（ ）。

A. 租赁期限未到期，褚某有权主张原租赁合同继续履行

B. 卫某急等房屋装修结婚系正当理由，冯某与褚某签订的原租赁合同自动终止

C. 冯某转让该房屋时，应提前通知褚某，褚某在同等条件下有优先购买权

D. 褚某虽无意购买该房屋，但 2014 年 12 月如主张优先租赁权时，卫某不得拒绝

第 7 章　房地产登记

考纲解读

本章的考试目的是测试应考人员对房地产登记概述、房屋登记相关规定、土地登记相关规定、房地产权属登记信息查询等内容的了解、熟悉与掌握情况。本章考试基本要求如下：

1. 熟悉房地产登记的概念；
2. 熟悉房地产登记制度的类型；
3. 了解房地产登记的目的和意义；
4. 熟悉房地产登记的原则；
5. 掌握《物权法》确定的不动产登记制度；
6. 了解房地产登记的体制；
7. 熟悉房屋登记的范围；
8. 熟悉房屋登记机构；
9. 掌握房屋登记的基本要求；
10. 掌握房地产登记的种类；
11. 掌握房屋登记的程序及要件；
12. 熟悉房屋登记的时限；
13. 熟悉房屋登记的其他规定；
14. 了解房屋登记收费；
15. 了解土地登记的概念；
16. 了解土地登记的种类；
17. 熟悉土地登记的一般程序；
18. 熟悉土地登记簿和土地权利证书；
19. 掌握房屋权属登记信息查询的概述、范围、程序、要求；
20. 熟悉土地登记资料公开查询。

本章知识结构

- 房地产登记
  - 房地产登记概述
    - 房地产登记的概念
    - 房地产登记制度的类型
    - 房地产登记的目的和意义
    - 房地产登记的原则
    - 《物权法》确定的不动产登记制度
    - 房地产登记的体制
  - 房屋登记相关规定
    - 房屋登记的范围
    - 房屋登记机构
    - 房屋登记的基本要求
    - 房屋登记的种类
    - 房屋登记的程序及要件
    - 房屋登记的时限
    - 房屋登记的其他规定
    - 房屋登记收费

房地产登记
- 土地登记相关规定
  - 土地登记的概念
  - 土地登记的种类
  - 土地登记的一般程序
  - 土地登记簿和土地权利证书
- 房地产权属登记信息查询
  - 房屋权属登记信息查询概述
  - 房屋权属登记信息查询的范围
  - 房屋权属登记信息查询的程序
  - 对查询机构和查询人的要求
  - 土地登记资料公开查询

重点难点分析

一、房地产登记概述

本部分“房地产登记概述”包括房地产登记的概念、目的和意义、原则、体制、房地产登记制度的类型、《物权法》确定的不动产登记制度六个方面的内容。其中，《物权法》确定的不动产登记制度，是学习和考试的重点。难点主要是契约登记制和产权登记制两大房地产登记制度类型。

此部分的法规、政策依据包括：①《城市房地产管理法》；②《物权法》；③《房屋登记办法》；④《土地登记办法》。

《物权法》第十条规定：“不动产登记，由不动产所在地的登记机构办理。国家对不动产实行统一登记制度。统一登记的范围、登记机构和登记办法，由法律、行政法规规定。”第二百四十六条规定：“法律、行政法规对不动产统一登记的范围、登记机构和登记办法作出规定前，地方性法规可以依照本法有关规定作出规定。”

1. 不动产登记原则

（1）国家对不动产实行统一登记制度。统一登记的范围、登记机构和登记办法，由法律、行政法规规定。不动产登记，由不动产所在地的登记机构办理。

（2）当事人申请不动产登记，应当根据不同登记事项提供权属证明和不动产界址、面积等必要材料。当事人提供虚假材料申请登记，给他人造成损害的，应当承担赔偿责任。

（3）不动产登记费按件收取，不得按照不动产的面积、体积或者价款的比例收取。具体收费标准由国务院有关部门会同价格主管部门规定。

2. 登记机构的职责

（1）查验申请人提供的权属证明和其他必要材料；就有关登记事项询问申请人；如实、及时登记有关事项；法律、行政法规规定的其他职责。

（2）申请登记的不动产的有关情况需要进一步证明的，登记机构可以要求申请人补充材料，必要时可以实地查看。权利人、利害关系人可以申请查询、复制登记资料，登记机构应当提供。

（3）登记机构不得要求对不动产进行评估；不得以年检等名义进行重复登记；不得有超出登记职责范围的其他行为。

（4）登记机构因登记错误，给他人造成损害的，应当承担赔偿责任。登记机构赔偿后，可以向造成登记错误的人追偿。

3. 不动产登记的载体

（1）不动产登记簿是法律规定的由不动产物权登记机构管理的不动产物权登记档案，是物权归属和内容的根据。不动产权属证书，是登记机构颁发给权利人作为其享有权利的证明，是不动产登记簿所记载内容的外在表现形式。

（2）不动产权属证书记载的事项，应当与不动产登记簿一致；如记载不一致的，除有证据证明不动产登记簿确有错误外，以不动产登记簿为准。

4. 不动产登记的生效时间

（1）不动产物权的设立、变更、转让和消灭，依照法律规定应当登记的，自记载于不动产登记簿时发生效力。

（2）因人民法院、仲裁委员会的法律文书或者人民政府的征收决定等，导致物权设立、变更、转让或者消灭的，自法律文书或者人民政府的征收决定等生效时发生效力。

（3）因继承或者受遗赠取得物权的，自继承或者受遗赠开始时发生效力。因合法建造、拆除房屋等事实行为设立或者消灭物权的，自事实行为成就时发生效力。

（4）当事人之间订立有关设立、变更、转让和消灭不动产物权的合同，除法律另有规定或者合同另有约定外，自合同成立时生效；未办理物权登记的，不影响合同效力。

【例题1】预告登记后，债权消灭或者自能够进行不动产登记之日起（ ）个月内未申请登记的，预告登记失效。

A. 半　　B. 1

C. 2　　D. 3

【答案】D

【解析】《物权法》规定，当事人签订买卖房屋或者其他不动产物权的协议，为保障将来实现物权，按照约定可以向登记机构申请预告登记。预告登记后，债权消灭或者自能够进行不动产登记之日起三个月内未申请登记的，预告登记失效。

【例题2】权利人发现不动产登记簿记载错误，可以向不动产登记机构申请（ ）。

A. 更正登记　　B. 变更登记

C. 注销登记　　D. 异议登记

【答案】A

【解析】《物权法》规定，权利人、利害关系人认为不动产登记簿记载的事项错误的，可以申请更正登记。不动产登记簿记载的权利人书面同意更正或者有证据证明登记确有错误的，登记机构应当予以更正。

【例题3】异议登记不当，造成权利人损害的，权利人可以向申请人请求（ ）。

A. 支付违约金　　B. 返还物权

C. 排除妨碍　　D. 损害赔偿

【答案】D

【解析】《物权法》规定，登记机构予以异议登记的，申请人在异议登记之日起十五日内不起诉，异议登记失效。异议登记不当，造成权利人损害的，权利人可以向申请人请求损害赔偿。

【例题4】根据《物权法》规定，不动产登记机构的职责有（ ）。

A. 必要时可以实地查看

B. 如实、及时登记有关事项

C. 查验申请人提供的权属证明

D. 就有关的登记事项询问申请人

E. 对申请登记的不动产进行评估

【答案】BCD

【解析】不动产登记机构应当履行的职责有：①查验申请人提供的权属证明和其他必要材料；②就有关登记事项询问申请人；③如实、及时登记有关事项；④法律、行政法规规定的其他职责。

【例题5】产权登记制的理论基础是（ ）。

A. 非对抗要件主义　　B. 不对抗要件主义

C. 对抗要件主义　　D. 成立要件主义

【答案】D

【例题6】关于不动产登记的说法，错误的有（ ）。

A. 各类不动产物权未经登记，均不发生物权效力

B. 因继承取得的房屋所有权自记载于不动产登记簿时发生物权效力

C. 房地产抵押和房地产转让均可办理预告登记

D. 共有的不动产，应由共有人共同申请登记

E. 不动产登记费按不动产价值的一定比例收取

【答案】ABE

【解析】因继承或者受遗赠取得物权的，自继承或者受遗赠开始时发生效力。因合法建造、拆除房屋等事实行为设立或者消灭物权的，自事实行为成就时发生效力。不动产登记费按件收取，不得按照不动产的面积、体积或者价款的比例收取。当事人预购商品房、以预购商品房设定抵押、房屋所有权转让（抵押）或有法律、法规规定的其他可申请房屋预告登记情形的，可以向房屋登记机构申请房屋预告登记。

【例题7】下列关于房地产登记的表述中，正确的有（ ）。

A. 登记的目的之一是保证交易安全

B. 办理房屋登记应当遵循房屋所有权和房屋占用范围内的土地使用权权利主体一致的原则

C. 国家对不动产实行统一登记制度包括统一登记时间、范围、机构和办法

D. 因继承或者受遗赠取得物权的，自继承或者受遗赠开始发生效力

E. 不动产物权的设立、变更和消灭，自记载于不动产登记簿时发生效力

【答案】ABD

【解析】国家对不动产实行统一登记制度，统一登记的范围、登记机构和登记办法，由法律、行政法规规定。因继承或者受遗赠取得物权的，自继承或者受遗赠开始时发生效力。不动产物权的设立、变更、转让和消灭，经依法登记，发生效力；未经登记，不发生效力，但法律另有规定的除外。

【例题8】甲、乙签订房屋买卖合同，但未办理房屋所有权转移登记，则（ ）。

A. 房屋买卖合同无效

B. 房屋买卖合同有效

C. 房屋所有权已转移

D. 房屋所有权未转移

E. 房屋买卖合同自登记之日生效，房屋所有权未转移

【答案】BD

【解析】未办理房屋所有权转移登记，房屋所有权未转移。当事人之间订立有关设立、变更、转让和消灭不动产物权的合同，除法律另有规定或者合同另有约定外，自合同成立时生效；未办理物权登记的，不影响合同效力。

【例题9】甲公司依法取得某块土地的建设用地使用权并办理报建审批手续后，进行了房屋建设并已经完成了外装修。下列说法中，正确的是（　）。

A. 甲公司因为办理报建审批手续而取得了房屋所有权

B. 甲公司因为事实行为而取得了房屋所有权

C. 甲公司因为法律行为而取得了房屋所有权

D. 甲公司尚未进行房屋登记，因此未取得房屋所有权

【答案】D

【解析】《物权法》规定，不动产物权的设立、变更、转让和消灭，经依法登记，发生效力；未经登记，不发生效力，但法律另有规定的除外。

【例题10】合法建造房屋的物权自（　）发生效力。

A. 记载于不动产登记簿时

B. 颁发房屋权属证书时

C. 申请房屋所有权登记时

D. 事实行为成就时

【答案】D

【解析】《物权法》规定，因合法建造、拆除房屋等事实行为设立或者消灭物权的，自事实行为成就时发生效力。

【例题11】利害关系人认为房屋登记簿记载的事项错误，而权利人不同意更正的，利害关系人可以申请（　）登记。

A. 预告　　B. 变更

C. 更正　　D. 异议

【答案】D

【例题12】异议登记不当并给权利人造成损害的，应由（　）承担赔偿责任。

A. 登记机构

B. 异议登记申请人

C. 登记机构的经办人

D. 登记机构和申请人共同

【答案】B

【例题13】房屋预告登记后，债权消灭之日起（　）内未申请登记的，预告登记失效。

A. 30 日　　B. 3 个月

C. 1 年　　D. 2 年

【答案】B

【例题14】周某与秦某签订了一份买卖房屋的协议。协议签订后，周某为了确保未来取得房屋所有权，可以向有关登记机构申请（　）。

A. 变更登记　　B. 异议登记

C. 预告登记　　D. 撤销登记

【答案】C

【解析】《物权法》规定，当事人签订买卖房屋或者其他不动产物权的协议，为保障将来实现物权，按照约定可以向登记机构申请预告登记。

【例题15】下列关于预告登记的表述中，错误的是（　）。

A. 预告登记的目的是保障将来实现的物权

B. 预告登记后，债权消灭或者自能够进行不动产登记之日起3个月内未申请登记的，预告登记失效

C. 预告登记后，未经预告登记的权利人同意处分该不动产的，不发生物权效力

D. 预告登记的范围应当是商品房预售，主要是防止一房多卖

【答案】D

【解析】预告登记是为了保全一项请求而进行的不动产登记，该项请求权所要达到的目的是在将来发生不动产物权变动。

二、房屋登记相关规定

教材从房屋登记的范围、机构、基本要求、种类、程序及要件、时限以及房屋登记的其他规定、房屋登记收费七个方面，介绍了房屋登记相关规定的政策和内容。

此部分的法规、政策依据包括：①《城市房地产管理法》；②《物权法》；③《房屋登记办法》；④国家发展改革委员会和财政部印发的《国家发展改革委员会、财政部关于规范房屋登记费计费方式和收费标准等有关问题的通知》（发改价格［2008］924 号）。

本部分是本章最重要的一部分，也是本课程历年考试的重点和必考点。难点内容包括房屋登记的其他

规定，即最高额抵押登记，房屋预告登记，房屋更正登记和异议登记，基于判决、仲裁的登记，在建工程抵押登记，房改售房登记等几种重要的特殊登记。

1. 房屋登记的范围：既包括国有土地上的房屋，也包括集体土地上的房屋。

2. 房屋登记的基本要求：①以共同申请为原则，以单方申请为例外；②以查验申请资料为主，实施必要的实地查看；③按房屋基本单元进行登记。

3. 房屋登记的种类

根据《房屋登记办法》，房屋登记包括：（1）房屋所有权登记，分为：①房屋所有权初始登记；②房屋所有权变更登记；③房屋所有权转移登记；④房屋所有权注销登记。（2）房屋抵押权登记。（3）地役权登记。（4）房屋其他登记，是指除上述房屋登记类型以外的更正登记、异议登记、预告登记等房屋登记。

4. 房屋登记的程序及要件

房屋登记的一般程序为申请、受理、审核、记载于登记簿、缮证和发证。房屋登记机构认为必要时，可以就登记事项进行公告。

5. 房屋登记的时限：①国有土地范围内房屋所有权登记为30个工作日；②集体土地范围内房屋所有权登记为60个工作日；③抵押权、地役权登记为10个工作日；④预告登记、更正登记为10个工作日；⑤异议登记为1个工作日。

公告时间不计入上述规定时限。因特殊原因需要延长登记时限的，经房屋登记机构负责人批准可以延长，但最长不得超过原时限的一倍。

6. 房屋登记的其他规定

（1）关于最高额抵押登记。以房屋设定最高额抵押的，应当申请最高额抵押权设立登记。

对符合规定条件的最高额抵押权确定登记，登记机构应当将最高额抵押权担保的债权已经确定的事实记载于房屋登记簿。

（2）关于房屋预告登记。当事人预购商品房、以预购商品房设定抵押、房屋所有权转让（抵押）或有法律、法规规定的其他可以申请房屋预告登记情形的，可以向房屋登记机构申请房屋预告登记。

（3）关于房屋更正登记和异议登记。权利人、利害关系人认为房屋登记簿记载的事项有错误的，可以申请更正登记。房屋登记机构发现房屋登记簿的记载错误，不涉及房屋权利归属和内容的，应当书面通知有关权利人在规定期限内办理更正登记。对于涉及房屋权利归属和内容的房屋登记簿的记载错误，房屋登记机构应当书面通知有关权利人在规定期限内办理更正登记。

利害关系人认为房屋登记簿记载的事项错误，而权利人不同意更正的，利害关系人可以申请异议登记。

（4）关于基于判决、仲裁的登记。因人民法院或者仲裁委员会生效的法律文书取得房屋所有权，人民法院协助执行通知书要求房屋登记机构予以登记的，房屋登记机构应当予以办理。

（5）关于在建工程抵押登记。以在建工程设定抵押权的，当事人应当申请在建工程抵押权设立登记。在建工程抵押权可变更、转让。在建工程竣工并经房屋所有权初始登记后，当事人应当申请将在建工程抵押权登记转为房屋抵押权登记。在建工程抵押权登记的其他事项在房屋登记簿上予以记载后，由房屋登记机构发放在建工程抵押登记证明。

（6）关于房改售房登记。职工以成本价购买的住房，产权归个人所有。职工以标准价购买住房，拥有部分产权。以成本价或标准价购买的住房，产权来源为“房改售房”。数人出资购房并要求核发房屋共有权证明，经登记核实后，分别给权利人核发《房屋所有权证》，并注明“共有”字样。

7. 房屋登记收费

房屋登记费向申请人收取。按规定需由当事人双方共同申请的，只能向登记为房屋权利人的一方收取。①住房登记一套住房为一件，收费标准为每件80元；②农民利用宅基地建设的住房登记，不收取房屋登记费，只收取房屋权属证书工本费10元；③非住房登记的房屋权利人按规定申请并完成一次登记的为一件，收费标准为每件550元；④经济适用住房登记，以及因房屋坐落的街道或门牌号码变更、权利人名称变更而申请的房屋变更登记，按对应性质房屋登记收费标准的一半收取；⑤房屋查封登记、注销登记和因登记机关错误造成的更正登记，不收取房屋登记费。房屋登记收费标准中包含房屋权属证书费。房地产主管部门按规定核发一本房屋权属证书免收证书费。向一个以上房屋权利人核发房屋权属证书时，每增加一本证书加收证书工本费10元。

【例题1】建筑区划内依法属于全体业主共有的公共场所，房屋登记簿记载的所有权人是（ ）。

A. 全体业主　　B. 业主委员会

C. 物业服务企业　　D. 房地产开发企业

【答案】A

【解析】对建筑区划内依法属于全体业主共有的

公共场所、公用设施和物业服务用房等房屋，由房地产开发企业申请房屋所有权初始登记时，一并申请登记，由房屋登记机构在房屋登记簿上予以记载，所有权人记载为全体业主，但不颁发房屋权属证书。

【例题2】建筑区划内依法属于全体业主共有的公共设施，应由（ ）申请房屋登记。

A. 全体业主　　B. 业主委员会

C. 物业服务企业　　D. 房地产开发企业

【答案】D

【例题3】王某是刘某房屋的唯一继承人，刘某去世后，王某将该房屋卖给陈某，并签订了房屋买卖合同，王某应先申请房屋所有权的（ ）。

A. 注销登记　　B. 变更登记

C. 转移登记　　D. 异议登记

【答案】C

【解析】A项，房屋所有权注销登记是指，因房屋或土地灭失、放弃房屋所有权等情形，导致丧失房屋所有权等而进行的登记；B项，房屋所有权变更登记是指，房地产权利人因法定名称改变，或是房屋状况发生变化而进行的登记；C项，房屋所有权转移登记是指，房屋因买卖、赠与、交换、继承等原因致使房屋所有权发生转移而进行的登记；D项，异议登记是更正登记中发生的，土地登记簿记载的权利人不同意更正的，利害关系人可以申请异议登记。本题中，王某继承房屋，应申请房屋所有权转移登记。

【例题4】下列行为中，应办理转移登记的情形有（ ）。

A. 赠与房屋　　B. 继承房屋

C. 交换房屋　　D. 拆除部分房屋

E. 房屋门牌号发生改变

【答案】ABC

【例题5】因买卖房屋申请房屋所有权转移登记，申请人应提交的材料有（ ）。

A. 房屋买卖合同

B. 房屋所有权证书

C. 申请人的身份证明

D. 买房人的婚姻证明

E. 房屋价值评估报告

【答案】BC

【解析】申请房屋所有权转移登记的，应当提交下列材料：①登记申请书；②申请人身份证明；③房屋所有权证书或者房地产权证书；④证明房屋所有权发生转移的材料；⑤其他必要材料。

【例题6】房屋登记的工作程序有（ ）。

A. 申请　　B. 审核

C. 核准　　D. 记载于登记簿

E. 发证

【答案】ABDE

【解析】房屋登记的一般程序为申请、受理、审核、记载于登记簿、缮证和发证。房屋登记机构认为必要时，可以就登记事项进行公告。

【例题7】预售人和预购人订立房屋买卖合同后，预售人如未按照约定与预购人申请预告登记，预购人可以（ ）。

A. 申请异议登记

B. 申请更正登记

C. 直接申请初始登记

D. 单方申请预告登记

【答案】D

【例题8】《房屋登记办法》的适用范围，（ ）。

A. 包括国有土地上的房屋，也包括集体土地上的房屋

B. 包括国有土地上的房屋，但不包括集体土地上的房屋

C. 不包括国有土地上的房屋，但包括集体土地上的房屋

D. 既不包括国有土地上的房屋，也不包括集体土地上的房屋

【答案】A

【例题9】下列单位或个人取得房屋的情形中，可以由当事人单方申请房屋登记的有（ ）。

A. 甲公司新建房屋

B. 李某继承取得房屋

C. 王某购买取得房屋

D. 张某以生效法律文件取得房屋

E. 陈某受遗赠取得房屋

【答案】ABDE

【解析】《房屋登记办法》规定，可以由当事人单方申请的情形有：①因合法建造房屋取得房屋权利；②因人民法院、仲裁委员会的生效法律文书取得房屋权利；③因继承、受遗赠取得房屋权利；④《房屋登记办法》所列变更登记情形之一；⑤房屋灭失；⑥权利人放弃房屋权利；⑦法律、法规规定的其他情形。

【例题10】房屋登记机构在办理下列登记时，应实地查看的有（ ）。

A. 房屋所有权初始登记

B. 房屋预告登记

C. 地役权登记

D. 因房屋灭失导致的房屋所有权注销登记

E. 在建工程抵押权登记

【答案】ADE

【解析】房屋所有权初始登记、在建工程抵押登记、因房屋灭失导致的房屋所有权注销登记，以及法律、法规规定的应当实地查看的其他房屋登记事项，房屋登记机构应当对拟登记的房屋进行实地查看。

【例题 11】李某继承了一套未进行权属登记的房屋，此时他首先应办理房屋（ ）。

A. 总登记　　B. 初始登记

C. 转移登记　　D. 变更登记

【答案】B

【解析】房屋初始登记是指新建房屋申请人，或原有但未进行过登记的房屋申请人原始取得所有权而进行的登记。

【例题 12】因房屋改建致使部分房屋拆除的，房屋所有权人应当申请房屋所有权（ ）登记。

A. 更正　　B. 注销

C. 变更　　D. 撤销

【答案】C

【解析】房屋所有权变更登记包括权利人法定名称变更或者房地产现状、用途变更、房屋门牌号码的改变、路名的更改、房屋的翻、改建或添建而使房屋面积增加或减少、部分房屋拆除等。

【例题 13】甲公司在某市购买了一幢写字楼，并办理了房屋权属登记手续。后来，公司内部股权发生转移并变更了公司法定名称。此时，甲公司应当申请房屋权属（ ）。

A. 变更登记　　B. 转移登记

C. 初始登记　　D. 注销登记

【答案】A

【例题 14】下列情形中，当事人无需申请房屋所有权转移登记的是（ ）。

A. 租赁　　B. 赠与

C. 互换　　D. 继承

【答案】A

【例题 15】下列行为中，不属于应当申请房屋所有权转移登记的是（ ）。

A. 互换　　B. 继承

C. 赠与　　D. 抵押

【答案】D

【例题 16】甲公司已办理房屋权属登记的房屋因自然原因倒塌，拟在原地上重新建造，因资金短缺，与乙公司协商联建。在签订的协议中约定，甲与乙各享有 1/2 的产权。房屋竣工验收合格后，甲与乙进行了产权分割。该案件涉及应当办理房屋权属登记的种类有（ ）。

A. 转移登记　　B. 变更登记

C. 注销登记　　D. 初始登记

E. 总登记

【答案】AB

【解析】房屋重新建造，应办理房屋所有权变更登记，将 1/2 的产权分割给乙公司，应办理房屋所有权转移登记。

【例题 17】属于房地产权属注销登记的情形有（ ）。

A. 产权人病故

B. 土地使用权年限届满未续期

C. 他项权利终止

D. 房屋主体灭失

E. 因登记人员工作失误造成权属登记错误

【答案】BCD

【例题 18】根据《房屋登记办法》，房屋登记的种类包括（ ）。

A. 房屋所有权登记

B. 房屋抵押权登记

C. 商品房预售合同备案登记

D. 地役权登记

E. 房屋预告登记

【答案】ABDE

【解析】根据《房屋登记办法》，房屋登记包括：①房屋所有权登记；②房屋抵押权登记；③地役权登记；④房屋预告登记；⑤房屋其他登记。其他登记是指，除上述房屋登记类型以外的更正登记、异议登记、撤销登记、查封登记等房屋登记。

【例题 19】房屋登记机构询问当事人的结果应经当事人（ ）。

A. 口头确认　　B. 签字确认

C. 口头承诺　　D. 书面说明

【答案】B

【例题 20】房屋登记机构缮写并向权利人发放房屋权属证书，应当依据（ ）记载的事项。

A. 申请书　　B. 证明材料

C. 房屋登记簿　　D. 法律文书

【答案】C

【例题 21】房屋登记机构自受理房屋抵押登记申请之日起，将申请登记事项记载于房屋登记簿或者作出不予登记的决定的时限，应为（ ）个工作日。

A. 1　　B. 7

C. 10　　D. 30

【答案】C

【例题22】最高额抵押权担保的债权确定前，债权人转让部分债权的，除当事人另有约定外，房屋登记机构（ ）。

A. 应当在办理最高额抵押权确定登记

B. 按照规定办理最高额抵押权转移登记

C. 不得办理最高额抵押权变更登记

D. 不得办理最高额抵押权转移登记

【答案】D

【解析】最高额抵押权担保的债权确定前，债权人转让部分债权的，除当事人另有约定外，房屋登记机构不得办理最高额抵押权转移登记。

【例题23】下列房屋登记中，应发放登记证明的是（ ）。

A. 房屋所有权初始登记

B. 房屋所有权预告登记

C. 房屋所有权更正登记

D. 房屋所有权异议登记

【答案】B

【解析】预告登记的其他事项在房屋登记簿上予以记载后，由房屋登记机构发放预告登记证明。

【例题24】关于房屋预告登记的说法，错误的是（ ）。

A. 预告登记后，未经预告登记的权利人同意，处分该不动产的，不发生物权效力

B. 预告登记后，债权消灭或者自能够进行不动产登记之日起3个月内未申请登记的，预告登记失效

C. 预告登记仅适用于预售商品房的登记

D. 预告登记是为了保全一项请求而进行的不动产登记

【答案】C

【解析】当事人预购商品房、以预购商品房设定抵押、房屋所有权转让（抵押）或有法律、法规规定的其他可以申请房屋预告登记情形的，可以向房屋登记机构申请房屋预告登记。

【例题25】根据《房屋登记办法》，规定可以办理房屋预告登记的情形有（ ）。

A. 房屋所有权转让

B. 房屋所有权抵押

C. 房屋出租

D. 预购商品房抵押

E. 预购商品房

【答案】ABDE

【例题26】房屋登记机构予以异议登记的，申请人在异议登记之日起（ ）日内不起诉，异议登记失效。

A. 15　　B. 30

C. 60　　D. 90

【答案】A

【解析】登记机构予以异议登记的，申请人在异议登记之日起15日内不起诉，异议登记失效。异议登记不当，造成权利人损害的，权利人可以向申请人请求损害赔偿。

【例题27】利害关系人认为房屋登记簿记载的事项错误，而权利人不同意更正的，利害关系人可以申请（ ）登记。

A. 预告　　B. 变更

C. 更正　　D. 异议

【答案】D

【例题28】在建工程抵押权登记转为房屋抵押权登记的前提条件是，已抵押登记的在建工程竣工并经（ ）后。

A. 房屋所有权初始登记

B. 在建工程抵押权注销登记

C. 在建工程预告登记

D. 房屋销售预告登记

【答案】A

【例题29】下列关于在建工程抵押登记的表述中，错误的是（ ）。

A. 已经登记的在建工程抵押可以申请变更登记

B. 已经登记的在建工程抵押可以申请转移登记

C. 房屋所有权初始登记后，应当申请将在建工程抵押权登记转为房屋抵押权登记

D. 在建工程抵押登记后，由登记机构发放《房屋他项权证》

【答案】D

【解析】在建工程抵押可变更、转让。已经登记在建工程抵押权变更、转让或者消灭的，当事人应当申请变更登记、转移登记、注销登记。在建工程抵押权登记的其他事项在房屋登记簿上予以记载后，由房屋登记机构发放在建工程抵押登记证明。

【例题30】下列关于在建工程抵押登记的表述中，错误的是（ ）。

A. 在建工程抵押权可以转让

B. 已经登记在建工程抵押权转让的，应当申请

变更登记

C. 已经登记在建工程抵押权消灭的，应当申请注销登记

D. 在建工程竣工并经房屋所有权初始登记后，应当申请将在建工程抵押权登记转为房屋抵押权登记

【答案】B

【解析】已经登记在建工程抵押权变更、转让或者消灭的，当事人应当申请变更登记、转移登记、注销登记。在建工程竣工并经房屋所有权初始登记后，当事人应当申请将在建工程抵押权登记转为房屋抵押权登记。

【例题31】关于房改售房登记的说法，错误的是（ ）。

A. 以成本价购买的，登记的产别为“私产”

B. 以标准价购买的，登记的产别为“私产（部分产权）”

C. 以成本价购买的，登记的产权来源为“购买”

D. 以标准价购买的，登记的产权来源为“房改售房”

【答案】C

【解析】职工以成本价购买的住房，产权归个人所有，经登记核实后，发给《房屋所有权证》，产别为“私产”。以成本价或标准价购买的住房，产权来源为“房改售房”。

【例题32】王某住房的《房屋所有权证》上记载有“房改出售的成本价房”，该住房（ ）。

A. 只能自住不能出租

B. 产权归王某所有

C. 房主拥有部分产权

D. 不得设定抵押

【答案】B

【例题33】房地产经纪人陈某代理的某住房的《房屋所有权证》上标注有“房改出售的标准价房”，说明该住房（ ）。

A. 只能自住不能出租

B. 房主拥有部分产权

C. 绝对禁止转让

D. 绝对禁止设定抵押

【答案】B

【例题34】向一个以上房屋所有权人核发房屋所有权证书时，每增加一本证书可以按每本（ ）元收取工本费。

A. 10　　B. 20

C. 50　　D. 80

【答案】A

【例题35】甲公司某处办公用房地址变更，申请房屋变更登记，重新领取房屋权属证书，费用总计是（ ）元。

A. 80　　B. 275

C. 285　　D. 550

【答案】B

【解析】非住房登记的房屋权利人按规定申请并完成一次登记的为一件，收费标准为每件550元。甲公司该处办公用房属于非住房登记，而对于因房屋坐落的街道或门牌号码变更、权利人名称变更而申请的房屋变更登记，按对应性质房屋登记收费标准的一半收取。因此，应缴费用总计为275（550÷2）元。

【例题36】农民利用宅基地建造的住房登记，应缴纳房屋登记费（ ）元。

A. 0　　B. 10

C. 80　　D. 550

【答案】A

【解析】住房登记一套住房为一件，收费标准为每件80元；农民利用宅基地建设的住房登记，不收取房屋登记费，只收取房屋权属证书工本费10元；非住房登记的房屋权利人按规定申请并完成一次登记的为一件，收费标准为每件550元。

【例题37】按国家现行规定，每套经济适用住房登记收费标准每件为（ ）元。

A. 10　　B. 40

C. 80　　D. 550

【答案】B

三、土地登记相关规定

教材从土地登记的概念、种类、一般程序、土地登记簿和土地权利证书四个方面，介绍了土地登记相关规定内容。

此部分的政策依据主要是《土地登记办法》。

本部分中，土地登记的种类、土地登记簿和土地权利证书，是学习和考试的重点。难点是土地登记和房屋登记种类的区别。

1. 土地登记的内涵（土地权利记载于土地登记簿公示的行为）。

2. 土地登记的单位（宗地）。

3. 土地权利证书的种类。

4. 土地总登记、初始登记、变更登记、注销登记的规定。

5. 其他登记（更正登记、异议登记、预告登记和查封登记）。

6. 要注意土地更正登记和土地变更登记的区别。

更正登记是因错误而登记。土地更正登记是因土地登记错误而进行的登记，包括：(1) 国土资源行政主管部门发现土地登记簿记载的事项确有错误的，应报经人民政府批准后进行更正登记；(2) 土地权利人或利害关系人认为土地登记簿记载的事项错误的而申请更正登记。

变更登记是因变化而登记。土地变更登记是指因土地权利人发生改变，或者因土地权利人姓名或者名称、地址和土地用途等内容发生变更而进行的登记，包括国有建设用地使用权变更登记、土地抵押权变更登记、地役权变更登记、土地用途变更登记、土地其他变更登记（土地权利人姓名或名称、地址发生变化的登记）。

7. 要分清该办法所确定的土地登记种类和房屋登记办法的主要区别。

8. 土地登记提交的资料。

9. 土地登记簿（是土地权利归属和内容的根据）。

10. 土地权利证书（是土地权利人享有土地权利的证明）。

【例题1】土地登记以（ ）为单位进行。

A. 土地使用者　　B. 土地所有者

C. 宗地　　D. 地块

【答案】C

【解析】《土地登记办法》第五条规定，土地以宗地为单位进行登记。宗地是指土地权属界线封闭的地块或者空间。

【例题2】土地登记中，集体土地使用权包括（ ）。

A. 集体农用地使用权

B. 国有农用地使用权

C. 集体建设用地使用权

D. 宅基地使用权

E. 土地承包经营权

【答案】ACD

【解析】土地登记中，国有土地使用权包括国有建设用地使用权和国有农用地使用权；集体土地使用权包括集体建设用地使用权、宅基地使用权和集体农用地使用权（不含土地承包经营权）。

【例题3】土地总登记是按照（ ）进行的。

A. 基准地价区

B. 土地利用总体规划的允许建设区

C. 行政辖区

D. 城市总体规划的规划区

【答案】C

【解析】土地总登记是指在一定时间内对辖区内全部土地或者特定区域内土地进行的全面登记。

【例题4】依法以划拨方式取得国有建设用地使用权的，当事人应当持县级以上人民政府的批准用地文件和国有土地划拨决定书等相关证明材料，申请划拨国有建设用地使用权（ ）。

A. 土地总登记　　B. 变更登记

C. 初始登记　　D. 预告登记

【答案】C

【例题5】同一宗地多次抵押的，以（ ）为序办理土地使用权抵押登记。

A. 抵押合同签订先后

B. 抵押合同鉴证先后

C. 抵押登记申请先后

D. 抵押合同额大小

【答案】C

【例题6】土地使用权在抵押期间，抵押人转让土地使用权或者土地抵押权因主债权被转让而转让的，当事人均应申请土地使用权（ ）。

A. 初始登记　　B. 预告登记

C. 变更登记　　D. 更正登记

【答案】C

【例题7】根据《土地登记办法》，需办理土地注销登记的情形有（ ）。

A. 依法收回国有土地的

B. 依法征收农民集体土地的

C. 土地用途发生根本性变化的

D. 土地使用权人失踪或死亡的

E. 因自然灾害等原因造成土地权利消灭的

【答案】ABE

【解析】土地注销登记，是指因土地权利的消灭等而进行的登记。申请土地注销登记的情形有：依法收回的国有土地的；依法征收的农民集体土地的；因人民法院、仲裁机构的生效法律文书致使原土地权利消灭的；当事人未办理注销登记的；因自然灾害等原因造成土地权利消灭的；非住宅国有建设用地使用权期限届满，国有建设用地使用权人未申请续期或者申请续期未获批准的。

【例题8】土地权利人认为土地登记簿记载的事项错误的，可以持原土地权利证书和证明登记错误的相关材料，申请（ ）。

A. 更正登记　　B. 查封登记

C. 异议登记　　D. 预告登记

【答案】A

【例题9】土地登记簿记载的权利人不同意更正的，利害关系人可以申请（　）。

A. 更正登记　　B. 变更登记

C. 异议登记　　D. 预告登记

【答案】C

【例题10】预告登记后，债权消灭或自能够进行土地登记之日起（　）个月内当事人未申请土地登记的，预告登记失效。

A. 1　　B. 2

C. 3　　D. 6

【答案】C

【例题11】依据《土地登记办法》规定，土地登记提交的资料不包括（　）。

A. 土地登记申请书　　B. 地籍图

C. 宗地图　　D. 土地权属来源文件

【答案】B

【解析】《土地登记办法》规定，申请人申请土地登记，应当根据不同的登记事项提交下列材料：①土地登记申请书；②申请人身份证明材料；③土地权属来源证明；④地籍调查表、宗地图及宗地界址坐标；⑤地上附着物权属证明；⑥法律法规规定的完税或者减免税凭证等。

【例题12】按照规定，国土资源行政主管部门应自受理土地登记申请之日起（　）日内，办结土地登记审查手续。

A. 5　　B. 10

C. 20　　D. 30

【答案】C

【例题13】国土资源行政主管部门应根据对土地登记申请的审核结果，以（　）为单位填写土地登记簿。

A. 房号　　B. 宗地

C. 丘　　D. 栋

【答案】B

【例题14】土地使用权抵押权的合法凭证是（　）。

A. 土地他项权利证明书

B. 国有土地使用证

C. 集体土地使用证

D. 集体土地所有证

【答案】A

【解析】土地抵押权和地役权可以在土地他项权利证明书上载明。

【例题15】依据《土地登记办法》规定，我国土地权利证书不包括（　）。

A.《国有土地使用证》

B.《集体土地所有证》

C.《农村承包地使用权证》

D.《土地他项权利证明书》

【答案】C

【解析】《土地登记办法》规定，土地权利证书包括：《国有土地使用证》、《集体土地所有证》、《集体土地使用证》、《土地他项权利证明书》。

四、房地产权属登记信息查询

教材从房屋权属登记信息查询概述、范围、程序以及对查询机构和查询人的要求、土地登记资料公开查询五个方面，介绍了房地产权属登记信息查询的政策和内容。

此部分的法规、政策依据包括：①《房屋权属登记信息查询暂行办法》（建住房［2006］244号）；②《土地登记资料公开查询办法》。

本部分中，房屋权属登记信息查询范围，土地登记资料公开查询概念和范围，是学习和考试的重点。

房屋权属登记信息查询的范围

（1）可以公开查询的信息

登记机关对房屋权利的记载信息，任何单位和个人均可公开查询，这类信息向社会公开。

① 房屋自然状况，如房屋坐落、面积、用途等。

② 房屋权利状况，如所有权人姓名或名称，他项权利的设定时间、类别等。

（2）限制查询的信息

房屋原始登记凭证只在限定的范围内进行查询，不向社会公开。

① 房屋权利人或者其委托人可以查询与该房屋权利有关的原始登记凭证。

② 房屋继承人、受赠人和受遗赠人可以查询与该房屋有关的原始登记凭证。

③ 国家安全机关、公安机关、检察机关、审判机关、纪检监察部门和证券监管部门可以查询与调查、处理的案件直接相关的原始登记凭证。

④ 公证机构、仲裁机构可以查询与公证事项、仲裁事项直接相关的原始登记凭证。

⑤ 仲裁事项、诉讼案件的当事人可以查询与仲裁事项、诉讼案件直接相关的原始登记凭证。

⑥ 涉及国家安全、军事等需要保密的房屋权属登记信息，可以在国家安全、军事等机关同意查询范

围内查询有关原始登记凭证。

【例题1】房屋登记机构不向社会公开的内容是（　）。

A. 房屋的面积

B. 房屋的坐落

C. 房屋的司法查封情况

D. 房屋的原始登记凭证

【答案】D

【解析】登记机关对房屋权利的记载信息，任何单位和个人都可以公开查询，这类信息向社会公开，具体包括：①房屋自然状况，比如房屋坐落、面积、用途等；②房屋权利状况，比如所有权人姓名或名称，他项权利的设定时间、类别、期限，司法查封情况以及登记机关对权利的其他记载。D项，房屋原始登记凭证只在限定的范围内进行查询，不向社会公开。

【例题2】房地产经纪活动中，可以查询房屋原始登记凭证的主体有（　）。

A. 人民法院

B. 仲裁机构

C. 房屋权利人

D. 房地产经纪人

E. 房地产经纪机构

【答案】ABC

【解析】房屋原始登记凭证只在限定的范围内进行查询，不向社会公开：①房屋权利人或者其委托人可以查询与该房屋权利有关的原始登记凭证；②房屋继承人、受赠人和受遗赠人可以查询与该房屋有关的原始登记凭证；③国家安全机关、公安机关、检察机关、审判机关、纪检监察部门和证券监管部门可以查询与调查、处理的案件直接相关的原始登记凭证；④公证机构、仲裁机构可以查询与公证事项、仲裁事项直接相关的原始登记凭证；⑤仲裁事项、诉讼案件的当事人可以查询与仲裁事项、诉讼案件直接相关的原始登记凭证；⑥涉及国家安全、军事等需要保密的房屋权属登记信息，可以在国家安全、军事等机关同意查询范围内查询有关原始登记凭证。

【例题3】关于房屋登记限制查询信息的说法，正确的是（　）。

A. 有关的原始登记凭证是限制查询的信息

B. 他项权利的设定时间是限制查询的信息

C. 司法查封情况是限制查询的信息

D. 任何人都无权查询限制查询的信息

【答案】A

【例题4】任何单位和个人可以公开查询的房屋权属登记信息有（　）。

A. 房屋面积

B. 房屋坐落

C. 房屋用途

D. 他项权利的设定时间

E. 房屋原始登记凭证

【答案】ABCD

【例题5】房屋权属登记信息查询程序中，对查询机构的要求包括（　）。

A. 建立房屋权属登记信息查询制度

B. 更新查询信息

C. 指定专人负责查询工作

D. 在指定场所查询

E. 不得擅自扩大查询范围

【答案】ABCE

【解析】在指定场所查询，属于对查询人的要求。

【例题6】以下土地登记资料中，原始登记资料包括（　）。

A. 地籍图　　B. 土地权属来源文件

C. 土地登记申请书　　D. 地籍调查表

E. 宗地图

【答案】ABCD

【解析】土地登记资料包含：①土地登记结果，包括土地登记卡和宗地图；②原始登记资料，包括土地权属来源文件、土地登记申请书、地籍调查表和地籍图。

【例题7】甲通过转让获得一宗国有土地的土地使用权，并委托登记代理机构乙代办该宗地的变更登记手续，按照我国土地登记资料公开查询办法的有关规定，下列说法正确的是（　）。

A. 甲有权查询该宗地的地籍调查表和土地登记卡

B. 乙有权查询该宗地的地籍调查表和土地登记卡

C. 乙只有在甲的陪同下才可查询该宗地的地籍调查表

D. 任何单位和个人都有权依公开查询办法查询该宗地的土地登记卡和宗地图

E. 国家安全机关在任何情况下，都有权查询该宗地的地籍调查表

【答案】ABD

【解析】国家安全机关应当提交本单位出具的查询证明以及执行查询任务的工作人员的工作证件。原

始登记资料，包括土地权属来源文件、土地登记申请书、地籍调查表和地籍图。土地登记代理机构有权查询与其代理业务直接相关的原始登记资料。

【例题8】关于查询结果证明的出具，以下说法错误的是（ ）。

A. 查询人请求出具查询结果证明的，查询机关经审核后可以出具查询结果证明

B. 查询机关可以出具无土地登记记录的书面证明

C. 查询结果证明复制有效

D. 查询结果证明应当加盖查询机关印章，并注明日期

【答案】C

【解析】查询结果证明复制无效。

练习题

一、单项选择题（每题的备选答案中只有一个最符合题意）

1. 最高额抵押权担保的债权确定前，债权人转让部分债权的，如当事人约定最高额抵押权随同部分债权的转让而转移的，应当在（ ）之后，按照规定办理抵押权转移登记。

A. 办理最高额抵押权初始登记

B. 办理最高额抵押权确定登记

C. 办理最高额抵押权变更登记

D. 办理最高额抵押权注销登记

2. 预售人和预购人订立商品房买卖合同后，预售人未按约定与预购人申请预告登记的，（ ）。

A. 由房屋登记机构直接予以预告登记

B. 预购人可单方申请预告登记

C. 办理公证手续后，预购人可以单方申请预告登记

D. 预购人不得单方申请预告登记

3. 预告登记后，（ ），处分该房屋申请登记的，房屋登记机构应当不予办理。

A. 经房地产开发企业书面同意

B. 未经人民法院书面同意

C. 未经预告登记的权利人书面同意

D. 经预告登记的权利人书面同意

4. 预告登记的其他事项在房屋登记簿上予以记载后，由房屋登记机构发放（ ）。

A. 房屋他项权利证明

B. 房屋所有权证

C. 预告登记证书

D. 预告登记证明

5. 按照规定，预告登记后，债权消灭或者自能够进行相应的房屋登记之日起（ ）个月内，当事人申请房屋登记的，房屋登记机构应当按照预告登记事项办理相应的登记。

A. 1　　B. 2

C. 3　　D. 6

6. 权利人、利害关系人认为房屋登记簿记载的事项有错误的，可以申请（ ）。

A. 转移登记　　B. 异议登记

C. 更正登记　　D. 变更登记

7. 利害关系人认为房屋登记簿记载的事项错误，而权利人不同意更正的，利害关系人可以申请（ ）。

A. 转移登记　　B. 异议登记

C. 更正登记　　D. 变更登记

8. 以在建工程设定抵押权的，当事人应当申请在建工程抵押权（ ）。

A. 初始登记　　B. 设立登记

C. 转移登记　　D. 变更登记

9. 在建工程竣工并经房屋所有权初始登记后，当事人应当申请将在建工程抵押权登记转为（ ）。

A. 房屋抵押权注销登记

B. 房屋抵押权变更登记

C. 房屋抵押权登记

D. 房屋所有权登记

10. 在建工程抵押权登记的其他事项在房屋登记簿上予以记载后，由房屋登记机构发放（ ）。

A. 房屋他项权利证明

B. 房屋他项权利证书

C. 在建工程抵押登记所有权证

D. 在建工程抵押登记证明

11. 职工以成本价购买公有住房，房屋权属登记时，产别为（ ）。

A. 房改售房　　B. 公产

C. 私产　　D. 私产（部分产权）

12. 职工以标准价购买住房，拥有（ ）。

A. 全部产权　　B. 部分产权

C. 完全产权　　D. 成本产权

13. 职工以标准价购买住房，经登记核实后，也

发给《房屋所有权证》，产别为（ ）。

A. 房改售房　　B. 公产

C. 私产　　D. 私产（部分产权）

14. 对房改售房权属登记发证规定中，以成本价或标准价购买的住房，产权来源为（ ）。

A. 私产　　B. 私产（部分产权）

C. 房改售房　　D. 公产

15. 房屋登记费属于（ ）。

A. 经营服务性收费

B. 行政事业性收费

C. 市场服务收费

D. 政策职能收费

16. 房屋权利人在办理房屋登记时，委托有关专业技术单位进行房产测绘缴纳的费用属于（ ）。

A. 行政事业性收费

B. 政策职能收费

C. 市场服务收费

D. 经营服务性收费

17. 农民利用宅基地建造的住房登记，应缴纳房屋登记费（ ）元。

A. 0　　B. 10

C. 80　　D. 550

18. 根据现行房屋登记收费规定，非住房登记的房屋权利人按规定申请并完成一次登记的为一件，收费标准为每件（ ）元。

A. 10　　B. 20

C. 80　　D. 550

19. 房屋权利人因丢失、损坏等原因申请补领证书，（ ）。

A. 按对应性质房屋登记收费标准的一半收取

B. 只收取房屋登记费

C. 只收取房屋权属证书费

D. 不收取房屋登记费

20.《土地登记办法》所称其他登记，不包括（ ）。

A. 预告登记　　B. 异议登记

C. 更正登记　　D. 变更登记

21. 在一定时间内对辖区内全部土地或者特定区域内土地进行的全面登记，是指（ ）。

A. 初始登记　　B. 变更登记

C. 土地总登记　　D. 异议登记

22. 土地总登记应由（ ）发布通告。

A. 省级以上人民政府

B. 省级以上人民政府国土资源行政主管部门

C. 县级以上人民政府

D. 县级以上人民政府国土资源行政主管部门

23.（ ）是指土地总登记之外对设立的土地权利进行的登记。

A. 初始登记　　B. 变更登记

C. 异议登记　　D. 更正登记

24. 已划拨国有建设用地使用权已依法转为出让国有建设用地使用权的，当事人应当持有关证件材料，申请出让国有建设用地使用权（ ）。

A. 土地总登记　　B. 变更登记

C. 初始登记　　D. 预告登记

25. 无论以何种合法方式，致使国有建设用地使用权发生转移的，当事人均应持原国有土地使用证和相关的证明材料，申请国有建设用地使用权（ ）。

A. 初始登记　　B. 预告登记

C. 变更登记　　D. 更正登记

26. 2012 年 5 月，W 市胜利棉纺厂改制为 W 市胜利棉纺有限责任公司，为保护自身的合法土地权利，东方制药有限公司应当申请的土地登记是（ ）。

A. 初始登记　　B. 变更登记

C. 异议登记　　D. 更正登记

27. 农民集体土地所有权人应当持集体土地所有权证明材料，申请（ ）。

A. 集体土地所有权初始登记

B. 集体土地所有权变更登记

C. 集体建设用地使用权初始登记

D. 集体建设用地使用权变更登记

28. 依法使用本集体土地进行建设的，当事人应当持有批准权的人民政府的批准用地文件，申请（ ）。

A. 集体土地所有权初始登记

B. 集体土地所有权变更登记

C. 集体建设用地使用权初始登记

D. 集体建设用地使用权变更登记

29. 因企业改制发生土地权利人名称变化而应申请的土地登记是（ ）。

A. 初始登记　　B. 变更登记

C. 异议登记　　D. 更正登记

30. 因土地用途发生变化而应申请的土地登记是（ ）。

A. 初始登记　　B. 变更登记

C. 异议登记　　D. 更正登记

31. 某公司因处分抵押财产而取得土地使用权的，当事人应当在抵押财产处分后，持相关证明文件，申请土地使用权（ ）。

A. 初始登记　　B. 变更登记

C. 更正登记　　D. 异议登记

32. 非住宅国有建设用地使用权期限届满，国有建设用地使用权人未申请续期或者申请续期未获批准的，当事人应当在期限届满前 15 日内，持原土地权利证书，申请（ ）。

A. 注销登记　　B. 变更登记

C. 土地总登记　　D. 异议登记

33. 依法以国有土地租赁方式取得国有建设用地使用权的，当事人应当持租赁合同和土地租金缴纳凭证等相关证明材料，申请租赁国有建设用地使用权（ ）。

A. 土地总登记　　B. 变更登记

C. 初始登记　　D. 预告登记

34. 因依法买卖建设用地使用权转移的，当事人应当持原土地权利证书、变更后的房屋所有权证书及土地使用权发生转移的相关证明材料，申请（ ）。

A. 建设用地使用权初始登记

B. 建设用地使用权变更登记

C. 建设用地使用权更正登记

D. 建设用地使用权异议登记

35. 因法人或者其他组织破产原因致使土地使用权发生转移的，当事人应当持相关协议及有关部门的批准文件、原土地权利证书等相关证明材料，申请（ ）。

A. 土地使用权初始登记

B. 土地使用权变更登记

C. 土地使用权更正登记

D. 土地使用权注销登记

36. 国土资源行政主管部门发现土地登记簿记载的事项确有错误的，应报经人民政府批准后进行（ ）。

A. 更正登记　　B. 变更登记

C. 异议登记　　D. 预告登记

37. 土地的异议登记是（ ）中发生的。

A. 更正登记　　B. 变更登记

C. 异议登记　　D. 预告登记

38. 利害关系人认为土地登记簿记载的事项错误的，可以持土地权利人书面同意更正的证明文件，申请（ ）。

A. 更正登记　　B. 查封登记

C. 异议登记　　D. 预告登记

39. 国土资源行政主管部门应自受理土地登记申请之日起 20 日内，办结土地登记审查手续。特殊情况需要延期的，经国土资源行政主管部门负责人批准后，可以延长（ ）日。

A. 5　　B. 10

C. 20　　D. 30

40. 可直接办理注销登记的情形不包括（ ）。

A. 因仲裁机构的生效法律文书致使原土地权利消灭，当事人未办理注销登记的

B. 非住宅国有建设用地使用权期限届满，国有建设用地使用权人申请续期未获批准的

C. 依法收回的国有土地

D. 依法征收的农民集体土地

41. 不向社会公开查询的房屋权属登记信息有（ ）。

A. 房屋面积

B. 房屋坐落

C. 房屋用途

D. 房屋原始登记凭证

42. 根据《房屋权属登记信息查询暂行办法》规定，限制查询的信息不包括（ ）。

A. 他项权利的设定时间

B. 与仲裁事项直接相关的原始登记凭证

C. 与处理的案件直接相关的原始登记凭证

D. 与诉讼案件直接相关的原始登记凭证

43. 以下土地登记资料中，原始登记资料不包括（ ）。

A. 地籍图

B. 宗地图

C. 土地权属来源文件

D. 地籍调查表

44. 以下土地登记资料中，属于土地登记结果的是（ ）。

A. 地籍调查表　　B. 土地登记申请书

C. 宗地图　　D. 地籍图

45. 以下关于土地权属登记信息查询申请，说法不正确的是（ ）。

A. 委托他人查询的，应当出具授权委托书

B. 境内委托人的授权委托书应当按照有关规定经过公证或者认证

C. 境外委托人的授权委托书应当按照有关规定经过公证或者认证

D. 查询人为法人或者其他组织的，还应当提交单位的证明文件

二、多项选择题（每题的备选答案中有两个或

两个以上符合题意）

1. 根据《物权法》，以下关于不动产登记制度的说法，正确的是（　）。

A. 不动产登记费应按不动产的面积或者价款的比例收取

B. 不动产登记费按件收取

C. 不动产登记，由不动产所在地的登记机构办理

D. 不动产登记簿是物权归属和内容的根据

E. 利害关系人认为不动产登记簿记载的事项错误的，可以申请更正登记

2. 根据《房屋登记办法》，房屋登记的种类包括（　）。

A. 房屋所有权登记

B. 商品房屋租赁备案登记

C. 房屋预告登记

D. 地役权登记

E. 房屋抵押权登记

3. 下列（　）属于需办理房屋所有权变更登记的情形。

A. 权利人法定名称变更

B. 房地产现状的改变

C. 房屋门牌号码的改变

D. 买卖房屋

E. 改建或添建而使房屋面积增加

4. 以下属于房屋所有权注销登记的有（　）。

A. 张某转让其房屋后应办理的登记

B. 房屋灭失后，原所有权人应办理的登记

C. 抵押权人放弃抵押权应办理的登记

D. 土地使用年限届满，房屋所有权由国家收回应办理的登记

E. 设定抵押权应办理的登记

5. 一般抵押登记包括（　）。

A. 房屋抵押权设立登记

B. 房屋抵押权变更登记

C. 房屋抵押权转移登记

D. 房屋最高额抵押权确定登记

E. 房屋抵押权注销登记

6. 房屋所有权初始登记是指（　）原始取得所有权而进行的登记。

A. 新建房屋申请人

B. 原有但已进行过登记的房屋申请人

C. 原有但未进行过登记的房屋申请人

D. 转让所得房屋申请人

E. 继承所得房屋申请人

7. 房屋所有权转移登记是指可能房屋因（　）原因致使其权属发生转移而进行的登记。

A. 买卖　　B. 赠与

C. 交换　　D. 继承

E. 房屋翻建

8. 根据《房屋登记办法》，可以由当事人单方申请房屋登记的情形有（　）。

A. 合法建造取得的房屋所有权

B. 最高额抵押权的设定

C. 主债权转让申请抵押权转移

D. 遗赠取得的房屋所有权

E. 拍卖取得的房屋所有权

9. 以下属于办理房屋登记必经程序的有（　）。

A. 申请　　B. 受理

C. 审核　　D. 公告

E. 发证

10. 以下关于房屋登记时限要求，表述不正确的是（　）。

A. 国有土地范围内房屋所有权登记为 10 个工作日

B. 集体土地范围内房屋所有权登记为 30 个工作日

C. 抵押权、地役权登记为 10 个工作日

D. 预告登记、更正登记为 30 个工作日

E. 异议登记为 1 个工作日

11. 根据《房屋登记办法》，可以办理房屋预告登记的情形包括（　）。

A. 房屋所有权转让　　B. 房屋所有权抵押

C. 预购商品房　　D. 预购商品房抵押

E. 普通房屋租赁

12. 房屋登记机构发现房屋登记簿的记载错误，对不涉及房屋权利归属和内容的，以下办理更正登记的做法，正确的是（　）。

A. 应当书面通知有关权利人在规定期限内办理更正登记

B. 未经当事人书面同意，房屋登记机构不能对房屋登记簿的记载予以更正

C. 当事人无正当理由逾期不办理的，房屋登记机构可对房屋登记簿的记载予以更正

D. 房屋登记机构对房屋登记簿的记载予以更正后，应书面通知当事人

E. 更正登记期间，权利人因处分其房屋权利申请登记的，应当暂缓办理

13. 已经登记在建工程抵押权变更、转让或者消灭的，当事人应当申请（ ）。

A. 初始登记　　B. 变更登记
C. 转移登记　　D. 注销登记
E. 设立登记

14. 下列关于在建工程抵押登记的表述中，错误的是（ ）。

A. 在建工程抵押权可以转让
B. 已经登记在建工程抵押权转让的，应当申请变更登记
C. 已经登记在建工程抵押权消灭的，应当申请注销登记
D. 在建工程竣工并经房屋所有权初始登记后，应当申请将在建工程抵押权登记转为房屋抵押权登记
E. 在建工程抵押权登记的其他事项在房屋登记簿上予以记载后，由房屋登记机构发放《房屋他项权证》

15. 根据现行房屋登记收费标准，不收取房屋登记费的包括（ ）。

A. 房屋查封登记
B. 房屋注销登记
C. 因登记机关错误造成的更正登记
D. 经济适用住房登记
E. 因房屋坐落的街道或门牌号码变更而申请的房屋变更登记

16. 房屋登记中，按对应性质房屋登记收费标准的一半收取的有（ ）。

A. 农民利用宅基地建设的住房登记
B. 经济适用住房登记
C. 房屋查封登记
D. 因权利人名称变更而申请的房屋变更登记
E. 因登记机关错误造成的更正登记

17. 以下关于房屋登记费的计费方式和收费标准，表述正确的是（ ）。

A. 房屋登记费属于行政事业性收费
B. 房屋登记费向房屋所有权人收取
C. 房屋权利人因损坏等原因申请补领证书，只收取房屋权属证书费
D. 房屋注销登记，减半收取房屋登记费
E. 向一个以上房屋权利人核发房产证书时，每增加一本证书加收证书工本费10元

18.《土地登记办法》规定，土地登记是指将（ ）、地役权以及依照法律法规规定需要登记的其他土地权利记载于土地登记簿公示的行为。

A. 国有土地所有权
B. 国有土地使用权
C. 集体土地所有权
D. 土地抵押权
E. 集体土地使用权

19. 土地登记中，国有土地使用权包括（ ）。

A. 国有建设用地使用权
B. 国有农用地使用权
C. 集体建设用地使用权
D. 宅基地使用权
E. 集体农用地使用权

20. 以下需要申请国有建设用地使用权初始登记的有（ ）。

A. 依法以划拨方式取得国有建设用地使用权的
B. 依法以出让方式取得国有建设用地使用权的
C. 依法以国家授权经营方式取得国有建设用地使用权的
D. 依法以租赁方式取得国有建设用地使用权的
E. 依法以转让方式致使国有建设用地使用权发生转移的

21. 以下（ ），应办理土地注销登记。

A. 依法收回的国有土地
B. 因人民法院的生效法律文书致使原土地权利消灭
C. 因自然灾害等原因造成土地权利消灭的
D. 土地用途发生变更的
E. 土地抵押权因主债权被转让而转让的

22.《土地登记办法》规定，土地登记分为（ ）等。

A. 土地总登记　　B. 初始登记
C. 转移登记　　D. 变更登记
E. 注销登记

23. 以下属于土地变更登记的有（ ）。

A. 土地用途等内容发生变更而申请的登记
B. 土地权利人发生改变而申请的登记
C. 土地权利人名称发生变更而申请的登记
D. 土地权利人认为土地登记簿记载的项错误而申请的登记
E. 国土资源行政主管部门发现土地登记簿记载的事项确有错误的，报经人民政府批准后而进行的登记

24. 土地登记的一般程序包括（ ）。

A. 申请　　B. 受理
C. 公告　　D. 记载于登记簿
E. 发证

25.《土地登记办法》规定，土地权利证书包括（ ）。

A. 国有土地使用证　　B. 国有土地所有证
C. 集体土地所有证　　D. 集体土地使用证
E. 土地他项权利证明书

26. 以下（　），属于可以公开查询的房屋权属登记信息。
A. 房屋面积
B. 房屋权利状况
C. 房屋用途
D. 与诉讼案件直接相关的原始登记凭证
E. 与公证事项直接相关的原始登记凭证

27. 房屋权属登记信息查询程序中，对查询人的要求包括（　）。
A. 按规定提交查询资料
B. 不得毁坏查询设备
C. 及时提供查询
D. 保守国家机密、个人隐私和商业秘密
E. 在指定场所查询

28. 在房屋权属登记信息的查询中，下列（　）不能查询情形的，查询机构可以出具无查询结果的书面证明。
A. 按查询人提供的房屋坐落或权属证书编号无法查询的
B. 要求查询的房屋尚未进行权属登记的
C. 要求查询的房屋已完成权属登记的
D. 要求查询的事项不存在的
E. 要求查询的资料不存在的

29. 以下土地登记资料中，属于土地登记结果的是（　）。
A. 土地登记卡
B. 土地权属来源文件
C. 土地登记申请书
D. 地籍调查表
E. 宗地图

30. 土地登记资料中的原始登记资料，包括（　）。
A. 宗地图
B. 地籍图
C. 土地权属来源文件
D. 土地登记申请书
E. 地籍调查表

三、综合分析题（每个小题的备选答案中有一个或一个以上符合题意的答案。错选不得分；少选，但选择正确的每个选项得相应分）

1. A省W市政府将一宗闲置土地使用权无偿收回，提供给甲房地产开发企业（以下简称“甲企业”）开发经济适用住房。王某2012年10月预购了该项目一套住宅，并申请了住房公积金抵押贷款，还办理了预告登记。预售合同约定房屋建筑面积为65 ㎡，单价2 000元/平方米，面积误差比绝对值在5%以内的据实结算。2012年12月甲企业对该房屋阳台变更了设计，并通知了王某。2013年12月该项目竣工并交付使用，王某在验房时，发现房屋建筑面积已经增至67.6 ㎡，存在卫生间地面渗水、下水管道堵塞等质量问题。在办理入住手续时，王某还交纳了房屋登记相关税费等。

（1）王某预购该项目住宅后，为保障将来实现物权，按照约定可以向登记机构申请（　）。
A. 更正登记　　B. 异议登记
C. 变更登记　　D. 预告登记

（2）下列关于王某办理预告登记的表述中，错误的是（　）。
A. 预告登记的目的是保障将来实现房屋所有权
B. 预告登记后，自王某能够进行房屋登记之日起6个月内未申请登记的，该预告登记失效
C. 预告登记后，未经预告王某同意，甲企业处分该住房，不发生物权效力
D. 甲企业和王某订立商品房买卖合同后，王某不可单方申请预告登记

（3）关于中途变更房屋设计的说法，正确的为（　）。
A. 预售合同签订即不得再变更任何设计
B. 甲企业应在变更确立之日起10日内书面通知王某
C. 王某如选择退房应在国家规定的时限内书面通知甲企业
D. 王某如在通知到达之日起15日内未予理会的，视同接受设计变更

（4）王某在整个购房过程中应申请的房屋登记类别为（　）。
A. 房屋所有权初始登记
B. 房屋所有权变更登记
C. 房屋所有权转移登记
D. 房屋抵押权登记

（5）王某的房屋权属证书应由（　）颁发。
A. W市人民政府房产管理部门
B. W市人民政府土地管理部门
C. A省人民政府房产管理部门
D. A省人民政府土地管理部门

（6）王某所购买的房屋在进行登记时，应缴纳房屋登记费（　）元。

A. 0　　B. 40

C. 80　　D. 550

2. 2014年3月1日，甲房地产开发公司（以下简称“甲公司”）开发建设的自然城小区通过竣工验收。在商品房预售期间，市民刘某通过贷款方式购买了该小区一套商品房，并签订了商品房预售合同。

2014年4月1日，经权威机构测绘，刘某购买的商品房套内房屋的使用面积80㎡，套内墙体面积为10㎡，套内阳台建筑面积20㎡，分摊共有建筑面积15㎡。2014年4月10日，刘某领取了房屋所有权证，发现其上记载的楼层有误。

（1）刘某购买预售商品房，可以向B市房屋登记机构申请（　）。

A. 房屋预告登记　　B. 房屋异议登记

C. 房屋更正登记　　D. 房屋变更登记

（2）此项目所涉及的房地产登记包括（　）。

A. 土地初始登记

B. 房屋所有权初始登记

C. 房屋所有权转移登记

D. 房屋所有权变更登记

（3）按照规定，刘某申请了房屋预告登记的时限为（　）。

A. 1日　　B. 10日

C. 30日　　D. 60日

（4）刘某在办理该房屋登记时，应缴纳房屋登记费（　）元。

A. 0　　B. 40

C. 80　　D. 550

（5）刘某发现房屋楼层登记错误可以申请房屋（　）。

A. 更正登记　　B. 异议登记

C. 变更登记　　D. 初始登记

3. 乙房地产开发公司（以下简称“乙公司”）在甲市城市规划区内，建成W商品住宅小区。在建设中，乙公司利用在建工程贷款取得部分建设资金，并于该项目竣工验收合格之前，还清了全部贷款。同时乙公司还利用商品房预售取得了部分建设资金，购房户田某采取预售商品房抵押的方式，与乙公司签订了购房合同。

（1）该小区涉及的房屋登记包括（　）。

A. 房屋抵押权登记

B. 房屋所有权注销登记

C. 房屋所有权初始登记

D. 房屋所有权转移登记

（2）甲市房屋登记机构对该住宅小区商品房核准登记发证时限要求为（　）。

A. 1日　　B. 10日

C. 30日　　D. 60日

（3）乙公司应到（　），办理该住宅小区商品房房屋所有权初始登记。

A. 甲市人民政府

B. 甲市房地产管理部门

C. 甲市土地管理部门

D. 甲市规划管理部门

（4）对于田某购买的该商品房，应办理（　）。

A. 初始土地登记

B. 房屋所有权初始登记

C. 房屋抵押权登记

D. 房屋所有权转移登记

第 8 章　房地产税费

考纲解读

本章的考试目的是测试应考人员对税费制度概述、契税、土地增值税、房产税、城镇土地使用税、耕地占用税、其他相关税费等内容的了解、熟悉与掌握情况。本章考试基本要求如下：

1. 掌握税收制度概述；
2. 掌握契税；
3. 掌握土地增值税；
4. 掌握房产税；
5. 熟悉城镇土地使用税；
6. 熟悉耕地占用税；
7. 掌握营业税、城市维护建设税和教育费附加；
8. 掌握企业所得税；
9. 掌握个人所得税；
10. 掌握印花税；
11. 熟悉交易手续费；
12. 熟悉房屋登记费。

本章知识结构

- 房地产税费
  - 税费制度概述
    - 税收的概念及特征
    - 税收制度构成要素
    - 我国现行房地产税种
    - 房地产收费
  - 契税
    - 纳税人
    - 课税对象
    - 计税依据
    - 税率
    - 纳税环节和纳税期限
    - 减免规定
  - 土地增值税
    - 纳税人
    - 征税范围
    - 课税对象和计税依据
    - 税率
    - 扣除项目
    - 减免规定
  - 房产税
    - 纳税人
    - 课税对象
    - 计税依据
    - 税率
    - 纳税地点和纳税期限
    - 减免规定

- 房地产税费
  - 城镇土地使用税
    - 纳税人
    - 课税对象和计税依据
    - 适用税额
    - 纳税地点和纳税期限
    - 减免规定
  - 耕地占用税
    - 纳税人
    - 课税对象
    - 适用税额
    - 计税依据
    - 减免规定
  - 其他相关税费
    - 营业税、城市维护建设税和教育费附加
    - 企业所得税
    - 个人所得税
    - 印花税
    - 交易手续费
    - 房屋登记费

重点难点分析

税收减免知识汇总表

税种	减免规定
契税	（1）国家机关、事业单位、社会团体、军事单位承受土地、房屋用于办公、教学、医疗、科研和军事设施的，免征契税 （2）城镇职工按规定第一次购买公有住房的，免征契税 （3）因不可抗力灭失住房而重新购买住房的，酌情准予减征或者免征契税 （4）土地、房屋被县级以上人民政府征用、占用后，重新承受土地、房屋权属的，由省级人民政府决定是否减免 （5）纳税人承受荒山、荒沟、荒滩、荒丘土地使用权用于农、林、牧、渔业生产的，免征契税 （6）经外交部确认，予以免税的外国驻华使馆、领事馆、联合国驻华机构及其外交代表、领事馆员和其他外交人员承受土地、房屋权属的，免征契税 （7）法定继承人（包括配偶、子女、父母、兄弟姐妹、祖父母、外祖父母）继承土地、房屋权属的，免征契税；但非法定继承人根据遗嘱承受死者生前的土地、房屋权属，属于赠与行为，应征收契税 （8）自 2010 年 10 月 1 日起，对个人购买普通住房，且该住房属于家庭唯一住房的，减半征收契税。对个人购买 90 ㎡及以下的普通住房且属于家庭唯一住房的，减按 1% 税率征收契税 （9）婚姻关系存续期间，房屋、土地权属原归夫妻一方所有，变更为夫妻双方共有的，免征契税 （10）对廉租住房经营管理单位购买住房作为廉租住房、经济适用住房经营管理单位回购经济适用住房继续作为经济适用住房房源的，免征契税 （11）对个人购买经济适用住房，在法定税率基础上减半征收契税

（续表）

税种	减免规定
土地增值税	（1）对建造普通标准住宅出售的，增值额未超过扣除项目金额20%的，免征土地增值税。对于纳税人既建普通标准住宅又搞其他房地产开发的，应分别核算增值额 （2）企事业单位、社会团体以及其他组织转让旧房作为廉租住房、经济适用住房房源且增值额未超过扣除项目金额20%的，免征土地增值税 （3）因国家建设需要依法征收、收回的房地产免征土地增值税 （4）对个人销售住房征收土地增值税问题。《财政部、国家税务总局关于调整房地产交易环节税收政策的通知》（财税字［2008］137号）规定，自2008年11月1日起，对个人销售住房暂免征收土地增值税
房产税	下列房产免征房产税 （1）国家机关、人民团体、军队自用的房产，但其营业用房及出租的房产，不属免税范围 （2）由国家财政部门拨付事业经费的单位自用的房产 （3）宗教寺庙、公园、名胜古迹自用的房产，但其附设的营业用房及出租的房产，不属免税范围 （4）个人所有非营业用的房产 （5）鉴于房地产开发企业开发的商品房在出售前，对房地产开发企业而言是一种产品，因此，对房地产开发企业建造的商品房，在售出前，不征收房产税；但对售出前房地产开发企业已使用或出租、出借的商品房应按规定征收房产税 （6）对廉租住房经营管理单位按照政府规定价格，向规定保障对象出租廉租住房的租金收入，免征房产税 （7）股改铁路运输企业及合资铁路运输公司自用的房产、土地 （8）经财政部批准免税的其他房产 自2008年3月1日起，对个人出租住房，不区分用途，按4%的税率征收房产税。对企事业单位、社会团体以及其他组织按市场价格向个人出租用于居住的住房，减按4%的税率征收房产税
城镇土地使用税	（一）政策性免税 （1）国家机关、人民团体、军队自用的土地 （2）由国家财政部门拨付事业经费的单位自用的土地 （3）宗教寺庙、公园、名胜古迹自用的土地 （4）市政街道、广场、绿化地带等公共用地 （5）直接用于农、林、牧、渔业的生产用地 （6）经批准开山填海整治的土地和改造的废弃土地从使用的月份起免交土地使用税5～10年 （7）对廉租住房、经济适用住房建设用地以及廉租住房经营管理单位按照政府规定价格，向规定保障对象出租的廉租住房用地，免征城镇土地使用税 （8）开发商在经济适用住房、商品住房项目中配套建造廉租住房，在商品住房项目中配套建造经济适用住房，如能提供政府部门出具的相关材料，可按廉租住房、经济适用住房建筑面积占总建筑面积的比例免征开发商应缴纳的城镇土地使用税 （9）对股改铁路运输企业及合资铁路运输公司自用的房产、土地暂免征城镇土地使用税 （10）自2008年3月1日起，对个人出租住房，不区分用途，免征城镇土地使用税 （11）由财政部另行规定的能源、交通、水利等设施用地和其他用地 （二）地方性免税 下列几项用地是否免税，由省级税务机关确定：（1）个人所有的居住房屋及院落的用地；（2）房产管理部门在房租调整改革前经租的居民住房用地；（3）免税单位的职工家属的宿舍用地；（4）民政部门举办的安置残疾人员占一定比例的福利工厂用地；（5）集体和个人举办的学校、医院、托儿所、幼儿园用地

（续表）

税种	减免规定
耕地占用税	（一）减税规定 （1）农村居民占用耕地新建住宅，税额减半 （2）农村革命烈士家属、残废军人、鳏寡孤独以及革命老根据地、少数民族聚居区和边远贫困山区生活困难的农村居民，在规定用地标准以内，新建住宅缴纳耕地占用税确有困难的，经所在地乡（镇）人民政府审核，报经县级人民政府批准后，可以免征或者减征耕地占用税 （3）铁路线路、公路线路、飞机场跑道、停机坪、港口、航道占用耕地，减按每平方米2元的税额征收耕地占用税 （二）免税规定 （1）军事设施占用耕地 （2）学校、幼儿园、养老院、医院占用耕地 上述规定免征或者减征耕地占用税后，纳税人改变原占地用途，不再属于免征或者减征耕地占用税情形的，应当按照当地适用税额补缴耕地占用税
营业税	营业税的有关减免规定 （1）个人自建自用住房销售时免征营业税 （2）自2011年1月28日起，对个人购买住房不足5年转手交易的，统一按其销售收入全额征税；个人将购买超过5年（含5年）的非普通住房对外销售的，按照其销售收入减去购买房屋的价款后的差额征收营业税；个人将购买超过5年（含5年）的普通住房对外销售的，免征营业税 （3）企业、行政事业单位按房改成本价、标准价出售住房的收入，暂免征收营业税 （4）对廉租住房经营管理单位按照政府规定价格、向规定保障对象出租廉租住房的租金收入，免征营业税 （5）自2008年3月1日起，对个人出租住房，不区分用途，在3%税率的基础上减半征收营业税
个人所得税	（1）对个人转让自用达5年以上，并且是唯一家庭生活用房的所得，免征个人所得税 （2）对个人按《廉租住房保障办法》（原建设部等9部委令第162号）规定取得的廉租住房货币补贴，免征个人所得税；对于所在单位以廉租住房名义发放的不符合规定的补贴，应征收个人所得税 （3）自2008年3月1日起，对个人出租住房取得的所得减按10%的税率征收个人所得税
印花税	（1）对廉租住房、经济适用住房经营管理单位与廉租住房、经济适用住房相关的印花税以及廉租住房承租人、经济适用住房购买人涉及的印花税予以免征 （2）房地产开发企业在经济适用住房、商品住房项目中配套建造廉租住房，在商品住房项目中配套建造经济适用住房，如能提供政府部门出具的相关材料，可按廉租住房、经济适用住房建筑面积占总建筑面积的比例免征开发商应缴纳的印花税 （3）自2008年3月1日起，对个人出租、承租住房签订的租赁合同，免征印花税 （4）自2008年11月1日起，对个人销售或购买住房暂免征收印花税

一、税费制度概述

教材从税收的概念及特征、税收制度构成要素、中国现行房地产税种和房地产收费四个方面，介绍了税费制度概述内容。

本部分中，税收特征、税收制度构成要素和房地产收费，是学习和考试的重点。难点主要是房地产收费，主要包括房地产开发环节的收费和房地产交易环节的收费。

【例题1】税收的特征有（　）。

A. 强制性　　B. 无偿性

C. 固定性　　D. 多样性

E. 不变性

【答案】ABC

【例题2】将税种分为流转税、收益税、财产税、资源税和行为目的税，是依据（　）不同来划分的。

A. 课税主体　　B. 课税对象

C. 税基　　D. 税率

【答案】B

【解析】课税对象是确定征税范围的主要界限，也是区别不同税种的主要标志。根据课税对象性质的不同，全部税种可分为五大类，即流转税、收益税、财产税、资源税和行为目的税。

【例题3】我国现行的税率形式有（　）。

A. 比例税率　　B. 定额税率

C. 加成税率　　D. 累进税率

E. 附加税率

【答案】ABD

【例题4】下列（　）税率属于比例税率。

A. 城镇土地使用税　　B. 房产税

C. 耕地占用税　　D. 城市维护建设税

E. 营业税

【答案】BDE

【解析】城镇土地使用税、耕地占用税采取的是定额税率。

【例题5】以下关于房地产收费的说法，不正确的是（　）。

A. 土地一级开发政府规费项目，目前可单独出现

B. 土地二级开发政府规费属于房地产开发环节企业应向政府缴纳的费用

C. 经营服务性收费，不属于政府收费

D. 有全国性收费标准的房地产交易环节收费主要是交易手续费和房产登记费

【答案】A

【解析】土地一级开发政府规费项目已体现在土地出让的地价款中，目前基本上已不再单独出现。

【例题6】房地产交易环节的收费中，属于经营服务性收费的有（　）。

A. 交易手续费　　B. 房产登记费

C. 房地产经纪服务费　　D. 房地产评估费

E. 利用房地产档案费

【答案】CD

【解析】房地产交易环节的收费，主要有交易手续费、房产登记费、房地产评估费、房地产经纪服务费、利用房地产档案费等类别，交易手续费、房产登记费、利用房地产档案费属于政府规费，房地产评估费、房地产经纪服务费则属于经营服务性收费。目前，有全国性收费标准的房地产交易环节收费主要是交易手续费和房产登记费。

二、契税

教材从纳税人、课税对象、计税依据、税率、纳税环节和纳税期限、减免规定六个方面，介绍了契税的政策和内容。

此部分的法规、政策依据包括：①《契税暂行条例》；②《契税暂行条例实施细则》；③财政部、国家税务总局、住房和城乡建设部《关于调整房地产交易环节契税、个人所得税优惠政策的通知》（财税［2010］94号）；④财政部、国家税务总局《关于股改及合资铁路运输企业房产税城镇土地使用税有关政策的通知》（财税［2009］132号）；⑤财政部、国家税务总局《关于廉租住房经济适用住房和住房租赁有关税收政策的通知》（财税［2008］24号）；⑥财政部、国家税务总局《关于房屋、土地权属由夫妻一方所有变更为夫妻双方共有契税政策的通知》（财税［2011］82号）；⑦财政部、国家税务总局《关于企业事业单位改制重组契税政策的通知》（财税［2012］4号）。

本部分中，契税的纳税人、课税对象、计税依据、税率、纳税环节和纳税期限、减免规定等，是学习和考试的重点。难点包括土地使用权、房屋不等值交换，交纳契税的计税依据及具体计算，以及契税的减免政策等。

同时还应关注2012年财政部、国家税务总局出台的两项契税最新优惠政策。

1. 财政部、国家税务总局《关于企业事业单位改制重组契税政策的通知》（财税［2012］4号）规定，具体包括如下内容。

（1）企业公司制改造。非公司制企业，按照《中华人民共和国公司法》的规定，整体改建为有限责任公司（含国有独资公司）或股份有限公司，有限责任公司整体改建为股份有限公司，股份有限公司整体改建为有限责任公司的，对改建后的公司承受原企业土地、房屋权属，免征契税。

非公司制国有独资企业或国有独资有限责任公司，以其部分资产与他人组建新公司，且该国有独资企业（公司）在新设公司中所占股份超过50%的，对新设公司承受该国有独资企业（公司）的土地、房屋权属，免征契税。

国有控股公司以部分资产投资组建新公司，且该国有控股公司占新公司股份超过85%的，对新公司承受该国有控股公司土地、房屋权属，免征契税。上述所称国有控股公司，是指国家出资额占有限责任公司资本总额超过50%，或国有股份占股份有限公司股本总额超过50%的公司。

（2）公司股权（股份）转让。在股权（股份）转让中，单位、个人承受公司股权（股份），公司土地、房屋权属不发生转移，不征收契税。

（3）公司合并。两个或两个以上的公司，依据法律规定、合同约定，合并为一个公司，且原投资主体存续的，对其合并后的公司承受原合并各方的土地、房屋权属，免征契税。

（4）公司分立。公司依照法律规定、合同约定分设为两个或两个以上与原公司投资主体相同的公司，对派生方、新设方承受原企业土地、房屋权属，免征契税。

（5）企业出售。国有、集体企业整体出售，被出售企业法人予以注销，并且买受人按照《中华人民共和国劳动法》等国家有关法律法规政策妥善安置原企业全部职工，与原企业全部职工签订服务年限不少于三年的劳动用工合同的，对其承受所购企业的土地、房屋权属，免征契税；与原企业超过30%的职工签订服务年限不少于三年的劳动用工合同的，减半征收契税。

（6）企业破产。企业依照有关法律、法规规定实施破产，债权人（包括破产企业职工）承受破产企业抵偿债务的土地、房屋权属，免征契税；对非债权人承受破产企业土地、房屋权属，凡按照《中华人民共和国劳动法》等国家有关法律法规政策妥善安置原企业全部职工，与原企业全部职工签订服务年限不少于三年的劳动用工合同的，对其承受所购企业的土地、房屋权属，免征契税；与原企业超过30%的职工签订服务年限不少于三年的劳动用工合同的，减半征收契税。

（7）债权转股权。经国务院批准实施债权转股权的企业，对债权转股权后新设立的公司承受原企业的土地、房屋权属，免征契税。

（8）资产划转。对承受县级以上人民政府或国有资产管理部门按规定进行行政性调整、划转国有土地、房屋权属的单位，免征契税。

同一投资主体内部所属企业之间土地、房屋权属的划转，包括母公司与其全资子公司之间，同一公司所属全资子公司之间，同一自然人与其设立的个人独资企业、一人有限公司之间土地、房屋权属的划转，免征契税。

（9）事业单位改制。事业单位按照国家有关规定改制为企业的过程中，投资主体没有发生变化的，对改制后的企业承受原事业单位土地、房屋权属，免征契税。投资主体发生变化的，改制后的企业按照《中华人民共和国劳动法》等有关法律法规妥善安置原事业单位全部职工，与原事业单位全部职工签订服务年限不少于三年劳动用工合同的，对其承受原事业单位的土地、房屋权属，免征契税；与原事业单位超过30%的职工签订服务年限不少于三年劳动用工合同的，减半征收契税。

（10）以出让方式或国家作价出资（入股）方式承受原改制重组企业、事业单位划拨用地的，不属上述规定的免税范围，对承受方应按规定征收契税。

2. 财政部国家税务总局《关于企业以售后回租方式进行融资等有关契税政策的通知》(财税［2012］82号)。本通知自发文之日起执行。《财政部 国家税务总局关于城镇房屋拆迁有关税收政策的通知》（财税［2005］45号）第二条同时废止。

（1）对金融租赁公司开展售后回租业务，承受承租人房屋、土地权属的，照章征税。对售后回租合同期满，承租人回购原房屋、土地权属的，免征契税。

（2）以招拍挂方式出让国有土地使用权的，纳税人为最终与土地管理部门签订出让合同的土地使用权承受人。

（3）市、县级人民政府根据《国有土地上房屋征收与补偿条例》有关规定征收居民房屋，居民因个人房屋被征收而选择货币补偿用以重新购置房屋，并且购房成交价格不超过货币补偿的，对新购房屋免征契税；购房成交价格超过货币补偿的，对差价部分按规定征收契税。居民因个人房屋被征收而选择房屋产权调换，并且不缴纳房屋产权调换差价的，对新换房屋免征契税；缴纳房屋产权调换差价的，对差价部分按规定征收契税。

（4）企业承受土地使用权用于房地产开发，并在该土地上代政府建设保障性住房的，计税价格为取得全部土地使用权的成交价格。

（5）单位、个人以房屋、土地以外的资产增资，相应扩大其在被投资公司的股权持有比例，无论被投资公司是否变更工商登记，其房屋、土地权属不发生转移，不征收契税。

（6）个体工商户的经营者将其个人名下的房屋、土地权属转移至个体工商户名下，或个体工商户将其名下的房屋、土地权属转回原经营者个人名下，免征契税。合伙企业的合伙人将其名下的房屋、土地权属转移至合伙企业名下，或合伙企业将其名下的房屋、土地权属转回原合伙人名下，免征契税。

【例题1】下列行为中，应缴纳契税的是（ ）。

A. 中国公民受让英国的一套住房

B. 某高校承受房产用于教学

C. 张某以获奖方式取得一套房屋

D. 王某继承取得房屋

【答案】C

【解析】契税是在土地、房屋权属发生转移时，对产权承受人征收的一种税。纳税人是在我国境内转移土地、房屋权属，承受的单位和个人为契税的纳税人。转移土地、房屋权属是指下列行为：①国有土地使用权出让；②土地使用权转让（包括出售、赠与和交换）；③房屋买卖；④房屋赠与；⑤房屋交换。

【例题2】李某用价值89万元的普通住房与王某拥有的价值为105万元的营业房交换，当地契税率为3%，则（ ）。

A. 李某应缴纳契税3.15万元

B. 李某应缴纳契税0.48万元

C. 王某应缴纳契税2.67万元

D. 王某应缴纳契税0.48万元

【答案】B

【解析】契税是在土地、房屋权属发生转移时，对产权承受人征收的一种税。土地使用权交换、房屋交换时，以交换的价格差额为计税依据。契税的税率为3%～5%。各地具体适用税率，由省级人民政府在规定的幅度内根据本地的实际情况确定，并报财政部和国家税务总局备案。本题中，李某应缴纳的契税＝（105－89）×3%＝0.48（万元）。

【例题3】下列行为中，免征契税的情形有（ ）。

A. 法定继承人继承房屋

B. 祖父母赠与孙女住房

C. 事业单位购买办公楼

D. 因地震住房灭失重新购买住房

E. 非法定继承人根据遗嘱承受房屋

【答案】ACD

【解析】A、B、E三项，法定继承人（包括配偶、子女、父母、兄弟姐妹、祖父母、外祖父母）继承土地、房屋权属的，免征契税；但非法定继承人根据遗嘱承受死者生前的土地、房屋权属，属于赠与行为，应征收契税。C项，国家机关、事业单位、社会团体、军事单位承受土地、房屋用于办公、教学、医疗、科研和军事设施的，免征契税。D项，因不可抗力灭失住房而重新购买住房的，酌情准予减征或者免征契税。

【例题4】下列行为中，应缴纳契税的有（ ）。

A. 国有建设用地使用权出让

B. 国有建设用地使用权赠与

C. 国有建设用地使用权交换

D. 房屋使用权转移

E. 房屋所有权继承

【答案】ABC

【例题5】在下列行为中，应缴纳契税的有（ ）。

A. 房屋抵押

B. 房屋买卖

C. 房屋等值交换

D. 国有土地使用权出让

E. 土地使用权转让

【答案】BDE

【解析】在我国境内转移土地、房屋权属，承受的单位和个人为契税的纳税人。以下情况为转移土地、房屋权属：①国有土地使用权出让；②土地使用权转让（包括出售、赠与和交换）；③房屋买卖；④房屋赠与；⑤房屋交换。

【例题6】崔某所拥有的房屋价值150万元，肖某所拥有的房屋价值250万元，若税率按照3%计算，则崔某与肖某进行房屋交换时当事人应该缴纳的契税全额为（ ）万元。

A. 3.0　　B. 4.5

C. 7.2　　D. 12.0

【答案】A

【解析】土地使用权交换、房屋交换：以交换的价格差额为计税依据（等值交换免征契税）所以应缴纳的契税额＝（250－150）×3%＝3（万元）。

【例题7】国家规定的契税税率是（ ）。

A. 1%～3%　　B. 1%～6%

C. 3%～5%　　D. 4%～6%

【答案】C

【解析】契税的税率为3%～5%。各地具体适用税率，由省级人民政府在规定的幅度内根据本地的实际情况确定，并报财政部和国家税务总局备案。

【例题8】下列行为中，需要缴纳契税的有（ ）。

A. 事业单位购买办公用房

B. 因地震导致房屋灭失而重新购房

C. 个人购买经济适用住房

D. 奥运冠军接受政府奖励的房屋

E. 城镇职工按规定第一次购买公有住房

【答案】CD

【解析】对个人购买经济适用住房，在法定税率基础上减半征收契税。奥运冠军接受政府奖励的房屋不属于契税免征范围。

【例题9】按照陈某的遗嘱，其拥有的多处房屋分别由下列承受人承受，其中，应缴纳契税的有（　）。

A. 陈某的儿子　　B. 陈某的经纪人

C. 陈某的继母　　D. 陈某的女儿

E. 护理陈某多年的保姆

【答案】BE

【解析】对于《继承法》规定的法定继承人，包括配偶、子女、父母、兄弟姐妹、祖父母、外祖父母，继承土地、房屋权属，不征收契税。非法定继承人根据遗嘱承受死者生前的土地、房屋权属，属于赠与行为，应征收契税。

【例题10】下列情形中，免征契税的有（　）。

A. 私立学校受让教学大楼

B. 市医院购置住院部房产

C. 城镇职工按规定第一次购买公有住房

D. 法定继承人继承房产

E. 非法定继承人根据遗嘱接受遗赠的房产

【答案】ABCD

【解析】《关于教育税收政策的通知》（财税［2004］39号）规定，国家机关、事业单位、社会团体、军事单位承受土地房屋权属用于教学、科研的，免征契税。用于教学的，是指教室（教学楼）以及其他直接用于教学的土地、房屋。用于科研的，是指科学实验的场所以及其他直接用于科研的土地、房屋。对县级以上人民政府教育行政主管部门或劳动行政主管部门审批并颁发办学许可证，由企业事业组织、社会团体及其他社会和公民个人利用非国家财政性教育经费面向社会举办的学校及教育机构，其承受的土地、房屋权属用于教学的，免征契税。

【例题11】下列关于契税的表述中，正确的有（　）。

A. 契税是在土地、房屋权属发生转移时，对产权承受人征收的一种税

B. 土地使用权转让（包括出售、赠与和交换），需缴纳契税

C. 契税的课税对象是发生产权转移的土地、房屋

D. 法定继承人继承土地、房屋权属，不征收契税

E. 非法定继承人根据遗嘱承受死者生前的土地、房屋权属，不需要缴纳契税

【答案】ABCD

三、土地增值税

教材从土地增值税的纳税人、征税范围、课税对象和计税依据、税率、扣除项目、减免规定六个方面，介绍了土地增值税的政策和内容。

此部分的法规、政策依据包括：①《土地增值税暂行条例》；②《土地增值税暂行条例实施细则》。

本部分中，土地增值税的计税依据、扣除项目、减免规定，是学习和考试的重点。难点主要是简单土地增值税的计算。

【例题1】甲房地产开发企业新开发的普通住宅销售增值额为1 200万元，按土地增值税相关规定准予扣除项目金额为7 000万元，则其应纳土地增值税额为（　）万元。

A. 0　　B. 360

C. 480　　D. 600

【答案】A

【解析】做此题，首先需要掌握的政策是："对建造普通标准住宅出售的，增值额未超过扣除项目金额20%的，免征土地增值税"；其次进行计算，即：$1\ 200 \div 7\ 000 = 17.14\% < 20\%$。因此应免征土地增值税，选项A正确。

需要注意的是土地增值税实行四级超额累进税率：

（1）增值额未超过扣除项目金额50%的部分，税率为30%；

（2）增值额超过扣除项目金额50%，未超过100%的部分，税率为40%；

（3）增值额超过扣除项目金额100%，未超过200%的部分，税率为50%；

（4）增值额超过扣除项目金额200%以上的部分，税率为60%。

【例题2】下列行为中，免征土地增值税的情形有（　）。

A. 联营企业转让房地产

B. 外商投资企业转让自用房地产

C. 房地产开发企业建造普通标准住宅出售

D. 国家因建设需要依法征收房地产

E. 某商场因实施城市规划、国家建设的需要自行转让原房地产

【答案】DE

【解析】免征土地增值税的情形：①对建造普通标准住宅出售的，增值额未超过扣除项目金额20%的，免征土地增值税；②企事业单位、社会团体以及其他组织转让旧房作为廉租住房、经济适用住房房源且增值额未超过扣除项目金额20%的，免征土地增值税；③因国家建设需要依法征收、收回的房地产免征土地增值税；因城市实施规划、国家建设的需要而搬迁，由纳税人自行转让原房地产的，比照有关规定免征土地增值税；④对个人销售住房暂免收土地增值税。

【例题3】土地增值税的纳税人包括（　）。

A. 出售中国境内的房地产的个人

B. 继承中国境内的房地产的外国人

C. 出售中国境内的房地产的外国人

D. 继承中国境内的房地产的个人

E. 受赠中国境内的房地产的社会团体

【答案】AC

【解析】凡有偿转让国有土地使用权、地上建筑物及其他附着物并取得收入的单位和个人为土地增值税的纳税人。外商投资企业和外籍人员包括在内。

【例题4】土地增值税的课税对象是（　）。

A. 转让国有土地上的房地产

B. 赠与房地产

C. 转让房地产

D. 有偿转让国有土地上房地产所取得的土地增值额

【答案】D

【例题5】土地增值税实行（　）税率。

A. 比例　　B. 定额

C. 超额累进　　D. 超额递减

【答案】C

【解析】土地增值税实行四级超额累进税率。

【例题6】土地增值税实行超额累进税率，增值额超过扣除金额100%、未超过200%的部分，税率为（　）。

A. 30%　　B. 40%

C. 50%　　D. 60%

【答案】C

【例题7】某房地产开发公司新开发的写字楼销售增值额为2 200万元，按土地增值税相关规定准予扣除项目金额为1 200万元，则其应纳土地增值税适用税率为（　）。

A. 0　　B. 20%

C. 30%　　D. 50%

【答案】D

【例题8】转让房地产获得的增值额超过扣除项目金额150%、未超过扣除项目金额200%的部分，其增值额适用税率为（　）。

A. 30%　　B. 40%

C. 50%　　D. 60%

【答案】C

【例题9】土地增值税的扣除项目不包括（　）。

A. 土地使用权出让金　　B. 契税

C. 土地开发成本　　D. 土地开发费用

【答案】B

【解析】土地增值税的扣除项目为：①取得土地使用权时所支付的金额；②土地开发成本、费用；③建房及配套设施的成本、费用或旧房及建筑物的评估价格；④与转让房地产有关的税金；⑤财政部规定的其他扣除项目。与转让房地产有关的税金，是指在转让房地产时已缴纳的营业税、城市维护建设税、印花税。因转让房地产交纳的教育费附加也可视同税金予以扣除。

【例题10】纳税人建造普通标准住宅出售，增值额未超过扣除项目金额之和（　）的，免征土地增值税。

A. 10%　　B. 20%

C. 30%　　D. 40%

【答案】B

【例题11】下列行为可免征土地增值税的是（　）。

A. 以房地产抵偿债务

B. 无偿将房地产直接赠送给某估价机构

C. 转让原自用住房

D. 建造普通标准住宅出售，增值额为扣除项目的15%

【答案】BD

【解析】免征土地增值税的情形包括：①纳税人建造普通标准住宅出售，其土地增值额未超过扣除金额20%的；②因国家建设需要而被政府征收的房地产。

四、房产税

教材从房产税的纳税人、课税对象、计税依据、税率、纳税地点和纳税期限、减免规定六个方面，介绍了房产税的政策和内容。

此部分的法规、政策依据包括：①《房产税暂行条例》；②财政部、国家税务总局《关于股改及合资铁路运输企业房产税城镇土地使用税有关政策的通知》（财税［2009］132号）；③财政部、国家税务总局《关于廉租住房经济适用住房和住房租赁有关税收政策的通知》（财税［2008］24号）。

本部分中，房产税的纳税人、税率、减免规定，是学习和考试的重点。难点主要体现在以下三个方面。

1. 房地产开发企业开发的商品房征收房产税问题，即对房地产开发企业建造的商品房，在售出前，不征收房产税；但对售出前房地产开发企业已使用或出租、出借的商品房应按规定征收房产税。

2. 房产税的计税依据，即依照房产原值一次性减除10%～30%后的余值计算缴纳。具体减除幅度，由省、自治区、直辖市人民政府规定。没有房产原值作为依据的，由房产所在地税务机关参考同类房产核定。房产出租的，以房产租金收入为房产税的计税依据。

3. 房产税减免中的计算问题，即依据：自2008年3月1日起，对个人出租住房，不区分用途，按4%的税率征收房产税。对企事业单位、社会团体以及其他组织按市场价格向个人出租用于居住的住房，减按4%的税率征收房产税。

【例题1】李某于2010年2月将自有的一套住房出租，月租金为1 200元。则李某该年度应缴纳房产税（ ）元。

A. 432　　B. 576

C. 864　　D. 1 728

【答案】B

【解析】做此题，首先需要掌握房产税的优惠政策，其次进行计算，即李某该年度应缴纳房产税＝1 200×12×4%＝576（元）。

【例题2】房产税的课税对象包括（ ）范围内的房产。

A. 城市　　B. 县城

C. 农村　　D. 工矿区

E. 建制镇

【答案】ABDE

【解析】房产税的课税对象是房产，包括城市、县城、建制镇和工矿区的房产。

【例题3】下列房地产中，免征房产税的房产有（ ）。

A. 个人自营的店铺

B. 百货公司的商场

C. 个人自住的住房

D. 学校出租的食品店

E. 政府机关自用的办公楼

【答案】CE

【解析】下列房产免征房产税：①国家机关、人民团体、军队自用的房产。但其营业用房及出租的房产，不属免税范围；②由国家财政部门拨付事业经费的单位自用的房产；③宗教寺庙、公园、名胜古迹自用的房产。但其附设的营业用房及出租的房产，不属免税范围；④个人所有非营业用的房产；⑤鉴于房地产开发企业开发的商品房在出售前，对房地产开发企业而言是一种产品，因此，对房地产开发企业建造的商品房，在售出前，不征收房产税；但对售出前房地产开发企业已使用或出租、出借的商品房应按规定征收房产税；⑥对廉租住房经营管理单位按照政府规定价格、向规定保障对象出租廉租住房的租金收入，免征房产税；⑦股改铁路运输企业及合资铁路运输公司自用的房产、土地；⑧经财政部批准免税的其他房产。

【例题4】产权未确定的房产，应（ ）房产税。

A. 免征

B. 由居民委员会代缴

C. 由公证机构代缴

D. 由代管人或使用人缴纳

【答案】D

【解析】房产税纳税人中，产权未确定以及租典纠纷未解决的，以房产代管人或使用人为纳税人。

【例题5】产权属国家所有的房屋，其房产税（ ）。

A. 不需缴纳

B. 由经营管理的单位和个人缴纳

C. 由城市房地产管理部门缴纳

D. 由房屋的所有者缴纳

【答案】B

【例题6】房产税是以（ ）为课税对象，向产权所有人征收的一种税。

A. 土地使用权　　B. 房产人

C. 房产　　D. 纳税人

【答案】C

【例题7】非出租的房产，以（ ）为房产税计税依据。

A. 房产原值

B. 房产净值

C. 房产原值一次减除10%～30%后的余值

D. 房产净值一次减除10% ~30%后的余值

【答案】C

【例题8】刘某自营食品店，应税房产原值为50万元，每年需要交纳的房产税额最少是（ ）元。

A. 4 200　　B. 4 800

C. 5 400　　D. 6 000

【答案】A

【解析】非出租的房产 = 房产原值 ×（1 - 10% ~ 30%）×1.2% = 500 000 × 70% × 1.2% = 4 200（元）

【例题9】甲企业自用写字楼房产原值为2 000万元，按规定应缴纳的房产税可能是（ ）万元。

A. 16.8 ~ 21.6　　B. 21.6 ~ 24

C. 24　　D. 100

【答案】A

【解析】非出租的房产 = 房产原值 ×（1 - 10% ~ 30%）×1.2%，最高：2 000 ×（1 - 0.1）× 0.012 = 21.6（万元），最低：2 000 ×（1 - 0.3）× 0.012 = 16.8（万元）。因此A项16.8 ~ 21.6最符合题意。

【例题10】甲公司所有的房产原值2 450万元，若当地规定房产原值扣除比率为20%，则该公司年应纳房产税为（ ）万元。

A. 23.52　　B. 29.40

C. 294.00　　D. 235.20

【答案】A

【例题11】出租商铺的房产税税率是（ ）。

A. 1.2%　　B. 4%

C. 12%　　D. 17.5%

【答案】C

【例题12】下列房屋中，应缴纳房产税的有（ ）。

A. 房地产开发企业建造的待售商品房

B. 房地产开发企业自用的商品房

C. 个人出租的房屋

D. 投资者以房产投资联营，收取固定收益的房屋

E. 公园出租的房屋

【答案】BCDE

【解析】对房地产开发企业建造的商品房，在售出前，不征收房产税；但对售出前房地产开发企业已使用或出租、出借的商品房应按规定征收房产税。

【例题13】下列房屋中，可以免征房产税的有（ ）。

A. 人民团体出租的房屋

B. 由国家财政部门拨付事业经费的单位自用的房屋

C. 宗教寺庙自用的房屋

D. 个人所有非营业用的房屋

E. 房地产开发企业在建的商品房

【答案】BCDE

【解析】国家机关、人民团体、军队自用的房产，免征房产税。但其营业用房及出租的房产，不属免征房产税范围。

【例题14】在下列房产中，免征房产税的有（ ）。

A. 个人所有非营业用的房产

B. 由国家财政部门拨付事业经费的单位自用的房产

C. 宗教寺庙、公园、名胜古迹自用的房产

D. 出租的国家机关用房

E. 营业用的人民团体房产

【答案】ABC

五、城镇土地使用税

教材从土地使用税的纳税人、课税对象和计税依据、适用税额、纳税地点和纳税期限、减免规定五个方面，介绍了土地使用税的政策和内容。

此部分的法规、政策依据包括：①《城镇土地使用税暂行条例》；②财政部、国家税务总局《关于股改及合资铁路运输企业房产税城镇土地使用税有关政策的通知》(财税［2009］132号)；③《国家税务局关于土地使用税若干具体问题的解释和暂行规定》(国税地字［1988］15号)；④财政部、国家税务总局《关于安置残疾人就业单位城镇土地使用税等政策的通知》(财税［2010］121号)；⑤财政部、国家税务总局《关于廉租住房经济适用住房和住房租赁有关税收政策的通知》（财税［2008］24号）。

本部分中，土地使用税的纳税人、适用税额、减免规定，是学习和考试的重点。同时应注意城镇土地使用税的最新政策，即地方性免征城镇土地使用税规定中，对民政部门举办的安置残疾人占一定比例的福利工厂用地，是否免征城镇土地使用税，由省级税务机关确定问题。该条已被财税［2010］121号文件废止。根据财政部、国家税务总局《关于安置残疾人就业单位城镇土地使用税等政策的通知》（财税［2010］121号）规定，关于安置残疾人就业单位的城镇土地使用税问题。对在一个纳税年度内月平均实际安置残疾人就业人数占单位在职职工总数的比例高

于25%（含25%）且实际安置残疾人人数高于10人（含10人）的单位，可减征或免征该年度城镇土地使用税，具体减免税比例及管理办法由省、自治区、直辖市财税主管部门确定。《国家税务局关于土地使用税若干具体问题的解释和暂行规定》（国税地字［1988］15号）第十八条第四项同时废止。

需要注意：城镇土地使用税实行分类分级的幅度定额税率。每平方米的年幅度税额按城市大小分为如下四个档次。

（1）大城市1.5～30元。

（2）中等城市1.2～24元。

（3）小城市0.9～18元。

（4）县城、建制镇和工矿区0.6～12元。

【例题1】城镇土地使用税的计税依据是纳税人（ ）。

A. 房屋的建筑面积

B. 房屋的使用面积

C. 房屋的居住面积

D. 实际占用的土地面积

【答案】D

【例题2】中等城市城镇土地使用税每平方米年税额的幅度为（ ）元。

A. 0.6～12　　B. 0.9～18

C. 1.2～24　　D. 1.5～30

【答案】C

【例题3】县城的城镇土地使用税的年幅度税额为每平方米（ ）元。

A. 0.4～8　　B. 0.4～12

C. 0.6～12　　D. 0.9～18

【答案】C

【例题4】城镇土地使用税实行（ ）。

A. 定额税率　　B. 比例税率

C. 累进税率　　D. 累退税率

【答案】A

【例题5】城镇土地使用税采用分类分级的（ ）税率。

A. 比例　　B. 超额累进

C. 全额累进　　D. 幅度定额

【答案】D

【例题6】土地使用税，按（ ）计算，分期缴纳。

A. 年　　B. 季

C. 月　　D. 旬

【答案】A

【例题7】下列占用土地行为应免征城镇土地使用税的是（ ）。

A. 民营企业占用的土地

B. 公园自用的绿地

C. 国有企业占用的土地

D. 间接用于农业的生产用地

【答案】B

【解析】城镇土地使用税政策性免税包括宗教寺庙、公园、名胜古迹自用的土地等。

【例题8】下列土地符合免征土地使用税的包括（ ）。

A. 国家机关、人民团体、军队自用的土地

B. 由国家财政部门拨付事业经费的单位自用的土地

C. 宗教寺庙、公园、名胜古迹自用的土地

D. 不直接用于农、林、牧、渔业的生产用地

E. 经批准开山填海整治的土地和改造的废弃土地，从使用的月份起，免缴土地使用税10年至20年

【答案】ABC

【解析】直接用于农、林、牧、渔业的生产用地，属于免征土地使用税的范围；同时经批准开山填海整治的土地和改造的废弃土地，从使用的月份起，免缴土地使用税5年至10年。

六、耕地占用税

教材从耕地占用税的纳税人、课税对象、适用税额、计税依据、减免规定五个方面，介绍了耕地占用税的政策和内容。

此部分的法规、政策依据包括：①《耕地占用税暂行条例》；②《耕地占用税暂行条例实施细则》；③《商品房销售管理办法》；④《最高人民法院关于审理商品房买卖合同纠纷案件适用法律若干问题的解释》（法释［2003］7号）。

本部分中，耕地占用税的纳税人、适用税额、计税依据、减免规定，是学习和考试的重点。难点主要是耕地占用税的减免规定。

需要注意，耕地占用税的适用税额如下：

（1）以县为单位（下同），人均耕地在1亩以下（含1亩）的地区，每平方米10～50元；

（2）人均耕地在1～2亩（含2亩）的地区，每平方米8～40元；

（3）人均耕地在2～3亩（含3亩）的地区，每平方米6～30元；

（4）人均耕地在3亩以上的地区，每平方米5～

25 元。

国务院财政、税务主管部门根据人均耕地面积和经济发展情况确定各省、自治区、直辖市的平均税额。各地适用税额，由各省、自治区、直辖市人民政府在规定的税额范围内，根据本地实际情况具体核定。各省、自治区、直辖市人民政府核定的适用税额的平均水平，不得低于规定的平均税额。

【例题 1】耕地占用税实行（ ）。

A. 比例税率　　B. 累进税率

C. 比例税率和定额税率　　D. 定额税率

【答案】D

【解析】耕地占用税实行定额税率，具体分四个档次。

【例题 2】《耕地占用税暂行条例》第五条对耕地占用税的税额规定：人均耕地不超过 1 亩（1 亩 = 0.066 7 公顷）的地区（以县级行政区域单位），每平方米为（ ）元。

A. 10 ~ 50　　B. 8 ~ 40

C. 6 ~ 30　　D. 5 ~ 25

【答案】A

【例题 3】耕地占用税的税率采用（ ）税率。

A. 定额　　B. 比例

C. 超额累计递增　　D. 超额累计递减

【答案】A

【例题 4】耕地占用税的计税依据是纳税人（ ）面积。

A. 经批准占用的耕地

B. 经批准占用的土地

C. 实际占用的耕地

D. 实际占用的建设用地

【答案】C

【例题 5】下列耕地中，属于免征耕地占用税的是（ ）。

A. 制药企业占用耕地　　B. 医院占用耕地

C. 港口占用耕地　　D. 停机坪占用耕地

【答案】B

【解析】耕地占用税免税范围：①军事设施占用耕地；②学校、幼儿园、养老院、医院占用耕地。

七、其他相关税费

教材从营业税、城市维护建设税和教育费附加，企业所得税，个人所得税，印花税，交易手续费，房屋登记费六个方面，介绍了其他相关税费政策和内容。

此部分的法规、政策依据包括：①《企业所得税法》；②《个人所得税法》；③《营业税暂行条例》；④《营业税暂行条例实施细则》；⑤《印花税暂行条例》；⑥《关于调整个人住房转让营业税政策的通知》（财税［2011］12 号）；⑦财政部、国家税务总局、住房和城乡建设部《关于调整房地产交易环节契税个人所得税优惠政策的通知》（财税［2010］94 号）；⑧根据《国家计委、建设部关于规范住房交易手续费有关问题的通知》（计价格［2002］121 号）；⑨国家发展改革委《关于降低部分建设项目收费标准规范收费行为等有关问题的通知》（发改价格［2011］534 号）；⑩国家发展改革委、财政部《关于规范房屋登记费计费方式和收费标准等有关问题的通知》（发改价格［2008］924 号）。

本部分中，营业税、城市维护建设税和教育费附加，是学习和考试的重点。难点主要是营业税、城市维护建设税和教育费附加的计算。

【例题 1】李某于 2011 年 5 月 10 日将其 2006 年 1 月 10 日以 52.5 万元购买的一套 150 ㎡的住宅以 120 万元出售，则李某应缴纳营业税（ ）万元。

A. 0　　B. 3.38

C. 4.38　　D. 5.38

【答案】B

【解析】自 2011 年 1 月 28 日起，对个人购买住房不足 5 年转手交易的，统一按其销售收入全额征税；个人将购买超过 5 年（含 5 年）的非普通住房对外销售的，按照其销售收入减去购买房屋的价款后的差额征收营业税；个人将购买超过 5 年（含 5 年）的普通住房对外销售的，免征营业税。销售不动产（房地产）的营业税税率为 5%。从 2006 年 1 月 10 日，至 2011 年 5 月 10 日，已超过 5 年；150 ㎡的住宅应属于非普通住房。因此适用个人将购买超过 5 年（含 5 年）的非普通住房对外销售的，按照其销售收入减去购买房屋的价款后的差额征收营业税。李某应缴纳营业税 = （120 − 52.5） × 5% = 3.375（万元）。

同时还应注意住房转让手续费的新政策，即国家发展改革委《关于降低部分建设项目收费标准规范收费行为等有关问题的通知》（发改价格［2011］534 号）规定，降低保障性住房转让手续费，减免保障性住房租赁手续费。经批准设立的各房屋交易登记机构在办理房屋交易手续时，限价商品住房、棚户区改造安置住房等保障性住房转让手续费应在原国家计委、建设部《关于规范住房交易手续费有关问题的通知》（计价格［2002］121 号）规定收费标准的基础上减半收取，即执行与经济适用住房相同的收费标准；因继承、遗赠、婚姻关系共有发生的住房转让免收住房转让手续费；依法进行的廉租住房、公共租赁住房等保障性住房租赁行为免收租赁手续费；住房抵押不得收取抵押手续费。

【例题2】教育费附加的税率在城市一般是（ ）。

A. 1%　　B. 3%

C. 5%　　D. 7%

【答案】B

【解析】教育费附加是随增值税、消费税和营业税附征并专门用于教育的一种特别目的税，税率为3%。

【例题3】某房地产经纪机构有限责任公司，应按照（ ）的税率缴纳企业所得税。

A. 5%　　B. 7%

C. 20%　　D. 25%

【答案】D

【解析】企业所得税的税率为25%。非居民企业在中国境内未设立机构、场所的，或者虽设立机构、场所但取得的所得与其所设机构、场所没有实际联系的，就其来源于中国境内的所得缴纳企业所得税的，适用税率为20%。

【例题4】领取房屋权属证书，权利人应按（ ）缴纳印花税。

A. 申请登记时的房地产价值的0.3%

B. 申请登记时的房地产价值的0.5%

C. 申请登记时的房地产价值的1%

D. 每件5元

【答案】D

【解析】印花税的税率有：1‰、0.5‰、0.3‰、0.1‰、0.05‰，此外，许可证照、房屋产权证、工商营业执照、商标注册证、专利证、土地使用证按件贴花5元。

【例题5】住房转让手续费按住房的（ ）收取。

A. 成交价格　　B. 评估价格

C. 建筑面积　　D. 转让增值额

【答案】C

【解析】住房转让手续费按住房建筑面积收取。收费标准为：新建商品住房每平方米3元，存量住房每平方米6元。新建商品房转让手续费由转让方承担，经济适用房减半计收；存量住房转让手续费由转让双方各承担50%。

【例题6】城市维护建设税以纳税人实际缴纳的（ ）税额为计税依据。

A. 增值税　　B. 所得税

C. 消费税　　D. 契税

E. 营业税

【答案】ACE

【解析】城市维护建设税以缴纳增值税、消费税、营业税的单位和个人为纳税人。外商投资企业和外国企业暂不缴纳城建税。

【例题7】甲房地产开发公司转让位于某市市区的项目，收入为500万元，其应缴纳的营业税、城市维护建设税和教育费附加合计为（ ）万元。

A. 25.0　　B. 27.0

C. 27.5　　D. 28.5

【答案】C

【解析】销售不动产（房地产）的营业税税率为5%，所以应缴纳的营业税、城市维护建设税和教育费附加 $=500\times5\%\times(1+7\%+3\%)=27.5$（万元）。

【例题8】纳税人转让国有建设用地使用权应缴纳的税费有（ ）。

A. 土地增值税　　B. 耕地占用税

C. 营业税　　D. 城市维护建设税

E. 教育费附加

【答案】ACDE

【解析】土地增值税的课税对象是有偿转让房地产所取得的土地增值额。耕地占用税是对占用耕地建房或者从事其他非农业建设的单位和个人征收的一种税。

【例题9】从2008年3月1日起，对个人出租住房征收营业税的概率是（ ）。

A. 1.5%　　B. 3.0%

C. 5.0%　　D. 5.5%

【答案】A

【解析】2008年3月1日起，对个人出租住房，不区分用途，在3%税率的基础上减半征收营业税，按4%的税率征收房产税。

【例题10】关于住房税收优惠政策的说法，错误的是（ ）。

A. 对廉租住房经营管理单位按照政府规定价格、向规定保障对象出租廉租住房的租金收入，减半征收营业税

B. 企事业单位转让旧房作为廉租住房房源且增值额未超过扣除项目金额20%的，免征土地增值税

C. 对个人购买经济适用住房，在法定税率基础

上减半征收契税

D. 对廉租住房经营管理单位购买住房作为廉租住房的，免征契税

【答案】A

【解析】对廉租住房经营管理单位按照政府规定价格、向规定保障对象出租廉租住房的租金收入，免征营业税、房产税。

【例题 11】企业所得税实行的是（ ）。

A. 比例税率

B. 累进税率

C. 定额税率

D. 比例税率和定额税率

【答案】A

【例题 12】个人转让购买满 5 年家庭唯一的普通自用住房，对交易双方可以免征的税种有（ ）。

A. 土地增值税　　B. 个人所得税

C. 营业税　　D. 契税

E. 印花税

【答案】ABCE

【解析】A 项，个人销售住房暂免征收土地增值税。B 项，对个人转让自用 5 年以上，并且是家庭唯一生活用房取得的所得，继续免征个人所得税。C 项，自 2011 年 1 月 28 日起，个人将购买超过 5 年（含 5 年）的普遍住房对外销售的，免征营业税；D 项，自 2010 年 10 月 1 日起，对个人购买普通住房，且该住房属于家庭唯一住房的，减半征收契税；E 项，个人销售或者购买住房暂免征收印花税。

【例题 13】下列关于我国房地产各税种税率的表述中，错误的有（ ）。

A. 房产税实行比例税率，按房产余值计征，为 12%；按房产租金收入计征，为 1.2%

B. 城镇土地使用税实行比例税率，具体分为四个档次

C. 耕地占用税实行定额税率，具体分为四个档次

D. 土地增值税实行四级超额累进税率，分别为 30%、40%、50%、60%

E. 城市维护建设税实行地区差别税率

【答案】AB

【解析】城镇土地使用税实行分类分级的幅度定额税率。房产税采用比例税率，按房产余值计征的，税率为 1.2%；按房产租金收入计征的，税率为 12%。

【例题 14】下列税种中，属于既可适用比例税率也可适用定额税率的是（ ）。

A. 营业税　　B. 房产税

C. 印花税　　D. 契税

【答案】C

【例题 15】按税法规定，订立商品房销售合同应缴纳（ ）。

A. 印花税　　B. 契税

C. 营业税　　D. 土地增值税

【答案】A

【解析】印花税的税目包括：各种合同及具有合同性质的各种凭证；产权转移书据（含土地使用权出让合同、土地使用权转让合同、商品房销售合同）等。

【例题 16】刘某 2005 年购得一商铺，以每月 2 000 元租金租给吴某，租期 5 年。半年后由于经营资金周转困难，刘某将商铺抵押给银行贷款 20 万元，贷款期限 1 年，并办理了抵押登记。抵押到期后，刘某未能偿还债务。银行依法申请人民法院拍卖该商铺。如果拍卖、变卖刘某商铺，刘某应当缴纳（ ）。

A. 契税　　B. 营业税

C. 房产税　　D. 印花税

【答案】B

【解析】在我国境内转移土地、房屋权属，承受的单位和个人为契税的纳税人。自 2008 年 11 月 1 日起，对个人销售或购买住房暂免征收印花税。

【例题 17】印花税的税率形式有（ ）税率。

A. 定额　　B. 差额

C. 累进　　D. 差额累进

E. 比例

【答案】AE

【例题 18】住房租赁手续费按套收取，收费标准为每套（ ）元，由出租人承担。

A. 10　　B. 100

C. 300　　D. 1 000

【答案】B

【例题 19】向一个以上房屋所有权人核发房屋所有权证书时，每增加一本证书可以按每本（ ）元收取工本费。

A. 10　　B. 20

C. 50　　D. 80

【答案】A

练习题

一、单项选择题（每题的备选答案中只有一个最符合题意）

1. （ ）是税收的关键特征。

A. 强制性　B. 固定性

C. 无偿性　D. 有偿性

2. 国家征税必须通过法律形式，事先规定纳税人、课税对象和税率。这表明了税收具有（ ）特征。

A. 强制性　B. 固定性

C. 无偿性　D. 有偿性

3. （ ）是确定征税范围的主要界限，也是区别不同税种的主要标志。

A. 课税主体　B. 课税对象

C. 税基　D. 税率

4. 以下关于税率，说法不正确的是（ ）。

A. 税率是据以计算应纳税额的比率

B. 税率是对课税对象的征收比例

C. 税率是税收制度和政策的中心环节

D. 税率确定对什么事物征税

5. 根据课税对象性质的不同，全部税种分为（ ）五大类。

A. 流转税、负债税、财产税、资源税和行为目的税

B. 流转税、收益税、财产税、增值税和行为目的税

C. 流转税、收益税、财产税、资源税和行为目的税

D. 地方税、收益税、财产税、资源税和行为目的税

6. 契税是在土地、房屋权属发生转移时，对（ ）征收的一种税。

A. 产权出售人　B. 产权承受人

C. 产权出售单位　D. 出卖人

7. 契税的税率为（ ）。

A. 1% ~5%　B. 2% ~5%

C. 3% ~5%　D. 3% ~6%

8. 契税减免规定中，城镇职工按规定第一次购买（ ）的，免征契税。

A. 私有住房　B. 公有住房

C. 商品住房　D. 二手住房

9. 下列不需交纳契税的是（ ）。

A. 以房屋权属作价投资　B. 房屋买卖

C. 法定继承人继承土地　D. 房屋赠与

10. 根据现行政策，对个人购买经济适用住房，（ ）。

A. 免征契税

B. 按法定税率的 30% 征收契税

C. 在法定税率基础上减半征收契税

D. 在法定税率基础上，双倍征收契税

11. 婚姻关系存续期间，房屋、土地权属原归夫妻一方所有，变更为夫妻双方共有的，（ ）。

A. 按法定税率的 20% 征收契税

B. 按法定税率的 50% 征收契税

C. 全额征收契税

D. 免征契税

12. 土地增值税是对（ ）的单位和个人征收的一种税。

A. 有偿转让集体土地使用权及地上建筑物和其他附着物

B. 有偿转让国有土地使用权及地上建筑物和其他附着物

C. 有偿转让国有土地所有权及地上建筑物和其他附着物

D. 有偿转让国有土地使用权，不包括有偿转让地上建筑物和其他附着物

13. 土地增值税的课税对象是（ ）。

A. 赠与转让房地产所取得的土地增值额

B. 无偿转让房地产所取得的土地增值额

C. 继承转让房地产所取得的土地增值额

D. 有偿转让房地产所取得的土地增值额

14. 土地增值税征收中，土地增值额为纳税人转让房地产所取得减除（ ）金额后的余额。

A. 增加项目　B. 扣除项目

C. 排除项目　D. 剩余项目

15. 土地增值税以（ ）为计税依据。

A. 纳税人继承房地产所取得的土地增值额

B. 纳税人出租房地产所取得的土地增值额

C. 纳税人转让房地产所取得的土地增值额

D. 纳税人赠与房地产所取得的土地增值额

16. 土地增值税实行超额累进税率，增值额超过扣除项目金额 50%，未超过 100% 的部分，税率为（ ）。

A. 30%　B. 40%

C. 50%　　D. 60%

17. 土地增值额超过扣除项目金额 100%，未超过 200% 的，土地增值税税率为（　）。

A. 30%　　B. 40%

C. 50%　　D. 60%

18. 土地增值税的扣除项目不包括（　）。

A. 营业税　　B. 土地开发成本

C. 房产税　　D. 教育费附加

19. 下列不属于土地增值税扣除项目的是（　）。

A. 取得土地使用权时所支付的金额

B. 土地开发成本、费用

C. 建房及配套设施的成本、费用

D. 城镇土地使用税

20. 纳税人建造普通标准住宅出售，其土地增值额未超过扣除金额（　）的，免征土地增值税。

A. 10%　　B. 20%

C. 30%　　D. 50%

21. 房产税的课税对象是（　）。

A. 房产　　B. 房产增值额

C. 房产所有人　　D. 房产负税人

22. 下列关于房产税的纳税人，表述错误的是（　）。

A. 凡是我国境内拥有房屋产权的单位和个人都是房产税的纳税人

B. 产权属于全民所有的，以经营管理的单位和个人为纳税人

C. 产权出典的，以出典人为纳税人

D. 产权所有人、承典人均不在房产所在地的，以房产代管人或使用人为纳税人

23. 房产税计税依据中，对于非出租的房产，以房产原值一次减除（　）后的余值为计税依据。

A. 10% ~20%　　B. 10% ~30%

C. 10% ~40%　　D. 10% ~50%

24. 房产税的征税范围为（　）。

A. 城市、农村、建制镇和工矿区

B. 城市、县城、建制镇和农村

C. 城市、县城、建制镇和工矿区

D. 县城、建制镇、农村和工矿区

25. 房产税依照房产租金收入计算缴纳的，其税率为（　）。

A. 1.2%　　B. 3%

C. 5%　　D. 12%

26. 甲企业自用写字楼房产原值为 3 000 万元，按规定应缴纳的房产税可能是（　）万元。

A. 21.60 ~ 25.20　　B. 25.20 ~ 32.40

C. 32.40 ~ 41.30　　D. 41.30 ~ 53.80

27. 某市区一门市用房出租，月租金 600 元，经税务机关审核，按房产租金收入计征房产税。在不考虑税收优惠政策情况下，需缴纳房产税（　）元/年。

A. 72　　B. 336

C. 432　　D. 864

28. 下列不属于经财政部批准免征房产税范围的是（　）。

A. 损坏不堪使用的房屋和危险房屋，经有关部门鉴定后

B. 对企业因停产、撤销而闲置不用的房产

C. 企业办的各类学校、医院、托儿所、幼儿园自用的房产

D. 房产大修停用三个月以上的，经申请，并经税务机关审核，在大修期间免征房产税

29. 依法不能免征房产税的房屋是（　）。

A. 政府机关的办公楼

B. 百货公司的商场

C. 个人自住的住房

D. 武警部队的营房

30. 甲企业有一宗国有土地，实际占用土地面积为 30 000 平方米，土地用途为工业，其中 10 000 平方米出租给乙企业，用于存放乙企业的原材料；在其余的 20 000 平方米土地上，甲企业建造了一座生产厂房，建筑占地面积 15 000 平方米，建筑面积 38 000 平方米，现甲企业根据规定缴纳城镇土地使用税，纳税时应以（　）为计税依据。

A. 20 000 平方米　　B. 30 000 平方米

C. 15 000 平方米　　D. 10 000 平方米

31. 土地使用税的计税依据是（　）。

A. 土地上房屋建筑总面积

B. 建筑物基地面积

C. 纳税人实际占用的土地面积

D. 纳税人自己测定的土地面积

32. 土地使用税采用的税率是（　）。

A. 四级超额累进税率

B. 四级超额累退税率

C. 分类分级的幅度定额税率

D. 比例税率

33. 土地使用税政策性免税中，经批准开山填海整治的土地和改造的废弃土地，从使用的月份起免缴土地使用税（　）。

A. 3 年至 5 年　　B. 3 年至 8 年

C. 5 年至 10 年　　D. 10 年至 15 年

34. 耕地占用税的课税对象是（ ）。

A. 占用耕地建房或从事农业生产的行为

B. 占用耕地建房或从事非农业建设的行为

C. 占用耕地建房或从事非农业建设的单位

D. 占用耕地建房或从事非农业建设的个人

35. 耕地占用税的计税依据是（ ），按照规定税率一次性计算征收。

A. 纳税人非实际占用的耕地面积

B. 纳税人实际占用的耕地面积

C. 纳税人实际占用的非耕地面积

D. 纳税人实际占用的建设用地面积

36. 耕地占用税采取的税率是（ ）。

A. 比例税率　　B. 累进税率

C. 累退税率　　D. 定额税率

37. 对飞机场跑道占用耕地，减按每平方米（ ）元的税额征收耕地占用税。

A. 1　　B. 2

C. 3　　D. 5

38. 可按规定税额减半征收耕地占用税的包括（ ）。

A. 军事设施占用耕地

B. 农村居民占用耕地新建住宅

C. 医院占用耕地

D. 铁路线路占用耕地

39. 农村居民占用耕地新建住宅，耕地占用税按规定税额（ ）。

A. 三倍　　B. 减半

C. 一倍　　D. 二倍

40. 下列不属于耕地占用税免税范围的包括（ ）。

A. 部队军事设施用地

B. 炸药库用地

C. 医院用地

D. 农村居民占用耕地新建住宅

41. 销售房地产的营业税税率为（ ）。

A. 1%　　B. 3%

C. 5%　　D. 7%

42. 目前个人转让住房的营业税优惠政策中，对个人自建自用住房销售时（ ）。

A. 征收 80% 营业税　　B. 征收 50% 营业税

C. 征收 20% 营业税　　D. 免征营业税

43. 目前，对个人出租住房，不区分用途，在（ ）税率的基础上减半征收营业税。

A. 1%　　B. 2%

C. 3%　　D. 4%

44. 2014 年 4 月，王某将其住宅出租，月租金收入为 2 000 元，其当月应缴纳的营业税为（ ）元。

A. 10　　B. 30

C. 60　　D. 100

45. 城市维护建设税实行的是（ ）。

A. 累进税率　　B. 累退税率

C. 定额税率　　D. 地区差别税率

46. 教育费附加的税率为（ ）。

A. 1%　　B. 3%

C. 5%　　D. 7%

47. 企业所得税的税率为（ ）。

A. 10%　　B. 18%

C. 25%　　D. 33%

48. 非居民企业在中国境内未设立机构、场所的，或者虽设立机构、场所但取得的所得与其所设机构、场所没有实际联系的，就其来源于中国境内的所得缴纳企业所得税的，适用税率为（ ）。

A. 18%　　B. 20%

C. 25%　　D. 30%

49. 在房地产税收的优惠政策中，对个人转让自用住房（ ）以上，并且是家庭唯一生活用房取得的所得，继续免征个人所得税。

A. 2 年　　B. 3 年

C. 5 年　　D. 10 年

50. 2008 年 3 月 1 日起，对个人出租住房取得的所得税按（ ）的税率，征收个人所得税。

A. 5%　　B. 10%

C. 15%　　D. 20%

51. 2014 年 5 月，江某委托甲房地产经纪公司将闲置住房按市场价出租，年租金为 12 000 元，则江某应缴纳的个人所得税是（ ）元。

A. 360　　B. 480

C. 1 200　　D. 2 400

52. 印花税的税率采用（ ）两种。

A. 定额税率和累进税率

B. 比例税率和定额税率

C. 累进税率和累退税率

D. 特殊税率和一般税率

53. 关于廉租住房和经济适用住房税收优惠政策的说法，错误的是（ ）。

A. 对个人按规定取得的廉租住房货币补贴，免征个人所得税

B. 对个人按规定取得的廉租住房货币补贴，减半征收个人所得税

C. 对廉租住房经营管理单位购买住房作为廉租住房，免征契税

D. 对廉租住房经营管理单位按照政府规定价格、向规定保障对象出租廉租住房的租金收入，免征营业税

54. 农民利用宅基地建造的住房登记，应缴纳房屋登记费（ ）元。

A. 0　　B. 10

C. 80　　D. 550

55. 非住房房屋登记收费标准为每件（ ）元。

A. 10　　B. 20

C. 80　　D. 550

56. 新建商品住房转让手续费收费标准为每平方米（ ）元。

A. 1　　B. 3

C. 10　　D. 50

二、多项选择题（每题的备选答案中有两个或两个以上符合题意）

1. 税收具有的特征有（ ）。

A. 强制性　　B. 固定性

C. 有偿性　　D. 无偿性

E. 灵活性

2. 下列（ ）税率，属于比例税率。

A. 城镇土地使用税　　B. 房产税

C. 耕地占用税　　D. 城市维护建设税

E. 营业税

3. 我国现行的税率形式有（ ）。

A. 比例税率　　B. 累进税率

C. 累退税率　　D. 定额税率

E. 非固定税率

4. 我国现行房地产税包括（ ）等。

A. 房产税　　B. 城镇土地使用税

C. 土地增值税　　D. 农业税

E. 耕地占用税

5. 房地产交易环节的收费中，属于政府规费的有（ ）。

A. 利用房地产档案费　　B. 房产登记费

C. 房地产经纪服务费　　D. 交易手续费

E. 房地产评估费利用房地产档案费

6. 以下（ ）房地产转让行为，应按规定交纳契税。

A. 国有土地使用权出让　　B. 土地使用权转让

C. 房屋买卖　　D. 房屋等值交换

E. 非法定继承人继承房屋

7. 契税的课税对象是（ ）。

A. 发生产权转移的土地

B. 未发生产权转移的土地

C. 发生产权转移的房屋

D. 未发生产权转移的房屋

E. 未发生产权转移的土地、房屋

8. 下列需交纳契税的包括（ ）。

A. 建设用地使用权转让

B. 不等值房屋交换

C. 以获奖方式承受房屋权属

D. 法定继承人承受死者生前的土地权属

E. 以房屋权属抵债

9. 下列行为中，可免征契税的有（ ）。

A. 城镇职工按规定第一次购买公有住房

B. 因洪灾导致住房灭失而重购住房

C. 婚姻关系存续期间，房屋权属原归夫妻一方所有，变更为夫妻双方共有的

D. 购买经济适用住房

E. 教育事业单位购买用于公益性教学的房屋

10. 土地增值税的征税范围包括（ ）。

A. 国有土地

B. 地上建筑物及其他附着物

C. 山区林地

D. 集体土地上的建筑物及其他附着物

E. 集体土地

11. 土地增值税实行超额累进行税率，结合扣除项目金额，其所规定的税率有（ ）。

A. 20%　　B. 30%

C. 40%　　D. 50%

E. 60%

12. 下列属于土地增值税扣除项目的是（ ）。

A. 取得土地使用权时所支付的金额

B. 土地开发成本、费用

C. 旧房及建筑物的评估价格

D. 与转让房地产有关的税金

E. 住房和城乡建设部规定的其他扣除项目

13. 对于房产税采用比例税率说法正确的包括（ ）。

A. 按房产余值计征的，税率为1.2%

B. 按房产余值计征的，税率为12%

C. 按房产租金收入计征的，税率为1.2%

D. 按房产租金收入计征的，税率为12%

E. 按房产租金收入计征的，税率为18%

14. 下列房屋中，应缴纳房产税的有（ ）。

A. 房地产开发企业建造的待售商品房

B. 房地产开发企业自用的商品房

C. 售出前房地产开发企业已出租的商品房

D. 个人所有非营业用的房产

E. 股改铁路运输企业及合资铁路运输公司自用的房产

15. 下列应免征房产税的有（ ）。

A. 宗教寺庙自用的房产

B. 军队自用的房产

C. 产权不确定的及有纠纷的房产

D. 个人所有非营业用的房产

E. 股改铁路运输企业自用的房产

16. 下列房产中，免征房产税的有（ ）。

A. 军队自用房产　　B. 个人所有自住住房

C. 国家机关办公楼　　D. 五星级酒店

E. 对按照政府规定价格、向规定保障对象出租廉租住房的租金收入

17. 下列关于土地使用税的纳税人的说法，正确的是（ ）。

A. 土地使用税的纳税人包括拥有土地使用权的单位

B. 土地使用税的纳税人不包括拥有土地使用权的个人

C. 土地使用权共有的，由共有各方划分使用比例分别纳税

D. 拥有土地使用权的纳税人不在土地所在地的，由代管人或实际使用人缴纳

E. 土地使用权权属纠纷未解决的，由实际使用人纳税

18. 土地使用税的课税对象是（ ）范围内的土地。

A. 城市　　B. 县城

C. 建制镇　　D. 工矿区

E. 农村

19. 城镇土地使用税是采用分类分级的幅度定额税率，每平方米的年幅度税额按城市大小分（ ）四个档次。

A. 大城市 1.5 ~ 30 元

B. 中等城市 1.2 ~ 24 元

C. 小城市 0.9 ~ 18 元

D. 小城市 0.8 ~ 15 元

E. 县城、建制镇、工矿区 0.6 ~ 12 元

20. 下列土地符合免征土地使用税的包括（ ）。

A. 国家机关自用的土地

B. 合资铁路运输公司自用的房产

C. 宗教寺庙自用的土地

D. 公园开展出租经营用的土地

E. 个人出租住房

21. 下列占用土地行为，可免征城镇土地使用税的是（ ）。

A. 人民团体自用的土地

B. 公园自用的绿地

C. 国有企业占用的土地

D. 个人出租住房

E. 民营企业占用的土地

22. 耕地占用税是对（ ）征收的一种税。

A. 对占用耕地建房的单位和个人

B. 对从事其他非农业建设的单位和个人

C. 对占用耕地建房的单位，不包括个人

D. 对从事其他非农业建设的个人，不包括单位

E. 对从事其他非农业建设的单位，不包括个人

23. 耕地占用税实行定额税率，以县为单位，具体分（ ）四个档次。

A. 人均耕地庄 1 亩以下（含 1 亩）的地区，10 ~ 50 元/平方米

B. 人均耕地在 1 ~ 2 亩（含 2 亩）的地区，8 ~ 40 元/平方米

C. 人均耕地在 2 ~ 3 亩（含 3 亩）的地区，6 ~ 30 元/平方米

D. 人均耕地在 3 亩以上的地区，4 ~ 20 元/平方米

E. 人均耕地在 3 亩以上的地区，5 ~ 25 元/平方米

24. 以下（ ）占用耕地，减按每平方米 2 元的税额征收耕地占用税。

A. 公路线路　　B. 港口

C. 军事设施　　D. 学校

E. 航道

25. 下列耕地中，属于免征耕地占用税的是（ ）。

A. 农村居民占用耕地新建住宅

B. 军事设施占用耕地

C. 学校占用耕地

D. 养老院占用耕地

E. 医院占用耕地

26. 下列有关税收的表述中，正确的有（ ）。

A. 财政局对外出租的经营用房，免征房产税

B. 城建税以纳税人实际缴纳的增值税、消费税、

营业税税额为计税依据

C. 用耕地建乡政府办公楼，应交纳耕地占用税

D. 土地增值税的课税对象是有偿转让的房地产

E. 因地震毁坏住房而重新购买住房的免征契税

27. 营业税是对（　）的单位和个人开征的一种税。

A. 提供应税劳务

B. 转让有形资产

C. 转让无形资产

D. 销售房地产

E. 销售不动产

28. 目前营业税的有关减免规定，主要包括（　）。

A. 个人自建自用住房销售时，免征营业税

B. 企业、行政事业单位按房改成本价出售住房的收入，暂免征收营业税

C. 企业、行政事业单位按房改标准价出售住房的收入，免征 50% 营业税

D. 对按政府规定价格、向规定保障对象出租廉租住房的租金收入，免征营业税

E. 对个人出租住房，不区分用途，按 3% 税率征收营业税

29. 城市维护建设税是随（　）附征并专门用于城市维护建设的一种特别目的税。

A. 房产税　　B. 增值税

C. 消费税　　D. 营业税

E. 流转税

30. 下列关于城市维护建设税的税率，按照纳税人所在地的不同，税率分别规定为 7%、5%、1% 三个档次，具体是（　）。

A. 纳税人所在地在城市市区的，税率为 7%

B. 在县城、建制镇的，税率为 5%

C. 在县城、建制镇的，税率为 3%

D. 不在城市市区、县城、建制镇的，税率为 5%

E. 不在城市市区、县城、建制镇的，税率为 1%

31. 企业每一纳税年度的收入总额，减除（　）后的余额，为企业所得税应纳税所得额。

A. 不征税收入

B. 各项扣除

C. 免税收入

D. 允许弥补的以前年度亏损

E. 允许弥补的以后年度亏损

32. 印花税的税率形式有（　）税率。

A. 定额　　B. 差额

C. 累进　　D. 差额累进

E. 比例

33. 下列关于房屋租赁市场税收政策，表述正确的是（　）。

A. 对个人出租住房取得的所得税按 5% 的税率征收个人所得税

B. 对个人出租、承租住房签订的租赁合同，免征印花税

C. 对个人出租住房，不区分用途，在 3% 税率的基础上减半征收营业税

D. 对个人出租住房，不区分用途，按 4% 的税率征收房产税

E. 对个人出租住房，不区分用途，免征城镇土地使用税

34. 下列有关中国现行房地产税各税种的纳税人，表述正确的是（　）。

A. 我国境内拥有房屋产权的单位和个人都是房产税的纳税人

B. 产权属于全民所有的，以经营管理的单位和个人为房产税纳税人

C. 土地使用税的纳税人是拥有土地使用权的单位和个人

D. 有偿转让房地产并取得收入的单位和个人为土地增值税的纳税人

E. 在我国境内转移土地、房屋权属，转让的单位和个人为契税的纳税人

35. 以下关于交易手续费，说法正确的是（　）。

A. 新建商品房转让手续费由转让方承担

B. 经济适用房减半计收住房转让手续费

C. 存量住房转让手续费由转让双方各承担 50%

D. 住房租赁手续费，按套收取，由承租人承担

E. 存量住房每平方米 3 元

36. 房屋登记中，按对应性质房屋登记收费标准的一半收取的有（　）。

A. 因房屋坐落的街道或门牌号码变更而申请的房屋变更登记

B. 经济适用住房登记

C. 房屋查封登记

D. 因权利人名称变更而申请的房屋变更登记

E. 因登记机关错误造成的更正登记

三、综合分析题（每个小题的备选答案中有一个或一个以上符合题意的答案。错选不得分；少选，但选择正确的每个选项得相应分）

1. 2012 年 1 月，W 省 A 县甲公司以出让方式取

得了该县城的一块 5 000 平方米的土地使用权，完成了土地征收、交纳土地出让金、前期开发等项工作，共计投资 500 万元。2012 年 3 月，后因转向其他投资，将该项目以 1 600 万元的价格，转让给乙公司。2014 年 3 月，乙公司按照原批准用途建成商品房，并对外出售。

（1）甲公司将该项目以 1 600 万元的价格，转让给乙公司。该转让行为中，土地增值税纳税人是（　）。

A. 乙公司　　B. 甲公司

C. 李某　　D. 王某

（2）甲公司将该项目以 1 600 万元的价格，转让给乙公司。设应扣除项目为 850 万元，则甲公司应缴纳土地增值税（　）万元。

A. 257.50　　B. 287.50

C. 487.50　　D. 750

（3）甲公司在交纳土地使用税，每平方米的年幅度税额为（　）元。

A. 1.5 ~ 30　　B. 1.2 ~ 24

C. 0.9 ~ 18　　D. 0.6 ~ 12

（4）按照交纳的最高限度，甲公司应交纳土地使用税（　）元。

A. 1 000　　B. 10 000

C. 40 000　　D. 60 000

（5）按照交纳的最低限度，甲公司应交纳土地使用税（　）元。

A. 1 000　　B. 3 000

C. 6 000　　D. 8 000

2. 2010 年 3 月，甲房地产开发公司（以下简称"甲公司"）在乙市（中等城市）城市规划区内取得了一块建设用地使用权，用于开发建设普通商品住房项目，项目占地 4 公顷，总投资 9 000 万元。甲公司筹措资金 3 500 万元，完成了土地出让金交纳、前期开发、施工建设等项工作，其中土地出让金交纳 3 000 万元，项目工期为两年半，工程合同价为 5 000 万元。2010 年 2 月，甲公司将该项目以 5 000 万元的价格，转让给丙公司，扣除项目金额为 4 500 万元。2012 年 12 月，丙公司建成该项目，通过竣工验收，并公开对外出售。2013 年 1 月，张某以单价 6 000 元/平方米，在该项目购买了一套普通商品住房，建筑面积为 70 平方米。2014 年 5 月，张某决定将该住房以单价 10 000 元/平方米出售给首次购房的高某。

（1）甲公司应交纳土地使用税最高、最低分别是（　）万元。

A. 32　1.6　　B. 64　3.2

C. 96　4.8　　D. 128　6.4

（2）该项目转让应缴纳土地增值税（　）万元。

A. 120　　B. 150

C. 180　　D. 210

（3）甲公司申请领取施工许可证，其到位资金应达到（　）万元，才符合条件。

A. 500　　B. 800

C. 1 200　　D. 1 500

（4）甲公司转让此项目，以下符合转让条件的有（　）。

A. 按照出让合同约定，甲公司已经支付全部土地使用权出让金

B. 甲公司正在办理土地使用权证书

C. 按照出让合同约定进行投资开发，已完成一定开发规模

D. 该项目已实际投入房屋建设工程的资金额为 2 300 万元

（5）高某购买该住房时，应缴纳契税（　）元。

A. 0　　B. 7 000

C. 11 000　　D. 15 000

（6）2013 年 5 月，张某销售该住房，应缴纳营业税（　）元。

A. 0　　B. 7 000

C. 21 000　　D. 35 000

（7）高某购买房屋之后，将房屋出租给了杨某，高某应按（　）的税率缴纳房产税。

A. 2%　　B. 3%

C. 4%　　D. 10%

3. 2013 年 5 月，W 市居民孙某在某小区购买了一套 80 平方米的商品住房，该商品住房价格为 26 万元，且为孙某家庭唯一住房。

2014 年 3 月，孙某将该房屋出租给郑某，年租金为 10 000 元。

（1）根据优惠政策，孙某出租该套住房，应缴纳的房产税的税率为（　）。

A. 3%　　B. 4%

C. 10%　　D. 12%

（2）根据优惠政策，孙某出租该套住房，应缴纳的个人所得税的税率为（　）。

A. 3%　　B. 4%

C. 10%　　D. 12%

（3）根据优惠政策，孙某出租该套住房，应缴

纳的营业税的税率为（ ）。

A. 1%　　B. 1.5%

C. 3%　　D. 5%

（4）根据优惠政策，孙某出租该套住房应缴纳房产税（ ）元。

A. 200　　B. 400

C. 800　　D. 1 200

（5）根据优惠政策，孙某购买该套住房，应缴纳的契税为（ ）元。

A. 1 600　　B. 2 600

C. 3 400　　D. 6 200

（6）以下关于郑某转租该套住房的表述中，正确的有（ ）。

A. 郑某转租该套住房，必须经孙某书面同意

B. 孙某自知道郑某转租后，六个月内未提出异议，其以郑某未经同意为由请求解除合同或者认定转租合同无效的，人民法院将应予支持

C. 孙某与郑某签订的房屋租赁合同已登记备案，郑某与张某签订的房屋转租合同不必登记备案

D. 房屋转租期间，转租合同随原租赁合同解除而解除

4. 2013年9月，甲公司依法取得W省A县15亩蔬菜生产基地和A县城市规划区内20亩国有土地的建设用地使用权，用于开发商品房和经济适用住房，其中，城市规划区内10亩涉及房屋征收30户。房屋征收决定公告后，A县政府委托某房地产估价机构对被征收房屋市场价格进行了评估。2014年1月，甲公司依法取得商品房预售许可证后，委托乙公司代理预（销）售商品房，委托协议签订后，乙公司在媒体发布商品房预售广告，并协助甲公司为部分购房者办理抵押贷款手续。该小区全部竣工后，购房者陈某对所购商品房面积提出疑问，乙公司的销售人员进行了解释。甲公司按规定与购房者各自缴纳税费后，为购房者办理了房屋登记手续。

（1）征收15亩蔬菜生产基地，应当（ ）。

A. 由省人民政府批准农用地转用，同时办理征地审批手续

B. 由省人民政府批准农用地转用，不再另行办理土地审批

C. 由国务院批准农用地转用，同时办理征地审批手续

D. 由国务院批准农用地转用，不再另行办理征地审批

（2）房地产估价机构对被征收房屋进行价值评估时，其评估时点为（ ）。

A. 房屋征收确定之日

B. 房屋征收实施之日

C. 房屋征收补偿协议签订之日

D. 房屋征收决定公告之日

（3）下列条件中，是甲公司申领建筑工程许可证须具备的为（ ）。

A. 有保证工程质量和安全的具体措施

B. 施工企业必须保证按工程设计施工

C. 建设资金已落实

D. 已确定施工企业

（4）在代理商品房预售中，乙公司（ ）。

A. 应当在商品房预售合同签订之日起30日内持商品房预售合同到县级以上人民政府房产管理部门和土地管理部门办理登记备案手续

B. 发布商品房预售广告不得涉及装修内容

C. 不得收取佣金以外的其他费用

D. 不必向买受人出具商品房的有关证件

（5）按照现行政策，陈某购买商品房应交纳的税为（ ）。

A. 契税　　B. 营业税

C. 城市维护建设税　　D. 印花税

（6）甲公司对陈某所购商品房承担的维修期从（ ）之日起计算。

A. 物业服务企业进驻小区

B. 小区全部竣工验收合格

C. 商品房交付给陈某

D. 陈某实际入住

5. 2013年8月，展某出国留学前将登记用途为商住的房屋转让给谷某，该房屋的底层为商铺、二楼为住宅。在办理了交易过户有关手续后，谷某向甲银行申请抵押贷款并获准，取得贷款40万元，2014年5月，谷某又将该房屋抵押给乙银行，取得贷款15万元。在抵押期间，未经甲、乙银行同意，谷某便将该房屋出租给钱某，但将抵押事实书面告知了钱某。谷某贷款还款期到后，因生意亏损已无力归还贷款，此时钱某与谷某约定的租赁期限尚未届满。

（1）谷某在购买房屋的过程中，应当申请办理（ ）。

A. 房屋所有权转移登记

B. 房屋更正登记

C. 房屋抵押权登记

D. 地役权登记

（2）针对谷某受让展某房屋这一行为，谷某应

缴纳的税种为（　）。

A. 房产税　　　　B. 契税

C. 城镇土地使用税　　D. 印花税

（3）谷某在办理抵押房屋贷款过程中，正确的为（　）。

A. 应签订书面抵押合同

B. 谷某和甲、乙银行应办理变更登记

C. 不管是否办理了抵押登记，甲银行对抵押房屋都具有优先受偿权

D. 抵押权自抵押合同签订之日起设立

（4）下列关于谷某将已抵押房屋出租的表述中，正确的为（　）。

A. 在未征得甲、乙银行同意的情况下，李某不能将已抵押的房屋出租

B. 在抵押权实现后，谷某与钱某的租赁关系不得对抗已登记的抵押权

C. 在抵押权实现后，钱某如有损失，谷某应赔偿

D. 甲、乙银行有权要求谷某让钱某搬出，但应赔偿钱某损失

（5）债务履行期满后谷某无力归还贷款，则甲、乙银行有权（　）。

A. 占用该抵押房屋

B. 扣押该抵押房屋

C. 与谷某协议变卖该抵押房屋

D. 请求人民法院拍卖该抵押房屋

第9章　物业管理

考纲解读

本章的考试目的是测试应考人员对物业管理概述、物业管理的相关制度、物业服务收费管理等内容的了解、熟悉与掌握情况。本章考试基本要求如下：

1. 了解物业管理概述；
2. 掌握物业管理的相关制度；
3. 了解收费原则；
4. 了解价格管理方式；
5. 掌握计费方式；
6. 掌握费用构成。

本章知识结构

- 物业管理
  - 物业管理概述
    - 物业管理的概念
    - 物业管理的特征
    - 《物业管理条例》的指导思想和基本法律关系
  - 物业管理的相关制度
    - 业主大会制度
    - 管理规约制度
    - 物业承接查验制度
    - 住宅专项维修资金制度
  - 物业服务收费管理
    - 收费原则
    - 价格管理方式
    - 计费方式
    - 费用构成

重点难点分析

一、物业管理概述

教材从物业管理的概念、特征、《物业管理条例》的指导思想和基本法律关系三个方面，介绍了物业管理概述政策和内容。

此部分的法规、政策依据主要是《物业管理条例》。

本部分中，物业管理的含义、特征，是学习和考试的重点。难点内容主要是《物业管理条例》所确立的五个方面的基本法律关系。

物业管理是指业主通过选聘物业服务企业，由业主和物业服务企业按照物业服务合同约定，对房屋及配套的设施设备和相关场地进行维修、养护、管理，维护相关区域内的环境卫生和秩序的活动。社会化、专业化、市场化是物业管理的三个基本特性。

【例题1】选聘、解聘物业服务企业是（　）的职责。

A. 业主大会　　B. 业主委员会

C. 居民委员会　　D. 业主大会筹备组

【答案】A

【解析】业主大会是物业管理区域内代表和维护全体业主在物业管理活动中的合法权益的组织。开发企业在销售房屋前就要事先选聘物业服务企业，业主大会成立后，可以决定续聘或者解聘、重新选聘物业服务企业。

【例题2】下列关于物业的含义，说法错误的是（　）。

A. 从物业管理的角度来说，物业是指各类房屋及配套的设施设备和相关场地

B. 物业也是单元房地产的称谓

C. 同一宗物业，只能分属一个产权所有者

D. 同一宗物业，往往分属一个或多个产权所有者

【答案】C

【例题3】业主是指（　）。

A. 房屋的所有权人　　B. 房屋的管理人

C. 房屋的代理人　　D. 房屋的租赁人

【答案】A

【例题4】物业管理的三个基本特性是（　）。

A. 社会化　　B. 专业化

C. 市场化　　D. 私有化

E. 综合化

【答案】ABC

【解析】私有化、综合化不是目前物业管理的基本特征。

【例题5】业主大会的执行机构是（　）。

A. 居委会　　B. 业主代表大会

C. 物业服务企业　　D. 业主委员会

【答案】D

【例题6】业主委员会是（　）的执行机构。

A. 物业服务企业　　B. 社区居委会

C. 业主大会　　D. 业主或物业住用人

【答案】C

【例题7】（　）的订立、变更、解除以及物业服务的内容、标准、费用等是在业主和物业服务企业双方自愿的基础上协商一致而达成的。

A. 房屋租赁合同　　B. 房屋代管合同

C. 前期物业服务合同　　D. 物业服务合同

【答案】D

【例题8】开发企业在物业管理活动中的义务是（　）。

A. 制定临时管理规约并明示买受人

B. 住宅物业必须通过招投标的方式选聘物业服务企业

C. 提供必要的物业管理用房

D. 提供必要的专业管理人员

E. 不得擅自处分物业共用部位和共用设施设备

【答案】ABCE

【解析】开发企业在物业管理活动中的义务是：制定临时管理规约并明示买受人、住宅物业必须通过招投标的方式选聘物业服务企业、提供必要的物业管理用房、不得擅自处分物业共用部位和共用设施设备、在保修期限和保养范围内承担物业的保修责任等。

【例题9】《物业管理条例》确立的基本法律关系，不包括（　）。

A. 供水、供电等单位与业主、物业服务企业之间的关系

B. 业主与物业服务企业之间的关系

C. 社区居委会与业主大会、业主委员会的关系

D. 开发企业与政府职能部门的关系

【答案】D

【解析】《物业管理条例》确立的基本法律关系包括：①业主相互之间的关系；②业主与物业服务企业之间的关系；③开发企业与业主、物业服务企业之间的关系；④供水、供电等单位与业主、物业服务企业之间的关系；⑤社区居委会与业主大会、业主委员会的关系。

二、物业管理的相关制度

教材从业主大会制度、管理规约制度、物业承接查验制度、住宅专项维修资金制度四个方面，介绍了物业管理相关制度的内容。

此部分的法规、政策依据包括：①《物权法》；②《物业管理条例》；③《业主大会和业主委员会指导规则》（建房［2009］274号）；④《物业承接查验办法》（建房［2010］165号）；⑤《住宅专项维修资金管理办法》。

物业管理的基本制度包括：业主大会制度、管理规约制度、前期物业管理招投标制度、物业承接查验制度、物业服务企业资质管理制度、物业管理专业人员执业资格制度和住宅专项维修资金制度等。与房地产经纪行业相关的制度有业主大会制度、管理规约制度、物业承接查验制度、住宅专项维修资金制度。

本部分中，业主大会制度、住宅专项维修资金制度，是学习和考试的重点。难点内容主要是物业承接查验制度，此内容主要是根据《物业承接查验办法》（建房［2010］165号）重新编写的，最好能系统地看一遍该规范性文件。

同时还应熟悉《业主大会和业主委员会指导规则》（建房［2009］274号）关于业主大会决定事项、业主委员会职责和管理规约的规定，具体内容如下。

1. 业主大会决定以下事项：①制定和修改业主大会议事规则；②制定和修改管理规约；③选举业主委员会或者更换业主委员会委员；④制定物业服务内容、标准以及物业服务收费方案；⑤选聘和解聘物业服务企业；⑥筹集和使用专项维修资金；⑦改建、重

建建筑物及其附属设施；⑧改变共有部分的用途；⑨利用共有部分进行经营以及所得收益的分配与使用；⑩法律法规或者管理规约确定应由业主共同决定的事项。

2. 业主委员会履行以下职责：①执行业主大会的决定和决议；②召集业主大会会议，报告物业管理实施情况；③与业主大会选聘的物业服务企业签订物业服务合同；④及时了解业主、物业使用人的意见和建议，监督和协助物业服务企业履行物业服务合同；⑤监督管理规约的实施；⑥督促业主交纳物业服务费及其他相关费用；⑦组织和监督专项维修资金的筹集和使用；⑧调解业主之间因物业使用、维护和管理产生的纠纷；⑨业主大会赋予的职责。

3. 管理规约应当对下列主要事项作出规定：①物业的使用、维护、管理；②专项维修资金的筹集、管理和使用；③物业共用部分的经营与收益分配；④业主共同利益的维护；⑤业主共同管理权的行使；⑥业主应尽的义务；⑦违反管理规约应当承担的责任。

【例题1】筹集和使用居住小区建筑物及其附属设施的维修资金是（ ）的职权。

A. 业主　　B. 业主大会

C. 业主委员会　　D. 居民委员会

【答案】B

【例题2】业主委员会是业主大会的（ ）机构。

A. 权利　　B. 决策

C. 临时　　D. 执行

【答案】D

【解析】业主委员会是业主大会的执行机构，由业主大会选举产生。业主大会和业主委员会并存，业主决策机构和执行机构分离，业主委员会向业主大会负责。

【例题3】根据《物权法》由业主共同决定的事项有（ ）。

A. 制定业主大会议事规则

B. 选聘和解聘物业服务企业

C. 解聘物业服务企业的保安人员

D. 筹集和使用建筑物及附属设施的维修资金

E. 制定和修改建筑物及附属设施的管理规约

【答案】ABDE

【解析】下列事项由业主共同决定：①制定和修改业主大会议事规则；②制定和修改建筑物及其附属设施的管理规约；③选举业主委员会或者更换业主委员会成员；④选聘和解聘物业服务企业或者其他管理人；⑤筹集和使用建筑物及其附属设施的维修资金；⑥改建、重建建筑物及其附属设施；⑦有关共有和共同管理权利的其他重大事项。

【例题4】业主的权利包括（ ）。

A. 提出制定和修改管理规约、业主大会议事规则的建议

B. 对物业共用部位、共用设施享有知情权和监督权

C. 监督物业服务企业日常经营活动

D. 监督业主委员会的工作

E. 监督物业服务企业履行物业服务合同

【答案】ABDE

【解析】监督物业服务企业日常经营活动，不属于业主的权利。

【例题5】选聘、解聘物业服务企业是（ ）的职责。

A. 业主大会　　B. 业主委员会

C. 居民委员会　　D. 业主大会筹备组

【答案】A

【例题6】业主大会的职责包括（ ）。

A. 制定、修改管理规约和业主大会议事规则

B. 选举业主委员会委员

C. 选聘物业服务企业

D. 依照有关规定收取物业服务费

E. 决定专项维修资金使用方案

【答案】ABCE

【解析】依照有关规定收取物业服务费，不属于业主大会的职责。

【例题7】选聘和解聘物业服务企业应当经由专有部分占建筑物总面积二分之一以上的业主且占总人数（ ）以上的业主同意。

A. 二分之一　　B. 三分之一

C. 三分之二　　D. 四分之三

【答案】A

【解析】《物权法》规定，下列事项由业主共同决定：①制定和修改业主大会议事规则；②制定和修改建筑物及其附属设施的管理规约；③选举业主委员会或者更换业主委员会成员；④选聘和解聘物业服务企业或者其他管理人；⑤筹集和使用建筑物及其附属设施的维修资金；⑥改建、重建建筑物及其附属设施；⑦有关共有和共同管理权利的其他重大事项。决定前款第⑤项和第⑥项规定的事项，应当经专有部分占建筑物总面积三分之二以上的业主且占总人数三分之二以上的业主同意。决定前款其他事项，应当经专有部

分建筑物总面积过半数的业主且占总人数过半数的业主同意。

【例题8】下列关于业主大会和业主委员会的表述中，正确的有（ ）。

A. 业主委员会由业主大会选举产生

B. 业主大会和业主委员会并存，业主决策机构和执行机构分离

C. 业主委员会应当接受县级以上人民政府工商行政管理部门监督管理

D. 业主委员会召集并主持业主大会会议，业主大会向业主委员会负责

E. 住宅小区的业主大会会议应当同时告知相关物业服务企业

【答案】AB

【例题9】下列关于业主大会、业主委员会的表述中，不正确的是（ ）。

A. 业主在首次业主大会会议上的投票权根据业主拥有物业的建筑面积、住宅套数等因素确定

B. 业主委员会应当由热心公益事业、责任心强、具有一定组织能力和必要工作时间的业主担任

C. 业主委员会应当自选举产生之日起30日内，向物业所在地的街道办事处和区、县人民政府房地产行政主管部门备案

D. 业主委员会是业主大会的决策机构，由业主大会选举产生

【答案】D

【解析】业主大会是决策机构，业主委员会是其执行机构。

【例题10】管理规约的内容主要包括（ ）。

A. 有关物业的使用、维护、管理

B. 业主的共同利益

C. 业主应当履行的义务

D. 违反公约应当承担的责任

E. 承担民事责任和刑事责任规定

【答案】ABCD

【例题11】临时管理规约一般由（ ）预先制定。

A. 政府部门在出售物业之前

B. 建设单位在出售物业之前

C. 政府部门在出售物业之后

D. 建设单位在出售物业之后

【答案】B

【例题12】物业承接查验，是指承接新建物业前，按照国家有关规定和前期物业服务合同的约定，（ ）共同对物业共用部分、共用设施设备进行检查和验收的活动。

A. 政府职能部门和建设单位

B. 物业服务企业和建设单位

C. 物业服务企业和政府职能部门

D. 物业服务企业和业主委员会

【答案】B

【例题13】物业承接查验的程序中，现场查验（ ）日前，建设单位应当向物业服务企业移交承接查验所必需的图纸、技术资料、说明文件等。

A. 5　　B. 10

C. 20　　D. 30

【答案】C

【例题14】以下关于物业承接查验的程序，正确的顺序是（ ）。

A. 确定物业承接查验方案→移交有关图纸资料→查验共用部位、共用设施设备→解决查验发生的问题→确认现场查验结果→办理物业交接手续→签订物业承接查验协议

B. 确定物业承接查验方案→移交有关图纸资料→查验共用部位、共用设施设备→解决查验发生的问题→签订物业承接查验协议→确认现场查验结果→办理物业交接手续

C. 确定物业承接查验方案→移交有关图纸资料→查验共用部位、共用设施设备→解决查验发生的问题→确认现场查验结果→签订物业承接查验协议→办理物业交接手续

D. 确定物业承接查验方案→查验共用部位、共用设施设备→移交有关图纸资料→解决查验发生的问题→确认现场查验结果→签订物业承接查验协议→办理物业交接手续

【答案】C

【例题15】商品住宅的业主交存的住宅专项维修资金属于（ ）所有。

A. 业主

B. 房地产开发企业

C. 建设（房地产）行政主管部门

D. 物业服务企业

【答案】A

【解析】业主交存的住宅专项维修资金属于业主所有。从公有住房售房款中提取的住宅专项维修资金属于公有住房售房单位所有。

【例题16】可用住宅专项维修资金进行维修的住宅共用部位有（ ）。

A. 屋顶　　B. 户外墙面

C. 基础　　D. 楼梯间

E. 绿地

【答案】ABCD

【解析】住宅共用部位一般包括住宅的基础、承重墙体、柱、梁、楼板、屋顶以及户外的墙面、门厅、楼梯间、走廊通道等。

【例题17】商品住宅的业主、非住宅的业主按照所拥有物业的（　）交存住宅专项维修资金。

A. 使用面积　　B. 套内建筑面积

C. 共有面积　　D. 建筑面积

【答案】D

【例题18】业主大会成立前，住宅专项维修资金由（　）代管。

A. 售房单位　　B. 房地产主管部门

C. 已入住的业主　　D. 物业服务企业

【答案】B

【例题19】不得从住宅专项维修资金中列支的费用有（　）。

A. 应由建设单位承担的住宅共用部位、共用设施设备维修、更新和改造费用

B. 应由相关单位承担的供水、供电、供气、供热、通信、有线电视等管线和设施设备的维修与养护费用

C. 应由当事人承担的因人为损坏住宅共用部位、共用设施设备所需的修复费用

D. 根据物业服务合同约定，应由物业服务企业承担的住宅共用部位、共用设施设备维修和养护费用

E. 应由业主承担的住宅共用部位、共用设施设备保修期满后的维修、更新和改造费用

【答案】ABCD

【解析】下列费用不得从住宅专项维修资金中列支：①依法应当由建设单位或者施工单位承担的住宅共用部位、共用设施设备维修、更新和改造费用；②依法应当由相关单位承担的供水、供电、供气、供热、通信、有线电视等管线和设施设备的维修、养护费用；③应当由当事人承担的因人为损坏住宅共用部位、共用设施设备所需的修复费用；④根据物业服务合同约定，应当由物业服务企业承担的住宅共用部位、共用设施设备的维修和养护费用。

三、物业服务收费管理

教材从物业服务的收费原则、价格管理方式、计费方式、费用构成四个方面，介绍了物业服务收费管理的政策和内容。

此部分的法规、政策依据主要是《物业服务收费管理办法》。

物业服务包干制和酬金制是两种不同的计费方式，是学习和考试的重点。难点内容主要是包干制和酬金制的费用构成。

1. 包干制

包干制，是指由业主向物业服务企业支付固定物业服务费用，盈余或者亏损均由物业服务企业享有或者承担的物业服务计费方式。

（1）实行包干制时，物业服务费用的构成包括物业服务成本、法定税费和物业服务企业的利润。

（2）包干制的最大特点是无论管理好坏，经营盈亏均由物业服务企业承担，而与业主无关。实行包干制的前提是对物业服务费标准双方事先要有约定和承诺，即包干的具体额度。实行政府指导价的物业，其物业服务收费实行包干制。

（3）包干制是物业服务企业按照与业主双方约定的物业管理收费标准来收费，而不论管理好坏、经营盈亏，物业服务企业收费标准不变的一种合作模式。在这种模式下，节省的开支可能成为物业服务企业的利润。

①其特点是执行起来较为简单，利于小型的物业服务企业采用。

②在业主委员会成员管理水平有限、精力有限的情况下，实行包干制省去了对物业服务企业进行账目监督和审计等问题，简便易行。

2. 酬金制

酬金制，是指在预收的物业服务资金中按约定比例或者约定数额提取酬金支付给物业服务企业，其余全部用于物业服务合同约定的支出，结余或者不足均由业主享有或者承担的物业服务计费方式。

（1）实行酬金制的，预收的物业服务资金包括物业服务支出和物业服务企业的酬金。预收的物业服务支出属于代管性质，为所交纳的业主所有，物业服务企业不得将其用于物业服务合同约定以外的支出。如果物业服务收费采取酬金制方式，物业服务企业或者业主大会可以按照物业服务合同约定，聘请专业机构对物业服务资金年度预决算和物业服务资金的收支情况进行审计。

（2）酬金制实质是实报实销制，物业服务企业按双方协商确定的预算预收基本费用，一个会计年度结束后进行决算并向业主多退少补。在这种模式下，物业服务企业只拿与业主事先约定好的酬金部分。由于预收的物业服务支出是代管性质，所以采取酬金

制，这笔支出不交纳相关税金。

（3）酬金制体现了市场经济的要求，其更加透明化，一般较高档的物业适合选择酬金制的计费方式。

【例题 1】物业服务收费的计费方式主要包括（ ）。

A. 包干制　　B. 酬金制

C. 社会服务费　　D. 社区服务费

E. 一般服务费

【答案】AB

【例题 2】实行包干制的物业服务费，其构成不包括（ ）。

A. 物业服务成本

B. 法定税费

C. 物业服务企业的酬金

D. 物业服务企业的利润

【答案】C

【解析】实行包干制时，物业服务费用的构成包括物业服务成本、法定税费和物业服务企业的利润。实行酬金制的，预收的物业服务资金包括物业服务支出和物业服务企业的酬金。

【例题 3】物业服务收费的费用构成包括（ ）。

A. 物业管理服务人员的工资

B. 物业管理区域的清洁卫生费用

C. 物业管理区域的绿化养护费用

D. 物业服务企业的办公费用

E. 物业共用设备的大修费用

【答案】ABCD

【解析】物业服务费的构成最主要是物业服务成本或者物业服务支出。其构成一般包括：①管理、服务人员的工资、社会保险和按规定提取的福利费等；②物业共用部位、共用设施设备日常运行、维护费用；③物业管理区域清洁卫生费用；④物业管理区域绿化养护费用；⑤物业管理区域秩序维护费用；⑥办公费用；⑦物业服务企业固定资产折旧；⑧物业共用部位、共用设施及公众责任保险费用；⑨经业主同意的其他费用。

【例题 4】酬金制物业服务费的构成包括（ ）。

A. 物业服务成本

B. 物业服务支出

C. 法定税费

D. 物业服务企业的酬金

E. 物业管理企业的利润

【答案】BD

练习题

一、单项选择题（每题的备选答案中只有一个最符合题意）

1. 物业管理活动的依据是（ ）。

A. 物业管理的全面启动

B. 现代化大生产的社会专业分工

C. 管理规约

D. 物业服务合同

2. （ ）是物业管理社会化的必要前提。

A. 物业的所有权、使用权与物业的经营管理权相分离

B. 物业的所有权、使用权与物业的经营管理权相一致

C. 物业的所有权、使用权与物业的经营管理权相融合

D. 现代化大生产的社会专业分工

3. （ ）是实现物业管理社会化的必要条件。

A. 物业的所有权、使用权与物业的经营管理权相分离

B. 物业的所有权、使用权与物业的经营管理权相一致

C. 物业的所有权、使用权与物业的经营管理权相融合

D. 现代化大生产的社会专业分工

4. （ ）是物业管理最主要的特点。

A. 社会化　　B. 专业化

C. 市场化　　D. 综合化

5. 以下（ ），不属于《物业管理条例》所确立的基本法律关系。

A. 供水、供电等单位与政府行业主管部门的关系

B. 业主相互之间的关系

C. 业主与物业服务企业之间的关系

D. 开发企业与业主、物业服务企业之间的关系

6. 业主和物业服务企业通过签订（ ），形成了物业服务企业提供服务、业主支付服务费用的等价交换关系。

A. 房屋租赁合同

B. 房屋代管合同

C. 前期物业服务合同

D. 物业服务合同

7. 开发企业在物业管理活动中的义务，不包括（　）。

A. 提供必要的物业管理用房

B. 承担物业全寿命期的保修责任

C. 通过招投标的方式选聘物业服务企业

D. 制定临时管理规约并明示买受人

8. 在物业管理中，业主具有的权利不包括（　）。

A. 按照物业服务合同的约定，接受物业服务企业提供的服务

B. 提议召开业主大会会议，并就物业管理的有关事项提出议案

C. 监督业主委员会的工作

D. 召集业主大会会议，报告物业管理的实施情况

9. 与房地产经纪行业相关的物业管理制度，不包括（　）。

A. 业主大会制度

B. 物业管理专业人员执业资格制度

C. 物业承接查验制度

D. 住宅专项维修资金制度

10. 业主是指（　）。

A. 房屋的管理人　　B. 房屋的使用人

C. 房屋的所有权人　　D. 房屋的租赁人

11. 业主大会决定筹集和使用建筑物及其附属设施的维修资金，应当经（　）以上的业主同意。

A. 专有部分占建筑物总面积二分之一以上的业主且占总人数二分之一

B. 专有部分占建筑物总面积三分之一以上的业主且占总人数三分之一

C. 专有部分占建筑物总面积四分之三以上的业主且占总人数四分之三

D. 专有部分占建筑物总面积三分之二以上的业主且占总人数三分之二

12. 根据《物权法》规定，改建、重建建筑物及其附属设施，应当经专有部分占建筑物总面积三分之二以上的业主且占总人数（　）以上的业主同意。

A. 二分之一　　B. 五分之三

C. 三分之二　　D. 五分之四

13. 根据《物权法》规定，业主大会决定选举业主委员会或者更换业主委员会成员，应当经（　）的业主同意。

A. 专有部分占建筑物总面积过半数的业主且占总人数过半数

B. 专有部分占建筑物总面积三分之一以上的业主且占总人数三分之一

C. 专有部分占建筑物总面积四分之一以上的业主且占总人数四分之一

D. 专有部分占建筑物总面积三分之二以上的业主且占总人数三分之二

14. 业主大会的职责，不包括（　）。

A. 选聘和解聘物业服务企业

B. 利用共有部分进行经营以及所得收益的分配与使用

C. 督促业主交纳物业服务费及其他相关费用

D. 制定和修改管理规约

15. 按照规定，经（　）以上的业主提议，业主委员会应当组织召开业主大会临时会议。

A. 10%　　B. 20%

C. 30%　　D. 50%

16. 业主大会的执行机构是（　）。

A. 居委会　　B. 业主代表

C. 物业服务企业　　D. 业主委员会

17. 以下（　），不属于业主委员会履行的职责。

A. 监督管理规约的实施

B. 召集业主大会会议，报告物业管理实施情况

C. 了解业主、物业使用人的意见和建议，监督和协助物业服务企业履行物业服务合同

D. 筹集和使用专项维修资金

18. 制定和修改业主大会议事规则，是（　）的职责。

A. 业主大会　　B. 业主委员会

C. 居民委员会　　D. 业主大会筹备组

19. 业主选聘和解聘物业服务企业，需要经（　）同意。

A. 业主委员会

B. 专有部分占建筑物总面积过半数的业主

C. 占总人数过半数的业主

D. 专有部分占建筑物总面积过半数的业主且占总人数过半数的业主

20. 物业服务合同由物业服务企业与（　）签订。

A. 业主大会　　B. 业主委员会

C. 业主委员会主任　　D. 业主代表

21. 以下关于管理规约，说法不正确的是（　）。

A. 管理规约对物业管理区域内的全体业主具有

约束力

B. 管理规约对物业使用人不发生法律效力

C. 管理规约一般以书面形式订立

D. 管理规约对物业的继受人（即新业主）自动产生效力

22. 物业承接查验交接工作应当形成书面记录，由（ ）共同签章确认。

A. 政府职能部门和建设单位

B. 物业服务企业和建设单位

C. 物业服务企业和政府职能部门

D. 物业服务企业和业主委员会

23. 实行市场调节价的物业服务收费，由业主与物业服务企业在（ ）中约定。

A. 物业管理合同

B. 前期物业服务合同

C. 后期物业服务合同

D. 物业服务合同

24. 从公有住房售房款中提取的住宅专项维修资金属于（ ）所有。

A. 房地产开发单位

B. 公有住房售房单位

C. 购房者

D. 直辖市、市、县人民政府建设（房地产）主管部门

25. 业主大会成立前，商品住宅业主、非住宅业主交存的住宅专项维修资金，由（ ）代管。

A. 房地产开发单位

B. 业主大会

C. 业主委员会

D. 物业所在地直辖市、市、县人民政府建设（房地产）主管部门

26. 商品住宅的业主、非住宅的业主按照所拥有物业的（ ）交存住宅专项维修资金。

A. 使用面积　　B. 建筑面积

C. 分摊面积　　D. 共有面积

27. 按照最新政策，商品住宅的业主、非住宅的业主按照所拥有物业的建筑面积交存住宅专项维修资金，每平方米建筑面积交存首期住宅专项维修资金的数额为当地住宅建筑安装工程每平方米造价的（ ）。

A. 2% ~3%　　B. 2% ~5%

C. 5% ~8%　　D. 5% ~10%

28.《住宅专项维修资金管理办法》规定，出售的公有住房交存住宅专项维修资金的标准为：业主按照所拥有物业的建筑面积交存住宅专项维修资金，每平方米建筑面积交存首期住宅专项维修资金的数额为当地房改成本价的（ ）。

A. 1%　　B. 2%

C. 5%　　D. 10%

29.《住宅专项维修资金管理办法》规定，业主分户账面住宅专项维修资金余额不足首期交存额（ ）的，应当及时续交。

A. 20%　　B. 30%

C. 40%　　D. 50%

30. 住宅专项维修资金划转后的账目管理单位，由（ ）决定。

A. 房地产开发单位

B. 业主大会

C. 业主委员会

D. 直辖市、市、县人民政府建设（房地产）主管部门

31. 下列关于住宅专项维修资金购买国债问题，表述不正确的是（ ）。

A. 在保证住宅专项维修资金正常使用的前提下，可以按照国家有关规定将住宅专项维修资金用于购买国债

B. 利用住宅专项维修资金购买国债，应当从市场购买二级市场新发行的国债，并持有到期

C. 利用业主交存的住宅专项维修资金购买国债的，应当经业主大会同意

D. 利用从公有住房售房款中提取的住宅专项维修资金购买国债的，应当根据售房单位的财政隶属关系，报经同级财政部门同意

32. 物业服务收费实行政府指导价的，有定价权限的人民政府价格主管部门应当会同房地产行政主管部门根据物业管理服务等级标准等因素，制定（ ）。

A. 相应的市场价及其浮动幅度，并定期公布

B. 相应的基准价及其浮动幅度，并定期公布

C. 相应的成本价及其浮动幅度，并定期公布

D. 相应的标定价及其浮动幅度，并定期公布

二、多项选择题（每题的备选答案中有两个或两个以上符合题意）

1. 以下关于物业管理的含义，表述正确的是（ ）。

A. 物业管理是由政府职能部门通过招标的方式来实现的

B. 物业管理是由业主通过选聘物业服务企业的

方式来实现的

C. 物业管理活动的依据是《商品房买卖合同》

D. 物业管理活动的依据是物业服务合同

E. 物业管理的内容是对物业进行维修养护、管理，对相关区域内的环境卫生和秩序进行维护

2. 以下（ ），属于物业管理的基本特性。

A. 社会化　　B. 专业化

C. 市场化　　D. 私有化

E. 制度化

3. 物业管理社会化有两个基本含义，分别是（ ）。

A. 物业的所有权人要到社会上去选聘物业服务企业

B. 物业的所有权人要到社会上去寻找可以代管的物业

C. 物业的所有权人要到社会上去寻找可以代管的物业企业

D. 物业服务企业要到社会上去寻找可以代管的物业企业

E. 物业服务企业要到社会上去寻找可以代管的物业

4.《物业管理条例》确立的基本法律关系包括（ ）等。

A. 业主相互之间的关系

B. 业主与政府有关部门之间的关系

C. 供水、供电等单位与业主、物业服务企业之间的关系

D. 开发企业与业主、物业服务企业之间的关系

E. 社区居委会与业主大会、业主委员会的关系

5. 在物业管理中，业主具有的权利有（ ）等。

A. 提出制定和修改管理规约、业主大会议事规则的建议

B. 参加业主大会会议，行使投票权

C. 与业主大会选聘的物业服务企业签订物业服务合同

D. 监督物业服务企业履行物业服务合同

E. 选举业主委员会委员，并享有被选举权

6. 以下属于业主大会职责的有（ ）。

A. 制定物业服务内容、标准以及物业服务收费方案

B. 监督管理规约的实施

C. 选举业主委员会或者更换业主委员会委员

D. 制定和修改业主大会议事规则

E. 筹集和使用专项维修资金

7. 根据《物权法》，下列（ ）事项的决定，应当经专有部分占建筑物总面积过半数的业主且占总人数过半数的业主同意。

A. 选举业主委员会或者更换业主委员会成员

B. 选聘和解聘物业服务企业或者其他管理人

C. 制定和修改建筑物及其附属设施的管理规约

D. 制定和修改业主大会议事规则

E. 筹集和使用建筑物及其附属设施的维修资金

8. 根据《物权法》，下列（ ）事项的决定，应当经专有部分占建筑物总面积三分之二以上的业主且占总人数三分之二以上的业主同意。

A. 选举业主委员会或者更换业主委员会成员

B. 制定和修改建筑物及其附属设施的管理规约

C. 改建、重建建筑物及其附属设施

D. 筹集和使用建筑物及其附属设施的维修资金

E. 制定和修改业主大会议事规则

9. 业主委员会应当组织召开业主大会临时会议的情形包括（ ）。

A. 经 10% 以上的业主提议

B. 经 20% 以上的业主提议

C. 发生重大事故

D. 紧急事件需要及时处理的

E. 业主大会议事规则或者管理规约规定的其他情况

10. 业主委员会执行业主大会的决定，履行以下（ ）职责。

A. 召集业主大会会议，报告物业管理的实施情况

B. 监督和协助物业服务企业履行物业服务合同

C. 决定重建建筑物及其附属设施

D. 监督管理规约的实施

E. 代表业主与业主大会选聘的物业服务企业签订物业服务合同

11. 下列关于业主委员会的表述，正确的有（ ）。

A. 业主委员会是业主大会的执行机构

B. 业主委员会由业主大会选举产生

C. 业主委员会一般由 5 ~ 11 名的单数业主组成

D. 一个物业管理区域应当成立一个业主委员会

E. 业主委员会应当自选举产生之日起 60 日内，将有关材料向物业所在地的区、县人民政府房地产行政主管部门和街道办事处、乡镇人民政府备案

12. 业主不履行管理规约义务要承担民事责任，其以（ ）为主要的承担责任方式。

A. 支付定金　　B. 支付违约金

C. 赔偿损失　　D. 罚款

E. 罚金

13. 以下关于物业承接查验，说法正确的是（　）。

A. 物业服务企业应当对建设单位移交资料进行清点和核查

B. 查验共用部位、共用设施设备时，现场查验应当形成书面记录并由建设单位和物业服务企业参加查验的人员签字确认

C. 建设单位应当委派专人参与现场复验，与物业服务企业共同确认现场查验的结果

D. 物业承接查验协议作为前期物业服务合同的补充协议，与前期服务合同具有同等法律效力

E. 交接工作应当形成书面记录，由施工单位和物业服务企业共同签章确认

14.（　），除业主大会另有决定外，都应当转入住宅专项维修资金滚存使用。

A. 住宅专项维修资金的存储利息

B. 利用住宅专项维修资金购买国债的增值收益

C. 住宅共用设施设备报废后回收的残值

D. 物业服务企业的支出节余

E. 利用住宅共用部位共用设施设备进行经营的，业主所得收益

15. 下列关于住宅专项维修资金的交存标准，说法正确的是（　）。

A. 商品住宅的业主、非住宅的业主按照所拥有物业的价值，交存住宅专项维修资金

B. 直辖市、市、县人民政府建设（房地产）主管部门应当根据本地区情况，合理确定、公布每平方米建筑面积交存首期住宅专项维修资金的数额，并适时调整

C. 出售的公有住房交存住宅专项维修资金的标准，为业主按照所拥有物业的建筑面积交存住宅专项维修资金

D. 出售的公有住房，每平方米建筑面积交存首期住宅专项维修资金的数额，为当地房改成本价的3%

E. 售房单位按照多层住宅不低于售房款的20%、高层住宅不低于售房款的30%，从售房款中一次性提取住宅专项维修资金

16. 下列关于物业服务的表述中，正确的有（　）。

A. 实行市场调节价的物业服务收费，由业主与物业服务企业在物业服务合同中约定

B. 物业服务收费应当区分不同物业的性质和特点，分别实行政府指导价和市场调节价

C. 物业企业代收水、电和有线电视等费用可以向业主收取适当的手续费

D. 业主和物业服务企业可以采取包干制或者酬金制等形式收取物业服务费用

E. 商品住宅的业主按照所拥有物业的建筑面积交存住宅专项维修资金

17. 下列关于住宅专项维修资金的表述中，正确的有（　）。

A. 住宅专项维修资金是指专项用于住宅共用部位、共用设施设备保修期满前的维修和更新、改造的资金

B. 从公有住房售房款中提取的住宅专项维修资金属于公有住房售房单位所有

C. 商品住宅的业主、非住宅的业主按照所拥有物业的建筑面积交存住宅专项维修资金

D. 出售的公有住房，业主按照所拥有物业的建筑面积交存住宅专项维修资金

E. 住宅专项维修资金划转后的账目管理单位，由业主大会决定

18. 物业管理服务收费的计费方式主要包括（　）。

A. 服务制

B. 酬金制

C. 包干制

D. 管理制

E. 服务服务和管理制

19. 实行物业服务收费酬金制的，预收的物业服务资金包括（　）。

A. 物业服务成本

B. 法定税费

C. 物业服务企业的利润

D. 物业服务企业的酬金

E. 物业服务支出

20. 实行物业服务收费包干制的，物业服务费用的构成包括（　）。

A. 物业服务成本

B. 法定税费

C. 物业服务企业的利润

D. 物业服务支出

E. 物业服务支出

21. 物业服务费的构成最主要是物业服务成本或

者物业服务支出，其构成一般包括（　）等。

A. 管理服务人员的工资、社会保险和按规定提取的福利费等

B. 物业共用部位、共用设施设备的日常运行、维护费用

C. 物业管理区域清洁卫生费用

D. 物业共用部位、共用设施及公众责任保险费用

E. 物业共用部位、共用设施设备的改造费用

三、综合分析题（每个小题的备选答案中有一个或一个以上符合题意的答案。错选不得分；少选，但选择正确的每个选项得相应分）

1. 2011 年 6 月，甲房地产开发企业（以下简称“甲企业”）通过出让方式，在 W 市获得一宗居住用途的国有建设用地使用权，2012 年 3 月开工建设。2013 年 1 月，甲企业将该项目转让给乙房地产开发企业（以下简称“乙企业”）。2013 年 9 月该小区建成并交付使用，乙企业聘请丙物业服务企业（以下简称“丙企业”）实施前期物业管理。2014 年 6 月 1 日，该小区召开了首次业主大会，并选举产生了业主委员会。2014 年 7 月 1 日，该小区选聘了丁物业服务企业（以下简称“丁企业”），并签订了物业服务合同。

（1）选聘丁物业服务企业是（　）的职责。

A. 业主大会　　B. 业主委员会

C. 居民委员会　　D. 业主大会筹备组

（2）该物业服务合同由丁企业与（　）签订。

A. 业主大会　　B. 业主委员会

C. 临时业主大会　　D. 业主委员会主任

（3）该小区业主委员会产生后，应当在（　）以前，向有关部门备案。

A. 2014 年 6 月 30 日

B. 2014 年 9 月 30 日

C. 2014 年 10 月 31 日

D. 2014 年 11 月 30 日

（4）该小区业主委员会产生后，应当向（　）备案。

A. 物业所在地街道办事处

B. W 市人民政府房地产主管部门

C. W 市人民政府土地主管部门

D. W 市人民政府

（5）丁企业收取物业费的构成一般包括（　）。

A. 物业服务人员的工资

B. 物业管理区域清洁卫生费用

C. 丁企业办公费用

D. 物业共用设施设备的改造费用

（6）甲企业转让该项目给乙企业应符合的条件为（　）。

A. 已经支付全部土地使用权出让金

B. 取得土地使用权证书

C. 征得城市规划部门同意

D. 投入房屋建设工程的资金额占全部开发投资总额的 25% 以上

2. 2009 年 3 月，甲县乙企业通过房改，将其红都小区多层公房以成本价出售给职工，售房款共计 9 000 万元，乙企业职工李某以当地房改成本价 900 元，购买了其租住的 70 平方米的公房。

为改善住房条件，乙企业委托丙房地产开发公司（以下简称“丙公司”），利用其部分厂房用地开发建设胜利小区。2013 年 2 月，该小区建成后，由丙公司以市场价出售给职工。2014 年 8 月 1 日，该小区召开了业主大会，并成立了业主委员会。

（1）乙企业将红都小区公房出售后，原则上应从售房款中提取不低于（　）万元的住宅专项维修资金。

A. 900　　B. 1 800

C. 2 700　　D. 3 600

（2）李某购买公房，应交纳住宅专项维修资金（　）元。

A. 630　　B. 1 260

C. 1 890　　D. 2 520

（3）下列关于红都小区公房出售后的住宅专项维修资金问题，表述正确的是（　）。

A. 该小区公房出售后的全部住宅专项维修资金，属乙企业所有

B. 该小区公房出售后的住宅专项维修资金，专项用于该小区物业共用部位、共用设备设施保修期满后的大中修和更新、改造

C. 该小区公房出售后的住宅专项维修资金，售房单位和购房人都属于交存范围

D. 乙企业代为收取的住宅专项维修资金属全体业主共同所有，不能用于购买国债

（4）下列关于职工李某购买的公房《房屋所有权证》，说法不正确的是（　）。

A. 李某以成本价购买的公房，拥有部分产权

B. 李某以成本价购买的公房，产权归个人所有

C. 经登记核实后，发给《房屋所有权证》，产别为“私产”

D.《房屋所有权证》注记：“房改出售的成本价

房，总价款：××元”

（5）以下关于乙企业委托丙公司开发建设胜利小区，表述不正确的是（ ）。

A. 乙企业改变部分厂房用地用途开发建设住宅，必须办理出让手续

B. 乙企业改变部分厂房用地用途，可继续保留划拨方式

C. 丙公司开发建设的胜利小区，属于经济适用住房项目

D. 丙公司开发建设的胜利小区，属于商品房项目

（6）胜利小区业主委员会成立后，应当在（ ）以前向有关部门备案。

A. 2014 年 8 月 31 日　　B. 2014 年 9 月 30 日

C. 2014 年 10 月 31 日　　D. 2014 年 11 月 30 日

3. 2003 年 8 月，甲企业（国有企业）委托乙房地产开发公司（以下简称“乙公司”），在 W 县县城内建成春都住宅小区。该小区建多层住宅八栋；高层住宅一栋。

2014 年 2 月，通过房改将该小区住宅出售给职工，其中，多层住宅售房款为 8 000 万元，高层住宅售房款为 3 000 万元。W 县相关部门确定的成本价为 1 000 元/平方米。

该企业职工邱某购买了自己租住的建筑面积为 80 平方米的该小区住房。公房出售时，相关责任方按规定交纳或提取了住宅专项维修资金。

2014 年 3 月，该小区召开了业主大会，成立了业主委员会，并聘用丙物业服务企业，进行小区物业管理。

（1）春都小区业主交纳的住宅专项维修资金，属（ ）所有。

A. 甲企业　　B. 乙公司

C. 丙物业服务企业　　D. 春都小区业主

（2）甲企业所提取的住宅专项维修资金，属（ ）所有。

A. 甲企业　　B. 乙公司

C. 丙物业服务企业　　D. 春都小区全体业主

（3）邱某购买自己租住的该小区住房，应交纳住宅专项维修资金为（ ）元。

A. 800　　B. 1 600

C. 2 400　　D. 3 000

（4）对于春都小区多层住宅，甲企业应从售房款中提取的住宅专项维修资金，应不低于（ ）万元。

A. 800　　B. 1 600

C. 2 400　　D. 3 000

（5）对于春都小区高层住宅，甲企业应从售房款中提取的住宅专项维修资金，应不低于（ ）万元。

A. 300　　B. 600

C. 900　　D. 1 200

（6）应与丙物业服务企业签订物业服务合同的是（ ）。

A. 甲企业

B. 乙公司

C. 春都小区业主大会

D. 春都小区业主委员会

（7）春都小区业主大会成立前，该小区所交纳的住宅专项维修资金应由（ ）代管。

A. 甲企业

B. 乙公司

C. 丙物业服务企业

D. W 县住房和城乡建设局

第 10 章 住房保障和住房公积金

考纲解读

本章的考试目的是测试应考人员对住房保障相关制度、住房公积金概述、住房公积金归集、提取和使用、住房公积金利率、税收及会计核算等内容的了解、熟悉与掌握情况。本章考试基本要求如下：

1. 熟悉住房保障相关制度；
2. 熟悉住房公积金的性质和特点；
3. 熟悉住房公积金管理的基本原则；
4. 掌握住房公积金归集、提取和使用；
5. 掌握住房公积金利率政策；
6. 熟悉住房公积金的税收政策；
7. 熟悉住房公积金财务管理；
8. 熟悉住房公积金会计核算。

本章知识结构

- 住房保障和住房公积金
  - 住房保障相关制度
    - 投资建设
    - 运营管理
    - 准入退出管理
  - 住房公积金概述
    - 住房公积金的性质和特点
    - 住房公积金管理的基本原则
  - 住房公积金归集、提取和使用
    - 住房公积金归集
    - 住房公积金的提取和使用
  - 住房公积金利率、税收及会计核算
    - 利率政策
    - 税收政策
    - 住房公积金财务管理
    - 住房公积金会计核算

重点难点分析

一、住房保障相关制度

教材从投资建设、运营管理和准入退出管理三个方面，介绍了住房保障相关制度的政策和内容。

此部分的法规、政策依据包括：①《廉租住房保障办法》；②《公共租赁住房管理办法》；③《关于加快发展公共租赁住房的指导意见》。

保障房投资建设模式、户型面积，是学习和考试的重点。其中，保障房的户型面积主要包括：新建廉租住房单套建筑面积应控制在 50 平方米以内，经济适用住房单套建筑面积控制在 60 平方米左右，成套建设的公共租赁住房单套建筑面积要严格控制在 60 平方米以下。

【例题 1】住房保障实质是（ ）。

A. 企业利用自身与社会力量，解决弱势群体的住房问题

B. 企业利用自身与社会力量，解决城镇职工的住房问题

C. 政府利用国家与社会力量，解决城镇职工的住房问题

D. 政府利用国家与社会力量，解决弱势群体的住房问题

【答案】D

【例题 2】地方财政要将廉租住房保障资金纳入年度预算安排，土地出让净收益用于廉租住房保障资

金的比例不得低于（ ）。

A. 5%　　B. 10%

C. 20%　　D. 30%

【答案】B

【例题3】根据《关于加快发展公共租赁住房的指导意见》等规定，市、县人民政府要加大对公共租赁住房建设和运营的投入，省、自治区人民政府要给予（ ）。

A. 直接投资　　B. 贷款贴息

C. 资金支持　　D. 资金补助

【答案】C

【例题4】以下关于经济适用住房，说法正确的是（ ）。

A. 经济适用住房为出租型住房

B. 经济适用住房为出售型住房

C. 政府主要是提供土地划拨、税费减免等政策优惠

D. 按照政府组织协调的原则进行建设供应

E. 按照市场运作的原则进行建设供应

【答案】BCDE

【例题5】根据《关于加快发展公共租赁住房的指导意见》等规定，市、县人民政府要加大对公共租赁住房建设和运营的投入，中央以适当方式给予（ ）。

A. 直接投资

B. 贷款贴息

C. 资金支持

D. 资金补助

【答案】D

【例题6】当前，我国的保障性住房建设的特点包括（ ）。

A. 坚持分散配套建设与集中建设相结合

B. 以"插花建设"为辅

C. 以"插花建设"为主

D. 以"集中建设"为主

E. 以"集中建设"为辅

【答案】ACE

【例题7】按照现有政策规定，新建廉租住房应当采取配套建设与相对集中建设相结合的方式，主要在（ ）项目中配套建设。

A. 办公用房　　B. 商业用房

C. 经济适用住房　　D. 普通商品住房

E. 高档商品住房

【答案】CD

【例题8】经济适用住房单套建筑面积控制在（ ）平方米左右。

A. 30　　B. 50

C. 60　　D. 90

【答案】C

【例题9】我国住房建设和消费的发展方向包括（ ）。

A. 城乡住房建设必须向"零散型"方向发展

B. 大力建设节能省地型住宅

C. 住房消费必须向"适度型"方向发展

D. 提倡住房适度消费

E. 提倡住房梯度消费

【答案】BCDE

【解析】土地、能源、环境以及社会结构和人口的变化，将对未来城乡住房建设发展构成严重制约，城乡住房建设必须向"紧凑型"方向发展，大力建设节能省地型住宅；住房消费必须向"适度型"方向发展，提倡住房适度消费、梯度消费，这是我国住房建设和消费的发展方向。

【例题10】以下关于政府投资建设租赁性住房的租金收入，说法不正确的是（ ）。

A. 应按照有关规定实行收支两条线管理

B. 专项用于偿还建设贷款

C. 可用于住房保障部门人员工资、福利发放

D. 专项用于租赁性住房的维护和管理

【答案】C

【例题11】租赁性保障性住房承租人（ ）。

A. 应按法律规定或合同约定居住使用租赁性住房

B. 不得将所承租的租赁性住房转借

C. 不得将所承租的租赁性住房转租

D. 可将所承租的租赁性住房改变用途

E. 经政府有关部门同意，可将所承租的租赁性住房承租权转租

【答案】ABC

【例题12】当前，要按照（ ）的政务公开要求，实行保障性住房房源公开、过程公开、住房保障对象公开，科学确定保障性住房配租配售方法。

A. 不公开为原则，公开为例外

B. 公开为原则，不公开为例外

C. 公开为例外

D. 不公开为原则

【答案】B

【例题13】以下关于健全保障性住房退出机制，

说法不正确的是（　）。

A. 对购置、租赁、继承、受赠其他住房的，要按规定予以退出

B. 对在规定期限内未退出保障性住房的，不可通过提高租金、租转售等方式实现退出

C. 对拒不退出的，可以依照法律规定或合同约定申请人民法院强制执行

D. 对骗取住房保障、恶意欠租、无正当理由长期闲置，违规转租、出借、调换和转让保障性住房的，情节严重的取消其再次申请住房保障的资格

【答案】B

【解析】对在规定期限内未退出保障性住房的，可以通过提高租金、租转售等方式实现退出。

二、住房公积金概述

教材从住房公积金的性质和特点、住房公积金管理的基本原则两个方面，介绍了住房公积金概述的内容。

此部分的法规、政策依据主要是《住房公积金管理条例》。

住房公积金的本质属性（工资性），住房公积金的特点（义务性 、互助性、保障性），住房公积金管理的基本原则（住房公积金管理委员会决策、住房公积金管理中心运作、银行专户存储、财政监督），是学习和考试的重点。

【例题 1】住房公积金的本质属性是（　）。

A. 保障性　　B. 工资性

C. 互助性　　D. 义务性

【答案】B

【解析】住房公积金的本质属性是工资性，是住房分配货币化的重要形式。

【例题 2】住房公积金的特点有（　）。

A. 义务性　　B. 互助性

C. 保障性　　D. 福利性

E. 收益性

【答案】ABC

【解析】住房公积金是指国家机关、国有企业、城镇集体企业、外商投资企业、城镇私营企业及其他城镇企业、事业单位、民办非企业单位、社会团体（统称单位）及其在职职工缴存的长期住房储金。其特点有义务性；互助性；保障性。

【例题 3】住房公积金不具备的特点是（　）。

A. 义务性　　B. 无偿性

C. 互助性　　D. 保障性

【答案】B

【例题 4】住房公积金管理的决策机构是（　）。

A. 住房公积金管理中心

B. 住房公积金管理委员会

C. 金融主管部门

D. 财政主管部门

【答案】B

【解析】住房公积金管理委员会决策是指由直辖市、省会城市以及其他设区的市、地、州、盟人民政府，有关部门负责人，有关专家以及工会、职工、单位代表组成住房公积金管理委员会，作为住房公积金管理的决策机构，通过严格、规范的会议制度，实行民主决策。

【例题 5】住房公积金管理的基本原则有（　）。

A. 住房公积金管理委员会决策

B. 住房公积金管理中心运作

C. 银行专户存储

D. 业主委员会参与管理

E. 财政监督

【答案】ABCE

三、住房公积金的归集、提取和使用

教材从住房公积金归集、提取和使用两个方面，介绍了住房公积金的归集、提取和使用的相关政策与内容。

此部分的法规、政策依据包括：①《住房公积金管理条例》；②《关于住房公积金管理若干具体问题的指导意见》（建金管［2005］5 号）。

本部分是本章最重要的部分，也是本课程历年考试的重点和必考点。难点内容主要有住房公积金月总缴存额的计算。

本部分的主要考点还有以下几点。

1. 缴存住房公积金的对象还包括：有条件的地方，城镇单位聘用进城务工人员，单位和职工可缴存住房公积金，城镇个体工商户、自由职业人员可申请缴存住房公积金。

2. 缴存住房公积金的工资基数。缴存基数是职工本人上一年度的月平均工资，共由六部分组成，即计时工资、计件工资、奖金、津贴和补贴、加班加点工资及特殊情况下支付的工资。

3. 缴存比例。缴存比例是指职工个人按月缴存（或职工单位资助职工按月缴存）住房公积金的数额占职工上一年度月平均工资的比例。单位和职工缴存比例不应低于 5%，不高于 12%。

4. 查询和对账。

（1）个人住房公积金有效凭证的形式有凭条、

存折或磁卡等。职工个人可直接到住房公积金管理中心或受委托银行查询个人住房公积金缴存情况，也可通过住房公积金磁卡、电话、网络系统查询。

（2）每年6月30日结息后，住房公积金管理中心向职工发送住房公积金对账单，与单位和职工对账。职工对缴存情况有异议的，可向住房公积金管理中心和受委托银行申请复议。

5. 住房公积金的提取

（1）职工住房消费提取包括：①职工购买、建造、翻建、大修自住住房时的提取；②偿还购房贷款本息时的提取；③房租超出家庭工资收入规定比例时的提取；④职工享受城镇最低生活保障、与单位终止劳动关系未再就业、部分或者全部丧失劳动能力以及遇到其他突发事件，造成家庭生活严重困难的。

（2）职工丧失缴存条件的提取包括：①离退休；②完全丧失劳动能力并与单位终止劳动关系；③出境定居；④职工死亡或者被宣告死亡的。

6. 住房公积金的使用包括职工个人对其住房公积金的使用和管理中心对归集的住房公积金的运作两个方面。个人住房贷款是住房公积金使用的中心内容和主要形式。管理中心对归集的住房公积金的运作主要是：在保证职工住房公积金提取和贷款的前提下，经住房公积金管理委员会批准，住房公积金管理中心也可将住房公积金余额用于购买国债。住房公积金管理中心不能向单位或个人提供担保。

【例题1】下列关于住房公积金的表述中，错误的是（ ）。

A. 城镇集体企业的职工应缴存住房公积金

B. 城镇私营企业的职工应缴存住房公积金

C. 外商投资企业无须缴存住房公积金

D. 城镇个体工商户可申请缴存住房公积金

【答案】C

【例题2】下列不属于住房公积金缴存对象的有（ ）。

A. 国有企业在职职工

B. 国家机关

C. 外资企业

D. 国有企业退休职工

E. 农村居民

【答案】DE

【例题3】不属于住房公积金缴存对象的是（ ）。

A. 无工作的城镇居民

B. 协会职工

C. 城镇单位聘用的进城务工人员

D. 申请缴存的城镇个体工商户

【答案】A

【例题4】住房公积金缴存基数是本人上一年度月平均工资，可以由（ ）组成。

A. 计时、计件工资

B. 特殊情况下支付的工资

C. 加班加点工资

D. 津贴、补贴、奖金

E. 生活困难补助金

【答案】ABCD

【例题5】按照规定，住房公积金缴存基数不得高于职工工作所在区城市统计部门公布的上一年度职工月平均工资的（ ）倍。

A. 2　　B. 3

C. 5　　D. 10

【答案】B

【例题6】目前，住房公积金缴存比例的最低限额为（ ）。

A. 1%　　B. 3%

C. 5%　　D. 8%

【答案】C

【解析】住房公积金单位和职工缴存比例不应低于5%，也不应不高于12%。

【例题7】住房公积金缴存比例原则上不高于（ ）。

A. 8%　　B. 10%

C. 12%　　D. 15%

【答案】C

【例题8】住房公积金的提取和使用原则包括（ ）。

A. 非定向使用的原则

B. 定向使用的原则

C. 合理使用的原则

D. 严格时限的效率原则

E. 安全运作的原则

【答案】BDE

【例题9】在丧失住房公积金缴存条件和（ ）的情况下，职工可以提取住房公积金。

A. 支付医疗费　　B. 住房大修

C. 支付子女学费　　D. 生活消费需要

【答案】B

【例题10】职工可以提取住房公积金用于消费的事项有（ ）。

A. 购买上班用的电动车

B. 购买自用二手商铺

C. 自建自住住房

D. 装修自住住房

E. 偿还购买自住经济适用住房的贷款本息

【答案】CE

【解析】职工提取住房公积金中的职工特定消费提取包括：①职工购买、建造、翻建、大修自住住房时的提取；②偿还购房贷款本息时的提取；③房租超出家庭工资收入规定比例时的提取；④职工享受城镇最低生活保障；与单位终止劳动关系未再就业、部分或者全部丧失劳动能力以及遇到其他突发事件，造成家庭生活困难的。

【例题11】职工可以提取住房公积金的情形有（ ）。

A. 离退休

B. 出境定居

C. 翻建自住住房

D. 购买自用商铺

E. 完全丧失劳动能力并与单位终止劳动关系

【答案】ABCE

【例题12】缴存职工在（ ）自住住房时，可以申请住房公积金贷款。

A. 购买　　B. 建造

C. 翻建　　D. 大修

E. 装修

【答案】ABCD

【例题13】住房公积金管理中心可以将住房公积金余额用于（ ）。

A. 购买国债

B. 为单位或个人提供担保

C. 购买股票

D. 发放商业性贷款

【答案】A

【例题14】下列资金中，可以用于购买国债的有（ ）。

A. 担保公司资金

B. 在建工程抵押贷款

C. 商品房预售资金

D. 住宅专项维修资金

E. 住房公积金

【答案】ADE

四、住房公积金利率、税收及会计核算

教材从住房公积金的利率政策、税收政策、住房公积金财务管理和住房公积金会计核算四个方面，介绍了住房公积金利率、税收及会计核算的政策和内容。

此部分的法规、政策依据包括：①《住房公积金管理条例》；②财政部、国家税务总局《关于基本医疗保险费失业保险费住房公积金有关个人所得税政策的通知》（财税［2006］10号）；③财政部《住房公积金财务管理办法》。

本部分中，住房公积金的利率政策、税收政策，是学习和考试的重点。难点内容主要有缴存住房公积金免缴个人所得税的计算。

【例题1】职工当年缴存的住房公积金按结息日挂牌公告的（ ）存款利率计息。

A. 活期　　B. 协定

C. 3个月零存整取　　D. 3个月整存整取

【答案】A

【例题2】张某申请期限为10年的住房公积金贷款，若贷款期间遇法定利率调整，新利率自（ ）执行。

A. 公布之日起　　B. 本年下月1日起

C. 本年下季度第1日起　　D. 下年1月1日起

【答案】D

【例题3】住房公积金存款的利率政策有（ ）。

A. 高存低贷

B. 按年结息

C. 本息逐年结转

D. 每年1月1日为结息日

E. 上年结转的按结息日挂牌公告的3个月整存整取得利率利息

【答案】BC

【解析】我国的住房公积金制度实行低存低贷的利率政策，最大限度支持职工贷款购房。职工当年缴存的住房公积金按结息日挂牌公告的活期存款利率计息；上年结转的按结息日挂牌公告的3个月整存整取存利率计息。职工住房公积金自存入职工住房公积金个人账户之日起计息，按年结息，本息逐年结转，每年6月30日为结息日。

【例题4】张某因购买房屋一次性提取住房公积金8万元，应缴纳的个人所得税为（ ）元。

A. 0　　B. 800

C. 1 600　　D. 16 000

【答案】A

【解析】住房公积金是政策性资金，实行免税政策。其收益也并入住房公积金实行封闭管理和使用，免予征收所得税和营业税。

【例题5】下列关于住房公积金的表述中，正确的有（ ）。

A. 职工购买自住住房在没有还清住房公积金贷款前，可以再次申请住房公积金贷款

B. 职工按要求提交齐全的资料后，住房公积金管理中心或者受托银行应当在15个工作日内完成贷款手续

C. 职工享有住房公积金的收益权

D. 单位为职工实际缴付的住房公积金一律免征个人所得税

E. 张某2月份购房时申请了住房公积金贷款，7月份遇法定贷款利率调整，应自当年的8月份按新调整的贷款利率支付利息

【答案】BC

【解析】职工没有还清贷款前，不得再次申请住房公积金贷款。单位和个人超过上述规定比例和标准缴付的住房公积金，应将超过部分并入当期的工资、薪金收入，计征个人所得税。遇法定利率调整，贷款期限在1年以内的，实行合同利率，不分段计息；贷款期限在1年以上的，于下年年初开始，按相应利率档次执行新的利率规定。

【例题6】下列关于住房公积金利率政策的表述中，不正确的是（ ）。

A. 职工当年缴存的住房公积金按结息日挂牌公告的活期存款利率计息

B. 每年的1月1日为住房公积金结息日，同时按相应档次利率确定下一年度利率水平

C. 遇法定利率调整，贷款期限在一年以内的，实行合同利率

D. 住房公积金管理中心在受托银行专户内的沉淀资金，按单位存款相应期限栏次利率计息

【答案】B

【解析】每年6月30日为结息日。个人住房公积金贷款利率实行一年一定，于每年1月1日，按相应档次利率确定年度利率水平。

【例题7】关于个人住房公积金的说法，正确的是（ ）。

A. 个人住房公积金的利息所得免征个人所得税

B. 住房公积金的缴存比例一般不得低于5%，原则上不得超过15%

C. 个人购买商铺时，可以提取本人住房公积金账户内的存储余额

D. 每年的1月1日为职工住房公积金的结息日

【答案】A

【解析】个人住房公积金作为储蓄性专项基金存款，其利息所得免征个人所得税。单位和职工缴存比例不应低于5%，且不高于12%。个人购买商铺时，不可提取本人住房公积金账户内的存储余额。每年6月30日为住房公积金结息日。

【例题8】下列关于住房公积金的表述中，正确的是（ ）。

A. 每年的1月1日为职工住房公积金的结息日

B. 住房公积金的缴存比例一般不得低于5%，原则上不得超过15%

C. 职工装修自住住房时可以提取本人住房公积金账户内的存储余额

D. 个人住房公积金的利息所得与个人普通存款的利息所得有区别，应免征个人所得税

【答案】D

【例题9】个人住房公积金存款利率政策有（ ）。

A. 当年缴存的公积金按当年1月1日的活期存款利率计息

B. 上年结转的公积金按结息日挂牌公告的3个月整存整取存款利率计息

C. 每年的6月30日为结息日

D. 上年结转的公积金按结息日挂牌公告的一年整存整取存款利率计息

E. 公积金自存入个人公积金账户之日起计息，按月结息，本息逐月结转

【答案】BC

【解析】职工当年缴存的住房公积金按结息日挂牌公告的活期存款利率计息。上年结转的按结息日挂牌公告的3个月整存整取存款利率计息。职工住房公积金自存入职工住房公积金个人账户之日起计息，按年结息，本息逐年结转。

【例题10】住房公积金免征所得税的情形有（ ）。

A. 按规定比例缴存的住房公积金

B. 超过规定的比例缴存的住房公积金部分

C. 提取存储的住房公积金

D. 住房公积金存储利息

E. 住房公积金购买国债的所得

【答案】ACDE

【解析】单位和个人分别在不超过职工本人上一

年度月平均工资12%的幅度内，其实际缴存的住房公积金，允许在个人应纳税所得额中扣除。

【例题11】个人住房公积金免征所得税的情况有（ ）。

A. 按规定比例缴存的公积金

B. 超过规定的比例缴存的公积金部分

C. 提取存储的住房公积金

D. 公积金存储利息

E. 公积金用于购买股票的所得

【答案】ACD

【例题12】目前，住房公积金管理中心对住房公积金收支业务一般采用（ ）原则进行核算。

A. 收付实现制

B. 权责发生制

C. 权责发生制和收付实现制

D. 权责发生制或收付实现制

【答案】B

【例题13】住房公积金的增值收益的合法用途包括（ ）。

A. 奖励住房公积金管理中心职工

B. 建立住房公积金贷款风险准备金

C. 支付住房公积金管理中心的管理费用

D. 建设廉租住房的补充资金

E. 建设经济适用住房的补充资金

【答案】BCD

练习题

一、单项选择题（每题的备选答案中只有一个最符合题意）

1. 当前，保障性住房建设以（ ）为主。

A. 房地产开发企业投资

B. 政府投资

C. 社会机构投资

D. 个人投资

2. 根据《关于加快发展公共租赁住房的指导意见》等规定，市、县人民政府要加大对公共租赁住房建设和运营的投入，中央以适当方式给予（ ）。

A. 直接投资 B. 贷款贴息

C. 资金支持 D. 资金补助

3. 根据公共租赁住房有关政策规定，公共租赁住房建设实行（ ）。

A. “谁投资、谁受益” B. “谁投资、谁支配”

C. “谁投资、谁控制” D. “谁投资、谁所有”

4. 新建廉租住房单套建筑面积应控制在（ ）平方米以内。

A. 30 B. 50

C. 60 D. 90

5. 成套建设的公共租赁住房单套建筑面积要严格控制在（ ）平方米以内。

A. 30 B. 50

C. 60 D. 90

6. 住房公积金是指国家机关、国有企业、城镇集体企业、外商投资企业、城镇私营企业及其他城镇企业、事业单位、民办非企业单位、社会团体及其在职职工缴存的（ ）。

A. 长期住房储金 B. 短期住房储金

C. 临时住房储金 D. 短期住房工资

7. 住房公积金的本质属性是（ ）。

A. 义务性 B. 互助性

C. 保障性 D. 工资性

8. 住房公积金管理的决策机构是（ ）。

A. 住房公积金管理委员会

B. 城市人民政府

C. 住房公积金管理中心

D. 住房公积金缴存单位

9. （ ）是住房公积金管理的中心环节。

A. 住房公积金的发放管理

B. 住房公积金的运作

C. 银行专户、财政监督

D. 住房公积金管理的决策

10. 住房公积金管理委员会各项决策的执行机构是（ ）。

A. 住房公积金管理委员会办公室

B. 住房公积金管理中心

C. 当地财政管理部门

D. 受托银行

11. 住房公积金管理的基本原则是“住房公积金管理委员会决策、住房公积金管理中心运作、（ ）、财政监督”。

A. 社会监督 B. 政府监督

C. 银行专户 D. 审计监督

12. 按照规定，住房公积金缴存比例不高于职工上一年度月平均工资的（ ）。

A. 5%　　B. 8%

C. 12%　　D. 20%

13. 缴存住房公积金的工资基数是（　）。

A. 职工本人本年度的月平均工资，共由六部分组成

B. 职工本人上一年度的月平均工资，共由六部分组成

C. 职工本人下一年度的月平均工资，共由六部分组成

D. 职工本人上一年度的年平均工资，共由六部分组成

14. 我国的住房公积金缴存比例实行动态调整机制，具体缴存比例由（　）拟定。

A. 县级政府

B. 省级政府

C. 人民银行

D. 住房公积金管理委员会

15. 住房公积金缴存比例是指（　）。

A. 职工个人缴存（或职工单位资助职工缴存）住房公积金的数额占职工本年度月平均工资的比例

B. 职工个人缴存（或职工单位资助职工缴存）住房公积金的数额占职工下一年度月平均工资的比例

C. 职工个人缴存（或职工单位资助职工缴存）住房公积金的数额占职工上一年度年平均工资的比例

D. 职工个人缴存（或职工单位资助职工缴存）住房公积金的数额占职工上一年度月平均工资的比例

16. 住房公积金月缴存额的计算公式为（　）。

A. 住房公积金月缴存额 =（职工本人本年度月平均工资 × 职工住房公积金缴存比例）+（职工本人本年度月平均工资 × 单位住房公积金缴存比例）

B. 住房公积金月缴存额 =（职工本人上一年度月平均工资 × 职工住房公积金缴存比例）+（职工本人上一年度月平均工资 × 单位住房公积金缴存比例）

C. 住房公积金月缴存额 =（职工本人下一年度月平均工资 × 职工住房公积金缴存比例）+（职工本人下一年度月平均工资 × 单位住房公积金缴存比例）

D. 住房公积金月缴存额 =（职工本人上一年度年平均工资 × 职工住房公积金缴存比例）+（职工本人上一年度年平均工资 × 单位住房公积金缴存比例）

17. 住房公积金汇缴年度为（　）。

A. 本年 7 月 1 日至下年 6 月 30 日

B. 上年 7 月 1 日至下年 6 月 30 日

C. 上年 7 月 1 日至当年 6 月 30 日

D. 上年 1 月 1 日至下年 12 月 31 日

18. 每年（　）为住房公积金结息日。

A. 1 月 31 日　　B. 3 月 31 日

C. 6 月 30 日　　D. 12 月 31 日

19. 李某 2013 年度年薪为 72 000 元，住房公积金单位、个人缴存比例分别为 7%、5%，则李某 2013 年的住房公积金月总缴存额为（　）元。

A. 300　　B. 420

C. 720　　D. 900

20. 按照规定，住房公积金缴存基数不得高于职工工作所在区城市统计部门公布的上一年度职工月平均工资的（　）倍。

A. 2　　B. 3

C. 5　　D. 10

21. 当缴存条件丧失时，职工可以提取其住房公积金，同时（　）。

A. 建立该职工住房公积金并更新账户

B. 暂时停止该职工住房公积金账户

C. 注销该职工住房公积金账户

D. 保留该职工住房公积金账户

22. 职工死亡或者被宣告死亡的，无继承人也无受遗赠人的，职工住房公积金账户的存储余额（　）。

A. 向社会捐助

B. 帮助住房公积金缴存困难职工

C. 纳入住房公积金的增值收益

D. 纳入社会统筹资金

23. 在保证职工住房公积金提取和贷款的前提下，经住房公积金管理委员会批准，住房公积金管理中心也可将住房公积金余额（　）。

A. 用于购买股票

B. 用于购买国债

C. 用于商业投资

D. 为单位或个人提供担保

24. 职工可以提取住房公积金的情形是（　）。

A. 支付子女学费　　B. 购买商业门市

C. 偿还购房贷款本息　　D. 支付医药费

25. 下列情况中，职工不可提取住房公积金的是（　）。

A. 翻建住宅

B. 小修住宅

C. 房租超出家庭工资收入规定比例

D. 完全丧失劳动力并与单位终止劳动关系

26. 职工上年结转的按（　）计息。

A. 结息日挂牌公告的活期存款利率

B. 结息日挂牌公告的定期存款利率

C. 结息日挂牌公告的 3 个月整存整取存款利率

D. 结息日挂牌公告的 6 个月整存整取存款利率

27. 建设部建金管［2005］5 号《关于住房公积金管理若干具体问题的指导意见》规定，住房公积金管理中心或者受委托银行要一次性告知职工需要提交的文件和资料，职工按要求提交文件资料后，应当在（　）个工作日内办完贷款手续。

A. 7　　B. 10

C. 15　　D. 30

28. 职工上年结转的住房公积金按结息日挂牌公告的（　）存款利率计息。

A. 活期　　B. 3 个月整存整取

C. 1 年整存整取　　D. 5 年整存整取

29. 2014 年某市职工上一年度月平均工资为 3 000 元，该市职工刘某上一年度月平均工资为 3 500 元，刘某缴存住房公积金免缴个人所得税的最高额度为（　）元。

A. 250　　B. 300

C. 360　　D. 420

30. 下列关于住房公积金的表述中，错误的是（　）。

A. 每年 6 月 30 日为职工住房公积金的结息日

B. 遇住房公积金法定利率调整，贷款期限在 1 年以上的，实行合同利率，不分段计息

C. 个人实际领（支）取原提存的住房公积金时，免征个人所得税

D. 个人住房公积金作为储蓄性专项基金存款，其利息所得免征个人所得税

二、多项选择题（每题的备选答案中有两个或两个以上符合题意）

1. 根据《关于加快发展公共租赁住房的指导意见》等规定，市、县人民政府要通过（　）等方式，加大对公共租赁住房建设和运营的投入。

A. 职务提拔　　B. 直接投资

C. 资本金注入　　D. 投资补助

E. 贷款贴息

2. 根据《廉租住房保障办法》等规定，切实落实廉租住房保障资金，对中西部财政困难地区，中央通过（　）等方式给予支持。

A. 中央预算内投资补助

B. 中央预算外投资补助

C. 中央财政廉租住房保障专项补助资金

D. 中央财政社会保障专项补助资金

E. 中央财政预算保障专项补助资金

3. 根据公共租赁住房有关政策规定，引导各类投资主体特别是外来务工人员集中的（　）投资建设公共租赁住房。

A. 居住区　　B. 开发区

C. 产业园区　　D. 城市郊区

E. 城市近郊区

4. 以下关于混居建设模式，说法正确的是（　）。

A. 混居可以带来多个方面的社会效益，人口构成的多样化可以丰富居民的生活

B. 面对多样化的人群，可以增加居民对于社会的容忍度

C. 社会混合将不利于下一代在教育和个人发展上更多更好的选择

D. 混居可以加深不同阶层间的理解

E. 混居可以增强社会主流对于弱势群体的关心与重视

5. 住房公积金的特点包括（　）。

A. 义务性　　B. 强制性

C. 互助性　　D. 保障性

E. 短期性

6. 以下（　），属于住房公积金管理的基本原则。

A. 住房公积金管理委员会决策

B. 住房公积金管理委员会运作

C. 住房公积金管理中心运作

D. 银行专户存储

E. 财政监督

7. 下列关于住房公积金管理中心，表述正确的是（　）。

A. 每个设区城市依法成立的住房公积金管理中心，是直属城市人民政府、不以盈利为目的的独立的事业单位

B. 每个设区城市依法成立的住房公积金管理中心，是直属城市人民政府、以盈利为目的的独立的事业

单位

C. 住房公积金管理中心是住房公积金委员会各项决策的执行机构

D. 住房公积金管理中心是住房公积金的决策机构

E. 住房公积金管理中心是住房公积金运作管理部门

8. 下列关于缴存住房公积金的对象，表述正确的是（ ）。

A. 城镇集体企业及其在职职工

B. 外商投资企业及其在职职工

C. 城镇单位聘用进城务工人员

D. 离退休职工

E. 城镇私营企业及其在职职工

9. 根据《住房公积金管理条例》的规定，必须缴存住房公积金的人员有（ ）。

A. 国家机关在职职工

B. 国有企业在职职工

C. 外商投资企业在职职工

D. 城镇私营企业在职职工

E. 离退休职工

10. 对有条件的地方，可申请缴存住房公积金的是（ ）。

A. 城镇单位聘用进城务工人员，单位和职工可缴存住房公积金

B. 城镇个体可申请缴存住房公积金

C. 城镇工商户可申请缴存住房公积金

D. 城镇自由职业人员可申请缴存住房公积金

E. 农民可申请缴存住房公积金

11. 住房公积金缴存基数由以下（ ）等组成。

A. 加班工资

B. 计时或计件工资

C. 职务津贴

D. 住房补贴

E. 工会对职工的困难补助

12. 住房公积金的提取和使用原则包括（ ）。

A. 足额缴存原则

B. 合理使用的原则

C. 定向使用的原则

D. 严格时限的效率原则

E. 安全运作的原则

13. 缴存职工在（ ）时，可以向管理中心申请住房公积金贷款。

A. 购买自住住房　　B. 建造自住住房

C. 翻建自住住房　　D. 大修自住住房

E. 购买商业门市

14. 以下（ ）属于丧失公积金存缴条件。

A. 离退休

B. 职工死亡

C. 完全丧失劳动能力并与单位终止劳动关系

D. 未完全丧失劳动能力，且未与单位终止劳动关系

E. 出境定居

15. 下列关于职工提取住房公积金的程序，表述正确的是（ ）。

A. 职工提取时由所在单位审核

B. 职工提取时由所在单位的上一级主管部门审核

C. 由住房公积金管理委员会核准

D. 由住房公积金管理中心核准

E. 由受委托银行办理支付手续

16. 下列关于住房公积金贷款利率，表述不正确的是（ ）。

A. 个人住房公积金贷款利率实行一年一定

B. 个人住房公积金贷款利率实行五年一定

C. 遇法定利率调整，贷款期限在1年以内的，实行合同利率，不分段计息

D. 遇法定利率调整，贷款期限在1年以上的，实行合同利率，不分段计息

E. 遇法定利率调整，贷款期限在1年以上的，于下年初开始，按相应利率档次执行新的利率规定

17. 以下关于个人住房公积金利率政策，说法正确的是（ ）。

A. 当年缴存的住房公积金按结息日挂牌公告的活期存款利率计息

B. 上年结转的公积金按结息日挂牌公告的3个月整存整取存款利率计息

C. 个人住房公积金贷款利率实行一年一定，于每年1月1日，按相应档次利率确定年度利率水平

D. 职工住房公积金自存入职工住房公积金个人账户之日起计息，按年结息，本息逐年结转

E. 每年的12月30日为住房公积金结息日

18. 下列关于住房公积金税收政策，说法正确的是（ ）。

A. 住房公积金是政策性资金，实行免税政策

B. 住房公积金的收益免征收所得税，但不免征收营业税

C. 个人实际领（支）取原提存的住房公积金时，

免征个人所得税

D. 单位和个人分别在不超过职工本人上一年度月平均工资 20% 的幅度内，其实际缴存的住房公积金，允许在个人应纳税所得额中扣除

E. 个人住房公积金作为储蓄性专项基金存款，其利息所得免征个人所得税

19. 以下（　），免征企业所得税。

A. 住房公积金收益

B. 住房公积金管理中心在指定的受委托银行发放个人住房贷款取得的利息收入

C. 用住房公积金购买国债取得的利息收入

D. 住房公积金管理中心在受委托银行存储取得的利息收入

E. 住房公积金购买股票所得

20. 住房公积金的增值收益的合法用途包括（　）。

A. 用于住房公积金管理中心商业经营

B. 建设城镇商品住宅的补充资金

C. 支付住房公积金管理中心的管理费用

D. 建设廉租住房的补充资金

E. 建立住房公积金贷款风险准备金

21. 住房公积金管理中心要设立住房公积金个人明细账，实行三级明细核算，即（　）。

A. 住房公积金总账核算

B. 住房公积金单位账户核算

C. 住房公积金个人账户核算

D. 住房公积金分账核算

E. 住房公积金综合核算

三、综合分析题（每个小题的备选答案中有一个或一个以上符合题意的答案。错选不得分；少选，但选择正确的每个选项得相应分）

1. 2011 年 2 月 8 日，甲房地产开发公司（以下简称“甲公司”）在 W 省乙市（地级市）市区内取得一块建设用地使用权，用于开发建设经济适用住房项目小区。

2013 年 9 月 1 日，该小区建成，并开始向符合条件的乙市城市低收入家庭出售。2013 年 11 月 15 日，李某购买该小区住房一套，并申请了住房公积金贷款。

乙市 2010—2014 年度单位住房公积金缴存比例均为 10%，个人住房公积金缴存比例为 5%。李某夫妇系乙市某企业工人，自 2003 年开始足额交纳住房公积金，李某夫妇 2013 年度的月平均工资分别为 1 500 元、1 200 元。

（1）以下关于乙市住房公积金管理中心，说法不正确的是（　）。

A. 乙市住房公积金管理中心是乙市住房公积金运作管理部门

B. 乙市住房公积金管理中心是以盈利为目的的独立事业单位

C. 乙市住房公积金管理中心为直属乙市人民政府不以盈利为目的的独立事业单位

D. 乙市人民政府可设立两个住房公积金管理中心

（2）李某夫妻 2014 年度的住房公积金月缴存额（含单位缴存部分）为（　）元。

A. 135　　B. 270

C. 405　　D. 540

（3）以下关于该项目的说法，不正确的是（　）。

A. 李某家庭已购买过经济适用住房，不得再购买其他经济适用住房

B. 李某购买的经济适用住房，拥有全部产权

C. 该项目销售应当实行明码标价

D. 确定该项目住房的价格应当以保本微利为原则

（4）以下关于该项目优惠政策的说法，错误的是（　）。

A. 甲公司可以以该在建项目作抵押向商业银行申请住房开发贷款

B. 严禁以经济适用住房名义取得划拨土地后，改变土地用途，变相搞商品房开发

C. 该项目建设和经营中的行政事业性收费，免征

D. 应由甲公司负担该项目小区外的基础设施建设费用

（5）该小区单套住房建筑面积（　）。

A. 应控制在 50 平方米左右

B. 应控制在 60 平方米左右

C. 应控制在 50 平方米以下

D. 应控制在 60 平方米以下

（6）（　）应对该项目住房工程质量负最终责任。

A. 乙市人民政府房产管理部门

B. 乙市人民政府建设管理部门

C. 乙市人民政府建设质量管理部门

D. 甲公司

（7）该项目取得建设用地使用权的方式是（　）。

A. 划拨方式　　B. 招标出让方式

C. 拍卖出让方式　　D. 挂牌出让方式

2. 某市政府将一宗闲置土地使用权无偿收回，提供给甲房地产开发企业（以下简称“甲企业”）开发经济适用住房。王某2012年10月预购了该项目一套住宅，并申请了住房公积金抵押贷款。预售合同约定房屋建筑面积为65平方米，单价为2 000元/平方米，面积误差比绝对值在5%以内的据实结算。2012年10月甲企业对该房屋阳台变更了设计，并通知了王某。2013年8月该项目竣工并交付使用，乙物业服务企业（以下简称“乙企业”）负责该住宅小区前期物业管理。王某在验房时，发现房屋建筑面积已经增至67.6平方米，并存在卫生间地面渗水、下水管道堵塞等质量问题。在办理入住手续时，王某还通过由甲企业代缴的方式，交纳了房屋登记相关税费、住宅专项维修资金等。

（1）王某购房过程中应缴纳的税金为（　）。

A. 契税　　B. 土地增值税

C. 土地使用税　　D. 印花税

（2）关于住宅专项维修资金的说法，正确的为（　）。

A. 业主交存的住宅专项维修资金属业主所有

B. 业主大会成立前，住宅专项维修资金由甲企业代管

C. 王某房屋卫生间渗水、下水管道堵塞的维修可以申请使用住宅专项维修资金

D. 业主分户账面住宅专项维修资金余额不足首期交存额的30%的，应及时续交

（3）如果乙企业物业服务收费实行酬金制，则其物业服务支出的构成包括（　）。

A. 乙企业服务人员的工资、社会保险

B. 物业管理区域清洁卫生费用

C. 物业共用部位、共用设施及公众责任保险费用

D. 物业共用部位、共用设施的维修和更新改造费用

（4）王某在办理住房公积金贷款时，工作人员所做的下列解释中，正确的为（　）。

A. 住房公积金贷款实行低利率政策

B. 使用住房公积金贷款的职工在还贷期间，不能提取住房公积金

C. 王某未还清贷款前，不得再次申请住房公积金贷款

D. 住房公积金贷款按法定利率调整时间分段计息

3. 甲市乙企业自2006年1月开始，为其全体职工交纳住房公积金。该企业张某和王某系夫妻。2013年张某月平均工资为2 400元，王某月平均工资为2 200元。

2006—2014年甲市单位和职工住房公积金缴存比例均为5%。2014年1月，张某和王某，以25万元的价格，在某小区购买了一套商品住房。

（1）2014年，张某每月本人缴存住房公积金免缴个人所得税的最高额度为（　）元。

A. 120　　B. 240

C. 288　　D. 480

（2）以下（　）情况下，张某、王某可提取其个人账户内的住房公积金存储余额。

A. 购买商品住房

B. 偿还购房贷款本息

C. 装修自住住房

D. 出国定居

（3）以下关于张某、王某的住房公积金存贷款利率问题，表述正确的是（　）。

A. 张某、王某当年缴存的住房公积金按结息日挂牌公告的活期存款利率计息

B. 张某、王某上年结转的按结息日挂牌公告的3年整存整取存款利率计息

C. 遇法定利率调整，如果张某、王某的住房公积金贷款期限为半年，则实行合同利率，不分段计息

D. 遇法定利率调整，如果张某、王某的住房公积金贷款期限为10年，则于下年年初开始，按相应利率档次执行新的利率规定

（4）以下关于张某、王某的住房公积金个人所得税问题，说法正确的是（　）。

A. 张某、王某按照规定比例实际缴付的住房公积金，免征个人所得税

B. 张某、王某支取原提存的住房公积金时，免征个人所得税

C. 2014年1月王某个人缴存住房公积金只要不超过264元，可免征个人所得税

D. 张某、王某超过规定的比例缴存的住房公积金部分，减半征收个人所得税

E. 张某、王某缴付的住房公积金利息所得免征个人所得税

（5）以下关于张某、王某购买住房提取住房公积金的程序，表述正确的是（　）。

A. 由甲市W国有企业单位审核

B. 由甲市住房公积金管理中心审核

C. 由甲市住房公积金管理中心核准

D. 由甲市住房公积金管理委员会核准

（6）以下关于甲市住房公积金管理中心，表述正确的是（　）。

A. 甲市住房公积金管理中心是甲市住房公积金管理的决策机构

B. 甲市住房公积金管理中心是甲市住房公积金委员会各项决策的执行机构

C. 甲市住房公积金管理中心是直属甲市人民政府，并以盈利为目的的独立事业单位

D. 甲市住房公积金管理中心是甲市住房公积金运作管理部门，也是住房公积金管理主体

附《物权法》相关内容辅导与练习

本章的考试目的是测试应考人员对物权法相关条文的理解与掌握程度。本部分考试基本要求如下。

熟悉《物权法》中与房地产经纪人《房地产基本制度与政策》相关条文。

第一编 总 则

第一章 基本原则

第一条 为了维护国家基本经济制度，维护社会主义市场经济秩序，明确物的归属，发挥物的效用，保护权利人的物权，根据宪法，制定本法。

第二条 因物的归属和利用而产生的民事关系，适用本法。

本法所称物，包括不动产和动产。法律规定权利作为物权客体的，依照其规定。

本法所称物权，是指权利人依法对特定的物享有直接支配和排他的权利，包括所有权、用益物权和担保物权。

第五条 物权的种类和内容，由法律规定。

第六条 不动产物权的设立、变更、转让和消灭，应当依照法律规定登记。动产物权的设立和转让，应当依照法律规定交付。

【例题 1】土地产权变动的法定公示方式是( )。

A. 登记　　B. 交付

C. 占有　　D. 使用

【答案】A

【例题2】物权的种类和内容，由（ ）规定。

A. 宪法　　B. 法律

C. 法规　　D. 部门规章

【答案】B

第二章 物权的设立、变更、转让和消灭

第一节 不动产登记

第九条 不动产物权的设立、变更、转让和消灭，经依法登记，发生效力；未经登记，不发生效力，但法律另有规定的除外。

依法属于国家所有的自然资源，所有权可以不登记。

【例题】甲公司依法取得某块土地的建设用地使用权并办理报建审批手续后，进行了房屋建设并已经完成了外装修。下列说法中，正确的是（ ）。

A. 甲公司因为办理报建审批手续而取得了房屋所有权

B. 甲公司因为事实行为而取得了房屋所有权

C. 甲公司因为法律行为而取得了房屋所有权

D. 甲公司尚未进行房屋登记，因此未取得房屋所有权

【答案】D

第十条 不动产登记，由不动产所在地的登记机构办理。

国家对不动产实行统一登记制度。统一登记的范围、登记机构和登记办法，由法律、行政法规规定。

第十四条 不动产物权的设立、变更、转让和消灭，依照法律规定应当登记的，自记载于不动产登记簿时发生效力。

【例题】下列关于房地产登记的表述中，正确的有（ ）。

A. 登记的目的之一是保证交易安全

B. 办理房屋登记应当遵循房屋所有权和房屋占用范围内的土地使用权权利主体一致的原则

C. 国家对不动产实行统一登记制度包括统一登记时间、范围、机构和办法

D. 因继承或者受遗赠取得物权的，自继承或者受遗赠开始发生效力

E. 不动产物权的设立、变更和消灭，自记载于不动产登记簿时发生效力

【答案】ABD

第十一条 当事人申请登记，应当根据不同登记事项提供权属证明和不动产界址、面积等必要材料。

第十五条 当事人之间订立有关设立、变更、转让和消灭不动产物权的合同，除法律另有规定或者合同另有约定外，自合同成立时生效；未办理物权登记的，不影响合同效力。

第十六条 不动产登记簿是物权归属和内容的根据。不动产登记簿由登记机构管理。

第十七条 不动产权属证书是权利人享有该不动产物权的证明。不动产权属证书记载的事项，应当与不动产登记簿一致；记载不一致的，除有证据证明不动产登记簿确有错误外，以不动产登记簿为准。

【例题】不动产登记簿记载的事项与不动产权属证书记载不一致的，以不动产权属证书为准。（ ）

【答案】×

第十八条 权利人、利害关系人可以申请查询、复制登记资料，登记机构应当提供。

第十九条 权利人、利害关系人认为不动产登记簿记载的事项错误的，可以申请更正登记。不动产登记簿记载的权利人书面同意更正或者有证据证明登记确有错误的，登记机构应当予以更正。

不动产登记簿记载的权利人不同意更正的，利害关系人可以申请异议登记。登记机构予以异议登记的，申请人在异议登记之日起十五日内不起诉，异议登记失效。异议登记不当，造成权利人损害的，权利人可以向申请人请求损害赔偿。

【例题1】房屋登记机构予以异议登记的，申请人在异议登记之日起（ ）日内不起诉，异议登记失效。

A. 15　　B. 30

C. 60　　D. 90

【答案】A

【解析】登记机构予以异议登记的，申请人在异议登记之日起十五日内不起诉，异议登记失效。异议登记不当，造成权利人损害的，权利人可以向申请人请求损害赔偿。

【例题2】异议登记不当并给权利人造成损害的，应由（ ）承担赔偿责任。

A. 登记机构

B. 异议登记申请人

C. 登记机构的经办人

D. 登记机构和申请人共同

【答案】B

【例题3】异议登记不当，造成权利人损害的，权利人可以向申请人请求（ ）。

A. 支付违约金　　B. 返还物权

C. 排除妨碍　　D. 损害赔偿

【答案】D

【例题4】权利人发现不动产登记簿记载错误，可以向不动产登记机构申请（ ）。

A. 更正登记　　B. 变更登记

C. 注销登记　　D. 异议登记

【答案】A

第二十条 当事人签订买卖房屋或者其他不动产物权的协议，为保障将来实现物权，按照约定可以向登记机构申请预告登记。预告登记后，未经预告登记的权利人同意，处分该不动产的，不发生物权效力。

预告登记后，债权消灭或者自能够进行不动产登记之日起三个月内未申请登记的，预告登记失效。

【例题1】预告登记后，债权消灭或者自能够进行不动产登记之日起（ ）个月内未申请登记的，预告登记失效。

A. 半　　B. 1

C. 2　　D. 3

【答案】D

【例题2】下列关于预告登记的表述中，正确的是（ ）。

A. 预告登记仅适用于预售商品房的登记

B. 预告登记后，债权消灭或者自能够进行不动产登记之日起3个月内未申请登记的，预告登记失效

C. 房屋预告登记只能由双方共同申请

D. 房屋预告登记仅在房屋登记簿上予以记载，不发放预告登记证明

【答案】B

【解析】当事人预购商品房、以预购商品房设定抵押、房屋所有权转让（抵押）或有法律、法规规定的其他可以申请房屋预告登记情形的，可以向房屋登记机构申请房屋预告登记。预告登记后，债权消灭或者自能够进行不动产登记之日起三个月内未申请登记的，预告登记失效。预告登记的其他事项在房屋登记簿上予以记载后，由房屋登记机构发放预告登记证明。预购人可以单方申请预告登记。

【例题3】周某与秦某签订了一份买卖房屋的协议。协议签订后，周某为了确保未来取得房屋所有权，可以向有关登记机构申请（ ）。

A. 变更登记　　B. 异议登记

C. 预告登记　　D. 撤销登记

【答案】C

【例题4】甲房地产开发公司（以下简称“甲公司”）开发建设普通住宅小区，向社会公开预售。2013年12月1日，李某与甲公司签订了商品房预售合同（李某为首次购房）。房屋竣工后，经房地产测绘机构测算，该房屋套内建筑面积为70平方米，阳台面积为10平方米，套内墙体建筑面积9平方米，

分摊共有建筑面积13平方米。签订商品房预售合同至房屋竣工前，李某可以申请（ ）。

A. 房屋预告登记

B. 房屋所有权初始登记

C. 房屋转移登记

D. 商品房预售合同登记备案

【答案】A

第二十一条 当事人提供虚假材料申请登记，给他人造成损害的，应当承担赔偿责任。

因登记错误，给他人造成损害的，登记机构应当承担赔偿责任。登记机构赔偿后，可以向造成登记错误的人追偿。

第二十二条 不动产登记费按件收取，不得按照不动产的面积、体积或者价款的比例收取。具体收费标准由国务院有关部门会同价格主管部门规定。

【例题】根据《物权法》，不动产登记费按（ ）收取。

A. 面积　　B. 套

C. 成交价格　　D. 件

【答案】D

第二节 其他规定

第二十八条 因人民法院、仲裁委员会的法律文书或者人民政府的征收决定等，导致物权设立、变更、转让或者消灭的，自法律文书或者人民政府的征收决定等生效时发生效力。

第二十九条 因继承或者受遗赠取得物权的，自继承或者受遗赠开始时发生效力。

第三十条 因合法建造、拆除房屋等事实行为设立或者消灭物权的，自事实行为成就时发生效力。

【例题】合法建造房屋的物权自（ ）发生效力。

A. 记载于不动产登记簿时

B. 颁发房屋权属证书时

C. 申请房屋所有权登记时

D. 事实行为成就时

【答案】D

第三十一条 依照本法第二十八条至第三十条规定享有不动产物权的，处分该物权时，依照法律规定需要办理登记的，未经登记，不发生物权效力。

【例题】法院生效判决确认原登记在甲名下的房屋归乙所有之后，乙未办理过户手续便将该房屋转卖给丙，丙信赖乙出示的法院判决而与之交易。与此同时，甲将该房屋转卖给丁，丁信赖的是登记簿上甲为所有人。请问，下列说法中正确的是（ ）。

A. 乙为房屋的真正所有人，故其处分的房屋应归丙

B. 乙处分房屋时未经登记，故其处分行为不发生物权效力，该房屋应归丁

C. 甲不是房屋的真正所有人，故其处分房屋的行为无效，该房屋应归丙

D. 甲与乙的处分行为都无物权权力，依判决该房屋应归乙

【答案】D

第二编 所有权

第四章 一般规定

第三十九条 所有权人对自己的不动产或者动产，依法享有占有、使用、收益和处分的权利。

第四十条 所有权人有权在自己的不动产或者动产上设立用益物权和担保物权。用益物权人、担保物权人行使权利，不得损害所有权人的权益。

【例题】所有权人有权在自己的不动产或者动产上设立（ ），这是所有权人行使其所有权的具体体现。

A. 债权　　B. 用益物权

C. 担保物权　　D. 任何权利

E. 任何义务

【答案】BC

第四十一条 法律规定专属于国家所有的不动产和动产，任何单位和个人不能取得所有权。

第四十二条 为了公共利益的需要，依照法律规定的权限和程序可以征收集体所有的土地和单位、个人的房屋及其他不动产。

征收集体所有的土地，应当依法足额支付土地补偿费、安置补助费、地上附着物和青苗的补偿费等费用，安排被征地农民的社会保障费用，保障被征地农民的生活，维护被征地农民的合法权益。

征收单位、个人的房屋及其他不动产，应当依法给予拆迁补偿，维护被征收人的合法权益；征收个人住宅的，还应当保障被征收人的居住条件。

任何单位和个人不得贪污、挪用、私分、截留、拖欠征收补偿费等费用。

第四十三条 国家对耕地实行特殊保护，严格限制农用地转为建设用地，控制建设用地总量。不得违反法律规定的权限和程序征收集体所有的土地。

第四十四条 因抢险、救灾等紧急需要，依照法律规定的权限和程序可以征用单位、个人的不动产或者动产。被征用的不动产或者动产使用后，应当返还

被征用人。单位、个人的不动产或者动产被征用或者征用后毁损、灭失的，应当给予补偿。

【例题】征收集体所有的土地，应当依法足额支付土地补偿费、安置补助费、地上附着物和青苗的补偿费等费用，安排被征地农民的（　）费用，保障被征地农民的生活，维护被征地农民的合法权益。

A. 劳动保险　　B. 社会保障

C. 劳动就业　　D. 失业救济

【答案】B

第五章　国家所有权和集体所有权、私人所有权

第四十五条　法律规定属于国家所有的财产，属于国家所有即全民所有。

国有财产由国务院代表国家行使所有权；法律另有规定的，依照其规定。

第四十六条　矿藏、水流、海域属于国家所有。

第四十七条　城市的土地，属于国家所有。法律规定属于国家所有的农村和城市郊区的土地，属于国家所有。

第四十八条　森林、山岭、草原、荒地、滩涂等自然资源，属于国家所有，但法律规定属于集体所有的除外。

【例题1】法律规定可以属于集体所有的自然资源有（　）。

A. 森林　　B. 矿藏

C. 水流　　D. 山岭

E. 荒地

【答案】ADE

【例题2】根据《宪法》规定，（　）等自然资源，都属于国家所有。

A. 矿藏、水流

B. 森林、山岭

C. 草原、荒地、滩涂

D. 法律规定属于集体所有的森林和山岭、草原、荒地、滩涂

【答案】A

【例题3】《宪法》规定，属于集体所有的土地是（　）。

A. 国家依法征收的土地

B. 农村集体经济组织成员全部转为城镇居民后，原属于其成员集体所有的土地

C. 宅基地、自留地、自留山

D. 城市郊区土地

【答案】C

第四十九条　法律规定属于国家所有的野生动植物资源，属于国家所有。

第五十条　无线电频谱资源属于国家所有。

第五十一条　法律规定属于国家所有的文物，属于国家所有。

第五十二条　国防资产属于国家所有。

铁路、公路、电力设施、电信设施和油气管道等基础设施，依照法律规定为国家所有的，属于国家所有。

第五十三条　国家机关对其直接支配的不动产和动产，享有占有、使用以及依照法律和国务院的有关规定处分的权利。

第五十四条　国家举办的事业单位对其直接支配的不动产和动产，享有占有、使用以及依照法律和国务院的有关规定收益、处分的权利。

第五十五条　国家出资的企业，由国务院、地方人民政府依照法律、行政法规规定分别代表国家履行出资人职责，享有出资人权益。

第五十六条　国家所有的财产受法律保护，禁止任何单位和个人侵占、哄抢、私分、截留、破坏。

第五十七条　履行国有财产管理、监督职责的机构及其工作人员，应当依法加强对国有财产的管理、监督，促进国有财产保值增值，防止国有财产损失；滥用职权，玩忽职守，造成国有财产损失的，应当依法承担法律责任。

违反国有财产管理规定，在企业改制、合并分立、关联交易等过程中，低价转让、合谋私分、擅自担保或者以其他方式造成国有财产损失的，应当依法承担法律责任。

第五十八条　集体所有的不动产和动产包括：

（一）法律规定属于集体所有的土地和森林、山岭、草原、荒地、滩涂；

（二）集体所有的建筑物、生产设施、农田水利设施；

（三）集体所有的教育、科学、文化、卫生、体育等设施；

（四）集体所有的其他不动产和动产。

第五十九条　农民集体所有的不动产和动产，属于本集体成员集体所有。

下列事项应当依照法定程序经本集体成员决定：

（一）土地承包方案以及将土地发包给本集体以外的单位或者个人承包；

（二）个别土地承包经营权人之间承包地的调整；

（三）土地补偿费等费用的使用、分配办法；

（四）集体出资的企业的所有权变动等事项；

（五）法律规定的其他事项。

第六十条　对于集体所有的土地和森林、山岭、草原、荒地、滩涂等，依照下列规定行使所有权：

（一）属于村农民集体所有的，由村集体经济组织或者村民委员会代表集体行使所有权；

（二）分别属于村内两个以上农民集体所有的，由村内各该集体经济组织或者村民小组代表集体行使所有权；

（三）属于乡镇农民集体所有的，由乡镇集体经济组织代表集体行使所有权。

第六十一条　城镇集体所有的不动产和动产，依照法律、行政法规的规定由本集体享有占有、使用、收益和处分的权利。

第六十二条　集体经济组织或者村民委员会、村民小组应当依照法律、行政法规以及章程、村规民约向本集体成员公布集体财产的状况。

第六十三条　集体所有的财产受法律保护，禁止任何单位和个人侵占、哄抢、私分、破坏。

集体经济组织、村民委员会或者其负责人作出的决定侵害集体成员合法权益的，受侵害的集体成员可以请求人民法院予以撤销。

第六十四条　私人对其合法的收入、房屋、生活用品、生产工具、原材料等不动产和动产享有所有权。

第六十五条　私人合法的储蓄、投资及其收益受法律保护。

国家依照法律规定保护私人的继承权及其他合法权益。

第六十六条　私人的合法财产受法律保护，禁止任何单位和个人侵占、哄抢、破坏。

第六十七条　国家、集体和私人依法可以出资设立有限责任公司、股份有限公司或者其他企业。国家、集体和私人所有的不动产或者动产，投到企业的，由出资人按照约定或者出资比例享有资产收益、重大决策以及选择经营管理者等权利并履行义务。

第六十八条　企业法人对其不动产和动产依照法律、行政法规以及章程享有占有、使用、收益和处分的权利。

企业法人以外的法人，对其不动产和动产的权利，适用有关法律、行政法规以及章程的规定。

第六十九条　社会团体依法所有的不动产和动产，受法律保护。

第六章　业主的建筑物区分所有权

第七十条　业主对建筑物内的住宅、经营性用房等专有部分享有所有权，对专有部分以外的共有部分享有共有和共同管理的权利。

第七十一条　业主对其建筑物专有部分享有占有、使用、收益和处分的权利。业主行使权利不得危及建筑物的安全，不得损害其他业主的合法权益。

第七十二条　业主对建筑物专有部分以外的共有部分，享有权利，承担义务；不得以放弃权利不履行义务。

业主转让建筑物内的住宅、经营性用房，其对共有部分享有的共有和共同管理的权利一并转让。

【例题1】《物权法》关于业主的权利与义务关系的说法，正确的是（　）。

A. 可以放弃权利不履行义务

B. 不得以放弃权利不履行义务

C. 可以通过合同约定其享有权利而不履行义务

D. 可以不放弃权利也可不履行义务

【答案】B

【例题2】居住在某居民小区三号楼一层的张某不愿交纳电梯维修费用，并表示绝不乘坐电梯。下列说法中，正确的是（　）。

A. 李某不同意维修电梯，因而有权拒绝交纳电梯维修费

B. 李某放弃了乘坐电梯的权利，因而可以免除其交纳电梯维修费的义务

C. 李某有权放弃对电梯维修的权利和义务

D. 李某应当交纳电梯维修费

【答案】D

第七十三条　建筑区划内的道路，属于业主共有，但属于城镇公共道路的除外。建筑区划内的绿地，属于业主共有，但属于城镇公共绿地或者明示属于个人的除外。建筑区划内的其他公共场所、公用设施和物业服务用房，属于业主共有。

第七十四条　建筑区划内，规划用于停放汽车的车位、车库应当首先满足业主的需要。

建筑区划内，规划用于停放汽车的车位、车库的归属，由当事人通过出售、附赠或者出租等方式约定。

占用业主共有的道路或者其他场地用于停放汽车的车位，属于业主共有。

【例题1】建筑区划内的下列设施，应当通过出售、附赠或者出租等方式约定归属的是（　）。

A. 公建配套设施

B. 共用设备使用的房屋

C. 小区公共道路和绿地

D. 规划用于停放汽车的车位、车库

【答案】D

【例题2】建筑区划内，规划用于停放汽车的车位、车库，其产权（ ）。

A. 属于房地产开发企业

B. 属于业主共有

C. 属于物业服务企业

D. 归属由当事人通过出售、附赠或出租等方式约定

【答案】D

第七十五条 业主可以设立业主大会，选举业主委员会。

地方人民政府有关部门应当对设立业主大会和选举业主委员会给予指导和协助。

第七十六条 下列事项由业主共同决定：

（一）制定和修改业主大会议事规则；

（二）制定和修改建筑物及其附属设施的管理规约；

（三）选举业主委员会或者更换业主委员会成员；

（四）选聘和解聘物业服务企业或者其他管理人；

（五）筹集和使用建筑物及其附属设施的维修资金；

（六）改建、重建建筑物及其附属设施；

（七）有关共有和共同管理权利的其他重大事项。

决定前款第五项和第六项规定的事项，应当经专有部分占建筑物总面积三分之二以上的业主且占总人数三分之二以上的业主同意。决定前款其他事项，应当经专有部分占建筑物总面积过半数的业主且占总人数过半数的业主同意。

【例题1】根据《物权法》由业主共同决定的事项有（ ）。

A. 制定业主大会议事规则

C. 选聘和解聘物业服务企业

C. 解聘物业服务企业的保安人员

D. 筹集和使用建筑物及附属设施的维修资金

E. 制定和修改建筑物及附属设施的管理规约

【答案】ABDE

【例题2】下列事项中，需经专有部分占建筑物总面积2/3以上的业主且占总人数2/3以上的业主同意的是（ ）。

A. 制定业主大会议事规则

B. 制定管理规约

C. 改建、重建建筑物及其附属设施

D. 选聘物业服务企业

【答案】C

【例题3】下列事项中，应当经专有部分占建筑物总面积1/2以上的业主且占总人数1/2以上的业主同意才能作出决定的是（ ）。

A. 筹集电梯大修资金

B. 选聘和解聘物业服务企业

C. 改建楼顶水箱

D. 监督或协助物业服务企业履行物业服务合同

【答案】B

【例题4】选聘和解聘物业服务企业应当经由专有部分占建筑物总面积二分之一以上的业主且占总人数（ ）以上的业主同意。

A. 二分之一　　B. 三分之一

C. 三分之二　　D. 四分之三

【答案】A

第七十七条 业主不得违反法律、法规以及管理规约，将住宅改变为经营性用房。业主将住宅改变为经营性用房的，除遵守法律、法规以及管理规约外，应当经有利害关系的业主同意。

【例题1】业主将住宅改变为经营性用房的，除遵守法律、法规以及管理规约外，应当经（ ）同意。

A. 全体业主

B. 有利害关系的业主

C. 物业服务企业

D. 业主委员会

【答案】B

第七十八条 业主大会或者业主委员会的决定，对业主具有约束力。

业主大会或者业主委员会作出的决定侵害业主合法权益的，受侵害的业主可以请求人民法院予以撤销。

第七十九条 建筑物及其附属设施的维修资金，属于业主共有。经业主共同决定，可以用于电梯、水箱等共有部分的维修。维修资金的筹集、使用情况应当公布。

第八十条 建筑物及其附属设施的费用分摊、收益分配等事项，有约定的，按照约定；没有约定或者约定不明确的，按照业主专有部分占建筑物总面积的比例确定。

第八十一条 业主可以自行管理建筑物及其附属设施，也可以委托物业服务企业或者其他管理人管理。

对建设单位聘请的物业服务企业或者其他管理

人，业主有权依法更换。

第八十二条　物业服务企业或者其他管理人根据业主的委托管理建筑区划内的建筑物及其附属设施，并接受业主的监督。

第八十三条　业主应当遵守法律、法规以及管理规约。

业主大会和业主委员会，对任意弃置垃圾、排放污染物或者噪声、违反规定饲养动物、违章搭建、侵占通道、拒付物业费等损害他人合法权益的行为，有权依照法律、法规以及管理规约，要求行为人停止侵害、消除危险、排除妨害、赔偿损失。业主对侵害自己合法权益的行为，可以依法向人民法院提起诉讼。

第三编　用益物权

第十章　一般规定

第一百一十七条　用益物权人对他人所有的不动产或者动产，依法享有占有、使用和收益的权利。

第一百一十八条　国家所有或者国家所有由集体使用以及法律规定属于集体所有的自然资源，单位、个人依法可以占有、使用和收益。

第一百一十九条　国家实行自然资源有偿使用制度，但法律另有规定的除外。

第一百二十条　用益物权人行使权利，应当遵守法律有关保护和合理开发利用资源的规定。所有权人不得干涉用益物权人行使权利。

第一百二十一条　因不动产或者动产被征收、征用致使用益物权消灭或者影响用益物权行使的，用益物权人有权依照本法第四十二条、第四十四条的规定获得相应补偿。

第一百二十二条　依法取得的海域使用权受法律保护。

第一百二十三条　依法取得的探矿权、采矿权、取水权和使用水域、滩涂从事养殖、捕捞的权利受法律保护。

【例题1】下列权利中，属于用益物权的是（　）。

A. 抵押权　　B. 质权

C. 地役权　　D. 留置权

【答案】C

【例题2】下列权利中，不属于用益物权的是（　）。

A. 地役权　　B. 居住权

C. 相邻权　　D. 土地承包经营权

【答案】B

【例题3】房地产用益物权不包括（　）。

A. 房屋使用权

B. 国有土地使用权

C. 地役权

D. 集体土地承包经营权

【答案】A

第十二章　建设用地使用权

第一百三十五条　建设用地使用权人依法对国家所有的土地享有占有、使用和收益的权利，有权利用该土地建造建筑物、构筑物及其附属设施。

第一百三十六条　建设用地使用权可以在土地的地表、地上或者地下分别设立。新设立的建设用地使用权，不得损害已设立的用益物权。

【例题】关于建设用地使用权设立的说法，错误的是（　）。

A. 建设用地使用权不得在地表以下设立

B. 新设立的建设用地使用权，不得损害已设立的用益物权

C. 设立建设用地使用权，可以采取划拨的方式

D. 建设用地使用权人有权将建设用地使用权转让与他人

【答案】A

第一百三十七条　设立建设用地使用权，可以采取出让或者划拨等方式。

工业、商业、旅游、娱乐和商品住宅等经营性用地以及同一土地有两个以上意向用地者的，应当采取招标、拍卖等公开竞价的方式出让。

严格限制以划拨方式设立建设用地使用权。采取划拨方式的，应当遵守法律、行政法规关于土地用途的规定。

【例题1】下列用地中，应通过出让方式取得建设用地使用权的是（　）。

A. 旅游用地　　B. 国家机关用地

C. 公益事业用地　　D. 城市基础设施用地

【答案】A

【例题2】工业用地使用权出让方式不包括（　）。

A. 招标方式　　B. 挂牌方式

C. 划拨方式　　D. 拍卖方式

【答案】C

第一百三十八条　采取招标、拍卖、协议等出让方式设立建设用地使用权的，当事人应当采取书面形式订立建设用地使用权出让合同。

建设用地使用权出让合同一般包括下列条款：

（一）当事人的名称和住所；

（二）土地界址、面积等；

（三）建筑物、构筑物及其附属设施占用的空间；

（四）土地用途；

（五）使用期限；

（六）出让金等费用及其支付方式；

（七）解决争议的方法。

第一百三十九条 设立建设用地使用权的，应当向登记机构申请建设用地使用权登记。建设用地使用权自登记时设立。登记机构应当向建设用地使用权人发放建设用地使用权证书。

【例题】以出让方式设立建设用地使用权的，当事人应当采取书面形式订立建设用地使用权出让合同，并应当向登记机构申请建设用地使用权登记。建设用地使用权自（ ）时设立。

A. 合同订立　　B. 合同生效

C. 登记　　D. 批准

【答案】C

第一百四十条 建设用地使用权人应当合理利用土地，不得改变土地用途；需要改变土地用途的，应当依法经有关行政主管部门批准。

第一百四十一条 建设用地使用权人应当依照法律规定以及合同约定支付出让金等费用。

第一百四十二条 建设用地使用权人建造的建筑物、构筑物及其附属设施的所有权属于建设用地使用权人，但有相反证据证明的除外。

第一百四十三条 建设用地使用权人有权将建设用地使用权转让、互换、出资、赠与或者抵押，但法律另有规定的除外。

第一百四十四条 建设用地使用权转让、互换、出资、赠与或者抵押的，当事人应当采取书面形式订立相应的合同。使用期限由当事人约定，但不得超过建设用地使用权的剩余期限。

【例题1】甲公司获得某商业用地的土地使用权用来建造商场，土地使用年限为法定最高年限，建造期2年，投入使用13年后转让给乙公司，则乙公司取得的该宗土地的使用年限是（ ）年。

A. 25　　B. 27

C. 35　　D. 38

【答案】A

【例题2】某宗土地使用权出让的法定最高年限为70年，土地使用权出让合同约定的使用年限为50年，土地使用者使用该宗地15年后转让，受让人取得该宗土地的使用年限为（ ）。

A. 15年　　B. 35年

C. 55年　　D. 70年

【答案】B

【解析】以房地产转让方式取得出让土地使用权的权利人，其实际使用年限不是出让合同约定的年限，而是出让合同约定的年限减去原土地使用权已经使用年限后的剩余年限，即为35（50~15）年。

【例题3】以出让方式取得土地使用权的某栋住宅用地已使用了10年。按照国家规定，该住宅剩余土地使用年限最高为（ ）年。

A. 40　　B. 50

C. 60　　D. 70

【答案】C

第一百四十五条 建设用地使用权转让、互换、出资或者赠与的，应当向登记机构申请变更登记。

第一百四十六条 建设用地使用权转让、互换、出资或者赠与的，附着于该土地上的建筑物、构筑物及其附属设施一并处分。

第一百四十七条 建筑物、构筑物及其附属设施转让、互换、出资或者赠与的，该建筑物、构筑物及其附属设施占用范围内的建设用地使用权一并处分。

第一百四十八条 建设用地使用权期间届满前，因公共利益需要提前收回该土地的，应当依照本法第四十二条的规定对该土地上的房屋及其他不动产给予补偿，并退还相应的出让金。

第一百四十九条 住宅建设用地使用权期间届满的，自动续期。

非住宅建设用地使用权期间届满后的续期，依照法律规定办理。该土地上的房屋及其他不动产的归属，有约定的，按照约定；没有约定或者约定不明确的，依照法律、行政法规的规定办理。

【例题】住宅建设用地使用权期间届满，法律规定（ ）。

A. 可以续期　　B. 自动续期

C. 申请续期给予批准　　D. 由国家无偿收回

【答案】B

第一百五十条 建设用地使用权消灭的，出让人应当及时办理注销登记。登记机构应当收回建设用地使用权证书。

第一百五十一条 集体所有的土地作为建设用地的，应当依照土地管理法等法律规定办理。

第十三章 宅基地使用权

第一百五十二条 宅基地使用权人依法对集体所

有的土地享有占有和使用的权利，有权依法利用该土地建造住宅及其附属设施。

第一百五十三条　宅基地使用权的取得、行使和转让，适用土地管理法等法律和国家有关规定。

第一百五十四条　宅基地因自然灾害等原因灭失的，宅基地使用权消灭。对失去宅基地的村民，应当重新分配宅基地。

第一百五十五条　已经登记的宅基地使用权转让或者消灭的，应当及时办理变更登记或者注销登记。

【例题】《物权法》规定，宅基地因（　）等原因灭失的，宅基地使用权消灭。对失去宅基地的村民，应当重新分配宅基地。

A. 突发性事件　　B. 不可抗力

C. 政府公共行为　　D. 自然灾害

【答案】D

第十四章　地役权

第一百五十六条　地役权人有权按照合同约定，利用他人的不动产，以提高自己的不动产的效益。

前款所称他人的不动产为供役地，自己的不动产为需役地。

【例题】根据《中华人民共和国物权法》规定，（　）有权按照合同约定，利用他人的不动产，以提高自己的不动产的效益。

A. 土地使用权人　　B. 土地所有权人

C. 地役权人　　D. 租赁权人

【答案】C

第一百五十七条　设立地役权，当事人应当采取书面形式订立地役权合同。

地役权合同一般包括下列条款：

（一）当事人的姓名或者名称和住所；

（二）供役地和需役地的位置；

（三）利用目的和方法；

（四）利用期限；

（五）费用及其支付方式；

（六）解决争议的方法。

第一百五十八条　地役权自地役权合同生效时设立。当事人要求登记的，可以向登记机构申请地役权登记；未经登记，不得对抗善意第三人。

第一百五十九条　供役地权利人应当按照合同约定，允许地役权人利用其土地，不得妨害地役权人行使权利。

第一百六十条　地役权人应当按照合同约定的利用目的和方法利用供役地，尽量减少对供役地权利人物权的限制。

第一百六十一条　地役权的期限由当事人约定，但不得超过土地承包经营权、建设用地使用权等用益物权的剩余期限。

第一百六十二条　土地所有权人享有地役权或者负担地役权的，设立土地承包经营权、宅基地使用权时，该土地承包经营权人、宅基地使用权人继续享有或者负担已设立的地役权。

第一百六十三条　土地上已设立土地承包经营权、建设用地使用权、宅基地使用权等权利的，未经用益物权人同意，土地所有权人不得设立地役权。

第一百六十四条　地役权不得单独转让。土地承包经营权、建设用地使用权等转让的，地役权一并转让，但合同另有约定的除外。

第一百六十五条　地役权不得单独抵押。土地承包经营权、建设用地使用权等抵押的，在实现抵押权时，地役权一并转让。

第一百六十六条　需役地以及需役地上的土地承包经营权、建设用地使用权部分转让时，转让部分涉及地役权的，受让人同时享有地役权。

第一百六十七条　供役地以及供役地上的土地承包经营权、建设用地使用权部分转让时，转让部分涉及地役权的，地役权对受让人具有约束力。

第一百六十八条　地役权人有下列情形之一的，供役地权利人有权解除地役权合同，地役权消灭：

（一）违反法律规定或者合同约定，滥用地役权；

（二）有偿利用供役地，约定的付款期间届满后在合理期限内经两次催告未支付费用。

第一百六十九条　已经登记的地役权变更、转让或者消灭的，应当及时办理变更登记或者注销登记。

【例题】《物权法》规定，土地上已设立土地承包经营权、建设用地使用权、宅基地使用权等权利的，未经（　）同意，土地所有权人不得设立地役权。

A. 自物权人　　B. 所有权人

C. 用益物权人　　D. 担保物权人

【答案】C

第四编　担保物权

第十五章　一般规定

第一百七十条　担保物权人在债务人不履行到期债务或者发生当事人约定的实现担保物权的情形，依法享有就担保财产优先受偿的权利，但法律另有规定的除外。

第一百七十一条　债权人在借贷、买卖等民事活动中，为保障实现其债权，需要担保的，可以依照本法和其他法律的规定设立担保物权。

第三人为债务人向债权人提供担保的，可以要求债务人提供反担保。反担保适用本法和其他法律的规定。

第一百七十二条 设立担保物权，应当依照本法和其他法律的规定订立担保合同。担保合同是主债权债务合同的从合同。主债权债务合同无效，担保合同无效，但法律另有规定的除外。

担保合同被确认无效后，债务人、担保人、债权人有过错的，应当根据其过错各自承担相应的民事责任。

第一百七十三条 担保物权的担保范围包括主债权及其利息、违约金、损害赔偿金、保管担保财产和实现担保物权的费用。当事人另有约定的，按照约定。

【例题】房地产抵押担保的范围包括（ ）。

A. 主债权及利息　B. 违约金

C. 定金　D. 损害赔偿金

E. 实现抵押权的费用

【答案】ABDE

第一百七十四条 担保期间，担保财产毁损、灭失或者被征收等，担保物权人可以就获得的保险金、赔偿金或者补偿金等优先受偿。被担保债权的履行期未届满的，也可以提存该保险金、赔偿金或者补偿金等。

第一百七十五条 第三人提供担保，未经其书面同意，债权人允许债务人转移全部或者部分债务的，担保人不再承担相应的担保责任。

第一百七十六条 被担保的债权既有物的担保又有人的担保的，债务人不履行到期债务或者发生当事人约定的实现担保物权的情形，债权人应当按照约定实现债权；没有约定或者约定不明确，债务人自己提供物的担保的，债权人应当先就该物的担保实现债权；第三人提供物的担保的，债权人可以就物的担保实现债权，也可以要求保证人承担保证责任。提供担保的第三人承担担保责任后，有权向债务人追偿。

第一百七十七条 有下列情形之一的，担保物权消灭：

（一）主债权消灭；

（二）担保物权实现；

（三）债权人放弃担保物权；

（四）法律规定担保物权消灭的其他情形。

第一百七十八条担保法与本法的规定不一致的，适用本法。

第十六章 抵押权

第一节 一般抵押权

第一百七十九条 为担保债务的履行，债务人或者第三人不转移财产的占有，将该财产抵押给债权人的，债务人不履行到期债务或者发生当事人约定的实现抵押权的情形，债权人有权就该财产优先受偿。

前款规定的债务人或者第三人为抵押人，债权人为抵押权人，提供担保的财产为抵押财产。

【例题】在房地产上设定的担保物权，具体称为（ ）。

A. 质权　B. 留置权

C. 抵押权　D. 用益物权

【答案】C

【解析】担保物权包括抵押权、质权、留置权等。抵押权是指为担保债务的履行，债务人或者第三人不转移财产的占有，将该财产抵押给债权人，债务人不履行到期债务或者发生当事人约定的实现抵押权的情形，债权人就该财产优先受偿的权利。

第一百八十条 债务人或者第三人有权处分的下列财产可以抵押：

（一）建筑物和其他土地附着物；

（二）建设用地使用权；

（三）以招标、拍卖、公开协商等方式取得的荒地等土地承包经营权；

（四）生产设备、原材料、半成品、产品；

（五）正在建造的建筑物、船舶、航空器；

（六）交通运输工具；

（七）法律、行政法规未禁止抵押的其他财产。

抵押人可以将前款所列财产一并抵押。

第一百八十一条 经当事人书面协议，企业、个体工商户、农业生产经营者可以将现有的以及将有的生产设备、原材料、半成品、产品抵押，债务人不履行到期债务或者发生当事人约定的实现抵押权的情形，债权人有权就实现抵押权时的动产优先受偿。

第一百八十二条 以建筑物抵押的，该建筑物占用范围内的建设用地使用权一并抵押。以建设用地使用权抵押的，该土地上的建筑物一并抵押。

抵押人未依照前款规定一并抵押的，未抵押的财产视为一并抵押。

【例题】以建筑物抵押的，该建筑物占用范围内的建设用地使用权（ ）。

A. 另行约定是否抵押　B. 一并抵押

C. 分别抵押　D. 附条件抵押

【答案】B

第一百八十三条　乡镇、村企业的建设用地使用权不得单独抵押。以乡镇、村企业的厂房等建筑物抵押的，其占用范围内的建设用地使用权一并抵押。

第一百八十四条　下列财产不得抵押：

（一）土地所有权；

（二）耕地、宅基地、自留地、自留山等集体所有的土地使用权，但法律规定可以抵押的除外；

（三）学校、幼儿园、医院等以公益为目的的事业单位、社会团体的教育设施、医疗卫生设施和其他社会公益设施；

（四）所有权、使用权不明或者有争议的财产；

（五）依法被查封、扣押、监管的财产；

（六）法律、行政法规规定不得抵押的其他财产。

【例题1】根据《物权法》，可以设定抵押的房地产是（　）。

A. 农村宅基地

B. 乡镇企业的厂房

C. 老年福利院的办公楼

D. 所有权有争议的房屋

【答案】B

【例题2】甲大学为了筹集建设资金，拟将建有教学大楼的房地产向银行抵押以获取贷款，该教学大楼的建设资金是财政拨款。对此，下列说法正确的是（　）。

A. 该房地产可以抵押

B. 该房地产不能抵押

C. 房屋不可以抵押，但土地可以抵押

D. 房屋可以抵押，但土地不能抵押

【答案】B

【例题3】按照现行法律法规的有关规定，在以下土地权利中，可以抵押的有（　）。

A. 集体土地所有权

B. 耕地承包经营权

C. 无地上建筑物的乡镇企业用地

D. 通过拍卖方式获得并经发包方同意抵押的荒山使用权

【答案】D

第一百八十五条　设立抵押权，当事人应当采取书面形式订立抵押合同。

抵押合同一般包括下列条款：

（一）被担保债权的种类和数额；

（二）债务人履行债务的期限；

（三）抵押财产的名称、数量、质量、状况、所在地、所有权归属或者使用权归属；

（四）担保的范围。

第一百八十六条　抵押权人在债务履行期届满前，不得与抵押人约定债务人不履行到期债务时抵押财产归债权人所有。

【例题】郑某与吴某在抵押合同中约定，若郑某在债务履行期届满时不能清偿吴某的债务，则作为抵押物的房屋的所有权转移为吴某所有。该约定的效力为（　）。

A. 有效　　B. 无效

C. 效力待定　　D. 可变更

【答案】B

第一百八十七条　以本法第一百八十条第一款第一项至第三项规定的财产或者第五项规定的正在建造的建筑物抵押的，应当办理抵押登记。抵押权自登记时设立。

【例题】陈某申请办理房屋抵押权登记，抵押权自（　）时生效。

A. 抵押合同订立

B. 房屋登记机构受理

C. 记载于登记簿

D. 领取房屋他项权证

【答案】C

第一百八十八条　以本法第一百八十条第一款第四项、第六项规定的财产或者第五项规定的正在建造的船舶、航空器抵押的，抵押权自抵押合同生效时设立；未经登记，不得对抗善意第三人。

【例题】根据《中华人民共和国物权法》，以正在建造的船舶设定抵押的，抵押权自（　）时设立。

A. 抵押合同生效　　B. 抵押合同成立

C. 抵押合同登记　　D. 抵押权登记

【答案】A

第一百八十九条　企业、个体工商户、农业生产经营者以本法第一百八十一条规定的动产抵押的，应当向抵押人住所地的工商行政管理部门办理登记。抵押权自抵押合同生效时设立；未经登记，不得对抗善意第三人。

依照本法第一百八十一条规定抵押的，不得对抗正常经营活动中已支付合理价款并取得抵押财产的买受人。

第一百九十条　订立抵押合同前抵押财产已出租的，原租赁关系不受该抵押权的影响。抵押权设立后抵押财产出租的，该租赁关系不得对抗已登记的抵押权。

【例题】甲以自己的房子作抵押，向乙借款，并办理了抵押登记。抵押后甲又将该房屋出租给丙，因甲无力还款，乙欲行使抵押权。下列表述正确的是（　）。

A. 甲与丙之间的租赁合同不具有效力，因为该房已抵押给乙

B. 甲与丙之间的租赁合同具有效力，租赁合同可以对抗乙的抵押权

C. 甲与丙之间的租赁合同具有效力，但租赁合同不得对抗乙的抵押权

D. 甲与丙之间的租赁合同效力未定

【答案】C

第一百九十一条　抵押期间，抵押人经抵押权人同意转让抵押财产的，应当将转让所得的价款向抵押权人提前清偿债务或者提存。转让的价款超过债权数额的部分归抵押人所有，不足部分由债务人清偿。

抵押期间，抵押人未经抵押权人同意，不得转让抵押财产，但受让人代为清偿债务消灭抵押权的除外。

【例题】甲将其房屋作抵押向乙借款。抵押期间，甲欲将该房屋出卖给丙，并告知丙抵押情况。下列说法中，正确的是（　）。

A. 甲可以将该房屋出卖，但须事先通知抵押权人乙

B. 甲可以将该房屋出卖，无须事先通知抵押权人乙

C. 甲可以将该房屋出卖，但应征得抵押权人乙的同意

D. 甲无权将该房屋出卖，因为已经设置了抵押

【答案】C

第一百九十二条　抵押权不得与债权分离而单独转让或者作为其他债权的担保。债权转让的，担保该债权的抵押权一并转让，但法律另有规定或者当事人另有约定的除外。

第一百九十三条　抵押人的行为足以使抵押财产价值减少的，抵押权人有权要求抵押人停止其行为。抵押财产价值减少的，抵押权人有权要求恢复抵押财产的价值，或者提供与减少的价值相应的担保。抵押人不恢复抵押财产的价值也不提供担保的，抵押权人有权要求债务人提前清偿债务。

第一百九十四条　抵押权人可以放弃抵押权或者抵押权的顺位。抵押权人与抵押人可以协议变更抵押权顺位以及被担保的债权数额等内容，但抵押权的变更，未经其他抵押权人书面同意，不得对其他抵押权人产生不利影响。

债务人以自己的财产设定抵押，抵押权人放弃该抵押权、抵押权顺位或者变更抵押权的，其他担保人在抵押权人丧失优先受偿权益的范围内免除担保责任，但其他担保人承诺仍然提供担保的除外。

第一百九十五条　债务人不履行到期债务或者发生当事人约定的实现抵押权的情形，抵押权人可以与抵押人协议以抵押财产折价或者以拍卖、变卖该抵押财产所得的价款优先受偿。协议损害其他债权人利益的，其他债权人可以在知道或者应当知道撤销事由之日起一年内请求人民法院撤销该协议。

抵押权人与抵押人未就抵押权实现方式达成协议的，抵押权人可以请求人民法院拍卖、变卖抵押财产。

抵押财产折价或者变卖的，应当参照市场价格。

【例题】《物权法》规定房地产抵押权实现的方式有（　）。

A. 抵押权人可以与抵押人协议以拍卖、变卖抵押房地产所得的价款优先受偿

B. 抵押权人直接向人民法院提起诉讼

C. 抵押权人与抵押人未就抵押权实现方式达成协议的，抵押权人可以请求人民法院拍卖抵押房地产

D. 按合同约定将抵押房地产转移给抵押权人

E. 抵押权人与抵押人未就抵押权实现方式达成协议的，抵押权人可以请求人民法院变卖抵押房地产

【答案】ACE

第一百九十六条　依照本法第一百八十一条规定设定抵押的，抵押财产自下列情形之一发生时确定：

（一）债务履行期届满，债权未实现；

（二）抵押人被宣告破产或者被撤销；

（三）当事人约定的实现抵押权的情形；

（四）严重影响债权实现的其他情形。

第一百九十七条　债务人不履行到期债务或者发生当事人约定的实现抵押权的情形，致使抵押财产被人民法院依法扣押的，自扣押之日起抵押权人有权收取该抵押财产的天然孳息或者法定孳息，但抵押权人未通知应当清偿法定孳息的义务人的除外。

前款规定的孳息应当先充抵收取孳息的费用。

第一百九十八条　抵押财产折价或者拍卖、变卖后，其价款超过债权数额的部分归抵押人所有，不足部分由债务人清偿。

第一百九十九条　同一财产向两个以上债权人抵押的，拍卖、变卖抵押财产所得的价款依照下列规定清偿：

（一）抵押权已登记的，按照登记的先后顺序清偿；顺序相同的，按照债权比例清偿；

（二）抵押权已登记的先于未登记的受偿；

（三）抵押权未登记的，按照债权比例清偿。

第二百条 建设用地使用权抵押后，该土地上新增的建筑物不属于抵押财产。该建设用地使用权实现抵押权时，应当将该土地上新增的建筑物与建设用地使用权一并处分，但新增建筑物所得的价款，抵押权人无权优先受偿。

第二百零一条 依照本法第一百八十条第一款第三项规定的土地承包经营权抵押的，或者依照本法第一百八十三条规定以乡镇、村企业的厂房等建筑物占用范围内的建设用地使用权一并抵押的，实现抵押权后，未经法定程序，不得改变土地所有权的性质和土地用途。

第二百零二条 抵押权人应当在主债权诉讼时效期间行使抵押权；未行使的，人民法院不予保护。

【例题1】关于拍卖、变卖抵押房地产所得价款清偿顺序的说法，正确的有（ ）。

A. 抵押权未登记的，按照债权先后清偿

B. 抵押权未登记的，按照债权比例清偿

C. 抵押权已登记的，按照登记的先后顺序清偿

D. 抵押权未登记的，经过公证的优先清偿

E. 抵押权登记顺序相同的，按照债权比例清偿

【答案】BCE

【例题2】某公司以一宗房地产先向甲银行申请抵押贷款，同时办理了抵押登记；后又以该房地产向乙银行申请抵押贷款，也办理了抵押登记。贷款到期后，该公司无力还款，依法定程序拍卖，拍卖所得款（ ）。

A. 甲银行优先受偿

B. 按两家银行的债权数额大小确定受偿顺序

C. 乙银行优先受偿

D. 按两家银行的债权比例受偿

【答案】A

【例题3】当抵押人与债务人不是同一人时，债务履行期届满抵押权人未受清偿的，抵押权人可以按（ ）方式处理抵押房地产。

A. 与抵押人协商折价抵债

B. 与债务人协商变卖

C. 自行拍卖

D. 将抵押物直接过户给自己

E. 向人民法院提起诉讼

【答案】AE

【例题4】王某想回乡下安享晚年，将其在某市市区一处居住了几十年的合法房产赠与李某。在办理了有关手续后，李某搬进该房屋居住。后来李某将该房屋抵押给甲银行，得到贷款50万元，半年后又将该房屋抵押给乙银行，得到贷款20万元。在抵押期间，未经甲、乙银行同意，李某便将该房屋出租给赵某，但将抵押事实书面告知了赵某。李某到期无力归还贷款，但与赵某的租赁合同还未到期。李某到期无力归还贷款，则甲、乙银行有权（ ）。

A. 扣押抵押物

B. 与李某协议折价抵偿贷款

C. 将李某抵押房产拍卖、变卖抵偿贷款

D. 根据事先约定，在债务清偿期届满而抵押权人未受清偿时，抵押房产所有权移转给抵押权人所有

【答案】BC

【例题5】某大楼先后抵押给三家银行并都办理了抵押登记，债务人未能及时清偿债务，拍卖该楼所得的价款按（ ）顺序清偿。

A. 贷款合同签订的先后

B. 贷款数额的大小

C. 向人民法院起诉的先后

D. 房地产抵押登记的先后

【答案】D

第二节 最高额抵押权

第二百零三条 为担保债务的履行，债务人或者第三人对一定期间内将要连续发生的债权提供担保财产的，债务人不履行到期债务或者发生当事人约定的实现抵押权的情形，抵押权人有权在最高债权额限度内就该担保财产优先受偿。

最高额抵押权设立前已经存在的债权，经当事人同意，可以转入最高额抵押担保的债权范围。

【例题】最高额抵押权设立前已经存在的债权，经当事人同意，可以转入最高额抵押担保的债权范围。（ ）

【答案】√

第二百零四条 最高额抵押担保的债权确定前，部分债权转让的，最高额抵押权不得转让，但当事人另有约定的除外。

第二百零五条 最高额抵押担保的债权确定前，抵押权人与抵押人可以通过协议变更债权确定的期间、债权范围以及最高债权额，但变更的内容不得对其他抵押权人产生不利影响。

第二百零六条 有下列情形之一的，抵押权人的债权确定：

（一）约定的债权确定期间届满；

（二）没有约定债权确定期间或者约定不明确，抵押权人或者抵押人自最高额抵押权设立之日起满两年后请求确定债权；

（三）新的债权不可能发生；

（四）抵押财产被查封、扣押；

（五）债务人、抵押人被宣告破产或者被撤销；

（六）法律规定债权确定的其他情形。

第二百零七条　最高额抵押权除适用本节规定外，还适用本章第一节一般抵押权的规定。

【例题1】最高额抵押权确定的情形有（　）。

A. 最高额抵押权已转让

B. 新的债权不可能发生

C. 抵押人破产

D. 约定的债权确定期限届满

E. 抵押财产被查封

【答案】BCDE

【例题2】甲银行以1亿元授信额度与乙公司设定了最高额抵押权，一年内先后借给乙公司3 000万元和5 000万元。债务履行期满后，若乙公司未履行债务，则甲银行办理该最高额抵押权确定登记的债权额是（　）亿元。

A. 0.3　　B. 0.5

C. 0.8　　D. 1.0

【答案】C

【解析】设定最高额抵押权时，债权尚未发生，为担保将来债权的履行，抵押人和抵押权人协议确定担保的最高数额，在此额度内对债权担保。甲银行办理该最高额抵押权确定登记的债权额＝3 000＋5 000＝8 000（万元）。

【例题3】某房地产开发公司将其拥有的房地产抵押给银行，以担保未来三年连续获得总额1.2亿元的贷款额度，下列表述中，正确的有（　）。

A. 该抵押属一般房地产抵押

B. 该抵押是最高额抵押

C. 若银行实际发放了1.5亿元贷款，其优先受偿价款为1.5亿元

D. 若银行实际发放了1.5亿元贷款，其优先受偿价款为1.2亿元

E. 该抵押可以不经登记即产生合同效力

【答案】BDE

练习题

一、单项选择题（每题的备选答案中只有一个最符合题意）

1.《物权法》规定，不动产物权的设立、变更、转让和消灭，依照法律规定应当登记的，自（　）时发生效力。

A. 不动产物权的设立

B. 不动产物权的变更

C. 不动产物权的消灭

D. 记载于不动产登记簿

2. 李某与某开发商签订了房屋买卖合同，但未办理产权登记手续。后开发商将该房屋卖给不知情的王某，且办理了产权登记手续。下列说法正确的是（　）。

A. 该房屋的所有权归李某

B. 该房屋的所有权归王某

C. 李某与开发商签订的房屋买卖合同由于未办理产权登记而归于无效

D. 王某与开发商办理的产权登记由于张某签订合同在先而归于无效

3. 为有效防止“一房二卖”等情况的发生，保障将来实现物权，买方在签订房屋买卖协议并依约定办理（　）后，如果未经其同意，则卖方再将该房屋卖给他人的行为，不发生物权效力。

A. 保全登记　　B. 预告登记

C. 抵押登记　　D. 注销登记

4.《物权法》规定，权利人、利害关系人认为不动产登记簿记载的事项错误的，可以申请（　）。

A. 初始登记　　B. 转让登记

C. 变更登记　　D. 异议登记

5. 不动产登记簿记载的权利人不同意更正的，利害关系人可以申请（　）。

A. 初始登记　　B. 转让登记

C. 变更登记　　D. 异议登记

6.《物权法》规定，登记机构予以异议登记的，申请人在异议登记之日起（　）日内不起诉，异议登记失效。

A. 15　　B. 30

C. 45　　D. 60

7. 下列关于《物权法》不动产登记制度中的异议登记制度，表述不正确的是（　）。

A. 异议登记是指权利人或利害关系人对不动产物权登记的正确性存有异议而向不动产登记机关提出申请，并将其异议在不动产登记簿中加以记载的过程

B. 权利人、利害关系人认为不动产登记簿记载的事项错误的，可以申请更正登记

C. 不动产登记簿记载的权利人口头同意更正或者有证据证明登记确有错误的，登记机构应当予以更正

D. 登记机构予以异议登记的，申请人在异议登记之日起十五日内不起诉，异议登记失效

8.《物权法》规定，预告登记后，债权消灭或者自能够进行不动产登记之日起（ ）个月内未申请登记的，预告登记失效。

A. 3　　B. 5

C. 6　　D. 8

9. 某小区建成后，业主大会决定使用建筑物的维修资金。下列表述中，正确的是（ ）。

A. 经专有部分占建筑物总面积 2/3 以上的业主或占总人数 2/3 以上的业主同意

B. 经专有部分占建筑物总面积 2/3 以上的业主且占总人数 2/3 以上的业主同意

C. 经专有部分占建筑物总面积超过 1/2 的业主或占总人数超过 1/2 的业主同意

D. 经专有部分占建筑物总面积超过 1/2 的业主且占总人数超过 1/2 的业主同意

10. 某企业有一价值 2 000 万元的办公大楼，该企业以该大楼抵押，向乙银行贷款 600 万元。后来该企业因生产经营需要，再次以该大楼作抵押，向丙银行贷款 300 万元，两个抵押权均经过登记。对此，下列表述中正确的是（ ）。

A. 第二个抵押权无效，因为物权具有排他性

B. 两个抵押权都有效，乙银行和丙银行对于抵押物有同等的优先受偿权

C. 两个抵押权均有效，但乙银行的抵押权优先于丙银行的抵押权

D. 如两个抵押权设立后，该大楼的价值跌到 800 万元，则第二个抵押权无效

二、多项选择题（每题的备选答案中有两个或两个以上符合题意）

1. 根据《物权法》规定，属于国家所有的自然资源有（ ）。

A. 森林　　B. 矿藏

C. 水流　　D. 山岭

E. 海域

2. 李某与 A 房地产公司签订商品房预售合同，预购商品房一套，并向登记机关申请办理了预告登记。随后 A 房地产公司将李某选购的商品房以更高价格销售给不知情的张某，并与张某依法签订了商品房买卖合同。下列说法中正确的是（ ）。

A. 李某不能取得该房屋的所有权，因为 A 房地产公司已经与张某依法办理了房屋所有权证书

B. 李某不能取得该房屋的所有权，只能追究开发商的违约责任

C. 李某可以取得该房屋的所有权，因为房屋进行了预告登记

D. A 房地产公司未经李某同意进行房屋出卖的行为，已发生所有权变动的效力

E. A 房地产公司未经李某同意进行房屋出卖的行为，不发生所有权变动的效力

3. 下列关于《物权法》确定的不动产登记制度，表述正确的是（ ）。

A. 凡不动产物权的设立、变更、转让和消灭，经依法登记，发生效力；未经登记，一律不发生效力。

B. 不动产登记，由不动产所在地的登记机构办理

C. 依法属于国家所有的自然资源，所有权必须登记

D. 在对土地、荒山、滩涂、草原、水面等国有自然资源进行依法转让时，是必须要进行转让或者变更登记的

E. 权利人、利害关系人认为不动产登记簿记载的事项错误的，可以申请更正登记

4. 根据《物权法》规定，业主决定（ ），应当经专有部分占建筑物总面积三分之二以上的业主且占总人数三分之二以上的业主同意。

A. 筹集和使用建筑物及其附属设施的维修资金

B. 重建建筑物及其附属设施事项

C. 选举业主委员会或者更换业主委员会成员

D. 改建建筑物及其附属设施事项

E. 制定和修改业主大会议事规则

5. 根据《物权法》规定，下列完全属于国家所有的包括（ ）。

A. 矿藏　　B. 城市的土地

C. 海域　　D. 森林

E. 山岭

6.《物权法》规定，由于抵押人的行为造成抵押财产价值减少的，抵押权人有权要求（ ）。

A. 恢复抵押财产的价值

B. 提供与减少的价值相应的担保

C. 债务人重新办理抵押手续

D. 扣押抵押人的账户资金

E. 申请法院办理财产保全

7. 下列债务人或者第三人有权处分的财产中，可以抵押的有（ ）。

A. 房屋所有权　　B. 建设用地使用权

C. 独立的地役权　　　D. 学校教学楼

E. 普通商品住宅

8. 依据《物权法》规定，下列财产不得抵押的是（　）。

A. 在建房屋

B. 某大学的教学楼

C. 耕地

D. 企业的生产设备、原材料

E. 土地所有权

9. 陈某向贺某借款 20 万元，借期 2 年。张某为该借款合同提供保证担保，担保条款约定，张某在陈某不能履行债务时承担保证责任。陈某同时以自己的房屋提供抵押担保并办理了登记。抵押期间，谢某向陈某表示愿意以 50 万元购买陈某的房屋。下列选项正确的是（　）。

A. 陈某将该房屋卖给谢某应得到贺某的同意

B. 如陈某将该房屋卖给了谢某，则应将转让所得价款提前清偿债务或者提存

C. 如陈某另行提供担保，则陈某的转让行为无须得到贺某同意

D. 如谢某代为偿还 20 万元借款，则陈某的转让行为无须得到贺某同意

E. 转让的价款超过债权数额的部分归陈某所有

10. 同一财产向两个以上债权人抵押的，拍卖、变卖抵押财产所得的价款依照下列（　）规定清偿。

A. 抵押权已登记的，按照登记的先后顺序清偿

B. 抵押权登记顺序相同的，按照债权比例清偿

C. 抵押权已登记的先于未登记的受偿

D. 抵押权未登记的，按照债权比例清偿

E. 抵押权未登记的，不予清偿

三、综合分析题（每个小题的备选答案中有一个或一个以上符合题意的答案。错选不得分；少选，但选择正确的每个选项得相应分）

2012 年 1 月，A 房地产开发公司通过合法方式，取得一块建设用地使用权，用于商品住宅小区建设。2013 年 8 月，B 房地产开发公司建设完成该项目，并全部出售完毕。李某购买了该小区住宅一套。后来李某将该房屋抵押给甲银行，得到贷款 50 万元，半年后又将该房屋抵押给乙银行，得到贷款 20 万元。在抵押期间，未经甲、乙银行同意，李某便将该房屋出租给赵某，但将抵押事实书面告知了赵某。李某到期无力归还贷款，但与赵某的租赁合同还未到期。

2014 年 5 月，该小区成立业主大会，并准备重新聘请物业服务公司。

（1）按照《物权法》规定，下列关于 A 房地产开发公司取得的该建设用地使用权，表述正确的是（　）。

A. 该建设用地使用权应当采取招标、拍卖等公开竞价的方式出让取得

B. 该建设用地使用权应当采取出让或者划拨等方式取得

C. A 房地产开发公司应当合理利用土地，不得改变土地用途；需要改变土地用途的，应当依法经有关行政主管部门批准

D. A 房地产开发公司取得该建设用地使用权，应当采取书面形式订立建设用地使用权出让合同

（2）依据《物权法》，该小区成立业主大会，决定重新聘请物业管理公司事项，应当（　）。

A. 经该小区专有部分占建筑物总面积三分之二以上的业主且占总人数三分之二以上的业主同意

B. 经该小区专有部分占建筑物总面积三分之二以上的业主且占总人数过半数的业主同意

C. 经该小区专有部分占建筑物总面积过半数的业主且占总人数过半数的业主同意

D. 经该小区专有部分占建筑物总面积过半数的业主且占总人数三分之二以上的业主同意

（3）下列关于李某将抵押后的房屋出租的表述中，正确的为（　）。

A. 该租赁关系不得对抗已登记的抵押权

B. 抵押权实现后，该租赁合同对受让人具有约束力

C. 李某将已抵押的房屋出租时，如果李某未书面告知承租人该房屋已抵押的，李某对出租抵押物造成承租人的损失承担赔偿责任

D. 如果李某已书面告知承租人该房屋已抵押的，抵押权实现造成承租人的损失，由承租人自己承担

（4）李某到期无力归还贷款，则甲、乙银行有权（　）。

A. 扣押抵押物

B. 与李某协议折价抵偿贷款

C. 将李某抵押房产拍卖、变卖抵偿贷款

D. 根据事先约定，在债务清偿期届满而抵押权人未受清偿时，抵押房产所有权移转给抵押权人所有

（5）甲、乙银行与李某协商变卖该房屋得 90 万元，清偿债务后，剩余的 20 万元归（　）所有。

A. 甲银行

B. 乙银行

C. 李某

D. 甲银行、乙银行、李某平分

第二部分

模 拟 试 题

模拟试题一

一、单项选择题（共50题，每题1分。每题的备选答案中只有1个最符合题意，请在答题卡上涂黑其相应的编号）

1. 房地产区位是（　）。

A. 房地产中无形的、不可触摸的部分

B. 一宗房地产与其他房地产在空间方位和距离上的关系

C. 房地产中可以看得见、摸得着的有形部分

D. 基于房地产实物而衍生出来的权利、利益和收益

2. 下列以国务院令形式颁布的是（　）。

A. 房地产法律　　B. 房地产行政法规

C. 部门规章　　D. 政府规章

3. 以下属于部门规章的是（　）。

A.《物业承接查验办法》

B.《住房公积金行政监督办法》

C.《商品房屋租赁管理办法》

D.《国有土地上房屋征收评估办法》

4. 国有土地有偿使用的方式，不包括（　）。

A. 土地使用权出让

B. 国有土地租赁

C. 国有土地使用权作价出资

D. 国有土地划拨

5. 跨县级行政区使用土地的，应当（　）。

A. 向占地较多的土地所在地县级以上地方人民政府土地管理部门申请登记

B. 分别向土地所在地县级以上地方人民政府土地管理部门申请登记

C. 向占地较多的土地所在地县级以上地方人民政府申请登记

D. 分别向土地所在地县级以上地方人民政府申请登记

6. 土地用途管制的核心是（　）。

A. 不能随意改变军事设施用地的用途

B. 不能随意改变交通水利设施用地的用途

C. 不能随意改变建设用地的用途

D. 不能随意改变农用地的用途

7. 征收集体土地由（　）依法支付土地补偿费、安置补助费、地上附着物和青苗补偿费。

A. 市、县人民政府

B. 市、县人民政府土地管理部门

C. 用地单位

D. 农村集体经济组织

8. 房屋所有权的继受取得分为因法律行为继受取得和因法律事件继受取得两类。以下不属于“因法律行为继受取得”的有（　）。

A. 房屋买卖

B. 继承人依法取得房屋所有权

C. 房屋赠与

D. 房屋相互交换

9. 下列用地中，不宜划拨供给的是（　）。

A. 经济适用住房建设用地

B. 廉租住房建设用地

C. 商品住房建设用地

D. 军事设施建设用地

10. 界定了公共利益范围的行政法规是（　）。

A.《土地管理法实施条例》

B.《城镇国有土地使用权出让和转让暂行条例》

C.《城市房地产开发经营管理条例》

D.《国有土地上房屋征收与补偿条例》

11. 对被征收房屋价值的补偿，不得低于（　）被征收房屋类似房地产的市场价格。

A. 房屋征收决定之日

B. 签订房屋征收协议之日

C. 房屋征收决定公告之日

D. 房屋征收实施之日

12. 城市规划、镇规划分为总体规划和详细规划。详细规划分为（　）。

A. 控制性详细规划和整体性详细规划

B. 控制性详细规划和修建性详细规划

C. 局部性详细规划和修建性详细规划

D. 局部性详细规划和整体性详细规划

13. 对城市发展全局有影响的、城市规划中确定的、必须控制的城市基础设施用地的控制界线，属于（　）。

A. 城市蓝线　　B. 城市绿线

C. 城市紫线　　D. 城市黄线

14. 按照国务院规定的权限和程序批准开工报告的建筑工程，（　）。

A. 由国务院颁发施工许可证

B. 由市、县人民政府颁发施工许可证

C. 不再领取施工许可证

D. 应领取施工许可证

15. 按照规定，建设单位应当自领取施工许可证

之日起（ ）个月内开工。

A. 1　　B. 3

C. 5　　D. 9

16. 施工单位承担的房屋建筑工程质量保修期从（ ）之日起计算。

A. 工程竣工验收申请

B. 工程竣工验收合格

C. 房屋交付

D. 实际入住

17.（ ）应当在商品住房交付使用时，向购买人提供《住宅质量保证书》和《住宅使用说明书》。

A. 政府质量监督机构

B. 物业服务企业

C. 房地产开发企业

D. 施工企业

18. 以下关于房地产买卖和房地产赠与的说法，正确的是（ ）。

A. 房地产买卖和房地产赠与均属于单务行为

B. 房地产买卖和房地产赠与均属于双务行为

C. 房地产买卖属于单务行为，房地产赠与属于双务行为

D. 房地产买卖属于双务行为，房地产赠与属于单务行为

19. "当事人在合同中载明合同约定面积与产权登记面积发生误差的处理方式"，主要适用的范围是（ ）。

A. 按套内建筑面积或者建筑面积计价

B. 按套（单元）或者建筑面积计价

C. 按套（单元）或者套内建筑面积计价

D. 按套（单元）、套内建筑面积或者建筑面积计价

20. 2014 年 5 月，W 房地产开发公司将一套商品房预售给孙某，合同约定面积 120 平方米，单价为 6 000 元。买卖双方对面积误差处理方式未作约定。已知该商品房产权登记面积为 110 平方米，W 公司应当返还孙某（ ）元。

A. 38 376　　B. 59 976

C. 76 752　　D. 98 352

21. 根据商品房买卖合同纠纷案件审理的司法解释，由于出卖人的原因，已竣工房屋自合同订立之日起（ ）日期限届满，买受人仍未能取得房屋权属证书的，除当事人另有约定外，出卖人应当承担违约责任。

A. 30　　B. 60

C. 90　　D. 180

22. 以下关于商品房预售许可，说法不正确的是（ ）。

A. 材料不齐全的，房产管理部门应当场或者 5 日内一次性书面告知需补充的材料

B. 房产管理部门审核开发企业材料通过后，应对其提交材料实质内容的真实性负责

C. 商品房预售许可决定书、不予商品房预售许可决定书应加盖房产管理部门的行政许可专用印章

D.《商品房预售许可证》应当加盖房产管理部门的印章

23. 某旅游度假村按土地法定最高出让年限取得建设用地使用权，经营 10 年后转让，则取得该建设用地使用权的剩余使用年限是（ ）年。

A. 10　　B. 30

C. 40　　D. 60

24.《城市房地产管理法》规定的房屋租赁必备条款，不包括（ ）。

A. 租赁期限　　B. 租赁价格

C. 租赁性质　　D. 修缮责任

25. 以下关于商品房屋租赁登记备案效力，说法错误的是（ ）。

A. 登记备案的房屋租赁合同，具有对抗第三人的效力

B. 未办理房屋登记备案的不影响合同的效力

C. 只要双方当事人就主要内容达成一致，房屋租赁合同即告成立

D. 房屋租赁合同以登记备案为生效条件

26. 以单纯的土地使用权抵押的前提条件是（ ）。

A. 要求土地必须是以出让方式取得的

B. 要求土地必须是以划拨方式取得的

C. 要求土地必须是以转让让方式取得的

D. 要求土地必须是以租赁方式取得的

27. 以下不同类型房地产抵押的说法，错误的是（ ）。

A. 预购商品房贷款抵押的，项目必须符合房地产转让条件并取得商品房预售许可证

B. 以共有的房地产抵押的，抵押人应当事先征得其他共有人的书面同意

C. 以具有土地使用年限的房地产抵押的，所担保债务的履行期限不得超过已经使用的年限

D. 以已出租的房地产抵押的，抵押人应当将租赁情况告知抵押权人

28. 以建设用地使用权抵押的，该土地上的建筑物（　）。

A. 不得抵押　　B. 分别抵押

C. 附条件抵押　　D. 一并抵押

29. 最高额抵押权设立前已经存在的债权，经当事人同意，（　）。

A. 不得转入最高额抵押担保的债权范围

B. 不得转入一般抵押担保的债权范围

C. 可以转入最高额抵押担保的债权范围

D. 可以转入一般抵押担保的债权范围

30. 不属于房地产抵押担保范围的有（　）。

A. 违约金　　B. 定金

C. 主债权利息　　D. 实现抵押权的费用

31. 以下关于同一房地产向两个以上债权人抵押的，处分拍卖、变卖价款清偿顺序的说法，不正确的是（　）。

A. 抵押权已登记的，按照登记的先后顺序清偿

B. 抵押权已登记的，顺序相同的，按照债权比例清偿

C. 抵押权已登记的先于未登记的受偿

D. 抵押权未登记的，按照抵押合同签订先后顺序清偿

32. 房地产登记的根本目的和出发点是（　）。

A. 规范房地产市场

B. 繁荣房地产经济

C. 保护权利人的合法权益

D. 保护房地产管理部门的合法权益

33. 在办理产权登记时，如发现房屋所有权人与该房屋所占用的土地使用权人不属同一人时，且原因查不清的，房屋登记机构应（　）。

A. 要求其办理预告登记

B. 予以办理登记

C. 暂不予办理登记

D. 要求进行公告

34.《物权法》规定，利害关系人认为不动产登记簿记载的事项错误的，可以申请（　）。

A. 预告登记　　B. 变更登记

C. 更正登记　　D. 异议登记

35. 房屋预告登记后，债权消灭之日起（　），预告登记失效。

A. 1 个月内未申请登记的

B. 3 个月内未申请登记的

C. 6 个月内未申请登记的

D. 1 年内未申请登记的

36. 2006 年 10 月，甲房地产开发公司购买了一幢办公楼，并办理了房屋登记手续。2014 年 5 月，该公司因改制公司法定名称发生了变化。为此，甲公司应当申请房屋所有权（　）。

A. 初始登记　　B. 转移登记

C. 变更登记　　D. 更正登记

37.《房屋登记办法》规定，房屋登记机构予以异议登记的，申请人在异议登记之日起（　）日内不起诉，异议登记失效。

A. 5　　B. 15

C. 30　　D. 45

38. 以成本价或标准价购买的住房，产权来源为（　）。

A. “私产”

B. “私产（部分产权）”

C. “市场售房”

D. “房改售房”

39. 以下关于房屋登记收费的说法，不正确的是（　）。

A. 房屋登记费属于行政事业性收费

B. 房屋登记费属于经营性服务收费

C. 房屋登记费向申请人收取

D. 房屋登记收费标准中包含房屋权属证书费

40. 依法以划拨方式、出让方式、划拨方式转为出让方式、租赁方式、国有土地使用权作价出资或者入股方式、国家授权经营方式取得国有建设用地使用权的，当事人应持有关证明材料，申请国有建设用地使用权（　）。

A. 初始登记　　B. 变更登记

C. 更正登记　　D. 预告登记

41. 以下（　），属于不可公开查询的房屋权属登记信息。

A. 房屋用途

B. 司法查封情况

C. 房屋原始登记凭证

D. 他项权利的设定时间

42. 税收的特征，不包括（　）。

A. 强制性　　B. 无偿性

C. 固定性　　D. 变化性

43. 自 2010 年 10 月 1 日起，对个人购买 90 平方米及以下的普通住房且属于家庭唯一住房的，（　）。

A. 减按 1% 税率征收契税

B. 减按 3% 税率征收契税

C. 减半征收契税

D. 全额征收契税

44. 2014 年 3 月，某房地产开发公司新开发的普通住宅销售增值额为 800 万元，按土地增值税相关规定准予扣除项目金额为 5 000 万元，则其应纳土地增值税额为（　）万元。

A. 0　　B. 120

C. 240　　D. 480

45. 以下关于耕地占用税减免政策，不正确的是（　）。

A. 航道占用耕地，减按每平方米 2 元的税额征收耕地占用税

B. 农村居民占用耕地新建住宅，耕地占用税税额减半

C. 医院占用耕地，耕地占用税税额减半

D. 军事设施占用耕地，免征耕地占用税

46. 业主共同决定（　）事项，应当经专有部分占建筑物总面积三分之二以上的业主且占总人数三分之二以上的业主同意。

A. 选举业主委员会

B. 修改业主大会议事规则

C. 解聘物业服务企业

D. 使用住宅专项维修资金

47. 以下关于住宅专项维修资金制度，说法错误的是（　）。

A. 属于专项用于住宅共用部位、共用设施设备保修期满前的维修和更新、改造的资金

B. 业主交存的住宅专项维修资金属于业主所有

C. 从公有住房售房款中提取的住宅专项维修资金属于公有住房售房单位所有

D. 在保证正常使用前提下，可按照有关规定将住宅专项维修资金用于购买国债

48. 商品住宅的业主、非住宅的业主按照所拥有物业的（　）交存住宅专项维修资金。

A. 市场价值　　B. 评估价值

C. 建筑面积　　D. 使用面积

49. 目前我国住房公积金缴存比例的最高限额为（　）。

A. 3%　　B. 5%

C. 12%　　D. 15%

50. 以下关于个人住房公积金存款利率，说法不正确的是（　）。

A. 职工当年缴存的住房公积金按结息日挂牌公告的活期存款利率计息

B. 上年结转的按结息日挂牌公告的五年整存整取存款利率计息

C. 职工住房公积金自存入职工住房公积金个人账户之日起计息，按年结息，本息逐年结转

D. 每年 6 月 30 日为住房公积金结息日

二、多项选择题（共 30 题，每题 2 分。每题的备选答案中有 2 个或 2 个以上符合题意，请在答题卡上涂黑其相应的编号。错选不得分；少选且选择正确的，每个选项得 0.5 分）

51. 房地产是指土地、建筑物及其他地上定着物，是（　）三者的综合。

A. 时间　　B. 空间

C. 实物　　D. 权益

E. 区位

52. 房地产中介服务分为（　）。

A. 房地产咨询　　B. 房地产估价

C. 房地产开发　　D. 房地产转让

E. 房地产经纪

53. 以下土地中，属于国有土地的有（　）。

A. 宅基地　　B. 自留地

C. 被依法征收的土地　　D. 城市市区的土地

E. 国有农场的土地

54. 我国房屋所有权的特点，包括（　）。

A. 房屋的国家所有权、集体所有权和个人所有权同时并存

B. 房屋所有权的客体是具有一定结构、可供利用的房屋，而不是单指组成房屋的材料

C. 房屋所有权与其所依附的土地的使用权可分离

D. 国家所有的房屋所有权与使用权不能分离

E. 房屋所有权的设立与移转，需办理房屋所有权登记和转移登记手续

55. 下列建设用地使用权出让的最高年限，正确的是（　）。

A. 居住用地 70 年

B. 工业用地 40 年

C. 文化卫生用地 50 年

D. 商业用地 40 年

E. 娱乐用地 50 年

56. 以下可采取划拨方式取得建设用地使用权的有（　）。

A. 军事设施用地

B. 新华书店用地

C. 经济适用住房用地

D. 工业厂房用地

E. 商品住宅用地

57. 被征收房屋价值评估不考虑的影响因素包括（　）。

A. 被征收房屋的建筑结构因素

B. 被征收房屋租赁因素

C. 被征收房屋抵押因素

D. 被征收房屋查封因素

E. 被征收房屋的区位因素

58. 为了公共利益的需要，可以作出房屋征收决定的情形有（　）。

A. 国防工程建设

B. 市政公用设施建设

C. 廉租住房建设

D. 经济适用住房建设

E. 民营企业办公楼建设

59. 以下（　），应由国务院审批。

A. 直辖市城市总体规划

B. 省会城市总体规划

C. 自治区首府城市总体规划

D. 县人民政府所在地镇的总体规划

E. 其他镇的总体规划

60. 城市规划的报建审批管理主要包括（　）。

A. 对建设项目选址审批核发项目选址意见书

B. 对城市用地审批核发建设用地规划许可证

C. 对建设工程审批核发建设工程规划许可证

D. 对建设工程建设审批核发建设工程施工许可证

E. 按照规划实施监督检查体系对违章占地和违章建设的查禁工作

61. 申领建筑工程施工许可证的条件包括（　）。

A. 已经办理该建筑工程用地批准手续

B. 已经确定施工企业

C. 有保证工程质量和安全的具体措施

D. 建设资金已经落实20%

E. 在城市规划区的建筑工程，已经取得建设工程规划许可证

62. 禁止发布房地产广告的情形包括（　）。

A. 预售房地产，已取得该项目预售许可证

B. 权属有争议的

C. 在集体所有的土地上建设的“小产权房”

D. 在集体所有的土地上建设的“闺女楼”

E. 在依法取得国有土地使用权的土地开发建设的

63. 以下关于按套（单元）计价的说法，正确的是（　）。

A. 按套（单元）计价的现售房屋，当事人对现售房屋实地勘察后可以在合同中直接约定总价款

B. 按套（单元）计价的预售房屋，当事人对预售房屋实地勘察后可以在合同中直接约定总价款

C. 按套（单元）计价的预售房屋，房地产开发企业应当在合同中附所售房屋的平面图

D. 按套（单元）计价的现售房屋，房地产开发企业应当在合同中附所售房屋的平面图

E. 房屋交付时，套型与设计图纸一致，相关尺寸也在约定的误差范围内，维持总价款不变

64. 商品房销售中禁止的行为包括（　）。

A. 未解除商品房买卖合同前，将作为合同标的物的商品房再行销售给他人

B. 采取返本销售的方式销售商品房

C. 采取变相返本销售的方式销售商品房

D. 分割拆零销售商品住宅

E. 销售成套住宅

65. 以下商品房预售监管政策，说法正确的是（　）。

A. 商品房预售许可的最低规模不得小于栋

B. 可以分单元办理商品房预售许可

C. 不得分层办理商品房预售许可

D. 房地产开发企业应当按照商品住房预售方案销售商品住房

E. 商品住房严格实行购房实名制，认购后不得擅自更改购房者姓名

66. 以下（　），不得出租供人员居住。

A. 原设计的房间

B. 厨房

C. 卫生间

D. 阳台

E. 地下储藏室

67. 以下关于承租人权利的说法，正确的是（　）。

A. 出租人出卖租赁房屋的，应在出卖之前的合理期限内通知承租人，承租人享有同等条件优先购买权利

B. 房屋租赁期间内，因赠与、析产、继承或者买卖转让房屋的，原房屋租赁合同自动失效

C. 房屋租赁期间内，因赠与、析产、继承或者买卖转让房屋的，原房屋租赁合同继续有效

D. 承租人在房屋租赁期间死亡的，其直系亲属均可按原租赁合同租赁该房屋

E. 承租人在房屋租赁期间死亡的，与其生前共同居住的人可按原租赁合同租赁该房屋

68. 以下（ ），不属于出租人单方解除商品房屋租赁合同情形。

A. 承租人在合理期限内未支付租金的

B. 承租人将承租的房屋擅自转租的

C. 承租人擅自变动房屋建筑主体和承重结构的

D. 租赁房屋被司法机关或者行政机关依法查封的

E. 租赁房屋权属有争议的

69. 根据《物权法》规定，以下可以抵押的财产包括（ ）。

A. 土地所有权　　B. 房屋所有权

C. 建设用地使用权　　D. 在建工程

E. 企业厂房

70. 以下（ ），属于最高额抵押权确定的情形。

A. 约定的债权确定期间届满

B. 抵押财产被查封

C. 新的债权不可能发生

D. 抵押财产被扣押

E. 约定的债权确定期间尚未届满

71. 以下关于房地产抵押权实现方式，说法正确的是（ ）。

A. 抵押权人不可与抵押人协议以抵押财产折价

B. 抵押权人可以与抵押人协议以拍卖、变卖该抵押财产所得的价款优先受偿

C. 抵押权人与抵押人未就抵押权实现方式达成协议的，抵押权人可请求人民法院拍卖、变卖抵押财产

D. 抵押权人与抵押人就抵押权实现方式达成协议的，抵押权人可请求人民法院拍卖、变卖抵押财产

E. 根据合同约定，债务人不履行到期债务时抵押财产归债权人所有

72. 以下不动产登记的生效时间，表述正确的是（ ）。

A. 不动产物权的转让，依照法律规定应当登记的，自记载于不动产登记簿时发生效力

B. 因人民法院的法律文书导致物权设立的，自法律文书生效时发生效力

C. 因受遗赠取得物权的，自记载于不动产登记簿时发生效力

D. 未办理物权登记的，影响不动产物权的合同效力

E. 因合法建造事实行为设立或者消灭物权的，自事实行为成就时发生效力

73. 《房屋登记办法》规定，房屋登记机构应当实地查看的有（ ）。

A. 房屋所有权转移登记

B. 房屋所有权初始登记

C. 在建工程抵押登记

D. 因房屋灭失导致的房屋所有权注销登记

E. 房屋所有权变更登记

74. 以下应办理房屋所有权变更登记的有（ ）。

A. 房屋继承

B. 房屋赠与

C. 部分房屋拆除

D. 房屋门牌号码改变

E. 房屋买卖

75. 以下关于每平方米的城镇土地使用税年幅度税额，说法正确的是（ ）。

A. 大城市 1.5～30 元

B. 中等城市 1.2～24 元

C. 小城市 0.9～18 元

D. 县城、建制镇和工矿区 0.6～12 元

E. 农村 0.3～6 元

76. 在物业管理中，业主的义务主要有（ ）。

A. 执行业主大会的决议和业主大会授权业主作出的决定

B. 按照国家有关规定缴纳专项维修资金

C. 按时缴纳物业服务费用

D. 监督物业服务企业履行物业服务合同

E. 遵守管理规约、业主大会议事规则

77. 城市维护建设税是随（ ）附征并专门用于城市维护建设的一种特别目的税。

A. 增值税　　B. 营业税

C. 消费税　　D. 流转税

E. 行为税

78. 以下（ ），属于《物业管理条例》确立的基本法律关系。

A. 业主与政府之间的关系

B. 社区居委会与业主大会、业主委员会的关系

C. 开发企业与业主、物业服务企业之间的关系

D. 供水、供电等单位与业主、物业服务企业之间的关系

E. 业主相互之间的关系

79. 在物业管理中，业主具有的权利有（ ）。

A. 参加业主大会会议，行使投票权

B. 监督业主委员会的工作

C. 与业主大会选聘的物业服务企业签订物业服务合同

D. 监督物业服务企业履行物业服务合同

E. 提出制定和修改管理规约、业主大会议事规则的建议

80. 住房公积金的特点包括（ ）。

A. 义务性　　B. 互助性

C. 保障性　　D. 市场性

E. 社会性

三、综合分析题（共 20 小题，每小题 2 分。每小题的备选答案中有 1 个或 1 个以上符合题意，请在答题卡上涂黑其相应的编号。错选不得分；少选且选择正确的，每个选项得 0.5 分）

（一）

2012 年 1 月，甲房地产公司通过合法方式，取得一块建设用地使用权，用于开发建设经济适用住房，项目总投资为 3 800 万元。2012 年 3 月，甲房地产公司通过招标方式确定了乙建筑公司为该项目施工企业。赵某于 2014 年 4 月预购了该项目的一套住宅，并申请了住房公积金抵押贷款。2014 年 5 月，该项目竣工并交付使用，丙物业公司负责该住宅小区物业管理，赵某在验房时，发现存在墙面渗水、管道堵塞等质量问题。在办理入住手续时，赵某还通过由开发公司代缴的方式，交纳了房屋登记相关税费、住宅专项维修资金以及第一年物业服务费。

81. 该项目开工前，申请领取建筑施工许可证的责任单位为（ ）。

A. 甲房地产公司

B. 乙建筑公司

C. 甲房地产公司和乙建筑公司

D. 甲房地产公司或乙建筑公司

82. 赵某发现的房屋质量问题，应由（ ）承担保修责任。

A. 甲房地产公司

B. 乙建筑公司

C. 丙物业公司

D. 工程质量监督部门

83. 下列关于住宅专项维修资金的表述中，正确的为（ ）。

A. 业主交存的住宅专项维修资金属业主所有

B. 业主大会成立前，住宅专项维修资金由甲房地产公司代管

C. 赵某房屋墙面渗水、管道堵塞的维修，可以申请使用住宅专项维修资金

D. 业主分户账面住宅专项维修资金余额不足首期交存额的 30% 的，应及时续缴

84. 如果丙物业公司物业服务收费实行酬金制，则其物业服务支出的构成不包括（ ）。

A. 物业公司人员的工资、社会保险

B. 物业共用部位、共用设施设备的日常维护费用

C. 物业管理区域绿化养护费用

D. 物业共用部位、共用设施的维修和更新改造费用

85. 赵某在办理住房公积金贷款时，工作人员作了如下解释，正确的为（ ）。

A. 住房公积金贷款实行低利率政策

B. 使用住房公积金贷款的职工在还贷期间，不可提取住房公积金

C. 赵某未还清贷款前，不得再次申请住房公积金贷款

D. 住房公积金贷款按法定利率调整时间分段计息

（二）

2012 年 1 月，W 房地产开发公司（以下简称“W 公司”）申请征收 M 省 N 县 A 乡 B 村基本农田以外的耕地 50 公顷，建设普通商品住宅小区。当月，W 公司支付征收耕地的补偿费用共计 4 500 万元。2012 年 2 月，W 公司签订了建设用地使用权出让合同，出让合同约定 2012 年 3 月 1 日开工建设。由于开发商资金原因，该项目直到 2013 年 5 月才动工开发。2013 年 10 月，W 公司将此项目整体转给 C 房地产开发公司（以下简称“C 公司”）。C 公司通过市场分析后，拟将其中 5 公顷土地建商业用房，此项目调整方案经有关部门批准。在建设过程中，B 公司将该项目建设用地使用权及在建工程抵押给 D 银行取得建设贷款。2014 年 5 月，C 公司经批准预售该住宅。

86. 征收 A 乡 B 村该块土地需经（ ）批准。

A. M 省人民政府国土资源厅

B. M 省人民政府

C. N 县人民政府

D. 国务院

87. W 公司支付的征收耕地的补偿费用包括（ ）。

A. 土地补偿费

B. 安置补助费

C. 土地管理费

D. 地上附着物和青苗补偿费

88. W 公司获得该开发用地的方式是（ ）。

A. 划拨　　B. 出让

C. 租赁　　D. 转让

89. W 公司转让该项目给 C 公司需办理的手续包括（ ）。

A. 到 N 县房屋登记机关办理转移登记

B. 经有批准权的人民政府批准

C. 到 N 县国土资源局办理国有建设用地使用权变更登记

D. 到 N 县房地产开发主管部门办理备案手续

90. 根据《城市房地产管理法》，针对 C 公司调整此项目方案，下列表述正确的有（ ）。

A. 必须取得出让方和 N 县城乡规划局的同意

B. 必须签订土地使用权出让合同变更协议或重新签订土地使用权出让合同

C. 转让方应当将所获得收益中的土地收益上缴国家

D. 相应调整土地使用权出让金

（三）

石某和关某系夫妻，且都是 H 市 W 国有企业在职职工。2013 年，石某的月平均工资为 2 400 元；关某的月平均工资为 2 200 元。经批准，H 市单位和职工住房公积金缴存比例均为 12%。石某和关某夫妻双方按照规定，正常交纳了住房公积金。2014 年 1 月，石某和关某，以 18 万元的价格，在某小区购买了一套商品住房。

91. 2014 年石某每月缴存住房公积金免缴个人所得税的最高额度为（ ）元。

A. 120　　B. 240

C. 288　　D. 480

92. 石某和关某在以下（ ）情况下，可提取其个人账户内的住房公积金存储余额。

A. 购买商品住房　　B. 偿还购房贷款本息

C. 装修自住住房　　D. 出国定居

93. 以下关于石某和关某的住房公积金存贷款利率问题，表述正确的是（ ）。

A. 石某和关某当年缴存的住房公积金按结息日挂牌公告的活期存款利率计息

B. 石某和关某上年结转的按结息日挂牌公告的三年整存整取存款利率计息

C. 遇法定利率调整，如果石某和关某的住房公积金贷款期限为半年，则实行合同利率，不分段计息

D. 遇法定利率调整，如果石某和关某的住房公积金贷款期限为 10 年，则于下年年初开始，按相应利率档次执行新的利率规定

94. 以下关于石某和关某的住房公积金个人所得税问题，表述正确的是（ ）。

A. 石某和关某按照规定比例实际缴付的住房公积金，免征个人所得税

B. 石某和关某支取原提存的住房公积金时，免征个人所得税

C. 2014 年 1 月关某个人缴存住房公积金只要不超过 264 元，就可免征个人所得税

D. 石某和关某超过规定的比例缴存的住房公积金部分，减半征收个人所得税

E. 石某和关某缴付的住房公积金利息所得免征个人所得税

95. 以下关于石某和关某购买住房提取住房公积金的程序，表述正确的是（ ）。

A. 由 H 市 W 国有企业单位审核

B. 由 H 市住房公积金管理中心审核

C. 由 H 市住房公积金管理中心核准

D. 由 H 市住房公积金管理委员会核准

（四）

2007 年 5 月，W 自治区 A 市 B 县 C 国有企业通过房改，将其洪泽小区多层公房以成本价出售给职工，售房款共计 8 500 万元，该企业职工刘某以当地房改成本价 800 元的价格，购买了自己租住的 70 平方米的公房。2011 年 6 月，为改善住房条件，C 国有企业委托 A 市 D 房地产开发公司，利用其部分厂房用地开发建设佳苑小区。2013 年 2 月，该小区建成后，由 D 房地产开发公司以市场价将佳苑小区住房出售给该企业职工。2013 年 8 月 1 日，该小区召开了业主大会，成立了业主委员会。2013 年 11 月，该小区业主大会选聘了 E 物业服务公司。

96. 以下关于洪泽小区公房出售交存的住宅专项维修资金，说法错误的是（ ）。

A. 从公有住房售房款中提取的住宅专项维修资金属于 C 国有企业所有

B. 因该小区业主大会尚未成立，住宅专项维修资金应由 C 国有企业代管

C. 该小区公房出售时，售房单位和购房人均应按规定交存住宅专项维修资金

D. 业主交存的住宅专项维修资金属于业主所有

97. 按照规定，C 国有企业将洪泽小区公房出售后，原则上应从售房款中提取不低于（ ）万元的住宅专项维修资金。

A. 1 000　　B. 1 700

C. 2 000　　D. 2 650

98. 职工刘某购买了自己租住的公房，按规定，应交纳住宅专项维修资金（　）元。

A. 800　　B. 1 020

C. 1 120　　D. 2 000

99. 以下关于刘某购买公房办理的《房屋所有权证》，说法不正确的是（　）。

A. 刘某以成本价购买的公房，产权归个人所有

B. 刘某以成本价购买的公房，拥有部分产权

C. 刘某购买的住房，产权来源为“房改售房”

D. 《房屋所有权证》要注记：“房改出售的成本价房，总价款：××元”

100. 下列关于佳苑小区业主、业主大会及业主委员会，表述正确的是（　）。

A. 佳苑小区业主是该小区房屋的所有权人

B. 佳苑小区业主大会是该小区房屋的所有权人

C. 佳苑小区业主委员会是该小区房屋的所有权人

D. 佳苑小区业主大会的执行机构是其业主委员会

模拟试题二

一、单项选择题（共50题，每题1分。每题的备选答案中只有1个最符合题意，请在答题卡上涂黑其相应的编号）

1. 房地产业与建筑业既有区别又有联系，建筑业是物质生产部门，属于第（ ）产业。

A. 一　　B. 二

C. 三　　D. 四

2. 房地产服务业可分为（ ）。

A. 物业管理业和房地产估价业

B. 物业管理业和房地产咨询业

C. 物业管理业和房地产经纪业

D. 物业管理业和房地产中介服务业

3.《国有土地上房屋征收评估办法》属于（ ）。

A. 行政法规　　B. 政府规章

C. 部门规章　　D. 规范性文件

4.（ ）均明确规定，国家实行国有土地有偿使用制度。

A.《城市房地产管理法》和《物权法》

B.《物权法》和《土地管理法》

C.《城市房地产管理法》和《土地管理法》

D.《城乡规划法》和《土地管理法》

5. 土地登记以县级行政区为单位组织进行，具体工作由（ ）负责。

A. 县级以上人民政府

B. 县级以上人民政府土地管理部门

C. 地市级以上人民政府

D. 地市级以上人民政府土地管理部门

6. 土地登记以（ ）为基本单元。

A. 面积　　B. 丘

C. 宗地　　D. 幢

7. 以下关于全民所有制企业和农村集体经济组织联营使用集体土地的说法，不正确的是（ ）。

A. 联营企业向县级以上人民政府土地管理部门提出用地申请

B. 经批准使用的土地，可以按照国家建设用地的规定实行征收

C. 联营企业用地，可以不改变土地权属性质

D. 农村集体经济组织按协议将土地使用权作为联营条件的，应当计算土地补偿费和各种补助费

8. 以下项目用地必须采取拍卖、招标或者挂牌方式出让的是（ ）。

A. 体育馆建设用地

B. 商品住宅建设用地

C. 城市基础设施用地

D. 经济适用住房用地

9. 住宅建设用地使用权期间届满的，（ ）。

A. 自动注销

B. 至迟于届满前一年申请续期

C. 自动续期

D. 至迟于届满前两年申请续期

10. 农村村民住宅用地，由（ ）批准。

A. 乡（镇）人民政府

B. 县级人民政府

C. 省级人民政府

D. 国务院

11. 作出房屋征收决定的市、县级人民政府依法申请人民法院强制执行程序中，人民法院应当自立案之日起三十日内作出是否准予执行的裁定；有特殊情况需要延长审查期限的，由（ ）批准。

A. 市、县人民政府　　B. 省级人民政府

C. 中级人民法院　　D. 高级人民法院

12. 以下关于房屋评估争议的处理，说法不正确的是（ ）。

A. 原房地产价格评估机构应当自收到书面复核评估申请之日起10日内对评估结果进行复核

B. 复核后，改变原评估结果的，应当重新出具评估报告；评估结果没有改变的，应当书面告知复核评估申请人

C. 被征收人对评估结果有异议的，应当自收到评估报告之日起10日内，向被征收房屋所在地评估专家委员会申请复核评估

D. 被征收人对复核结果有异议的，应当自收到复核结果之日起10日内，向被征收房屋所在地评估专家委员会申请鉴定

13. 按照规定，城市的控制性详细规划由（ ）批准。

A. 本级人民政府城乡规划主管部门

B. 本级人民政府

C. 本级人民代表大会常务委员会

D. 上一级人民政府

14. 城市总体规划阶段，应当确定城市规划区范围内需要保护和控制的主要地表水体，划定（ ）。

A. 城市蓝线　　B. 城市绿线

C. 城市紫线　　D. 城市黄线

15. 建设单位领取施工许可证后，因故不能按期工开工的，应当在期满前向发证机关申请延期，并说明理由；延期（ ）。

A. 以一次为限，且不超过3个月

B. 以两次为限，每次不超过2个月

C. 以两次为限，每次不超过3个月

D. 以三次为限，每次不超过2个月

16. 在正常使用下，施工单位对房屋建筑工程最低保修期限的表述，正确的是（ ）。

A. 有防水要求的卫生间为2年

B. 设备安装为5年

C. 给排水管道为1年

D. 装修工程为2年

17. 以下房屋建筑工程质量保修责任的说法，不正确的是（ ）。

A. 在保修期限内出现质量缺陷，应当向施工单位发出保修通知

B. 保修完后，由建设单位或者房屋建筑所有人组织验收

C. 保修费用由施工单位承担

D. 建设单位在赔偿后可以向造成房屋建筑工程质量缺陷的责任方追偿

18. 房地产开发企业销售商品住宅，其保修期从（ ）之日起计算。

A. 工程竣工验收申请

B. 工程竣工验收合格

C. 商品住宅交付

D. 实际入住商品住宅

19. 以下关于商品房销售按套、套内建筑面积计价，说法正确的是（ ）。

A. 按套计价，影响用建筑面积进行产权登记

B. 按套内建筑面积计价，影响用建筑面积进行产权登记

C. 按套计价，影响用建筑面积进行产权登记；按套内建筑面积计价，则不影响用建筑面积进行产权登记

D. 按套、套内建筑面积计价并不影响用建筑面积进行产权登记

20. 王某与某房地产开发公司签订的商品房买卖合同约定面积为100平方米，价格为8 000元/平方米，交付时的产权登记面积为105平方米，双方未约定面积误差处理方式。根据有关规定，最后结算的房价款应为（ ）万元。

A. 80.00　　B. 81.20

C. 82.40　　D. 84.00

21. 以下关于商品房销售代理的说法，错误的是（ ）。

A. 实行销售代理必须签订委托合同

B. 代理机构销售商品房时，应向购买人出示商品房有关证明文件和销售委托书

C. 受托代理机构不得代理销售不符合销售条件的商品房

D. 受托代理机构在代理销售商品房时，可收取佣金以外的其他费用

22. 某建设用地使用权出让的法定最高年限为70年，建设用地使用权出让合同约定的使用年限为60年，土地使用者使用该宗地5年后转让，受让人取得该宗土地的使用年限为（ ）。

A. 35年　　B. 45年

C. 55年　　D. 65年

23. 商品房屋租赁转移的是（ ）。

A. 房屋使用权而非所有权

B. 所有权而非房屋使用权

C. 所有权或房屋使用权

D. 所有权和房屋使用权

24.《合同法》规定，租赁期限不得超过（ ）年。

A. 5　　B. 10

C. 20　　D. 30

25. 甲将其住宅出租给了乙，租赁期间甲又将该住宅转让给丙，甲与乙原签订的房屋租赁合同（ ）。

A. 自动失效

B. 继续有效

C. 由丙确定是否有效

D. 由甲确定是否有效

26. 按照规定，商品房屋租赁登记备案内容发生变化、续租或者租赁终止的，当事人应当在（ ）日内，到原租赁登记备案的部门办理房屋租赁登记备案的变更、延续或者注销手续。

A. 10　　B. 20

C. 30　　D. 45

27. 以下关于公共租赁住房政策，说法不正确的是（ ）。

A. 公共租赁住房供应对象主要是城市中等偏下收入住房困难家庭

B. 已享受廉租住房实物配租和经济适用住房政

策的家庭，不得承租公共租赁住房

C. 公共租赁住房租赁合同期限一般为 3～5 年

D. 外来务工人员不纳入公共租赁住房供应范围

28. 以下关于抵押的说法，不正确的是（　）。

A. 乡镇企业的建设用地使用权，不得单独抵押

B. 村企业的建设用地使用权，不得单独抵押

C. 以出让方式取得的土地使用权，不得单独抵押

D. 以划拨方式取得的土地使用权，不得单独抵押

29. 抵押权人应当在主债权诉讼时效期间行使抵押权；未行使的，人民法院（　）。

A. 应予支持　　B. 不予支持

C. 应予保护　　D. 不予保护

30. 根据《物权法》规定，最高额抵押中，没有约定债权确定期间，抵押权人或者抵押人自最高额抵押权设立之日起满（　）年后请求确定债权，抵押权人的债权确定。

A. 1　　B. 2

C. 3　　D. 5

31. 以下不属于担保物权消灭情形的是（　）。

A. 主债权消灭

B. 担保物权实现

C. 担保物权存续

D. 债权人放弃担保物权

32. 契约登记制度的理论基础是（　）。

A. 成立要件主义　　B. 形式要件主义

C. 实质要件主义　　D. 对抗要件主义

33. 根据《物权法》规定，不动产登记费按（　）收取。

A. 件　　B. 不动产的面积

C. 不动产的体积　　D. 不动产价款的比例

34. 《物权法》规定，利害关系人认为房屋登记簿记载的事项错误，而权利人不同意更正的，利害关系人可以申请（　）。

A. 异议登记　　B. 变更登记

C. 预告登记　　D. 更正登记

35. 房屋因买卖、赠与、交换、继承等原因致使房屋所有权发生转移而进行的登记，属于房屋所有权（　）。

A. 初始登记　　B. 转移登记

C. 变更登记　　D. 更正登记

36. 房屋登记的一般程序不包括（　）。

A. 审核　　B. 记载于登记簿

C. 公告　　D. 缮证

37. 根据《房屋登记办法》，办理房屋预告登记的情形不包括（　）。

A. 预购商品房　　B. 房屋所有权抵押

C. 房屋所有权转让　　D. 商品房屋租赁

38. 在建工程竣工并经房屋所有权初始登记后，当事人应当申请将在建工程抵押权登记转为（　）。

A. 房屋所有权登记　　B. 房屋使用权登记

C. 房屋抵押权登记　　D. 房屋地役权登记

39. 因登记机关错误造成的更正登记，（　）。

A. 不收取房屋登记费

B. 房屋登记费收费标准为每件 80 元

C. 只收证书工本费 10 元

D. 按对应性质房屋登记收费标准的一半收取

40. 国土资源行政主管部门发现土地登记簿记载的事项确有错误的，应（　）。

A. 报经本部门主要负责人批准后进行更正登记

B. 报经人民政府批准后进行更正登记

C. 报经人民政府批准后进行变更登记

D. 直接进行更正登记

41. 土地登记资料中，土地登记结果包括（　）。

A. 地籍图　　B. 地籍调查表

C. 宗地图　　D. 土地权属来源文件

42. 张某有两套住房，他将其中一套以 180 万元出售给李某，又将另一套与王某的住房进行了房屋交换，并由张某支付给王某换房差价 40 万元。假设契税税率为 3%，张某应缴纳的契税为（　）万元。

A. 0　　B. 1.2

C. 2.4　　D. 6.6

43. 土地增值税实行超额累进税率，增值额超过扣除项目金额 200% 以上部分，税率为（　）。

A. 30%　　B. 40%

C. 50%　　D. 60%

44. 2014 年 3 月，刘某将其一套住宅出租，月租金为 3 000 元。按照优惠政策，刘某当月应缴纳的房产税为（　）元。

A. 80　　B. 120

C. 180　　D. 360

45. 孙某于 2014 年 5 月 10 日将其 2009 年 3 月 10 日以 100 万元购买的一套 160 平方米的住宅以 180 万元出售，则孙某应缴纳营业税（　）万元。

A. 0　　B. 3

C. 4　　D. 5

46. 业主共同决定（　），应当经专有部分建筑

物总面积过半数的业主且占总人数过半数的业主同意。

A. 筹集建筑物及其附属设施的维修资金

B. 使用建筑物及其附属设施的维修资金

C. 改建、重建建筑物及其附属设施

D. 更换业主委员成员

47. 管理规约的内容不包括（　）。

A. 有关物业的使用、维护、管理

B. 业主的共同利益

C. 物业服务企业的资质要求和资信规范

D. 业主应当履行的义务

48. 以下关于住房公积金使用的说法，错误的是（　）。

A. 职工对住房公积金的使用具体表现在申请个人住房贷款

B. 个人住房贷款是住房公积金使用的中心内容和主要形式

C. 经住房公积金管理委员会批准，可将住房公积金余额用于购买国债

D. 经批准，职工没有还清贷款前，可以再次申请住房公积金贷款

49. 2014 年 5 月，王某购房时申请了住房公积金贷款，贷款期限为 10 年；2014 年 7 月 6 日遇法定贷款利率调整，按照规定，王某应自（　）。

A. 2014 年 7 月份开始，按新调整的贷款利率支付利息

B. 2014 年 8 月份开始，按新调整的贷款利率支付利息

C. 2015 年 1 月份开始，按新调整的贷款利率支付利息

D. 2015 年 5 月份开始，按新调整的贷款利率支付利息

50. 某市职工 2013 年度月平均工资为 5 000 元，该市职工周某 2013 年度月平均工资为 8 000 元，2014 年周某缴存住房公积金免缴个人所得税的最高额度为（　）元。

A. 400　　B. 800

C. 960　　D. 1 080

二、多项选择题（共 30 题，每题 2 分。每题的备选答案中有 2 个或 2 个以上符合题意，请在答题卡上涂黑其相应的编号。错选不得分；少选且选择正确的，每个选项得 0.5 分）

51. 以下关于房地产权益的特点，正确的是（　）。

A. 房地产中无形的部分

B. 房地产中不可触摸的部分

C. 房地产中可以看得见、摸得着的有形部分

D. 基于房地产实物而衍生出来的权利、利益和收益

E. 一宗房地产与其他房地产在空间方位和距离上的关系

52. 房地产法律的调整对象包括（　）。

A. 房地产开发关系

B. 房地产交易关系

C. 房地产金融关系

D. 房地产行政管理关系

E. 物业管理关系

53. 法律规定完全属于国家所有的包括（　）。

A. 草原　　B. 矿藏

C. 水流　　D. 海域

E. 森林

54. 以下关于集体土地征收和征用，说法正确的是（　）。

A. 征收和征用属于一种例外规则

B. 征收和征用是既有联系又有区别的两项法律制度

C. 征收和征用的共同点在于强制性

D. 征收具有强制性，征用不具有强制性

E. 土地征收的实质是强制收买，土地征用的实质是强制使用

55. 房屋所有权的原始取得主要包括（　）。

A. 房屋买卖

B. 依法建造房屋

C. 依法没收房屋

D. 收归国有的无主房屋

E. 合法添附的房屋

56. 国有建设用地使用权出让法定最高年限为 50 年的有（　）。

A. 居住用地　　B. 工业用地

C. 体育用地　　D. 娱乐用地

E. 综合用地

57. 对国有企业改革中涉及的划拨土地使用权，可分别采取的处置方式包括（　）。

A. 国有土地出让

B. 国有土地租赁

C. 保留划拨土地使用权

D. 国有土地作价出资（入股）

E. 国有土地抵押

58. 规划区的具体范围由有关人民政府在组织编制的（ ）中，根据城乡经济社会发展水平和统筹城乡发展的需要划定。

A. 土地利用总体规划　B. 城市总体规划

C. 镇总体规划　D. 乡规划

E. 村庄规划

59. 以下建筑工程中，可不办理施工许可证的有（ ）。

A. 建筑面积为 390 平方米的机关食堂用房

B. 建筑面积为 290 平方米的学校会议室

C. 投资额为 36 万元的医院图书室

D. 投资额为 25 万元的村广播站

E. 投资额为 15 万元的工厂医务室

60. 关于施工单位的质量责任和义务，说法正确的是（ ）。

A. 施工单位应在其资质等级许可的范围内承揽工程

B. 施工单位对建设工程的施工质量负责

C. 建设工程实行总承包的，总承包单位应当对全部建设工程质量负责

D. 总承包单位不对分包工程的质量承当连带责任

E. 施工单位对竣工验收不合格的建设工程，应当负责返修

61. 对于经工程质量监督部门核验，确属房屋主体结构质量不合格的，以下说法正确的是（ ）。

A. 购房者有权要求退房，终止房屋买卖关系

B. 购房者无权要求退房，但可换房

C. 购房者无权要求换房，但可退房

D. 购房者不能退房，也不能换房

E. 选择退房还是换房，权力在购房者

62. 以下关于房地产广告要求的说法，错误的是（ ）。

A. 房地产广告中对价格有表示的，应清楚表示为实际销售价格，明示价格有效期限

B. 房地产中表现项目位置应以所需时间来表示距离

C. 房地产广告中涉及面积的，应表明是建筑面积

D. 房地产广告中不得利用其他项目的形象、环境作为本项目的效果

E. 房地产广告中不得出现融资或者变相融资内容，但可含有升值或者投资回报承诺

63. 商品房买卖合同对面积误差处理方式未作约定的，以下处理原则，正确的是（ ）。

A. 面积误差比绝对值在 3% 以内（含 3%）的，据实结算房价款

B. 面积误差比绝对值超出 3% 时，买受人有权退房

C. 买受人退房的，开发企业应退还给买受人已付房价款，但不支付利息

D. 产权登记面积小于合同约定面积时，面积误差比绝对值超出 3% 部分的房价款由开发企业双倍返还买受人

E. 产权登记面积大于合同约定面积时，面积误差比在 3% 以内（含 3%）部分的房价款由开发企业承担，产权归买受人

64. 根据规定，房地产开发企业应向县级以上人民政府（ ），办理商品房预售合同登记备案手续。

A. 城乡规划管理部门

B. 房地产管理部门

C. 土地管理部门

D. 建设管理部门

E. 发改部门

65. 以下关于现行经济适用住房政策的说法，正确的是（ ）。

A. 经济适用住房购房人拥有完全产权

B. 政府回购的经济适用住房，仍应用于解决低收入家庭的住房困难

C. 购买经济适用住房不满 5 年，不得直接上市交易

D. 已参加福利分房的家庭在退回所分房屋前不得购买经济适用住房

E. 已购买经济适用住房的家庭不得再购买经济适用住房

66. 商品房屋租赁合同属于（ ）。

A. 实践合同　B. 诺成合同

C. 双务合同　D. 单务合同

E. 有偿合同

67. 以下关于商品房屋转租的说法，正确的是（ ）。

A. 商品房屋转租须经出租人书面同意

B. 商品房屋转租期限不得超过原合同规定的期限

C. 出租人与转租人双方协商一致，转租期限可以超过原合同规定的期限

D. 房屋转租应签订转租协议，并办理登记备案手续

E. 房屋转租须签订转租协议，但不再办理登记备案手续

68. 根据《物权法》规定，不得抵押的财产有（　）。

A. 依法被查封、扣押、监管的财产

B. 建筑物和其他土地附着物

C. 所有权、使用权不明的财产

D. 正在建造的建筑物

E. 所有权、使用权有争议的财产

69. 以下关于房地产抵押的说法，正确的是（　）。

A. 企事业单位法人合并后，原抵押合同继续有效

B. 企事业单位法人分立后，其权利与义务由拥有抵押物的企业享有和承担

C. 抵押人依法被宣告死亡时，其房地产合法继承人应继续履行原抵押合同

D. 第三人为债务人向债权人提供担保的，不可要求债务人提供反担保

E. 以共有的房地产抵押的，抵押人必须事先征得其他共有人书面同意

70. 以下关于不动产登记载体的说法，不正确的是（　）。

A. 不动产登记簿是法律规定的由不动产物权登记机构管理的不动产物权登记档案

B. 不动产登记簿是物权归属和内容的根据

C. 不动产权属证书，是登记机构颁发给权利人作为其享有权利的证明

D. 不动产登记簿是不动产权属证书所记载内容的外在表现形式

E. 不动产权属证书记载的事项与不动产登记簿记载不一致的，除有证据证明不动产权属证书确有错误外，以不动产权属证书为准

71. 根据《房屋登记办法》规定，可以由当事人单方申请的情形有（　）。

A. 权利人放弃房屋权利

B. 因仲裁委员会的生效法律文书取得房屋权利

C. 因继承、受遗赠取得房屋权利

D. 因买卖取得房屋权利

E. 房屋灭失

72. 对建筑区划内依法属于全体业主共有的公共场所、公用设施和物业服务用房等房屋登记，以下说法不正确的是（　）。

A. 由房地产开发企业申请房屋所有权初始登记时，一并申请登记

B. 由房屋登记机构在进行总登记时，一并申请登记

C. 由房屋登记机构在房屋登记簿上予以记载

D. 所有权人记载为房地产开发企业

E. 颁发房屋权属证书，但免交房屋登记费

73. 以下应办理所有权转移登记的有（　）。

A. 房屋买卖　　B. 房屋赠与

C. 房屋交换　　D. 房屋翻建

E. 房屋改建

74. 房屋权属证书包括（　）。

A. 房屋所有权证书

B. 房屋使用权证书

C. 房屋他项权利证书

D. 房屋地役权证书

E. 房屋抵押权证书

75. 以下（　），免征城镇土地使用税。

A. 由国家财政部门拨付事业经费的单位自用的土地

B. 土地使用权权属纠纷未解决的土地

C. 合资铁路运输公司自用的房产

D. 股改铁路运输企业自用的土地

E. 个人出租住房

76. 以下（　）占用耕地，减按每平方米 2 元的税额征收耕地占用税。

A. 铁路线路　　B. 学校

C. 养老院　　D. 停机坪

E. 港口

77. 物业管理的含义表明（　）。

A. 物业管理是由政府职能部门通过选聘物业服务企业的方式来实现的

B. 物业管理是由业主通过选聘物业服务企业的方式来实现的

C. 物业管理活动的依据是物业服务合同

D. 物业管理活动的依据是政府职能部门的授权

E. 物业管理的内容是对物业进行维修、养护、管理，对相关区域内的环境卫生和秩序进行维护

78. 以下（　），属于与房地产经纪行业相关的制度。

A. 业主大会制度

B. 住宅专项维修资金制度

C. 物业管理专业人员执业资格制度

D. 管理规约制度

E. 物业承接查验制度

79. 以下关于我国保障性住房建设模式的说法，正确的是（　）。

A. 坚持分散配套建设与集中建设相结合

B. 以“插花建设”为主

C. 以“插花建设”为辅

D. 以“集中建设”为主

E. 以“集中建设”为辅

80. 以下属于住房公积金缴存对象的是（　）。

A. 农村居民

B. 城镇个体工商户

C. 国有企业及其在职职工

D. 国家机关及其在职职工

E. 城镇单位聘用进城务工人员

三、综合分析题（共 20 小题，每小题 2 分。每小题的备选答案中有 1 个或 1 个以上符合题意，请在答题卡上涂黑其相应的编号。错选不得分；少选且选择正确的，每个选项得 0.5 分）

（一）

2013 年 3 月，甲房地产开发公司（以下简称“甲公司”）依法取得 A 市 B 县一块国有建设用地使用权，用以开发普通商品住宅项目。该项目总投资 6 000 万元，涉及征收房屋 38 户。2013 年 4 月，委托 C 房地产估价机构对被征收房屋的市场价格进行了评估。该项目于 2013 年 6 月 1 日动工，由 C 公司承包施工。B 县私营企业职工李某以抵押贷款方式，于 2014 年 2 月以 5 000 元/平方米的价格预购了一套 80 平方米的住宅。该项目于 2014 年 5 月通过竣工验收并交付使用。李某在 2013 年 6 月领取该套住宅《房屋所有权证》后，随之将该套住宅转让给张某，售房收入 44 万元。

81. 该项目国有建设用地使用权出让合同由（　）与甲公司签订。

A. A 市人民政府土地管理部门

B. A 市人民政府

C. B 县人民政府土地管理部门

D. B 县人民政府

82. 甲公司应向土地管理部门缴纳（　）。

A. 土地补偿费

B. 土地使用权出让金

C. 土地闲置费

D. 房屋拆迁安置费

83. B 房地产估价机构在对被征收房屋价值评估中，不考虑的影响因素包括（　）。

A. 新旧程度因素　　B. 用途因素

C. 建筑结构因素　　D. 查封因素

84. 在办理商品房预购手续时，以下说法正确的是（　）。

A. 李某不可能利用住房公积金进行个人贷款

B. 李某与甲公司可约定所购房屋面积误差为 4%

C. 李某应持商品房预售合同分别到房产和土地管理部门登记备案

D. 李某应当办理预购商品房抵押登记

85. 按照规定，李某转让该套住宅给张某，应由张某交纳（　）。

A. 营业税　　B. 印花税

C. 房产税　　D. 契税

（二）

甲房地产开发公司（以下简称“甲公司”）开发建设普通住宅小区，向社会公开预售。2013 年 12 月 1 日，宋某与甲公司签订了商品房预售合同（宋某为首次购房）。房屋竣工后，经房地产测绘机构测算，该房屋套内建筑面积为 70 平方米，阳台面积为 8 平方米，套内墙体建筑面积 10 平方米，分摊共有建筑面积 15 平方米。

86. 宋某所购房屋的建筑面积为（　）平方米。

A. 70　　B. 80

C. 85　　D. 98

87. 以下关于宋某签订商品房预售合同的表述中，正确的为（　）。

A. 商品房预售合同未经备案，合同无效

B. 在商品房预售合同中，可以约定面积误差处理方式

C. 宋某可将预购的未竣工的商品房再转让

D. 商品房预售后，甲公司应当在签约之日起 30 日内办理商品房预售合同登记备案

88. 签订商品房预售合同至房屋竣工前，宋某可以申请（　）。

A. 房屋预告登记

B. 房屋所有权初始登记

C. 房屋转移登记

D. 商品房预售合同登记备案

89. 以下关于宋某购买该住房办理房屋登记手续的说法，正确的是（　）。

A. 宋某应按每平方米 3 元交纳住房交易手续费

B. 该商品房转让手续费应由宋某承担

C. 该商品房转让手续费应由甲公司承担

D. 宋某应交纳房屋登记费 80 元

90. 以下关于宋某购买住房税费优惠政策的表述

中，正确的为（　）。

A. 宋某按成交价1%缴纳契税

B. 宋某购买该住房，应由甲公司缴纳契税

C. 宋某购买该住房，减半征收印花税

D. 宋某出租该房，免征个人所得税

（三）

2012年5月27日，甲房地产开发公司（以下简称“甲公司”）通过拍卖方式，按法定最高出让年限，取得了A省B市城市规划区内一地块，并签订了国有建设用地使用权出让合同。该地块为普通商品住宅项目开发用地，合同规定的该住宅用地出让年限为出让最高年限，从土地交付使用之日开始计算。在缴纳了出让金和相关费用后，2012年8月17日，该土地交付给甲公司使用。2013年1月，甲公司根据市场情况申请改变土地利用条件，获得相关部门批准并变更了出让合同。2013年2月1日，甲公司将该项目转让给乙公司。2014年2月15日，李某购买了该项目中的一套商品住宅。乙公司于2014年5月30日将房屋交付给李某。李某办理了《房屋所有权证》和《国有土地使用证》。

91. 以下关于该项目拍卖的说法，正确的是（　）。

A. 甲公司在一轮报价后，拍卖主持人连续两次宣布同一应价或者报价而没有再应价或者报价的，拍卖主持人落槌表示拍卖成交

B. 确定甲公司为中标人后，甲公司的竞买保证金，应转作受让地块的定金

C. 拍卖结束后，出让人应在20个工作日内将拍卖出让结果在土地有形市场或者指定的场所、媒介公布

D. 甲公司依照出让合同的约定付清全部土地出让价款后，方可申请办理土地登记

92. 甲公司取得的《国有土地使用证》上记载的土地使用权终止时间为（　）。

A. 2062年5月27日

B. 2062年8月16日

C. 2082年5月27日

D. 2082年8月16日

93. 甲公司申请改变土地利用条件必须经过（　）的同意。

A. 出让方

B. B市房地产管理部门

C. B市建设行政管理部门

D. B市规划行政管理部门

94. 以下关于土地登记和房屋登记的说法，错误的是（　）。

A. 甲公司应当向B市人民政府土地管理部门申请登记，经B市人民政府土地管理部门核实，由B市人民政府颁发土地使用权证书

B. 该项目建成后，乙公司应当凭土地使用权证书向B市人民政府房产管理部门申请房屋初始登记

C. 李某购买房屋后，应当先申请土地使用权变更登记并办理土地使用权证书，然后申请房屋转移登记，领取房屋所有权证书

D. 李某应当持原土地权利证书、变更后的房屋所有权证书及土地使用权发生转移的相关证明材料，申请建设用地使用权初始登记

95. 甲公司将该项目转让给乙公司，甲公司应缴纳的税费有（　）。

A. 土地增值税

B. 教育费附加

C. 营业税

D. 城市维护建设税

E. 契税

（四）

2012年3月1日，甲房地产开发公司（以下简称“甲公司”）通过合法出让方式，获得一块“毛地”的国有建设用地使用权，其中有部分国有土地上房屋需完成征收安置，土地用途为住宅用地，因故闲置一年。2013年3月8日，该项目再次启动3个月后，又因资金原因，于2013年8月8日，将该项目转让给乙公司。2014年3月8日，该项目办理了《商品房预售许可证》，随后乙公司在媒体上发布了商品房预售广告。

96. 按照规定，对该被征收房屋价值的补偿，不得低于（　）被征收房屋类似房地产的市场价格。

A. 签订房屋征收协议之日

B. 房屋征收确定之日

C. 房屋征收决定公告之日

D. 房屋征收实施之日

97. 该项目涉及的房屋征收中，对被征收人给予的补偿，应当包括（　）。

A. 被征收房屋价值的补偿

B. 因征收房屋造成的购房差价的补偿

C. 因征收房屋造成的搬迁、临时安置的补偿

D. 因征收房屋造成的停产停业损失的补偿

98. 根据规定，以下可免征甲公司土地闲置费的情形有（　）。

A. 银行书面承诺的贷款资金不到位造成动工迟延

B. 甲公司认为开发时机不成熟造成动工迟延

C. 因水泥、钢筋等主要建材供应不及时造成动工迟延

D. 地质勘探时发现地下有古墓造成动工迟延

99. 甲公司转让该项目必须符合的条件为（ ）等。

A. 全部建成现房

B. 项目主体结构封顶

C. 已支付全部土地使用权出让金，取得国有土地使用权证

D. 取得国有土地使用权证并已实际投入房屋建设工程的资金达到全部开发投资总额的25%以上

100. 乙公司在媒体上发布广告时，（ ）。

A. 可借用其他相同类型的项目形象

B. 可以承诺为购房人办理入住户口

C. 不得涉及装修内容

D. 由于价格是随市场变化而变化，一律不表明销售价格

模拟试题三

一、单项选择题（共50题，每题1分。每题的备选答案中只有1个最符合题意，请在答题卡上涂黑其相应的编号）

1. 房地产特性不包括（ ）。

A. 寿命长久　　B. 供给有限

C. 价值量大　　D. 变现简单

2. 在国民经济产业分类中，房地产业属于第（ ）产业。

A. 一　　B. 二

C. 三　　D. 四

3. 目前，在我国房地产业中占主体地位的是（ ）。

A. 房地产开发经营业

B. 房地产估价业

C. 房地产经纪业

D. 物业管理业

4. 以下属于部门规章的是（ ）。

A.《物业承接查验办法》

B.《国有土地上房屋征收评估办法》

C.《住房公积金行政监督办法》

D.《城市商品房预售管理办法》

5. 法律规定可以属于集体所有的自然资源有（ ）。

A. 矿藏　　B. 森林

C. 海域　　D. 水流

6. 以下关于房屋所有权的权能，说法错误的是（ ）。

A. 占有权是房屋所有权的基本内容

B. 使用权的行使不能损害公共利益和他人的合法利益

C. 用房屋作为合伙入股取得红利属于收益

D. 占有权是房屋产权的核心，是房屋产权最根本的权利

7. W房地产开发公司取得A市B县县城一住宅用地使用权。按照规定，其建设用地使用权出让合同由（ ）与W房地产开发公司签订。

A. A市人民政府

B. A市人民政府土地管理部门

C. B县人民政府

D. B县人民政府土地管理部门

8. 可以采用协议方式出让国有建设用地使用权的是（ ）。

A. 商业用地

B. 商品住宅用地

C. 非营利的社会团体用地

D. 旅游用地

9. 以下（ ），可以通过划拨方式取得建设用地使用权。

A. 商品住宅用地

B. 体育馆用地

C. 大型商场用地

D. 旅游设施用地

10. 被征收房屋价值评估时点为（ ）之日。

A. 房屋征收确定

B. 房屋征收决定公告

C. 签订房屋征收协议

D. 房屋征收实施

11. 按照规定，房屋征收部门暂停办理相关手续的书面通知应当载明暂停期限，其暂停期限最长不得超过（ ）。

A. 1年　　B. 2年

C. 3年　　D. 5年

12. 申请人民法院强制执行房屋征收补偿决定案件，由（ ）管辖。

A. 最高人民法院或高级人民法院

B. 房屋所在地中级人民法院

C. 房屋所在地基层人民法院

D. 房屋所在地基层人民法庭

13. 城市规划区的具体范围，由城市人民政府在编制的（ ）中划定。

A. 土地利用总体规划

B. 城市总体规划

C. 城市分区规划

D. 详细规划

14. 依据《城乡规划法》规定，以下（ ）需要申请选址意见书。

A. 以协议出让方式取得国有土地使用权的建设项目

B. 以招标出让方式取得国有土地使用权的建设项目

C. 以拍卖出让方式取得国有土地使用权的建设项目

D. 以划拨方式提供国有土地使用权的建设项目

15. 由于施工的原因导致商品住宅出现质量问

题，应首先由（ ）对购房者承担责任。

A. 施工单位

B. 监理单位

C. 房地产开发企业

D. 房地产开发主管部门

16. 根据商品住宅两书制度规定，电器开关的最低保修期限为（ ）。

A. 2 个月 B. 6 个月

C. 1 年 D. 3 年

17. 以下转让行为中，不属于房地产有偿转让的是（ ）。

A. 房地产赠与

B. 房地产作价入股

C. 房地产买卖

D. 房地产抵债

18. 面积误差处理原则中，“绝对值超出 3% 部分的房价款由房地产开发企业双倍返还买受人”的前提条件，不包括（ ）。

A. 买受人不退房

B. 面积误差比绝对值超出 3%

C. 合同约定了面积误差处理方式

D. 产权登记面积小于合同约定面积

19. 根据有关规定，房地产开发企业未取得商品房预售许可证，擅自预售商品房的，由县级以上人民政府房地产开发主管部门责令停止违法行为，没收违法所得，可以并处已收取的预付款（ ）以下的罚款。

A. 0.3% B. 0.5%

C. 1% D. 3%

20. 对返本销售或者变相返本销售商品房的，处以警告，责令限期改正，并可处以（ ）的罚款。

A. 1 万元以上 2 万元以下

B. 1 万元以上 3 万元以下

C. 2 万元以上 3 万元以下

D. 3 万元以上 5 万元以下

21. 当事人以约定的违约金过高为由请求减少的，应当以（ ）为标准适当减少。

A. 违约金超过造成的损失 10%

B. 违约金超过造成的损失 20%

C. 违约金超过造成的损失 30%

D. 违约金超过造成的损失 50%

22. 根据《合同法》规定，出卖人迟延交付房屋或者买受人迟延支付购房款，法律没有规定或者当事人没有约定，经对方当事人催告后，解除权行使的合理期限为（ ）个月。

A. 一 B. 两

C. 三 D. 六

23. 申请商品房预售合同登记备案的责任主体是（ ）。

A. 商品房预购人

B. 房地产开发企业

C. 房地产开发企业和商品房预购人

D. 房地产销售代理机构

24. 某商场按土地法定最高出让年限取得建设用地使用权，经营 20 年后转让，则取得该建设用地使用权的剩余年限是（ ）年。

A. 10 B. 20

C. 30 D. 50

25. 张某将其拥有的一套住宅出租给了李某，租赁期间张某又将该住宅卖给了王某，张某与李某原签订的房屋租赁合同（ ）。

A. 自动失效

B. 不再有效

C. 继续有效

D. 由王某和张某确定是否有效

26. 根据《合同法》，房屋租赁期限届满，当事人可以续订租赁合同，但约定的租赁期限自续订之日起（ ）。

A. 不得超过 5 年 B. 不得超过 10 年

C. 不得超过 20 年 D. 不得超过 25 年

27. 商品房屋租赁中，以下不属于承租人义务的有（ ）。

A. 享有租金收益权

B. 交付租金

C. 合理使用、善意保管房屋

D. 租赁关系终止时归还房屋

28. 下列关于商品房屋租赁登记备案效力，说法不正确的是（ ）。

A. 房屋租赁合同不以登记备案为生效条件

B. 登记备案的房屋租赁合同，具有对抗第三人的效力

C. 当事人以房屋租赁合同未按规定办理登记备案手续为由，请求确认合同无效的，人民法院不予支持

D. 未办理房屋登记备案的，影响合同的效力

29. 下列房屋中，可以设定抵押权的是（ ）。

A. 土地所有权

B. 医院门诊大楼

C. 学校教学大楼

D. 正在建造的建筑物

30. 以下关于房地产抵押条件，说法错误的是（ ）。

A. 依法取得的房屋所有权连同该房屋占用范围内的土地使用权同时设定抵押权

B. 以出让方式取得的土地使用权，可以设定抵押权

C. 以单纯的土地使用权抵押的前提条件是：要求土地必须是以划拨方式取得的

D. 依法被查封、扣押、监管的财产，不得抵押

31. 抵押权设立后抵押房屋出租的，该租赁关系（ ）。

A. 自动失效

B. 应当解除

C. 不受该抵押权的影响

D. 不得对抗已登记的抵押权

32. 根据《物权法》规定，房地产抵押未经登记的，（ ）。

A. 发生物权效力

B. 不发生物权效力

C. 房地产抵押合同无效

D. 对抵押物具有优先受偿权

33. 以下关于房地产抵押权的实现，说法不正确的是（ ）。

A. 抵押权人与抵押人未就抵押权实现方式达成协议的，抵押权人可以请求人民法院拍卖、变卖抵押财产

B. 抵押财产折价或者拍卖、变卖后，其价款超过债权数额的部分归抵押人所有，不足部分由债务人清偿

C. 建设用地使用权抵押后，该土地上新增的建筑物属于抵押财产

D. 因灭失所得的赔偿金，应当作为抵押财产

34. 房屋预告登记后，债权消灭之日起（ ）个月内未申请登记的，预告登记失效。

A. 1　　B. 2

C. 3　　D. 6

35. 2014 年 3 月，赵某继承了其父亲已办理房屋登记的一套房产，按规定赵某应办理房屋所有权（ ）。

A. 初始登记　　B. 转移登记

C. 变更登记　　D. 注销登记

36. 以下关于房改售房登记，说法错误的是（ ）。

A. 成本价购买的，产权来源为“购买”

B. 标准价购买的，产别为“私产（部分产权）”

C. 成本价购买的，产别为“私产”

D. 标准价购买的，产权来源为“房改售房”

37. 在建工程抵押权登记的其他事项在房屋登记簿上予以记载后，由房屋登记机构发放（ ）。

A. 在建工程抵押许可证明

B. 在建工程抵押登记证明

C. 房屋他项权利证明

D. 房屋他项权证

38. 下列关于一般房屋登记程序，正确的是（ ）。

A. 受理→申请→审核→记载于登记簿→发证

B. 申请→受理→审核→记载于登记簿→发证

C. 受理→申请→记载于登记簿→审核→发证

D. 申请→受理→记载于登记簿→审核→发证

39. 无论以何种合法方式，致使国有建设用地使用权发生转移的，当事人均应持原国有土地使用证和相关的证明材料，申请国有建设用地使用权（ ）。

A. 初始登记　　B. 转移登记

C. 更正登记　　D. 变更登记

40. 刘某于 2014 年 5 月将自有一套住房出租，月租金为 2 000 元，则刘某在该年度应缴房产税（ ）元。

A. 480　　B. 960

C. 1 440　　D. 2 880

41. 国有土地使用权转让中，对产权承受人应征收（ ）。

A. 土地增值税　　B. 城市维护建设税

C. 营业税　　D. 契税

42. 纳税人在县城的，城市维护建设税税率为（ ）。

A. 10%　　B. 7%

C. 5%　　D. 1%

43. 住房转让手续费按住房建筑面积收取，对此，以下说法不正确的是（ ）。

A. 新建商品住房收费标准为每平方米 3 元

B. 存量住房收费标准为每平方米 6 元

C. 新建商品房转让手续费由转让双方各承担 50%

D. 经济适用房减半计收

44. 以下免征契税的是（ ）。

A. 非法定继承人根据遗嘱承受死者生前的房屋

权属

B. 婚姻关系存续期间的房屋权属原归夫妻一方所有，变更为夫妻双方共有的

C. 个人购买经济适用住房

D. 不等值房屋交换

45. 物业管理的基本特性不包括（ ）。

A. 社会化　　B. 专业化

C. 综合化　　D. 市场化

46. 选聘、解聘物业服务企业是（ ）的职责。

A. 居民委员会　　B. 业主委员会

C. 业主大会　　D. 房地产开发企业

47. 从公有住房售房款中提取的住宅专项维修资金属于（ ）所有。

A. 业主　　B. 公有住房售房单位

C. 购房者　　D. 房管部门

48. 按照现有政策规定，新建廉租住房应当采取配套建设与相对集中建设相结合的方式，主要在（ ）项目中配套建设。

A. 商业用房和普通商品住房

B. 经济适用住房和工业用房

C. 高档商品住房和普通商品住房

D. 经济适用住房和普通商品住房

49. 缴存住房公积金的工资基数，不包括（ ）。

A. 计时工资和计件工资

B. 住房公积金月缴存额

C. 加班加点工资

D. 奖金、津贴和补贴

50. 职工上年结转的按结息日挂牌公告的（ ）存款利率计息。

A. 活期　　B. 3 个月整存整取

C. 6 个月整存整取　　D. 一年整存整取

二、多项选择题（共 30 题，每题 2 分。每题的备选答案中有 2 个或 2 个以上符合题意，请在答题卡上涂黑其相应的编号。错选不得分；少选且选择正确的，每个选项得 0.5 分）

51. 房地产中介服务业可分为（ ）。

A. 房地产开发经营业

B. 物业管理业

C. 房地产经纪业

D. 房地产估价业

E. 房地产咨询业

52. 以下属于房地产行政法规的包括（ ）。

A.《国有土地上房屋征收与补偿条例》

B.《住房公积金管理条例》

C.《商品房屋租赁管理办法》

D.《房地产经纪管理办法》

E.《城镇国有土地使用权出让和转让暂行条例》

53.《城市房地产管理法》规定的房地产基本制度有（ ）等。

A. 房地产价格评估制度

B. 房地产价格评估人员资格认证制度

C. 住宅专项维修资金制度

D. 国有土地有偿、有限期使用制度

E. 土地使用权和房屋所有权登记发证制度

54. 在现阶段，按照国家有关规定，取得国有建设用地使用权的途径主要有（ ）。

A. 通过行政划拨方式取得

B. 通过国家出让方式取得

C. 通过房地产转让方式取得

D. 通过土地或房地产租赁方式取得

E. 通过土地或房地产抵押方式取得

55. 以下土地中，属于国有土地的有（ ）。

A. 城市市区的土地

B. 依法征收的土地

C. 依法征用的土地

D. 保障性住房用地

E. 国有农场用地

56. 按照规定，同一宗地有两个以上意向用地者的，应当以（ ）方式供应土地。

A. 协议出让　　B. 行政划拨

C. 拍卖出让　　D. 招标出让

E. 挂牌出让

57. 以下关于房屋征收决定的说法，正确的是（ ）。

A. 市、县级人民政府有权作出房屋征收决定

B. 房屋征收实施单位有权作出房屋征收决定

C. 非公共利益的需要，只要经政府常务会议讨论，也可作出房屋征收决定

D. 作出房屋征收决定后，应当及时公告

E. 被征收人对房屋征收决定不服的，可依法申请行政复议，也可依法提起行政诉讼

58. 城市总体规划的内容包括（ ）。

A. 禁止、限制和适宜建设的地域范围

B. 城市的发展布局

C. 综合交通体系

D. 道路系统规划设计

E. 各类专项规划

59. 制定和实施城乡规划，应当遵循的原则包括

( )。

A. 先城市后乡村　　B. 先规划后建设

C. 城乡统筹　　D. 节约土地

E. 集约发展

60. 以下可不办理施工许可证的工程包括（ ）。

A. 工程投资额为100万元

B. 工程投资额为60万元

C. 工程投资额为20万元

D. 建筑面积为280平方米

E. 建筑面积为800平方米

61. 以下购房人发现商品房质量有问题，不能选择退房的情形有（ ）。

A. 办理房屋所有权证后，确认房屋主体结构有质量问题

B. 办理房屋所有权证前，确认房屋主体结构有质量问题

C. 使用一年后发现屋面漏水

D. 尚未使用即发现下水管道堵塞

E. 下雨时发现外墙渗水

62. 以下不得转让的房地产有（ ）。

A. 权属有争议的

B. 未竣工的预售商品房

C. 已出租的

D. 房地产权利受到限制的

E. 依法领取房屋权属证书的

63. 关于商品房销售管理的说法，错误的有（ ）。

A. 销售商品房时无需核对买受人是否用实名购房

B. 未竣工已预售的商品房不得再行转让

C. 国家推行商品房预售合同网上即时备案制度

D. 房地产经纪机构可以根据销售需要，发布虚构价格和销售进度信息

E. 房地产开发企业可以用返本销售的方式销售商品房

64. 商品房销售中，禁止的行为包括（ ）。

A. 返本销售　　B. 分割拆零销售

C. 一房二售　　D. 按套销售

E. 实名制购房

65. 以下关于经济适用住房政策，表述正确的是（ ）。

A. 经济适用住房的土地使用权全部是划拨供给

B. 经济适用住房购房人拥有有限产权

C. 购买经济适用住房不满5年，不得直接上市交易

D. 已购买经济适用住房的家庭不得再购买经济适用住房，但参加福利分房的家庭可以再购买经济适用住房

E. 个人购买的经济适用住房在取得完全产权以前不得用于出租经营

66. 以下关于商品房屋租赁基本要求的说法，正确的是（ ）。

A. 国家授权管理、经营的房屋，不能出租

B. 公民、法人或其他组织对享有所有权的房屋可依法出租

C. 出租住房的，应当以原设计的房间为最小出租单位

D. 厨房、卫生间、阳台和地下储藏室不得出租供人员居住

E. 在房屋租赁合同期内，出租人可以单方面随意提高租金水平

67. 商品房屋租赁合同的法律特征包括（ ）。

A. 转移的是房屋所有权而非使用权

B. 属于实践合同

C. 属于双务合同

D. 属于有偿合同

E. 实行登记备案制度

68. 出租人单方解除的情形主要有（ ）。

A. 租赁房屋被司法机关依法查封的

B. 承租人擅自变动房屋建筑主体和承重结构的

C. 承租人在合理期限内未支付租金的

D. 承租人将承租的房屋擅自转租的

E. 租赁房屋权属有争议的

69. 目前对“房、地应同时（一并）抵押”有明确规定的包括（ ）。

A.《城乡规划法》

B.《城市房地产管理法》

C.《担保法》

D.《物权法》

E.《房屋登记办法》和《土地登记办法》

70. 以下关于物权法与房地产抵押有关的一般规定中，说法正确的是（ ）。

A. 第三人可为债务人向债权人提供担保，但不可要求债务人提供反担保

B. 乡镇、村企业的建设用地使用权不得单独抵押

C. 抵押权可以与债权分离而单独转让

D. 抵押权人可以放弃抵押权或者抵押权的顺位

E. 抵押权人在主债权诉讼时效期间未行使抵押权的，人民法院不予保护

71. 抵押合同没有约定的，房地产抵押担保的范围包括（ ）等。

A. 主债权　　B. 利息

C. 违约金　　D. 损害赔偿金

E. 定金

72. 根据《房屋登记办法》规定，可办理房屋预告登记的情形包括（ ）。

A. 房屋所有权转让　　B. 房屋所有权抵押

C. 预购商品房　　D. 预购商品房抵押

E. 房屋出租

73. 以下房屋登记中，不收取房屋登记费的有（ ）。

A. 房屋查封登记

B. 注销登记

C. 经济适用住房登记

D. 农民利用宅基地建设的住房登记

E. 因登记机关错误造成的更正登记

74. 集体土地使用权不包括（ ）。

A. 集体建设用地使用权

B. 宅基地使用权

C. 国有农用地使用权

D. 土地承包经营权

E. 集体农用地使用权

75. 采取定额税率的税种有（ ）。

A. 房产税　　B. 契税

C. 耕地占用税　　D. 土地增值税

E. 城镇土地使用税

76. 以下免征城镇土地使用税的情形包括（ ）。

A. 军队自用的土地

B. 廉租住房、经济适用住房建设用地

C. 个人出租住房

D. 廉租房、经济适用房以外的房地产开发用地

E. 股改铁路运输企业自用的房产、土地

77. 以下减按每平方米2元的税额征收耕地占用税的有（ ）。

A. 军事设施占用耕地

B. 农村居民占用耕地新建住宅

C. 公路线路占用耕地

D. 停机坪占用耕地

E. 港口占用耕地

78. 物业承接查验的程序中，现场查验应当形成书面记录并由（ ）参加查验的人员签字确认。

A. 市、县房地产主管部门

B. 建设单位

C. 施工单位

D. 监理单位

E. 物业服务企业

79. 与房地产经纪行业相关的物业管理制度有（ ）。

A. 前期物业管理招投标制度

B. 业主大会制度

C. 管理规约制度

D. 物业承接查验制度

E. 住宅专项维修资金制度

80. 以下（ ）消费，职工可以提取住房公积金。

A. 购买自住住房　　B. 翻建自住住房

C. 自建自住住房　　D. 装修自住住房

E. 偿还购房贷款本息

三、综合分析题（共20小题，每小题2分。每小题的备选答案中有1个或1个以上符合题意，请在答题卡上涂黑其相应的编号。错选不得分；少选且选择正确的，每个选项得0.5分）

（一）

2014年1月，甲房地产开发公司（以下简称“甲公司”）依法取得A省B市C县一块建设用地使用权，其投资2亿元开发建设经济适用住房小区。该建设用地使用权涉及征收包括张某在内的50户国有土地上的房屋，还需要征收D村基本农田10亩，基本农田以外的耕地16亩，已知D村原有耕地面积为1 600亩，农业人口为800人。该耕地被征收前三年的平均年产值为2 000元/亩。

81. 以下关于该项目，说法正确的是（ ）。

A. 该项目可通过土地划拨方式取得

B. 实施该项目可以减免行政事业性收费

C. 该项目购房人拥有完全产权

D. 该项目单套建筑面积控制在60平方米左右

82. 该项目涉及的房屋征收主体是（ ）。

A. C县人民政府房屋征收管理部门

B. C县人民政府

C. B市人民政府房屋征收管理部门

D. B市人民政府

83. 征收该块土地需由（ ）批准。

A. 国务院　　B. A省人民政府

C. B市人民政府　　D. C县人民政府

84. 以下关于该项目土地征收，说法正确的是

（ ）。

A. 征收D村基本农田10亩，需报国务院批准；征收基本农田以外的耕地16亩，需报A省人民政府批准

B. 该建设项目需要征收的土地，应当根据总体设计一次申请国务院批准，不得化整为零

C. D村平均每人占有耕地数量为3亩

D. 征收该项目土地，需要安置D村的农业人口数为13人

85. 对张某给予的补偿，不包括（ ）。

A. 被征收房屋价值的补偿

B. 因征收房屋造成的临时安置的补偿

C. 因被征收房屋查封而造成的经济损失补偿

D. 因征收房屋造成的停产停业损失的补偿

（二）

甲房地产开发公司（以下简称“甲公司”）开发建设某住宅小区，2010年8月1日该小区竣工验收合格。王某于2011年1月1日购买该小区商品住宅一套，单价为5 000元/平方米，按照商品房销售合同约定建筑面积为100平方米，买卖双方对房屋面积误差的处理方式未作约定：2011年5月1日交房时测绘得到的建筑面积为96平方米。王某于2012年3月1日入住，2014年3月1日发现屋面漏水。

86. 以下关于该项目，说法正确的是（ ）。

A. 该项目可采用协议出让方式取得

B. 甲公司应当对其开发建设的该住宅项目的质量承担责任

C. 超过合同约定的期限，甲公司仍不能交付商品房的，王某有权解除合同

D. 甲公司发布预售商品房广告，可以涉及装修装饰内容

87. 王某购买商品住宅的保修期从（ ）起计算。

A. 2010年8月1日　　B. 2011年1月1日

C. 2011年5月1日　　D. 2012年3月1日

88. 王某实际支付该房的价款是（ ）万元。

A. 40.00　　B. 47.50

C. 67.60　　D. 70.00

89. 甲公司在商品房交付使用的同时，应当向王某提供（ ）。

A.《住宅环境保证书》

B.《住宅质量保证书》

C.《住宅使用说明书》

D.《住宅功能使用说明书》

90. 2014年3月1日发生的屋面漏水问题（ ）。

A. 在房屋建筑工程保修期内

B. 不在房屋建筑工程保修期内

C. 在商品住宅保修期内

D. 不在商品住宅保修期内

（三）

2013年10月，W县人民政府做出了对该县城A危改地块的房屋征收决定。W县人民政府委托乙房地产估价公司承担房屋征收评估业务。甲公司通过招标方式取得了该地块的土地一级开发工作，土地一级开发后收归市土地储备中心所有，并以住房保障用地性质进行了国有土地使用权拍卖。2014年1月，该地块的使用权由丙房地产开发公司竞买得到。2014年3月，丙房地产开发公司将该地块转让给丁房地产开发公司，丁房地产开发公司欲在该地块的临街部分土地上开发商业地产项目。

91. 就A危改地块的房屋征收，以下说法正确的是（ ）。

A. 该房屋征收应是基与公共利益的需要

B. A危改地块房屋征收的主体是W县人民政府房屋征收部门

C. W县人民政府房屋征收部门不能委托房屋征收实施单位，承担A危改地块征收与补偿的具体工作

D. W县人民政府作出A危改地块房屋征收决定前，其征收补偿费用应当足额到位、专户存储、专款专用

92. W县人民政府做出对该县城A危改地块的房屋征收决定后，以下禁止事项正确的是（ ）。

A. 不得在房屋征收范围内实施新建房屋

B. 不得在房屋征收范围内实施扩建房屋

C. 不得改变房屋用途

D. 不得转让房屋

93. 以下关于乙房地产估价公司房屋征收评估的做法，正确的是（ ）。

A. 确定W县人民政府房屋征收决定公告之日，为该被征收房屋价值评估时点

B. 评估时，充分考虑被征收房屋的用途、建筑结构因素，不予考虑土地使用权因素

C. 确定被征收房屋类似房地产的市场价格，应当剔除偶然的和不正常的因素

D. 按照房屋征收评估委托书约定，按照向房屋征收部门提供分户的初步评估结果

94. 丙房地产开发公司转让该地块必须符合的条

件为（ ）等。

A. 经 W 县城乡规划管理部门同意

B. 经 W 县人民政府建设部门批准

C. 已支付全部土地使用权出让金，取得土地使用权证

D. 投入房屋建设工程的资金应达到全部开发投资总额的 25% 以上

95. 丁房地产开发公司欲改变土地使用性质，须办理的手续和程序为（ ）。

A. 取得土地出让方和 W 县人民政府城市规划行政主管部门的同意

B. 签订土地使用权出让合同变更协议或者重新签订土地使用权出让合同

C. 将该地块重新进行拍卖

D. 调整土地使用权出让金

（四）

2012 年 3 月，A 房地产开发公司取得当地房地产管理部门颁发的某住宅小区商品房预售许可证后，委托 B 房地产经纪公司代理出售。同年 4 月李某购买该小区一套商品房，并与 A 房地产开发公司签订了商品房预售合同，并在合同中约定房屋建筑面积为 100 平方米，合同未约定面积误差处理方式。同年 5 月，A 房地产开发公司经有关部门批准调整了原规划设计，李某所购买商品房的建筑面积变更为 105 平方米，并及时通知了李某。2014 年 4 月，该小区办证前，经当地房产测绘部门实测，李某所购买商品房套内建筑面积为 85 平方米，套内阳台建筑面积为 5 平方米，分摊的共有建筑面积为 25 平方米，2014 年 5 月，李某取得了该套商品房的《房屋所有权证》。

96. 以下关于 A 房地产开发公司进行商品房预售条件，符合规定的是（ ）。

A. 取得建设用地使用权证书

B. 持有建设工程规划许可证和施工许可证

C. 按提供预售的商品房计算，投入开发建设的资金达到工程建设总投资的 15% 以上，并已经确定施工进度和竣工交付日期

D. 取得《商品房预售许可证》

97. B 房地产经纪公司代理预售商品房应向购房人出示（ ）。

A.《商品房预售许可证》

B. 商品房销售委托书

C. B 房地产经纪公司法人代表证明

D. 该商品房销售广告

98. 下列关于 A 房地产开发公司经有关部门批准调整原规划设计，表述错误的是（ ）。

A. 商品房销售后，A 房地产开发公司不得擅自变更规划、设计

B. A 房地产开发公司经有关部门批准调整原规划设计后，应当在变更确立之日起 10 日内，电话通知李某

C. 李某有权在通知到达之日起 15 日内做出是否退房的书面答复

D. A 房地产开发公司未在规定时限内通知李某，李某有权退房

99. 李某所购买商品房产权登记面积为（ ）平方米。

A. 88　　B. 105

C. 110　　D. 120

100. 李某申请的该套商品房的房屋登记属于（ ）。

A. 房屋所有权预告登记

B. 房屋所有权初始登记

C. 房屋所有权变更登记

D. 房屋所有权转移登记

模拟试题四

一、单项选择题（共50题，每题1分。每题的备选答案中只有1个最符合题意，请在答题卡上涂黑其相应的编号）

1. 不属于房地产开发经营业特点的是（ ）。

A. 投资大　　B. 周期长

C. 附加值低　　D. 带动力强

2. 以下属于房地产经纪活动的是（ ）。

A. 房地产咨询　　B. 房地产估价

C. 房地产居间　　D. 物业管理

3. 以下房地产业的细分行业特点，说法错误的是（ ）。

A. 房地产开发企业的收入具有不连续性

B. 物业管理业是劳动密集和知识密集的行业

C. 房地产估价业是劳动密集和知识密集的行业

D. 房地产经纪业是知识密集和劳动密集的行业

4.《国有土地上房屋征收与补偿条例》属于（ ）。

A. 法律　　B. 行政法规

C. 部门规章　　D. 政府规章

5. 国家所有土地的所有权由（ ）代表国家行使。

A. 省级人民政府

B. 市、县人民政府

C. 市、县人民政府土地行政主管部门

D. 国务院

6.《土地管理法》规定，征收耕地的补偿费用不包括（ ）。

A. 土地补偿费

B. 土地使用费

C. 安置补助费

D. 地上附着物和青苗的补偿费

7. W开发公司开发一项目，需征收土地 $40hm^2$（公顷）。为保证该项目的整体性，需征收基本农田内的耕地 $3hm^2$（公顷），那么，这一项目的土地征收批准权为（ ）。

A. A省人民政府

B. 国务院

C. 项目所在地县政府

D. 项目所在地市政府

8. 业主的建筑物区分所有权的基本内容，不包括（ ）。

A. 对专有部分的所有权

B. 对建筑区划内的共有部分的所有权

C. 对建筑区划内的共有部分享有共有权

D. 对共有部分享有共同管理的权利

9. 下列用地，法定出让年限最高为50年的有（ ）。

A. 工业用地　　B. 居住用地

C. 旅游用地　　D. 娱乐用地

10. 房屋征收强制执行的申请应当自被执行人的法定起诉期限届满之日起（ ）个月内提出。

A. 一　　B. 三

C. 六　　D. 九

11. 城市规划管理中颁发的证书不包括（ ）。

A. 建设项目选址意见书

B. 商品房预售许可证

C. 建设用地规划许可证

D. 建设工程规划许可证

12. 城市总体规划的规划期限一般为（ ）年。

A. 10　　B. 20

C. 30　　D. 50

13. 城市各类绿地范围的控制线，是指（ ）。

A. 城市紫线　　B. 城市绿线

C. 城市蓝线　　D. 城市黄线

14. 以下关于建设工程施工许可证管理的说法，错误的是（ ）。

A. 应当放置在施工现场备查

B. 施工许可证不得涂改

C. 自领取之日3个月内施工

D. 延期以一次为限，每次不超过6个月

15. 以下关于主体结构质量不合格的已售商品住房处理方式，正确的是（ ）。

A. 购房人只能要求退房，不能要求换房

B. 购房人只能要求换房，不能要求退房

C. 购房人有权选择退房或换房

D. 商品住房买卖双方协商选择退房或换房

16. 某商品住宅楼于2011年1月10日竣工验收合格，施工单位按法定最低保修期限承诺，如该住宅楼的尾房于2014年1月10日交付给买受人，则开发商承担该尾房屋面防水的最低保修期限应至（ ）。

A. 2014年1月9日　　B. 2016年1月9日

C. 2017年1月9日　　D. 2019年1月9日

17. 以下关于房地产广告的表述，不正确的是（ ）。

A. 房地产广告中涉及交通、商业、文化教育设施及其他市政条件的，如正在规划或者建设中，应当在广告中注明

B. 房地产广告中涉及面积的，必须是建筑面积

C. 房地产广告中涉及贷款服务的，应当载明提供贷款的银行名称及贷款额度、年期

D. 房地产广告中对价格有表示的，应当在广告中注明实际销售价格及有效期限

18. 某房地产开发商销售给刘某一套商品房，合同约定建筑面积为100平方米，售价为8 000元/平方米，刘某交付了全部价款，买卖双方对面积误差的处理方式未作约定，若该商品房产权登记的建筑面积为94平方米，刘某选择不退房，则该房地产开发商应当返还刘某购房款（ ）元。

A. 48 000　　B. 72 000

C. 96 000　　D. 120 000

19. 房地产经纪机构代理销售商品房时，应向商品房购买人出示商品房的有关证明文件和（ ）。

A. 房地产经纪机构营业执照

B. 房地产经纪机构代码

C. 商品房销售相关政策文件

D. 商品房销售委托书

20. 以下关于商品房预（销）售的表述，不正确的是（ ）。

A. 无需核对买受人是否用实名购房

B. 国家推行商品房预售合同网上即时备案制度

C. 房地产开发企业和中介机构不得发布不实价格和销售进度信息

D. 未竣工的预售商品房不得再行转让

21. 为防地质灾害，某企业对其已预售的房屋结构进行有利购房者的更改，且不加价，则该企业的正确做法是（ ）

A. 不必通知买受人

B. 应公示买受人

C. 应书面通知买受人

D. 可在交房时告知买受人

22. 一般情况下，商品房的销售广告和宣传资料为（ ）。

A. 要约　　B. 要约邀请

C. 承诺　　D. 以上三项均不对

23. 商品房预售许可的最低规模不得小于（ ）。

A. 居住区　　B. 居住小区

C. 栋　　D. 单元

24. 经济适用住房必须符合有关政策规定并取得（ ），才能上市交易。

A. 有限产权　　B. 完整产权

C. 部分产权　　D. 完全产权

25. 出租住房的，应当以（ ）为最小出租单位。

A. 卫生间　　B. 地下储藏室

C. 原设计的房间　　D. 厨房

26. 以下关于租赁期限的说法，不正确的是（ ）。

A. 租赁期限不得超过二十年

B. 租赁期限超过二十年的，租赁合同无效

C. 租赁期间届满当事人可以续订租赁合同

D. 约定的租赁期限自续订之日起不得超过二十年

27. 出租人知道或者应当知道承租人转租，但在（ ）个月内未提出异议，其以承租人未经同意为由请求解除合同或者认定转租合同无效的，人民法院将不予支持。

A. 三　　B. 六

C. 九　　D. 十二

28. 对符合条件的，直辖市、市、县人民政府建设（房地产）主管部门办理房屋租赁登记备案的时效要求是（ ）。

A. 3 日　　B. 3 个工作日

C. 7 日　　D. 7 个工作日

29. 当事人以房屋租赁合同未按照法律、行政法规规定办理登记备案手续为由，请求确认合同无效的，人民法院（ ）。

A. 依法裁定　　B. 依法判决

C. 不予支持　　D. 应予支持

30. 公共租赁住房供应对象主要是（ ）。

A. 城市低收入住房困难家庭

B. 城市中等偏下收入住房困难家庭

C. 城市中等偏上收入住房困难家庭

D. 未享受廉租住房实物配租和经济适用住房政策的家庭

31. 主债权债务合同是担保合同的（ ）。

A. 实践合同　　B. 单务合同

C. 主合同　　D. 从合同

32. 在房地产抵押估价中，以下说法不正确的是（ ）。

A. 房地产管理部门应建立和完善注册房地产估价师信用档案等信息系统

B. 房地产管理部门不得指定房地产估价机构评

估房地产抵押价值，但可要求抵押当事人委托评估房地产抵押价值

C. 商业银行在发放房地产抵押贷款前，应当确定房地产抵押价值

D. 房地产抵押估价原则上由商业银行委托

33. 以下（　），不属于担保物权消灭情形。

A. 主债权消灭

B. 担保物权实现

C. 担保物权存续

D. 债权人放弃担保物权

34. 某商业大楼先后抵押给3家银行并都办理了抵押登记。2012年7月3日，因债务人未能及时清偿债务，该大楼被依法拍卖。其拍卖所得价款按（　）清偿。

A. 债权比例

B. 登记的先后顺序

C. 贷款数额的多少

D. 银行提起诉讼先后顺序

35. 以下情形中，当事人无需申请房屋所有权转移登记的是（　）。

A. 买卖　　B. 赠与

C. 抵押　　D. 继承

36. 房地产权利人法定名称变更，应当申请房屋所有权（　）。

A. 初始登记　　B. 转移登记

C. 更正登记　　D. 变更登记

37. 2014年5月，孙某购买了一套已进行房屋登记的二手房。按照有关规定，李某应当申请房屋所有权（　）。

A. 初始登记　　B. 转移登记

C. 更正登记　　D. 变更登记

38. 按规定，农民利用宅基地建设的住房登记，应交纳房屋登记费（　）元。

A. 0　　B. 10

C. 480　　D. 80

39. 国土资源行政主管部门发现土地登记簿记载的事项确有错误的，应报经人民政府批准后进行（　）。

A. 初始登记　　B. 转移登记

C. 更正登记　　D. 变更登记

40. 土地权利证书是土地权利人享有土地权利的证明，但不包括（　）。

A. 国有土地使用证

B. 国有土地所有证

C. 集体土地所有证

D. 土地他项权利证明书

41. 张某所拥有的房屋价值为80万元，王某所拥有的房屋价值为100万元，若税率按照1.5%计算，则张某与王某进行房屋交换时当事人应该缴纳的契税金额为（　）万元。

A. 0.1　　B. 0.3

C. 1　　D. 3

42. 自2010年10月1日起，对个人购买90平方米及以下的普通住房且属于家庭唯一住房的，（　）征收契税。

A. 减按1%税率　　B. 减按2%税率

C. 减按3%税率　　D. 减半

43. 以下关于土地增值税的说法，不正确的是（　）。

A. 土地增值税的课税对象是有偿转让房地产所取得的土地增值额

B. 土地增值税以纳税人转让房地产所取得的土地增值额为计税依据

C. 某经营性房地产转让后，出售方获得了现金50万元，有价证券若干。计算土地增值税时的房地产所得收入应为50万元

D. 土地增值额为纳税人转让房地产所取得减除扣除项目金额后的余额

44. 以下关于城镇土地使用税，表述错误的是（　）。

A. 在城市、县城、建制镇、工矿区范围内使用土地的单位和个人，为城镇土地使用税的纳税人

B. 城镇土地使用税的课税对象是城市、县城、建制镇和工矿区内的土地

C. 城镇土地使用税实行分类分级的幅度定额税率

D. 土地使用权未确定或权属纠纷未解决的土地，暂不缴纳城镇土地使用税

45. 销售房地产的营业税税率为（　）。

A. 1%　　B. 3%

C. 5%　　D. 7%

46. 业主共同决定的事项中，决定（　），应当经专有部分占建筑物总面积三分之二以上的业主且占总人数三分之二以上的业主同意。

A. 选聘和解聘物业服务企业

B. 改建、重建建筑物及其附属设施

C. 制定和修改业主大会议事规则

D. 选举业主委员会或者更换业主委员员成员

47. 以下关于住宅专项维修资金的说法，不正确的是（ ）。

A. 业主交存的住宅专项维修资金属于业主所有

B. 从公有住房售房款中提取的住宅专项维修资金属于公有住房售房单位所有

C. 商品住宅的业主、非住宅的业主按照所拥有物业的建筑面积交存住宅专项维修资金

D. 住宅小区内的非住宅业主不必缴纳住宅专项维修资金

48. 根据规定，当前地方财政要将廉租住房保障资金纳入年度预算安排，土地出让净收益用于廉租住房保障资金的比例不得低于（ ）。

A. 3%　　B. 5%

C. 10%　　D. 20%

49. 住房公积金的本质属性是（ ）。

A. 强制性　　B. 保障性

C. 互助性　　D. 工资性

50. 职工不能提取住房公积金的情形是（ ）。

A. 建造自住住房　　B. 大修自住住房

C. 装修自住住房　　D. 偿还购房贷款本息

二、多项选择题（共30题，每题2分。每题的备选答案中有2个或2个以上符合题意，请在答题卡上涂黑其相应的编号。错选不得分；少选且选择正确的，每个选项得0.5分）

51. 以下关于我国房地产法律法规体系的内容，表述正确的是（ ）。

A.《房屋征收评估办法》属于部门规章

B.《物业承接查验办法》属于部门规章

C. 行政法规以国务院令的形式发布

D.《房屋登记办法》属于部门规章

E.《××省房地产交易管理条例》属于政府规章

52. 以下征收集体土地情形中，应由国务院批准的有（ ）。

A. 征收基本农田5亩

B. 征收基本农田以外的耕地45公顷

C. 征收园地1 200亩

D. 征收集体建设用地45公顷

E. 征收未利用土地50公顷

53. 根据《土地管理法》和《土地登记办法》，国家依法对（ ）进行登记。

A. 国有土地所有权

B. 国有土地使用权

C. 集体土地所有权

D. 集体土地使用权

E. 土地他项权利

54. 根据《物权法》，以下自然资源既有可能属于国有又有可能属于集体所有的有（ ）。

A. 矿藏、森林、海域

B. 森林、荒地、滩涂

C. 森林、山岭、荒地

D. 矿藏、水流、海域

E. 草原、滩涂、荒地

55.《国有建设用地使用权出让合同》的附件中，不包括（ ）。

A. 省级政府规划管理部门确定的出让宗地规划条件

B. 市县政府规划管理部门确定的出让宗地规划条件

C. 出让宗地横向界限

D. 出让宗地竖向界限

E. 出让宗地平面界址图

56. 根据《闲置土地管理办法》规定，对属于政府有关部门的行为造成动工开发延迟的，以下关于闲置土地处置方式的说法，正确的是（ ）。

A. 从补充协议约定的动工开发日期起，延长动工开发期限最长不得超过五年

B. 调整土地用途、规划条件

C. 从政府安排临时使用之日起，临时使用期限最长不得超过两年

D. 协议有偿收回国有建设用地使用权

E. 置换土地

57. 房屋征收过程中，以下（ ），应依法予以补偿。

A. 认定为违法建筑

B. 认定为合法建筑

C. 已抵押的房屋

D. 未超过批准期限的临时建筑

E. 超过批准期限的临时建筑

58. 被征收房屋价值评估中，不考虑被征收房屋（ ）因素的影响。

A. 建筑结构　　B. 使用年限

C. 租赁　　D. 抵押

E. 查封

59. 城市总体规划的主要内容包括（ ）。

A. 城市的发展布局

B. 各类专项规划

C. 综合交通体系

D. 禁止、限制和适宜建设的地域范围

E. 建筑形态控制指标

60. 以下关于城市蓝线的说法，正确的是（ ）。

A. 城市各类绿地范围的控制线，属于城市蓝线的内涵

B. 编制各类城市规划，应当划定城市蓝线

C. 城市蓝线是指城市规划确定的江、河、湖、库、渠和湿地等城市地表水体保护和控制的地域界线

D. 对城市发展全局有影响的、城市规划中确定的、必须控制的城市基础设施用地的控制界线，就是城市蓝线

E. 城市蓝线应当与城市规划一并报批

61. 以下关于建设工程竣工验收管理制度，表述正确的是（ ）。

A. 工程竣工的验收工作，由市、县人民政府建设主管部门负责组织实施

B. 任何建设工程竣工后，都必须进行竣工验收

C. 工程竣工验收合格后，施工单位应当及时提出工程竣工验收报告

D. 建设单位办理工程竣工验收备案时，应当提交施工单位签署的工程质量保修书

E. 建设工程经验收合格的，方可交付使用

62. 关于住宅质量保证书中商品住宅有关项目最低保修期限的说法，正确的有（ ）。

A. 屋面防水为 5 年

B. 大面积起砂为 1 年

C. 顶棚抹灰层脱落为 3 年

D. 灯具为 6 个月

E. 卫生洁具为 2 个月

63. 以下关于商品房计价方式及其特点，表述不正确的是（ ）。

A. 商品房销售价格由当事人协商议定

B. 商品房销售可按建筑面积计价，但不可按套计价

C. 产权登记按建筑面积登记

D. 按套、套内建筑面积计价将影响用建筑面积进行产权登记

E. 套内建筑面积部分为独立产权，分摊的共有面积部分为共有产权

64. 面积误差处理原则中，“超出 3% 部分的房价款由房地产开发企业承担，产权归买受人”的前提条件是（ ）。

A. 合同未作约定面积误差的处理方式

B. 面积误差比绝对值超出 3%

C. 买受人不退房

D. 产权登记面积大于合同约定面积

E. 产权登记面积小于合同约定面积

65. 商品房屋租赁合同属于（ ）。

A. 实践合同 B. 诺成合同

C. 双务合同 D. 单务合同

E. 有偿合同

66. 以下（ ），属于《城市房地产管理法》规定的房屋租赁必备条款。

A. 租赁用途 B. 当事人姓名

C. 租赁价格 D. 修缮责任

E. 租赁期限

67. 现行廉租住房租赁政策包括（ ）。

A. 廉租住房只租不售

B. 以租金补贴或实物配租的方式提供社会保障性质的住房

C. 廉租住房供应对象为城市低收入住房困难家庭

D. 廉租住房实物配租的住房租金标准实行政府指导价

E. 无正当理由累计 3 个月以上未交纳廉租住房租金的，廉租住房租赁合同终止

68. 《物权法》规定，以下不得抵押的财产有（ ）。

A. 所有权有争议的财产

B. 土地所有权

C. 建设用地使用权

D. 正在建造的建筑物

E. 依法被查封的财产

69. 以下关于房地产抵押的说法，不正确的是（ ）。

A. 预购商品房贷款抵押的，商品房开发项目必须符合房地产转让条件并取得商品房预售许可证

B. 以建筑物抵押的，该建筑物占用范围内的建设用地使用权一并抵押

C. 以建设用地使用权抵押的，该土地上的建筑物一并抵押

D. 乡镇、村企业的建设用地使用权可以单独抵押

E. 订立抵押合同前抵押财产已出租的，原租赁关系不得对抗已登记的抵押权

70. 同一财产向两个以上债权人抵押的，拍卖、变卖抵押财产所得的价款，下列清偿顺序正确的是（ ）。

A. 抵押权已登记的，顺序相同的，按照债权比例清偿

B. 抵押权已登记的，按照债权比例顺序清偿

C. 抵押权已登记的，先于未登记的受偿

D. 抵押权未登记的，按照债权比例清偿

E. 抵押权未登记的，经过公证的优先清偿

71. 最高额抵押权确定的情形包括（ ）。

A. 约定的债权确定期间届满

B. 抵押财产被查封

C. 新的债权可能发生

D. 抵押财产被扣押

E. 债务人、抵押人被宣告破产

72. 以下（ ），属于可以办理房屋预告登记的情形。

A. 预购商品房

B. 以预购商品房设定抵押

C. 房屋改建

D. 房屋所有权转让（抵押）

E. 房屋租赁

73. 以下关于土地异议登记的表述，正确的是（ ）。

A. 异议登记是变更登记中发生的

B. 土地登记簿记载的权利人不同意更正的，利害关系人可以申请异议登记

C. 异议登记期间，未经异议登记权利人同意，不得办理土地权利的变更登记

D. 异议登记申请人应在异议登记之日起 15 日内起诉

E. 异议登记失效后，原申请人就同一事项再次申请异议登记的，不予受理

74. 土地登记的一般程序包括（ ）、发证。

A. 申请　　B. 受理

C. 审查　　D. 公告

E. 记载于登记簿

75. 以下收费中，（ ）属于政府规费。

A. 新型墙体材料发展基金

B. 房产登记费

C. 房地产经纪服务费

D. 利用房地产档案费

E. 房地产评估费

76. 以下免征契税的情形包括（ ）。

A. 法定继承人继承房屋权属的

B. 非法定继承人根据遗嘱承受死者生前的房屋权属

C. 婚姻关系存续期间，房屋权属原归夫妻一方所有，变更为夫妻双方共有的

D. 城镇职工按规定第一次购买公有住房的

E. 个人购买经济适用住房

77. 以下关于房产税减免规定，说法正确的是（ ）。

A. 个人所有非营业用的房产，减半征收房产税

B. 对廉租住房经营管理单位按照政府规定价格、向规定保障对象出租廉租住房的租金收入，免征房产税

C. 股改铁路运输企业及合资铁路运输公司自用的房产、土地，免征房产税

D. 自 2008 年 3 月 1 日起，对个人出租住房，不区分用途，按 6% 的税率征收房产税

E. 军队出租的房产，免征房产税

78. 以下关于交易手续费的说法，错误的是（ ）。

A. 住房转让手续费，按套收取

B. 住房租赁手续费，按住房建筑面积收取

C. 新建商品房转让手续费由转让方承担

D. 经济适用房减半计收住房转让手续费

E. 存量住房转让手续费由转让双方各承担 50%

79. 物业管理的三个基本特性包括（ ）。

A. 社会化　　B. 制度化

C. 市场化　　D. 专业化

E. 规范化

80. 以下关于住房保障投资模式，表述正确的是（ ）。

A. 保障性住房建设以政府投资为主，鼓励支持社会机构投资参与建设

B. 地方各级人民政府要根据廉租住房工作的年度计划，切实落实廉租住房保障资金

C. 经济适用住房为出租型住房，政府主要是提供土地划拨、税费减免等政策优惠，按照政府组织协调、市场运作的原则进行建设供应

D. 市、县人民政府要通过直接投资、资本金注入、投资补助、贷款贴息等方式，加大对公共租赁住房建设和运营的投入

E. 公共租赁住房建设实行“谁投资、谁所有”，但禁止在开发区和产业园区投资建设公共租赁住房

三、综合分析题（共 20 小题，每小题 2 分。每小题的备选答案中有 1 个或 1 个以上符合题意，请在答题卡上涂黑其相应的编号。错选不得分；少选且选择正确的，每个选项得 0.5 分）

（一）

2014 年 1 月 10 日，甲公司依法取得 A 省 B 县 C

村农村集体经济组织的26亩蔬菜生产基地和B县城市规划区内40亩国有建设用地使用权，用于普通商品住房开发建设。2014年2月10日，签订了国有建设用地使用权出让合同。

81. 以下关于征收26亩蔬菜生产基地，说法正确的是（　）。

A. B县人民政府要采取切实措施，使C村被征地农民生活水平不因征地而降低

B. 征收26亩蔬菜生产基地后，被征收的集体土地所有权发生改变

C. 征收26亩蔬菜生产基地后，被征收的集体土地使用权发生有条件的改变

D. 征收26亩蔬菜生产基地，应由A省人民政府批准，并报国务院备案

82. 根据《土地管理法》规定，征收26亩蔬菜生产基地，应当（　）。

A. 由A省人民政府批准农用地转用，同时办理征地审批手续

B. 由A省人民政府批准农用地转用，不再另行办理土地审批

C. 由A省人民政府批准农用地转用，同时办理征地审批手续，不再另行办理征地审批

D. 由国务院批准农用地转用，同时办理征地审批手续，不再另行办理征地审批

83. 以下关于对被征地单位和农民进行安置、补偿和补助的说法，正确的是（　）。

A. 支付征收土地补偿费用的责任单位为甲公司

B. 支付征收土地补偿费用的责任单位为B县人民政府

C. 支付征收土地补偿费用包括土地补偿费、安置补助费、地上附着物和青苗补偿费

D. 土地补偿费归B县C村农村集体经济组织所有

84. 以下关于该项目的说法，正确的是（　）。

A. 甲公司应依法以出让方式取得该项目

B. 该项目法定最高出让年限为50年

C. 该出让合同附件主要内容中，不包括出让宗地竖向界限

D. 甲公司应当在签订国有建设用地使用权出让合同后60日内，支付全部出让金

85. 该国有建设用地使用权出让合同由（　）与甲公司签订。

A. B县人民政府

B. B县人民政府土地管理部门

C. B县人民政府建设主管部门

D. C村农村集体经济组织

（二）

A市B房地产开发公司于2012年3月1日，在A市城市规划区内取得一建设用地使用权，开始开发建设顺丰住宅小区，项目建设工期为23个月。B房地产开发公司通过招标，委托C建筑公司承担工程建设任务，该项目建筑合同价为3 600万元。2012年8月，B房地产开发公司取得了《商品房预售许可证》。2012年9月，A市居民刘某与B房地产开发公司签订了《商品房预售合同》，合同载明了刘某所购住房的价格为2 400元/平方米，约定面积为100平方米，合同对误差的处理方式未作约定。2013年11月1日，该房屋竣工验收合格。B房地产开发公司于2014年1月1日，将刘某所购商品住房交付其使用。刘某拿到《房屋所有权证》时，发现载明的面积为104平方米，2014年3月，刘某又发现屋面有渗漏现象，随即向顺丰住宅小区物业服务公司进行了反映。

根据以上资料，回答下列问题。

86. B房地产开发公司申请领取施工许可证，应具备的条件中，其到位资金应不低于（　）万元。

A. 1 000　　B. 1 080

C. 1 580　　D. 1 800

87. 按照规定，刘某与B房地产开发公司签订的《商品房预售合同》应由（　）向有关管理部门进行登记备案。

A. B房地产开发公司

B. 刘某

C. 刘某与B房地产开发公司

D. 委托房地产经纪公司

88. 由于刘某所购商品住房的面积产生误差，刘某（　）。

A. 可以要求双倍返还房屋总价款

B. 可以要求支付房屋变更精神赔偿金

C. 可以要求双倍返还房屋面积差额部分价款

D. 有权退房

89. 按照规定，C建筑公司承诺的屋面防水最低保修期限至（　）结束。

A. 2015年11月1日　　B. 2016年11月1日

C. 2017年11月1日　　D. 2018年11月1日

90. A市居民刘某在办理该商品房《房屋所有权证》时，房产管理部门应向其收取房屋登记费（　）元。

A. 10　　B. 40

C. 80　　　　D. 550

（三）

2013年8月，某城市作出房屋征收决定，被征收国有土地由甲房地产开发企业（以下简称“甲企业”）开发经济适用住房，项目总投资预算为6 000万元。刘某自有的一套住宅被征收，选择房屋产权调换的补偿方式。补偿协议约定，刘某取得该项目的一套经济适用住房和部分货币补偿。2014年3月，甲企业与乙企业签订施工合同。施工合同约定，建设工期为18个月，工程合同价为3 800万元。

91. 刘某应获得的补偿为（　）。

A. 被征收房屋价值的补偿

B. 刘某精神损失补偿

C. 因征收房屋造成的搬迁临时安置的补偿

D. 因征收房屋造成的刘某误工损失补偿

92. 刘某签订的补偿协议的另一方为（　）。

A. 甲企业

B. 该市人民政府土地管理部门

C. 该市人民政府房屋征收部门

D. 该市人民政府房地产管理部门

93. 关于该项目开发建设的说法，正确的为（　）。

A. 该项目可采用划拨方式供地

B. 甲企业通过招投标方式成为该项目的建设单位

C. 该项目的施工许可证应由乙企业负责办理

D. 该项目开发利润应控制在3%以内

94. 关于该项目及刘某享受税收优惠的说法，正确的为（　）。

A. 甲企业免交城镇土地使用税

B. 甲企业免交营业税

C. 刘某免交印花税

D. 刘某免交契税

95. 以下关于该项目符合申领施工许可证条件的有（　）。

A. 已经办理该建筑工程用地批准手续

B. 已经取得建设工程规划许可证

C. 有保证工程质量和安全的具体措施

D. 建设资金已经落实800万元

（四）

2012年5月，甲房地产开发企业（以下简称“甲企业”）在A省B市开发商品房住宅小区，共4栋，每栋10层，5个单元，每个单元均为一梯两户。2012年6月1日，该项目取得《商品房预售许可证》，准许销售300套。2013年2月1日，B市居民李某在该项目以单价6 000元/平方米购买了一套住房，建筑面积为70平方米。2014年5月，李某因调到外地工作，将该套住房以单价10 000元/平方米出售给王某，该住房属于王某的唯一住房（销售房地产的营业税税率为5%）。

96. 下列关于商品房预售的说法，正确的有（　）。

A. 房地产管理部门作出的准予商品房预售的许可，应当予以公开，公众有权查阅

B. 甲企业可在未解除合同前，将作为合同标的物的商品房再行销售给他人

C. 甲企业不得按套内面积计价预售商品房

D. 甲企业可以与购房人约定面积误差比绝对值超过2%时，买受人有权退房

97. 该项目由商品房预售转为商品房现售，应符合的条件为（　）。

A. 已通过竣工验收

B. 公共设备具备交付条件

C. 物业管理方案已落实

D. 取得房屋所有权证书

98. 该项目竣工后，建筑区划内依法属于全体业主共有的物业服务用房，应由（　）申请登记。

A. 甲企业　　　　B. 全体业主共同

C. 业主委员会　　D. 物业服务企业

99. 2014年5月，李某将该套住房出售给王某，应缴纳营业税（　）元。

A. 0　　　　B. 14 000

C. 21 000　　D. 35 000

100. 王某购买该住房时，应缴纳契税（　）元。

A. 3 500　　B. 7 000

C. 10 500　　D. 21 000

第三部分

历 年 试 题

2012年《房地产基本制度与政策》考试试题

一、单项选择题（共50题，每题1分。每题的备选答案中只有1个最符合题意，请在答题卡上涂黑其相应的编号）

1. 在国民经济产业分类中，房地产属于（ ）

A. 第一产业　　B. 第二产业

C. 第三产业　　D. 第四产业

2. 房地产咨询是为了从事房地产活动的当事人提供法律、信息、（ ）等方面服务的经营活动。

A. 测绘　　B. 估价

C. 技术　　D. 管理

3. 在下列房地产活动中，不属于房地产咨询活动的是（ ）。

A. 房地产市场调查

B. 房地产营销策划

C. 房地产销售代理

D. 房地产市场信息分析

4.《商品房屋租赁管理办法》属于（ ）。

A. 法律　　B. 行政法规

C. 地方性法规　　D. 部门规章

5. 下列司法机关中，有权作出司法解释的是（ ）。

A. 基层人民检察院　　B. 中级人民法院

C. 高级人民检察院　　D. 高级人民法院

6. 下列取得房屋所有权的情形中，属于原始取得的是（ ）。

A. 购买房屋　　B. 遗赠房屋

C. 交换房屋　　D. 自建房屋

7. 下列房屋中，可以采用协议方式取得建设用地使用权的是（ ）。

A. 社区小型超市

B. 环保器材厂生产车间

C. 非盈利的社会团体办公楼

D. 限房价、限套型普通商品住房

8. 下列用地中，应通过出让方式取得建设用地使用权的是（ ）。

A. 旅游用地　　B. 国家机关用地

C. 公益事业用地　　D. 城市基础设施用地

9. 住宅建设用地使用权期间届满，法律规定（ ）。

A. 可以续期　　B. 自动续期

C. 申请续期给予批准　　D. 由国家无偿收回

10. 张某继承商铺1间，商铺土地使用权以划拨方式取得。经批准，张某将商铺转让给王某，土地使用权出让金应由（ ）缴纳。

A. 张某　　B. 王某

C. 张某与王某共同　　D. 张某和王某协商

11. 申请人民法院强制执行征收补偿决定的案件，应由房屋所在地（ ）管辖。

A. 基层法院　　B. 中级人民法院

C. 高级人民法院　　D. 最高级人民法院

12. 建设工程符合城市规划要求的法律凭证是（ ）。

A. 建设项目选址意见书

B. 建设工程施工许可证

C. 建设用地规划许可证

D. 建设工程规划许可证

13. 关于正常使用情况下施工单位对房屋建筑工程最低保修期限的说法，正确的是（ ）。

A. 装修工程1年

B. 外墙面防渗透5年

C. 给排水管道1年

D. 供热系统1个采暖期

14. 关于房地产开发企业对商品住宅质量承担责任的说法，正确的是（ ）。

A. 无须购房人同意，屋面防水的保修期限可少于3年

B. 砖混结构的住宅外墙有裂缝时，购房人可以请求退房

C. 在正常使用下，只要主体结构出现质量问题均应承担赔偿责任

D. 在双方自愿的基础上，有些部位的保修期限可以由开发企业与购房人自行约定

15. 根据《商品房销售管理办法》，自商品房交付使用之日起60日内，应将房屋登记资料报送房屋所在地房地产行政主管部门的义务人是（ ）。

A. 房屋施工单位

B. 物业服务企业

C. 房地产经纪机构

D. 房地产开发企业

16. 房地产开发企业对商品住宅的保修期自（ ）之日起计算。

A. 组织竣工验收

B. 工程竣工验收合格

C. 房屋所有权初始登记

D. 商品住宅交付给购房人

17. 下列房地产广告内容中，符合相关管理规定的房地产广告是（　）。

A. 含有升值或者投资回报的承诺

B. 标明实际销售价格及其有效期限

C. 以乘车或开车到达时间表示距离

D. 利用其他项目的形象作为本项目的效果

18. 无须办理房屋所有权转移登记的是（　）。

A. 房屋租赁

B. 受遗赠房屋

C. 以房屋出资入股

D. 房屋分割导致所有权发生转移

19. 下列行为中属于单务行为的是（　）。

A. 房地产抵债　　B. 房地产入股

C. 房地产遗赠　　D. 房地产互换

20. 房地产经纪机构在代理销售商品房时可以收取（　）。

A. 佣金　　B. 咨询费

C. 手续费　　D. 居间费

21. 房地产开发企业销售住宅可以采取的销售方式是（　）。

A. 整栋出售　　B. 分割拆零销售

C. 返本销售　　D. 变相返本销售

22. 故意隐瞒未取得商品房预售许可证明的事实，导致已签订的商品房购买合同无效的，房地产开发企业应承担不超过购房款（　）的赔偿金。

A. 1/3　　B. 1/2

C. 1 倍　　D. 2 倍

23. 王某向甲房地产开发企业预购了一套建筑面积为 90 平方米的商品住房，单价为 6000 元/平方米，预售合同中未对房屋面积误差作出约定，商品住房实测建筑面积为 93 平方米，则王某实际支付房款（　）万元。

A. 54.00　　B. 55.18

C. 55.62　　D. 55.80

24. 由于出卖人原因，预售商品房自房屋交付使用之日起（　）日，买受人仍未取得房屋权属证书的，除当事人另有约定外，出卖人应承担违约责任。

A. 15　　B. 30

C. 60　　D. 90

25. 当事人以约定的违约金过高为由请求减少的，应以违约金超过造成损失的（　）为标准适当减少。

A. 10%　　B. 20%

C. 30%　　D. 40%

26. 商品房预售许可的最低规模不得小于（　）。

A. 套　　B. 层

C. 单元　　D. 栋

27. 房屋出租人不享有承租房屋的（　）权。

A. 占有　　B. 使用

C. 收益　　D. 处分

28. 公共租赁住房合同的租赁期限一般为（　）年。

A. 1～2　　B. 3～5

C. 6～8　　D. 10～20

29. 根据《物权法》，可以设定抵押的房地产是（　）。

A. 农村宅基地

B. 乡镇企业的厂房

C. 老年福利院的办公楼

D. 所有权有争议的房屋

30. 预告登记后，债权消灭或者自能够进行不动产登记之日起（　）个月内未申请登记的，预告登记失效。

A.半　　B. 1

C. 2　　D. 3

31. 陈某申请办理房屋抵押权登记，抵押权自（　）时生效。

A. 抵押合同订立

B. 房屋登记机构受理

C. 记载于登记簿

D. 领取房屋他项权证

32. 权利人发现不动产登记簿记载错误，可以向不动产登记机构申请（　）。

A. 更正登记　　B. 变更登记

C. 注销登记　　D. 异议登记

33. 异议登记不当，造成权利人损害的，权利人可以向申请人请求（　）。

A. 支付违约金　　B. 返还物权

C. 排除妨碍　　D. 损害赔偿

34. 建筑区划内依法属于全体业主共有的公共场所，房屋登记簿记载的所有权人是（　）。

A. 全体业主　　B. 业主委员会

C. 物业服务企业　　D. 房地产开发企业

35. 建筑区划内依法属于全体业主共有的公共设施，应由（　）申请房屋登记。

A. 全体业主　　B. 业主委员会

C. 物业服务企业　　D. 房地产开发企业

36. 王某是刘某房屋的唯一继承人，刘某去世后，王某将该房屋卖给陈某，并签订了房屋买卖合同，王某应先申请房屋所有权的（ ）。

A. 注销登记　　B. 变更登记

C. 转移登记　　D. 异议登记

37. 预售人和预购人订立房屋买卖合同后，预售人如未按照约定与预购人申请预告登记，预购人可以（ ）。

A. 申请异议登记

B. 申请更正登记

C. 直接申请初始登记

D. 单方申请预告登记

38. 房屋登记机构不向社会公开的内容是（ ）。

A. 房屋的面积

B. 房屋的坐落

C. 房屋的司法查封情况

D. 房屋的原始登记凭证

39. 李某用价值 89 万元的普通住房与王某价值为 105 万元的营业房交换，当地契税率为 3%，则（ ）。

A. 李某应缴纳契税 3.15 万元

B. 李某应缴纳契税 0.48 万元

C. 王某应缴纳契税 2.67 万元

D. 王某应缴纳契税 0.48 万元

40. 城镇土地使用税应按照（ ）征收。

A. 纳税人自己测量的土地面积

B. 纳税人实际占用的土地面积

C. 纳税人占用土地上的建筑物基地面积

D. 纳税人占用土地上的房屋总建筑面积

41. 教育费附加的税率在城市一般是（ ）。

A. 1%　　B. 3%

C. 5%　　D. 7%

42. 某房地产经纪机构有限责任公司，应按照（ ）的税率缴纳企业所得税。

A. 5%　　B. 7%

C. 20%　　D. 25%

43. 领取房屋权属证书，权利人应按（ ）缴纳印花税。

A. 申请登记时的房地产价值的 0.3%

B. 申请登记时的房地产价值的 0.5%

C. 申请登记时的房地产价值的 1%

D. 每件 5 元

44. 住房转让手续费按住房的（ ）收取。

A. 成交价格　　B. 评估价格

C. 建筑面积　　D. 转让增值额

45. 关于房产税的说法，正确的是（ ）。

A. 按季度征收

B. 税率全国统一

C. 均按 1.2% 的税率征收

D. 均按 12% 的税率征收

46. 筹集和使用居住小区建筑物及其附属设施的维修资金是（ ）的职权。

A. 业主　　B. 业主大会

C. 业主委员会　　D. 居民委员会

47. 业主委员会是业主大会的（ ）机构。

A. 权利　　B. 决策

C. 临时　　D. 执行

48. 张某因购买房屋一次性提取住房公积金 8 万元，应缴纳的个人所得税为（ ）元。

A. 0　　B. 800

C. 1 600　　D. 16 000

49. 职工当年缴存的住房公积金按结息日挂牌公告的（ ）存款利率计息。

A. 活期

B. 协定

C. 3 个月零存整取

D. 3 个月整存整取

50. 张某申请期限为 10 年的住房公积金贷款，若贷款期间遇法定利率调整，新利率自（ ）执行。

A. 公布之日起

B. 本年下月 1 日起

C. 本年下季度第 1 日起

D. 下年 1 月 1 日起

二、多项选择题（共 30 题，每题 2 分，每题的备选答案中有 2 个或者 2 个以上符合题意，请在答题卡上涂黑其相应的编号。错选不得分；少选且选择正确的，每个选项得 0.5 分）

51. 房地产中介服务包括（ ）。

A. 房地产咨询　　B. 房地产开发

C. 房地产估价　　D. 房地产经纪

E. 房地产广告设计

52. 下列房地产法律、法规中，属于房地产行政法规的有（ ）。

A. 《物业管理条例》

B. 《城市房地产管理法》

C. 《土地管理实施条例》

D. 《商品房销售管理办法》

E. 《安徽省城市房地产交易条例》

53. 根据土地利用总体规划，土地用途包括（ ）。

A. 农用地 B. 城市用地

C. 建设用地 D. 公益用地

E. 未利用土地

54. 国家可以依法收回建设用地使用权的情形有（ ）。

A. 地震导致房屋灭失

B. 建设用地使用权届满

C. 司法机关决定收回建设用地使用权

D. 土地使用者未如期支付地价款

E. 土地使用者未按合同约定的期限和条件开发利用土地

55. 在城市规划实施监督中，报建审批管理包括审批核发（ ）。

A. 建设用地批准书

B. 建设项目选址意见书

C. 建设工程规划许可证

D. 建设用地规划许可证

E. 建设工程施工许可证

56. 关于商品住宅保修期的说法，正确的有（ ）。

A. 管道堵塞，保修期为 2 个月

B. 电器开关，保修期为 6 个月

C. 卫生洁具，保修期为 6 个月

D. 管道渗透，保修期为 2 年

E. 屋面防水，保修期为 3 年

57. 房地产开发企业发布预售商品房广告，不得涉及的内容有（ ）。

A. 规划中的地铁

B. 装饰装修的内容

C. 物业管理的内容

D. 办理户口的承诺

E. 提供贷款的银行名称

58. 存量房买卖合同应载明的内容有（ ）。

A. 房屋交付的时间

B. 成交价格和支付方式

C. 双方当事人的联系方式

D. 建设工程规划许可证号

E. 房地产权属证书的名称和编号

59. 申请办理《商品房预售许可证》应提交的证件和资料有（ ）。

A. 商品房预售方案

B. 商品房预售许可申请表

C. 关于工程施工进度说明

D. 房地产开发企业的资质等级证书

E. 投入开发建设的资金达到工程建设总投资的 20% 以上的证明

60. 商品房房屋出租人可以单方解除租赁合同的情形有（ ）。

A. 出租人拟将房屋出卖

B. 承租人将房屋擅自转租

C. 承租人擅自扩建承租房屋

D. 司法机关查封出租房屋

E. 承租人在合理期限内未支付租金

61. 房屋租赁合同的内容一般应包括（ ）。

A. 租赁期限 B. 房屋价格

C. 租赁用途 D. 租金及交付方式

E. 当事人姓名或名称

62. 房屋租赁期内，不影响原租赁合同效力的情形有（ ）。

A. 房屋赠与 B. 房屋析产

C. 房屋继承 D. 房屋焚毁

E. 房屋买卖

63. 关于房地产抵押人权利和义务的说法，正确的有（ ）。

A. 抵押人享有对抵押房地产的占有权

B. 抵押人享有对抵押房地产的使用权

C. 抵押人可以对抵押物设立多个顺位抵押权

D. 未经抵押权人同意，抵押人不得将抵押房地产出租

E. 未经抵押权人同意，抵押人不得将抵押房地产转让

64. 依法不得抵押的不动产有（ ）。

A. 农民的自留地

B. 国有土地所有权

C. 学校的校办工厂

D. 公立医院的门诊楼

E. 被人民法院查封的属于个人的营业房

65. 关于最高额抵押的说法，正确的有（ ）。

A. 最高额抵押所担保的实际发生额不确定

B. 最高额抵押所担保的最高债权额是确定的

C. 最高额抵押是对一定期间内将要连续发生的债权作担保

D. 最高额抵押的抵押财产，只能由债务人提供，不能由第三人提供

E. 最高额抵押所担保的债权确定前，部分债权转让，最高额抵押权不得转让

66. 申请房屋抵押权登记，申请人应提交的材料有（ ）。

A. 抵押合同

B. 登记申请书

C. 申请人的学历证明

D. 申请人的工作证明

E. 申请人的身份证明

67. 房地产抵押担保的范围包括（ ）。

A. 违约金

B. 损害赔偿金

C. 主债权及利息

D. 申请人的工作证明

E. 申请人的身份证明

68. 因买卖房屋申请房屋所有权转移登记，申请人应提交的材料有（ ）。

A. 房屋买卖合同

B. 房屋所有权证书

C. 申请人的身份证明

D. 买房人的婚姻证明

E. 房屋价值评估报告

69. 根据《物权法》，不动产登记机构的职责有（ ）。

A. 必要时可以实地查看

B. 如实、及时登记有关事项

C. 查验申请人提供的权属证明

D. 就有关的登记事项询问申请人

E. 对申请登记的不动产进行评估

70. 下列行为中，应办理转移登记的情形有（ ）。

A. 赠与房屋　B. 继承房屋

C. 交换房屋　D. 拆除部分房屋

E. 房屋门牌号发生改变

71. 房屋登记的工作程序有（ ）。

A. 申请　B. 审核

C. 核准　D. 记载于登记簿

E. 发证

72. 房地产经纪活动中，可以查询房屋原始登记凭证的主体有（ ）。

A. 人民法院

B. 仲裁机构

C. 房屋权利人

D. 房地产经纪人

E. 房地产经纪机构

73. 下列行为中，属于免征契税的情形有（ ）。

A. 法定继承人继承房屋

B. 祖父母赠与孙女住房

C. 事业单位购买办公楼

D. 因地震住房灭失重新购买住房

E. 非法定继承人根据遗嘱承受房屋

74. 下列行为中，免征土地增值税的情形有（ ）。

A. 联营企业转让房地产

B. 外商投资企业转让自用房地产

C. 房地产开发企业建造普通标准住宅出售

D. 国家因建设需要依法征收房地产

E. 某商场因实施城市规划、国家建设的需要自行转让原房地产

75. 房产税的课税对象包括（ ）范围内的房产。

A. 城市　B. 县城

C. 农村　D. 工矿区

E. 建制镇

76. 下列房地产中，属于免征房产税的房产有（ ）。

A. 个人自营的店铺

B. 百货公司的商场

C. 个人自住的住房

D. 学校出租的食品店

E. 政府机关自用的办公楼

77. 根据《物权法》，由业主共同决定的事项有（ ）。

A. 制定业主大会议事规则

B. 选聘和解聘物业服务企业

C. 解聘物业服务企业的保安人员

D. 筹集和使用建筑物及附属设施的维修资金

E. 制定和修改建筑物及附属设施的管理规约

78. 住房公积金的特点有（ ）。

A. 义务性　B. 互助性

C. 保障性　D. 福利性

E. 收益性

79. 职工可以提取住房公积金的情形有（ ）。

A. 离退休　B. 出境定居

C. 翻建自住住房　D. 购买自用商铺

E. 完全丧失劳动能力并与单位终止劳动关系

80. 住房公积金存款的利率政策有（ ）。

A. 高存低贷

B. 按年结息

C. 本息逐年结转

D. 每年 1 月 1 日为结息日

E. 上年结转的按结息日挂牌公告的 3 个月整存整取的利率利息

三、综合分析题（共 20 题，每小题 2 分。每小题的备选答案中有 1 个或 1 个以上符合题意，请在答题卡上涂黑其相应的编号。错选不得分；少选且选择正确选项，每个选项得 0.5 分）

（一）

甲房地产开发企业（以下简称“甲企业”）开发建设了某住宅小区，取得商品房预售许可证后开始预售。蒋某于 2006 年 3 月 1 日与甲企业签订了购买该小区 16 幢 602 室的商品房买卖合同，单价为 6 000 元/平方米，并依照约定向房屋登记机构申请办理了相关登记。合同约定建筑面积为 120 平方米，交房期间为 2006 年 10 月 1 日，保修期限为 5 年，双方未对房屋面积误差的处理方式进行约定。蒋某预付购房款并签订 16 幢 602 室的商品房买卖合同。甲企业于 2006 年 10 月 1 日正式交房，蒋某 2006 年 10 月 17 日领到房屋所有权证书上记载建筑面积为 116 平方米。蒋某于 2007 年 2 月装修入住，2009 年 9 月 27 日发现屋面严重漏水。

81. 蒋某签订商品房购买合同后按约定申请的登记为（　）。

A. 初始登记　　B. 预告登记

C. 异议登记　　D. 转移登记

82. 蒋某购买该房屋实际向甲企业支付购房款（　）万元。

A. 69. 12　　B. 69. 36

C. 69. 60　　D. 72. 00

83. 甲企业可能申请的房屋登记为（　）。

A. 预告登记

B. 初始登记

C. 转移登记

D. 商品房合同备案登记

84. 关于屋面漏水的说法，正确的为（　）。

A. 屋面漏水不属于保修范围

B. 不在商品保修期内

C. 蒋某可以要求建筑商承担责任

D. 蒋某可以要求甲企业承担责任

85. 关于商品房买卖合同的说法，正确的为（　）。

A. 蒋某签订的商品房买卖合同经公证后方能生效

B. 韩某可以请求解除合同，返还已付购房款及利息

C. 韩某可以请求甲企业承担不超过购房款 2 倍的赔偿责任

D. 甲企业与蒋某签订商品房预售合同后应向房地产管理部门申请登记备案

（二）

甲房地产开发企业（以下简称“甲企业”）通过招标的方式取得一宗国有建设用地的使用权，土地用途为商业，因故闲置 1 年后申请办理了建设工程施工许可证，3 年后项目建成，由于经营不善，甲企业将项目转让给了乙房地产开发企业（以下简称“乙企业”）。

86. 甲企业应在签订出让合同后（　）日内，支付全部土地使用权出让金。

A. 30　　B. 45

C. 60　　D. 90

87. 甲企业申请领取建设工程施工许可证应具备的条件为（　）。

A. 已确定施工企业

B. 已经取得建设工程规划许可证

C. 有保证工程质量和安全的具体措施

D. 建设资金已经落实，到位资金原则上不少于工程合同价的 50%

88. 甲企业转让给乙企业的标的为（　）。

A. 建设土地使用权

B. 房屋承租权

C. 房屋所有权

D. 土地所有权

89. 乙企业取得建设用地使用年限最高为（　）。

A. 36　　B. 37

C. 46　　D. 47

90. 甲企业应按不超过（　）缴纳土地闲置费。

A. 投资额的 20%

B. 出让金的 20%

C. 工程造价的 20%

D. 转让金额的 20%

（三）

王某于 2011 年 4 月将自住房出租给李某 1 年，年租金为 5 000 元。2011 年 5 月王某将房屋抵押给甲银行，并办理了抵押登记。2011 年 6 月，李某将房屋转租张某，签订了 6 个月的转租合同。

91. 王某应缴纳房产税（　）元。

A. 150　　B. 200

C. 500　　D. 600

92. 根据《物业管理条例》，王某将房屋出租给李某后，李某是（　）。

A. 业主　　B. 物业使用人

C. 物业服务的对象　　D. 物业所有权人

93. 关于李某转租房屋的说法，正确的为（　）。

A. 李某与张某签订的转租合同应办理登记备案手续

B. 李某在租赁期限内将房屋转租给张某，应经王某同意

C. 转租期间王某与李某签订租赁合同终止，转租合同仍然有效

D. 李某将房屋转租张某的转租期限不得超过原租赁合同规定的期限

94. 王某将房屋抵押应办理房屋抵押权（　）。

A. 设立登记　　B. 变更登记

C. 转移登记　　D. 更正登记

95. 关于已出租房屋抵押的说法，正确的为（　）。

A. 王某应将抵押情况告知李某

B. 王某与李某签订租赁合同不得对抗抵押权

C. 王某将住房抵押后，与李某签订的租赁合同继续有效

D. 王某到期无力偿还贷款，甲银行抵押权实现后，应保持原租赁关系至合同终止

（四）

江某 2008 年 12 月购买了一套普通住房，2011 年 3 月将该住房以 120 万元的价格转让给张某。此后，该小区被依法征收。由甲房地产开发企业（以下简称“甲企业”）进行住宅开发，张某选择的补偿方式为房屋产权调换。

96. 依法征收该小区的主体应为（　）。

A. 甲企业　　B. 镇人民政府

C. 县级人民政府　　D. 省级人民政府

97. 关于江某将该住房转让给张某的说法，正确的是（　）。

A. 该转让不受征收影响

B. 双方应办理转移登记

C. 双方应申请办理变更登记

D. 江某或张某不能亲自办理房屋登记时，应出具书面委托书

98. 江某转让该住房应缴纳营业税（　）元。

A. 0　　B. 10 000

C. 30 000　　D. 60 000

99. 张某调换的房屋比原房价多 7 万元，则张某（　）。

A. 无须缴纳房产税

B. 应缴纳土地增值税

C. 应缴纳个人所得税

D. 应按调换房屋价值的全额缴纳契税

100. 房屋产权调换后，张某与甲企业应办理房屋所有权（　）。

A. 初始登记　　B. 转移登记

C. 变更登记　　D. 更正登记

2011 年《房地产基本制度与政策》考试试题

一、单项选择题（共 50 题，每题 1 分。每题的备选答案中只有 1 个最符合题意，请在答题卡上涂黑其相应的编号）

1. 房地产服务业是房地产中介服务业和（　）的合称。

A. 房地产咨询业　B. 房地产估价业
C. 物业管理　D. 房地产经纪

2. 房地产经纪业是（　）行业。

A. 知识密集和资金密集
B. 资金密集和劳动密集
C. 知识密集和管理密集
D. 知识密集和劳动密集

3.《城市房地产开发经营管理条例》属于（　）。

A. 法律　B. 行政法规
C. 地方性法规　D. 行政规章

4. 下列法律中，具有最高法律效力是（　）。

A.《宪法》　B.《物权法》
C.《合同法》　D.《民法通则》

5. 下列活动中，属于房地产经纪活动的是（　）。

A. 房地产登记　B. 房地产居间
C. 房地产开发　D. 房地产估价

6. 在实行独家代理的情况下，国家制定的房屋买卖代理收费标准一般不能超过成交价格的（　）。

A. 0.5%　B. 2.5%
C. 3.0%　D. 4.0%

7. 根据《关于房地产中介服务收费的通知》，房屋租赁代理收费，按（　），由双方协商议定一次性计收。

A. 租赁期限长短
B. 租赁房屋面积大小
C. 代理服务成本高低
D. 半月至一个月成交租金标准

8. 下列档案中，不属于房地产中介服务行业信用档案的是（　）。

A. 房地产估价机构信用档案
B. 注册房地产估价师信用档案
C. 注册房地产经纪人信用档案
D. 房地产经纪机构内部管理档案

9. 客户交易结算资金专用存款账户中的交易结算资金，应（　）房地产经纪机构财产。

A. 归属于　B. 独立于
C. 从属于　D. 视同于

10. 房地产经纪人执业资格注册工作由（　）负责。

A. 人力资源和社会保障部
B. 省级人力资源和社会保障主管部门
C. 中国房地产估价师与房地产经纪人学会
D. 所在地房地产经纪人协会

11. 关于中介服务特点的说法正确的是（　）。

A. 人员特定、服务无偿、指定服务
B. 人员特定、服务有偿、委托服务
C. 人员不特定、服务有偿、指定服务
D. 人员不特定、服务无偿、委托服务

12. 应由用地单位支付的征收耕地补偿费用，不包括（　）。

A. 土地补偿费　B. 安置补助费
C. 征地管理费　D. 青苗补偿费

13. 关于使用临时用地说法，错误的是（　）。

A. 使用期限一般不超过 2 年
B. 可以修建永久性建筑
C. 可以修建临时性建筑
D. 使用后恢复土地原貌

14. 下列项目用地中，应办理建设用地使用权出让手续的是（　）。

A. 县级人大办公用地
B. 大型上市公司办公用地
C. 公立学校扩建用地
D. 公共体育场馆建设用地

15. 甲公司按法定出让最高年限取得了某住宅建设用地使用权，4 年后该土地上建成的住宅出售时，其占用的使用权剩余使用期限为（　）年。

A. 46　B. 56
C. 66　D. 70

16. 承租的国有建设用地使用权不能（　）。

A. 转租　D. 转让
C. 抵押　D. 出让

17. 除法律、法规另有规定外，以（　）方式取得的国有建设用地使用权没有使用期限的限制。

A. 出让　B. 租赁
C. 抵押　D. 划拨

18. 城市规划管理中颁发的证书不包括（　）。

A. 建设项目选址意见书
B. 房屋权属证书

C. 建设用地规划许可证

D. 建设工程规划许可证

19. 关于建筑工程施工许可证管理的说法，错误的是（　）。

A. 施工许可证应当放置在施工现场备查

B. 施工许可证不得涂改

C. 建设单位应当自领取施工许可证之日起 3 个月内施工

D. 施工许可证不能延期

20. 关于因房地产开发企业的责任导致主体结构质量不合格的已售商品住房处理方式的说法，正确的是（　）。

A. 购房人只能要求退房，不能要求换房

B. 购房人只能要求换房，不能要求退房

C. 购房人有权选择退房或换房

D. 房地产开发企业同意后，购房人才能选择退房或换房

21. 某商品住宅楼于 2003 年 1 月 10 日竣工验收合格，如该住宅楼的尾房于 2006 年 1 月 10 日交付给买受人，则房地产开发企业承担该商品住宅屋面防水的最低保修期限应至（　）。

A. 2006 年 1 月 9 日

B. 2008 年 1 月 9 日

C. 2009 年 1 月 9 日

D. 2011 年 1 月 9 日

22. 房地产开发企业承担的商品住宅保修期从商品住宅（　）起计算。

A. 交付使用之日

B. 竣工验收合格之日

C. 商品房买卖合同签订之日

D. 买卖双方协商的日期

23. 在商品房预售广告中，不得涉及的内容是（　）。

A. 中介服务　　B. 房屋结构

C. 装饰装修　　D. 物业管理

24. 房地产广告中不得（　）。

A. 涉及规划中的文化教育设施

B. 涉及物业管理内容

C. 含有升值或者投资回报的承诺

D. 使用建筑设计效果图或模型照片

25. 下列情形中，当事人无需申请房屋所有权转移登记的是（　）。

A. 租赁　　B. 赠与

C. 互换　　D. 继承

26. 出租共有房屋，应提交（　）同意出租的证明。

A. 共有人的证明人　　B. 其他共有权人

C. 共有人的委托人　　D. 其他承租人

27. 购买经济适用住房不满（　）年的，不得直接上市交易。

A. 1　　B. 2

C. 3　　D. 5

28. 商品房预售合同登记备案应由（　）办理。

A. 房地产开发企业

B. 房地产销售代理机构

C. 商品房预购人

D. 房地产开发企业和商品房预购人共同

29. 为了防御地质灾害，甲房地产开发企业对已预售的房屋结构进行有利于购房者的更改，且不打算加价，则甲房地产开发企业（　）。

A. 不必通知买受人

B. 应书面通知买受人

C. 应公示通知买受人

D. 可在交房时再告知买受人

30. 承租人在租赁期内死亡，有权要求维持原租赁关系的是承租人的（　）。

A. 已离异的前妻

B. 在异国定居的女儿

C. 居住在邻近城市的养子

D. 现共同居住的儿子

31. 下列房屋中，可以设定抵押权的是（　）。

A. 医院门诊大楼

B. 农村宅基地上的房屋

C. 学校教学大楼

D. 乡（镇）村企业厂房

32. 房屋登记机构询问当事人的结果应经当事人（　）。

A. 口头确认　　B. 签字确认

C. 口头承诺　　D. 书面说明

33. 关于房改售房登记的说法，错误的是（　）。

A. 以成本价购买的，登记的产别为“私产”

B. 以标准价购买的，登记的产别为“私产（部分产权）”

C. 以成本价购买的，登记的产权来源为“购买”

D. 以标准价购买的，登记的产权来源为“房改售房”

34. 下列房屋登记中，应发放登记证明的是（　）。

A. 房屋所有权初始登记

B. 房屋所有权预告登记

C. 房屋所有权更正登记

D. 房屋所有权异议登记

35. 向一个以上房屋所有权人核发房屋所有权证书时，每增加一本证书可以按每本（ ）元收取工本费。

A. 10 B. 20

C. 50 D. 80

36. 甲公司某处办公用房地址变更，申请房屋变更登记，重新领取房屋权属证书，费用总计是（ ）元。

A. 80 B. 275

C. 285 D. 550

37. 关于房屋登记限制查询的信息的说法，正确的是（ ）。

A. 有关的原始登记凭证是限制查询的信息

B. 他项权利的设定时间是限制查询的信息

C. 司法查封情况是限制查询的信息

D. 任何人都无权查询限制查询的信息

38. 业主大会的执行机构是（ ）。

A. 建设单位

B. 物业服务企业

C. 业主委员会

D. 当地房地产行政主管部门

39. 前期物业服务合同自（ ）之日起自行失效。

A. 公房出售单位全部售出公房

B. 业主大会成立

C. 房地产开发企业按计划全部售出商品房

D. 业主委员会与选聘的物业服务企业订立书面的物业服务合同

40. 商品住宅的业主交存的住宅专项维修资金属于（ ）所有。

A. 业主

B. 房地产开发企业

C. 建设（房地产）行政主管部门

D. 物业服务企业

41. 住房公积金的本质属性是（ ）。

A. 保障性 B. 工资性

C. 互助性 D. 义务性

42. 目前，住房公积金缴存比例的最低限额为（ ）。

A. 1% B. 3%

C. 5% D. 8%

43. 产权未确定的房产，应（ ）房产税。

A. 免征

B. 由居民委员会代缴

C. 由公证机构代缴

D. 由代管人或使用人缴纳

44. 李某于2010年2月将自有的一套住房出租，月租金为1 200元，则李某该年度应缴纳房产税（ ）元。

A. 432 B. 576

C. 864 D. 1 728

45. 从2008年3月1日起，对个人出租住房征收营业税的概率是（ ）。

A. 1.5% B. 3.0%

C. 5.0% D. 5.5%

46. 土地增值税实行（ ）税率。

A. 比例 B. 定额

C. 超额累进 D. 超额递减

47. 下列行为中，应缴纳契税的是（ ）。

A. 中国公民受让英国的一套住房

B. 某高校承受房产用于教学

C. 张某以获奖方式取得一套房屋

D. 王某继承取得房屋

48. 李某于2011年5月10日将其2006年1月10日以52.5万元购买的一套150平方米的住宅以120万元出售，则李某应缴纳营业税（ ）万元。

A. 0 B. 3.38

C. 4.38 D. 5.38

49. 根据《城市房地产管理法》，未取得营业执照擅自从事房地产中介服务业务的处罚是（ ）。

A. 警告，并可处以2万元以上3万元以下罚款

B. 警告，并可处以1万元以上3万元以下罚款

C. 责令停止房地产中介业务活动并可处以3万元以下罚款

D. 责令停止房地产中介业务活动，没收违法所得，并处以罚款

50. 伪造、变造房屋权属证书的行为违反了（ ）的具体规定。

A. 《物权法》

B. 《房屋登记办法》

C. 《城市房地产转让管理规定》

D. 《商品房销售管理办法》

二、多项选择题（共30题，每题2分。每题的备选答案中有2个或2个以上符合题意，请在答题卡上涂黑其相应的编号。错选不得分；少选且选择正确的，每个选项得0.5分）

51. 《城市房地产管理法》调整的是与（ ）有关的各种社会关系。

A. 房地产信息　　B. 房地产开发

C. 房地产贷款　　D. 房地产交易

E. 房地产行政管理

52. 房地产咨询业务包括（　）等。

A. 房地产市场调查研究

B. 房屋安全质量鉴定

C. 房屋阳光权纠纷损害赔偿估价

D. 房地产投资可行性研究

E. 楼盘销售策划

53. 下列房地产相关法规中，属于行政法规的有（　）。

A.《物业管理条例》

B.《住房公积金管理条例》

C.《土地管理法实施条例》

D.《城市房地产转让管理规定》

E.《商品房屋租赁管理办法》

54. 房地产中介服务包括（　）。

A. 房地产开发　　B. 房地产咨询

C. 房地产投资　　D. 房地产估价

E. 房地产经纪

55. 某房地产经纪机构承担一个技术难度大、情况复杂、耗用人员和时间多的房地产项目的全程咨询服务，项目总投资额为 8 亿元，该机构符合有关规定的收费有（　）万元。

A. 160　　B. 240

C. 400　　D. 640

E. 800

56. 根据《城市房地产管理法》，设立房地产中介服务机构应具备的条件（　）。

A. 有固定的服务场所

B. 有足够数量的专业人员

C. 有自己的名称、组织机构

D. 有规定数量的财产和经费

E. 有自己的法律顾问

57. 房地产经纪人违反房地产经纪执业规则的行为有（　）。

A. 未向当事人出示房地产经纪人注册证书

B. 与委托人签订委托协议后，对外发布委托人的房源信息

C. 采取内部认购的方式营造销售旺盛的氛围

D. 将自己的注册证书供给朋友使用

E. 以低价租赁、高价转租等方式赚取差价

58. 取得国有建设用地使用权的途径有（　）。

A. 出让　　B. 划拨

C. 转让　　D. 土地或房产租赁

E. 开垦荒地

59. 关于征收集体土地补偿的说法，错误的有（　）。

A. 不需要统一安置人员的安置补助费归农村集体组织管理和使用

B. 土地补偿费归农村集体组织所有

C. 地上附着物和青苗的补偿费归农村集体组织所有

D. 用地单位应按征地协议如数支付补偿费

E. 如有特殊情况，被征地单位可以额外索取补偿费

60. 在土地使用期限内，取得国有建设用地使用权的单位对土地拥有（　）。

A. 所有权　　B. 使用权

C. 占有权　　D. 收益权

E. 处分权

61. 下列建设用地中，法定出让最高年限为 50 年的有（　）。

A. 纺织厂　　B. 普通商品住宅

C. 私立学校　　D. 旅游度假村

E. 高尔夫球场

62. 核发建设工程规划许可证前的管理工作有（　）。

A. 建筑规划控制管理

B. 道路规划控制管理

C. 工程放线管理

D. 审定设计方案

E. 竣工验收

63. 下列建筑工程中，不需办理施工许可证的有（　）。

A. 投资额为 15 万元的工厂厕所

B. 建筑面积为 280 平方米的学校洗浴房

C. 投资额为 20 万元的医院自行车库

D. 建筑面积为 290 平方米的小区物业管理用房

E. 建筑面积为 1 000 平方米的博物馆库房

64. 未取得商品房预售许可证的房地产开发项目，不得以（　）等名目发布房地产广告。

A. 内部认购　　B. 内部认定

C. 内部登记　　D. 内部预定

E. 房地产项目名称

65. 关于住宅质量保证书中商品住宅有关项目最低保修期限的说法，正确的有（　）。

A. 墙面渗漏为 3 年

B. 墙面抹灰层脱落为 1 年

C. 卫生间地面渗漏为 1 年

D. 电器开关为 6 个月

E. 管道堵塞为 2 个月

66. 根据《房地产广告发布暂行规定》，禁止发布房地产销售广告的有（ ）。

A. 集体土地上建设的房屋

B. 已出租的房屋

C. 已办理房屋初始登记的房屋

D. 已被法院查封的房屋

E. 权属有争议的房屋

67. 下列制度中，属于《城市房地产管理法》规定的房地产基本制度的有（ ）。

A. 国有土地有偿有限期使用制度

B. 房地产交易强制公证制度

C. 房地产成交价格申报制度

D. 房地产价格评估制度

E. 土地使用权和房屋所有权登记发证制度

68. 商品房预售应符合的条件有（ ）。

A. 已交付全部国有建设用地使用权出让金，取得土地使用权证书

B. 持有建筑工程规划许可证

C. 按提供预售的商品房计算，投入开发建设的资金达到工程建设总投资的 25% 以上，并已确定施工进度和竣工交付日期

D. 向县级以上人民政府房产管理部门办理预售登记，取得了商品房预售许可证

E. 已通过竣工验收

69. 房地产经纪机构代理预售商品房时，应向商品房购买人出示的资料有（ ）。

A. 商品房销售委托书

B. 商品房选址意见书

C. 商品房预售许可证

D. 预售房屋所有权证书

E. 销售场所的房屋租赁合同

70.《物权法》规定，不得抵押的财产有（ ）。

A. 依法被查封的财产

B. 正在建造的建筑物

C. 所有权有争议的财产

D. 学校的教学楼

E. 工厂的生产设备

71. 办理房屋登记的程序包括（ ）。

A. 申请　　B. 受理

C. 审核　　D. 公证

E. 记载于登记簿

72. 关于不动产登记的说法，错误的有（ ）。

A. 各类不动产物权未经登记，均不发生物权效力

B. 因继承取得的房屋所有权自记载于不动产登记簿时发生物权效力

C. 房地产抵押和房地产转让均可办理预告登记

D. 共有的不动产，应由共有人共同申请登记

E. 不动产登记费按不动产价值的一定比例收取

73. 下列单位或个人取得房屋的情形中，可以由当事人单方申请房屋登记的有（ ）。

A. 甲公司新建房屋

B. 李某继承取得房屋

C. 王某购买取得房屋

D. 张某以生效法律文件取得房屋

E. 陈某受遗赠取得房屋

74. 房屋登记机构在办理下列登记时，应实地查看的有（ ）。

A. 房屋所有权初始登记

B. 房屋预告登记

C. 地役权登记

D. 因房屋灭失导致的房屋所有权注销登记

E. 在建工程抵押权登记

75. 业主大会筹备组由（ ）组成。

A. 业主推举的代表

B. 居民委员会代表

C. 房地产主管部门代表

D. 工商行政管理部门代表

E. 建设单位

76. 不得从住宅专项维修资金中列支的费用有（ ）。

A. 应由建设单位承担的住宅共用部位、共用设施设备维修、更新和改造费用

B. 应由相关单位承担的供水、供电、供气、供热、通信、有线电视等管线和设施设备的维修与养护费用

C. 应由当事人承担的因人为损坏住宅共用部位、共用设施设备所需的修复费用

D. 根据物业服务合同约定，应由物业服务企业承担的住宅共用部位、共用设施设备维修和养护费用

E. 应由业主承担的住宅共用部位、共用设施设备保修期满后的维修、更新和改造费用

77. 住房公积金缴存基数是本人上一年度月平均工资，可以由（ ）组成。

A. 计时、计件工资

B. 特殊情况下支付的工资

C. 加班加点工资

D. 津贴、补贴、奖金

E. 生活困难补助金

78. 下列房屋中，应缴纳房产税的有（ ）。

A. 房地产开发企业建造的待售商品房

B. 房地产开发企业自用的商品房

C. 个人出租的房屋

D. 投资者以房产投资联营，收取固定收益的房屋

E. 公园出租的房屋

79. 下列房屋中，可以免征房产税的有（ ）。

A. 人民团体出租的房屋

B. 由国家财政部门拨付事业经费的单位自用的房屋

C. 宗教寺庙自用的房屋

D. 个人所有非营业用的房屋

E. 房地产开发企业在建的商品房

80. 纳税人转让国有建设用地使用权应缴纳的税费有（ ）。

A. 土地增值税　　B. 耕地占用税

C. 营业税　　D. 城市维护建设税

E. 教育费附加

三、综合分析题（共20小题，每小题2分。每小题的备选答案中有1个或1个以上符合题意，请在答题卡上涂黑其相应的编号。错选不得分；少选且选择正确的，每个选项得0.5分）

（一）

2007年6月，甲房地产开发企业（以下简称“甲企业”）通过出让方式获得一宗居住用途的国有建设用地的使用权，2009年3月开工建设。2010年4月，甲企业将该项目转让给乙房地产开发企业（以下简称“乙企业”）。2011年6月该居住区建成，由丙物业服务企业（以下简称“丙企业”）实施物业管理。

81. 因未按照土地出让合同约定的期限开工建设，甲企业应缴纳相当于土地使用权出让金（ ）的土地闲置费。

A. 10%　　B. 15%

C. 20%　　D. 30%

82. 甲企业转让该项目给乙企业应符合的条件为（ ）。

A. 已经支付全部土地使用权出让金

B. 取得土地使用权证书

C. 征得城市规划部门同意

D. 投入房屋建设工程的资金额占全部开发投资总额的25%以上

83. 乙企业通过招标投标方式选聘物业服务企业，应在该商品房项目现售前（ ）天完成。

A. 15　　B. 20

C. 30　　D. 40

84. 丙企业收取物业费的构成一般包括（ ）。

A. 物业服务人员的工资

B. 物业管理区域清洁卫生费用

C. 丙企业办公费用

D. 物业共用设施设备的改造费用

（二）

2010年12月，李某取得了房地产经纪人执业资格证书，被甲房地产经纪机构（以下简称“甲机构”）聘用并办理了房地产经纪人注册手续。此后李某同时在乙房地产经纪机构（以下简称“乙机构”）和甲机构从事房地产经纪业务。李某在做业务的过程中，因隐瞒房屋真实价格、赚取差价等违规行为，多次受到房地产主管部门的警告与处罚。2011年5月，李某被原注册机构注销了房地产经纪人注册。

85. 李某申请房地产经纪人注册，应符合的条件为（ ）。

A. 取得房地产经纪人资格证书

B. 无犯罪记录

C. 经所在经纪机构考核合格

D. 身体健康，在房地产经纪岗位上工作2年

86. 李某作为房地产经纪人应当具备的职业技术能力为（ ）。

A. 熟悉房地产市场的流通环节，具有熟练的实务操作的技术和技能

B. 熟练掌握和运用与房地产经纪业务相关的法律、法规

C. 具有一定的外语水平

D. 具有较强的文字能力

87. 李某作为房地产经纪人应尽的义务为（ ）。

A. 遵守行业管理规定和职业道德规范

B. 指导房地产经纪人协理独立开展各种经纪业务

C. 为委托人保守商业秘密

D. 向委托人披露相关信息，充分保障委托人的权益

88. 关于甲机构、乙机构收取房地产中介服务费的说法，正确的为（ ）。

A. 独家代理房屋买卖的，可以双倍收取服务费

B. 房屋租赁代理收费，无论成交的租赁期限长

短，均按一个半月成交租金收取

C. 提供普通咨询报告，每份收费 300 ~1 000 元

D. 房屋买卖代理收费，按成交价格总额的 0.5% ~2.5% 计收

89. 构成李某被注销注册的情形为（ ）。

A. 赚取房屋买卖差价，谋取非法收益

B. 同时在两个房地产经纪机构从事房地产经纪活动

C. 对交易双方隐瞒真实的房屋成交价格

D. 因违章停车而受到行政处罚

（三）

2008 年 8 月，冯某通过甲房地产经纪机构（以下简称“甲机构”）的居间服务购买了一套 80 平方米的二手住宅，2008 年 9 月委托甲机构办理了二手房抵押贷款，2008 年 10 月又委托甲机构代理对外租赁。甲机构的房地产经纪人陈某找到承租人褚某并按照市场价格签订了房屋租赁合同，租赁期为 3 年。2011 年 3 月，冯某委托甲机构代理出售该住房，同年 4 月该套住宅按照市场价转售给卫某，并办理了房屋登记手续。卫某因结婚急等装修房屋，要求褚某提前搬走，褚某不同意。

90. 冯某出租房屋应缴纳的税为（ ）。

A. 个人所得税　　B. 营业税

C. 土地增值税　　D. 房产税

91. 冯某办理房屋抵押登记应提交的要件为（ ）。

A. 登记申请书　　B. 主债权合同

C. 房屋测绘报告　　D. 抵押合同

92. 下列关于合同的说法，正确的为（ ）。

A. 陈某可以个人的名义与冯某签订房地产经纪服务合同

B. 陈某必须以甲机构的名义与冯某签订房地产经纪服务合同

C. 租赁合同应明确规定租赁期限、租赁用途、租金及交付方式、房屋的修缮责任等内容

D. 在签订房屋租赁合同后，承租人应按照该房屋权属证书上记载的用途使用房屋，不得擅自变更用途

93. 关于房屋抵押的说法，正确的为（ ）。

A. 房屋抵押权自登记之日起发生物权效力

B. 冯某的住房抵押贷款只能选择商业贷款

C. 冯某租赁前，应将房屋已经抵押的事实书面告知褚某

D. 抵押合同自签订之日起生效

94. 关于房屋租赁的说法，正确的为（ ）。

A. 租赁期限未到期，褚某有权主张原租赁合同继续履行

B. 卫某急等房屋装修结婚系正当理由，陈某与褚某签订的原租赁合同自动终止

C. 冯某转让该房屋时，应提前通知褚某，褚某在同等条件下有优先购买权

D. 褚某虽无意购买该房屋，但 2011 年 11 月如主张优先租赁权时，卫某不得拒绝

（四）

2007 年 3 月，张某在 H 市以单价 6 000 元/平方米购买了一套普通商品住房，建筑面积为 70 平方米。2011 年 5 月，张某决定将该住房以单价 10 000 元/平方米出售给首次购房的高某。

95. 高某购买该住房时，应缴纳契税（ ）元。

A. 7 000　　B. 10 500

C. 21 000　　D. 35 000

96. 2011 年 5 月，张某销售该住房，应缴纳营业税（ ）元。

A. 0　　B. 14 000

C. 21 000　　D. 35 000

97. 高某购买房屋之后，将房屋出租给了杨某，高某应按（ ）的税率缴纳房产税。

A. 2%　　B. 3%

C. 4%　　D. 10%

（五）

齐某与孙某为夫妻，两人于 2011 年 5 月 1 日购买了一套新建商品房。商品房销售合同中的购房人为齐某。2011 年 6 月 5 日，两人共同向房屋登记机构申请房屋登记。房屋登记机构经审查后，决定不予登记。

98. 齐某与孙某申请的房屋登记属于（ ）。

A. 房屋所有权初始登记

B. 房屋所有权变更登记

C. 房屋所有权转移登记

D. 房屋更正登记

99. 房屋登记机构的职责为（ ）。

A. 查验申请人提供的权属证明和其他必要材料

B. 要求对不动产进行评估

C. 就有关登记事项询问申请人

D. 如实、及时登记有关事项

100. 对房屋登记机构不予登记的行为，齐某和孙某可以（ ）。

A. 申请行政复议

B. 提起行政诉讼

C. 申请仲裁机构仲裁

D. 申请人民法院强制执行

2010年《房地产基本制度与政策》考试试题

一、单项选择题（共50题，每题1分。每题的备选答案中只有1个最符合题意，请在答题卡上涂黑其相应的编号）

1. 下列经济活动中，不属于房地产业的是（ ）。

A. 房屋勘察设计

B. 房地产开发经营

C. 物业管理

D. 房地产中介服务

2. 下列与房地产有关的法律法规中，属于行政法规的是（ ）。

A.《物权法》

B.《住房公积金管理条例》

C.《房屋登记办法》

D.《房地产抵押估价指导意见》

3. 狭义的房地产法一般是指（ ）。

A.《物权法》

B.《城市房地产管理法》

C.《城市房地产开发经营管理条例》

D.《土地管理法》

4. 下列交易形式中，不属于《城市房地产管理法》规定的房地产交易形式的是（ ）。

A. 房地产转让　　B. 房地产典当

C. 房地产抵押　　D. 房屋租赁

5. 根据《城市房地产管理法》，设立房地产经纪机构，应当向当地（ ）行政管理部门申请设立登记，领取营业执照。

A. 工商　　B. 税收

C. 建设　　D. 房地产

6. 参加房地产经纪人资格全部4个科目考试的人员，必须在（ ）考试年度内通过应试科目，才视为考试通过。

A. 一个　　B. 任意两个

C. 报考约定的两个　　D. 连续两个

7. 技术难度大、情况复杂、耗用人力和时间较多的房地产咨询报告，收费标准一般不超过咨询标的额的（ ）。

A. 0.1%　　B. 0.2%

C. 0.3%　　D. 0.5%

8. 根据《城市房地产中介服务管理规定》，房地产经纪机构在领取营业执照后的1个月内，应当到登记机关所在地的县级以上（ ）行政主管部门备案。

A. 工商　　B. 国土资源

C. 房地产　　D. 财政

9. 关于房地产经纪服务主要特点的说法，正确的是（ ）。

A. 房地产经纪从业人员不一定具有房地产经纪资格

B. 房地产经纪服务是受当事人委托进行的

C. 房地产经纪服务属于公益性活动

D. 房地产经纪服务的特点是价格垄断

10. 下列权利中，房地产经纪人不享有的是（ ）的权利。

A. 指导房地产经纪人协理进行各种经纪业务

B. 拒绝委托人发出的违法指令

C. 要求委托人提供与交易有关的资料

D. 以个人名义订立房地产经纪合同

11. 下列权利中，不属于房地产估价对象的是（ ）。

A. 土地使用权　　B. 在建工程抵押权

C. 知识产权　　D. 房屋所有权

12. 土地使用者延期付款超过（ ）日，经催交后仍不能支付国有建设用地使用权出让价款的，土地管理部门有权解除合同并可主张违约赔偿。

A. 15　　B. 30

C. 45　　D. 60

13. 商业用地不能采取（ ）方式出让。

A. 招标　　B. 拍卖

C. 挂牌　　D. 协议

14. 关于建设用地使用权设立的说法，错误的是（ ）。

A. 建设用地使用权不得在地表以下设立

B. 新设立的建设用地使用权，不得损害已设立的用益物权

C. 设立建设用地使用权，可以采取划拨的方式

D. 建设用地使用权人有权将建设用地使用权转让与他人

15. 甲公司以出让方式按法定最高年限取得了某度假村土地使用权，3年后建成开业，则开业时度假村的土地使用权剩余使用年限为（ ）年。

A. 37　　B. 40

C. 47　　D. 50

16. 国有土地租赁期限在（ ）个月以上的，应当由市、县土地行政主管部门与土地使用者签订租赁

合同。

A. 3　　B. 6

C. 9　　D. 12

17. 城市规划区的具体范围，由城市人民政府在编制的（　）中划定。

A. 城市总体规划

B. 城市分区规划

C. 城市控制性详细规划

D. 城市修建性详细规划

18. 关于城市房屋拆迁估价的说法，错误的是（　）。

A. 同一拆迁范围内的被拆迁房屋，原则上由一家估价机构评估

B. 房屋拆迁估价时点一般为接受估价委托之日

C. 房屋拆迁估价的价值标准是被拆迁房屋的公开市场价值

D. 房屋拆迁估价一般由拆迁人委托进行

19. 房屋拆迁当事人对估价结果有异议另行委托评估的，受托估价机构应当在（　）日内出具估价报告。

A. 5　　B. 10

C. 15　　D. 30

20. 关于房地产广告的说法，错误的是（　）。

A. 房地产广告中涉及交通的，如正在规划或者建设中，应当在广告中注明

B. 房地产广告中对价格有表示的，应当在广告中注明实际销售价格及有效期限

C. 房地产广告中涉及贷款服务的，应当载明提供贷款的银行名称及贷款额度、年期

D. 房地产广告中涉及房屋面积的，必须是房屋建筑面积

21. 在正常使用下，关于房地产开发企业对商品住宅最低保修期限的说法，正确的是（　）。

A. 屋面防水为 1 年

B. 电器开关为 1 年

C. 地面开裂为 1 年

D. 卫生间防渗漏为 2 年

22. 建设工期不足一年的，建设单位依法落实到位建设资金原则上不得少于工程合同价的（　）。

A. 30%　　B. 35%

C. 40%　　D. 50%

23. 根据《城市房地产管理法》，以出让方式取得土地使用权属于房屋建设工程的，按照土地使用权出让合同约定进行投资开发，其完成的开发投资达不到项目开发投资总额的（　）以上的，不得转让。

A. 15%　　B. 20%

C. 25%　　D. 30%

24. 关于房屋租赁合同备案的说法，正确的是（　）。

A. 房屋租赁当事人应当在租赁合同签订后 10 日内，持有关证明文件到市、县人民政府房地产管理部门办理登记备案手续

B. 备案时应当提交的证明文件中包括书面租赁合同和房屋所有权证书

C. 备案时只需要提供承租人的身份证件

D. 如果房屋租赁当事人订立的是口头租赁合同，需到场说明情况

25. 根据《合同法》，出卖人迟延交付房屋，经催告后在（　）个月的合理期限内仍未履行，买受人请求解除合同的，人民法院应予支持，但当事人另有约定的除外。

A. 1　　B. 3

C. 4　　D. 6

26. 当事人以约定的违约金过高为由请求减少的，应当以违约金超过造成的损失（　）为标准适当减少。

A. 15%　　B. 20%

C. 30%　　D. 35%

27. 承租人无正当理由拖欠房租达（　）个月以上的，出租人有权终止房屋租赁合同。

A. 1　　B. 3

C. 6　　D. 9

28. 房屋租赁合同期限不得超过（　）年。

A. 3　　B. 5

C. 10　　D. 20

29. 由于出卖人的原因，预售商品房自房屋交付之日起（　）日期限届满，买受人仍未能取得房屋权属证书的，除当事人另有约定外，出卖人应当承担违约责任。

A. 15　　B. 30

C. 60　　D. 90

30. 房屋登记机构予以异议登记的，申请人在异议登记之日起（　）日内不起诉，异议登记失效。

A. 15　　B. 30

C. 60　　D. 90

31. 关于房屋预告登记的说法，错误的是（　）。

A. 预告登记后，未经预告登记的权利人同意，处分该不动产的，不发生物权效力

B. 预告登记后，债权消灭或者自能够进行不动产登记之日起3个月内未申请登记的，预告登记失效

C. 预告登记仅适用于预售商品房的登记

D. 预告登记是为了保全一项请求而进行的不动产登记

32. 下列行为中，不属于应当申请房屋所有权转移登记的是（ ）。

A. 互换　　B. 继承

C. 赠与　　D. 抵押

33. 在建工程抵押权登记转为房屋抵押权登记的前提条件是，已抵押登记的在建工程竣工并经（ ）后。

A. 房屋所有权初始登记

B. 在建工程抵押权注销登记

C. 在建工程预告登记

D. 房屋销售预告登记

34. 因房屋改建致使部分房屋拆除的，房屋所有权人应当申请房屋所有权（ ）登记。

A. 更正　　B. 注销

C. 变更　　D. 撤销

35. 房屋登记机构缮写并向权利人发放房屋权属证书，应当依据（ ）记载的事项。

A. 申请书　　B. 证明材料

C. 房屋登记簿　　D. 法律文书

36. 利害关系人认为房屋登记簿记载的事项错误，而权利人不同意更正的，利害关系人可以申请（ ）登记。

A. 预告　　B. 变更

C. 更正　　D. 异议

37. 农民利用宅基地建造的住房登记，应缴纳房屋登记费（ ）元。

A. 0　　B. 10

C. 80　　D. 550

38. 物业管理中“制定物业管理方案”属于物业管理（ ）阶段的内容。

A. 策划　　B. 前期准备

C. 启动　　D. 日常运作

39. 选聘、解聘物业服务企业是（ ）的职责。

A. 业主大会　　B. 业主委员会

C. 居民委员会　　D. 业主大会筹备组

40. 住房公积金管理的决策机构是（ ）。

A. 住房公积金管理中心

B. 住房公积金管理委员会

C. 金融主管部门

D. 财政主管部门

41. 张某上年度年薪为48 000元，公积金缴存比例为12%，则张某的住房公积金月总缴存额为（ ）元。

A. 200　　B. 400

C. 480　　D. 960

42. 刘某自营食品店，应税房产原值为50万元，每年需要交纳的房产税额最少是（ ）元。

A. 4 200　　B. 4 800

C. 5 400　　D. 6 000

43. 城镇土地使用税的计税依据是纳税人（ ）。

A. 房屋的建筑面积

B. 房屋的使用面积

C. 房屋的居住面积

D. 实际占用的土地面积

44. 下列耕地中，属于免征耕地占用税的是（ ）。

A. 制药企业占用耕地

B. 医院占用耕地

C. 港口占用耕地

D. 停机坪占用耕地

45. 甲房地产开发企业新开发的普通住宅销售增值额为1 200万元，按土地增值税相关规定准予扣除项目金额为7 000万元，则其应纳土地增值税额为（ ）万元。

A. 0　　B. 360

C. 480　　D. 600

46. 下列税种中，属于既可适用比例税率也可适用定额税率的是（ ）。

A. 营业税　　B. 房产税

C. 印花税　　D. 契税

47. 中等城市城镇土地使用税每平方米年税额的幅度为（ ）元。

A. 0.6～12　　B. 0.9～18

C. 1.2～24　　D. 1.5～30

48. 关于住房税收优惠政策的说法，错误的是（ ）。

A. 对廉租住房经营管理单位按照政府规定价格、向规定保障对象出租廉租住房的租金收入，减半征收营业税

B. 企事业单位转让旧房作为廉租住房房源且增值额未超过扣除项目金额20%的，免征土地增值税

C. 对个人购买经济适用住房，在法定税率基础上减半征收契税

D. 对廉租住房经营管理单位购买住房作为廉租住房的，免征契税

49. 对房地产经纪人员在房地产中介活动中出现禁止行为的处罚标准是收回资格证书或公告资格证书作废，并处（ ）。

A. 警告

B. 5 000 元以下罚款

C. 1 万元以下罚款

D. 1 万元以上 3 万元以下罚款

50. 房地产中介机构代理销售不符合销售条件的商品房的，由县级以上房地产行政主管部门处以（ ），责令停止销售，并可处以罚款。

A. 警告　　B. 没收违法所得

C. 停业整顿　　D. 吊销营业执照

二、多项选择题（共 30 题，每题 2 分。每题的备选答案中有 2 个或 2 个以上符合题意，请在答题卡上涂黑其相应的编号。错选不得分；少选且选择正确的，每个选项得 0.5 分）

51. 房地产服务业包括（ ）。

A. 房地产开发经营业

B. 物业管理业

C. 房地产经纪业

D. 房地产咨询业

E. 房地产估价业

52. 下列与房地产有关的法律法规中，属于部门规章的有（ ）。

A.《物业管理条例》

B.《城乡规划法》

C.《城市房地产中介服务管理规定》

D.《房屋登记办法》

E.《城市房地产抵押管理办法》

53. 甲房地产经纪机构独家代理了一宗房屋买卖，交易标的额为 200 万元。该机构收费符合国家现行收费标准的有（ ）万元。

A. 1　　B. 3

C. 5　　D. 6. 5

E. 8

54. 房地产中介服务行业信用档案的建立范围包括（ ）。

A. 房地产登记机构

B. 房地产估价机构

C. 物业服务企业

D. 房地产经纪人

E. 房地产经纪人协理

55. 应由原注册机构注销房地产经纪人注册的情形有（ ）。

A. 受刑事处罚的

B. 不具有完全民事行为能力的

C. 严重违反职业道德和经纪行业管理规定的

D. 脱离房地产经纪工作岗位连续 12 个月的

E. 在一个房地产经纪机构执业满 4 年的

56. 以出让方式取得国有土地使用权的单位和个人，在土地使用期限内，对土地拥有（ ）。

A. 所有权　　B. 使用权

C. 占有权　　D. 收益权

E. 处分权

57. 关于划拨土地使用权的说法，错误的有（ ）。

A. 以划拨方式取得土地使用权无须交纳土地出让金

B. 划拨土地使用权除法律法规另有规定外，没有使用期限的限制

C. 国家无偿收回划拨土地使用权时，对其地上建筑物不予补偿

D. 无地上建筑物的划拨土地使用权未经许可不得转让

E. 无地上建筑物的划拨土地使用权出租无须批准

58. 下列土地中，属于国有土地的有（ ）。

A. 城市市区的土地

B. 已被国家依法征收的土地

C. 依法不属于集体所有的林地

D. 宅基地

E. 经济适用住房占用的土地

59. 关于城市规划管理的说法，正确的有（ ）。

A. 城市总体规划期限一般为 20 年

B. 在城市规划区内，取得建设用地规划许可证或建设用地批准文件中的任何一项批件，即属于合法占用土地

C. 建设工程规划许可证是有关建设工程符合城市规划要求的法律凭证

D. 临时建设用地的使用期限一般不超过 4 年

E. 城市规划的报建审批管理包括对建设项目选址审批核发项目选址意见书

60. 依法必须实行工程监理的建设工程包括（ ）。

A. 国家重点建设工程

B. 居民自行装修住宅

C. 成片开发建设的住宅小区工程

D. 利用外国政府贷款的工程

E. 利用国际组织援助资金的工程

61. “控制”、“管理”、“协调”是工程建设监理的基本工作，其中“管理”是指（ ）管理。

A. 进度　　B. 信息

C. 质量　　D. 安全

E. 合同

62. 关于商品房销售管理的说法，错误的有（ ）。

A. 未竣工已预售的商品房不得再行转让

B. 销售商品房时无需核对买受人是否用实名购房

C. 国家推行商品房预售合同网上即时备案制度

D. 房地产经纪机构可以根据销售需要，发布虚构价格和销售进度信息

E. 房地产开发企业可以用返本销售的方式销售商品房

63. 因承租人的行为导致房屋租赁合同人为终止的情形有（ ）。

A. 以没有时间为由，拖欠房租 8 个月

B. 利用承租房屋从事非法活动

C. 跟出租人打了个招呼就把一道非承重墙拆除了

D. 根据与出租人约定把房屋转租给自己的同学

E. 因出租人拒绝修理长期漏水的水管，一气之下把水管彻底毁坏

64. 下列房地产中，不得抵押的有（ ）。

A. 耕地

B. 村办企业厂房

C. 列入城市房屋拆迁范围的房屋

D. 宅基地

E. 已经设定抵押权的房地产

65. 关于房地产抵押的说法，正确的有（ ）。

A. 已出租的房地产抵押的，抵押人应当将租赁情况告知抵押权人

B. 一宗房地产首次抵押后，再次抵押的次数不宜超过两次

C. 抵押权人不得事先与抵押人约定债务人不履行到期债务时，抵押财产归债权人所有

D. 学校、医院等以公益为目的的事业单位的房地产一律不得设定抵押

E. 房屋登记簿记载的内容与抵押合同约定的内容不一致的，应当以房屋登记簿记载的内容为准

66. 甲、乙签订房屋买卖合同，但未办理房屋所有权转移登记，则（ ）。

A. 房屋买卖合同无效

B. 房屋买卖合同有效

C. 房屋所有权已转移

D. 房屋所有权未转移

E. 房屋买卖合同自登记之日生效，房屋所有权未转移

67. 根据《房屋登记办法》，房屋登记的种类包括（ ）。

A. 房屋所有权登记

B. 房屋抵押权登记

C. 商品房预售合同备案登记

D. 地役权登记

E. 房屋预告登记

68. 根据《土地登记办法》，需办理土地注销登记的情形有（ ）。

A. 依法收回国有土地的

B. 依法征收农民集体土地的

C. 土地用途发生根本性变化的

D. 土地使用权人失踪或死亡的

E. 因自然灾害等原因造成土地权利消灭的

69. 根据《房屋登记办法》，可以由当事人单方申请房屋登记的情形有（ ）。

A. 合法建造取得的房屋所有权

B. 最高额抵押权的设定

C. 主债权转让申请抵押权转移

D. 遗赠取得的房屋所有权

E. 拍卖取得的房屋所有权

70. 任何单位和个人可以公开查询的房屋权属登记信息有（ ）。

A. 房屋面积

B. 房屋坐落

C. 房屋用途

D. 他项权利的设定时间

E. 房屋原始登记凭证

71. 业主大会的职责包括（ ）。

A. 制定、修改管理规约和业主大会议事规则

B. 选举业主委员会委员

C. 选聘物业服务企业

D. 依照有关规定收取物业服务费

E. 决定专项维修资金使用方案

72. 张某拟转让已购公有住房并就住宅专项维修资金向拟购房人李某所做的下列解释中，正确的有

（ ）。

A. 李某购房时无须缴纳该房的专项维修资金

B. 如遇某些重大原因，专项维修资金不敷使用时，李某有可能要续补专项维修资金

C. 李某购房后可提取部分专项维修资金用于室内装修

D. 未经李某同意，任何单位或个人不得使用其名下的专项维修资金

E. 如房屋拆迁，专项维修资金账面余额将按比例退还给李某

73. 住房公积金的缴存基数是职工本人上一年度月平均工资，包括（ ）。

A. 职工的工作奖金

B. 职工的交通补贴

C. 职工的加班工资

D. 职工购买体彩中奖所得

E. 职工的岗位津贴

74. 住房公积金免征所得税的情形有（ ）。

A. 按规定比例缴存的住房公积金

B. 超过规定的比例缴存的住房公积金部分

C. 提取存储的住房公积金

D. 住房公积金存储利息

E. 住房公积金购买国债的所得

75. 下列房产中，免征房产税的有（ ）。

A. 军队自用房产

B. 五星级酒店

C. 国家机关办公楼

D. 个人自住住房

E. 房地产开发企业建造未售出但已使用的商品房

76. 按照陈某的遗嘱，其拥有的多处房屋分别由下列承受人承受，其中，应缴纳契税的有（ ）。

A. 陈某的儿子　　B. 陈某的经纪人

C. 陈某的继母　　D. 陈某的女儿

E. 护理陈某多年的保姆

77. 城市维护建设税以纳税人实际缴纳的（ ）税额为计税依据。

A. 增值税　　B. 所得税

C. 消费税　　D. 契税

E. 营业税

78. 下列行为中，应缴纳契税的有（ ）。

A. 国有建设用地使用权出让

B. 国有建设用地使用权赠与

C. 国有建设用地使用权交换

D. 房屋使用权转移

E. 房屋所有权继承

79. 房地产行政主管部门对享受廉租住房待遇的最低收入家庭，其收入连续一年以上超出规定收入标准的，应当取消其廉租房保障资格，停发租赁住房补贴，或者（ ）。

A. 责令限期改正

B. 在合理期限内收回廉租住房

C. 停止租金核减

D. 按廉租住房年市场租金的双倍罚款

E. 补交市场平均租金与廉租房标准租金的差额

80. 下列行为中，属于违反房地产权属登记管理规定的有（ ）。

A. 非法印刷、伪造、变造房屋权属证书或者登记证明

B. 房屋面积测算有误差

C. 提交错误、虚假的材料申请房屋登记

D. 房屋登记机构及工作人员过失行为

E. 房产面积测算中弄虚作假，欺骗房屋权利人

三、综合分析题（共 20 小题，每小题 2 分。每小题的备选答案中有 1 个或 1 个以上符合题意，请在答题卡上涂黑其相应的编号。错选不得分；少选且选择正确的，每个选项得 0.5 分）

（一）

甲房地产开发企业（以下简称“甲企业”）兴建一普通商品住宅小区。小区在建期间就进行预售；完工后，又以现房形式出售。在规定期间，甲企业经其商业伙伴推荐，未通过招、投标，也未经有关部门批准，采用协议方式直接聘用乙物业服务企业负责该小区的物业管理。该行为违反了相关规定，甲企业受到了相应处罚。后甲企业按规定重新选聘了丙物业服务企业。

81. 甲企业进行商品房预售的条件包括（ ）。

A. 已支付全部土地使用权出让金，取得土地使用权证书

B. 持有建设用地规划许可证

C. 按提供预售的商品房计算，投入开发建设的资金达到工程建设总投资的 25% 以上，并已经确定施工进度和竣工交付日期

D. 向县级以上人民政府房产管理部门办理预售登记，取得《商品房预售许可证》

82. 现房销售，应具备的条件包括（ ）。

A. 取得商品房销售许可证

B. 已办理房屋所有权初始登记

C. 物业管理方案已落实

D. 已通过竣工验收

83. 甲企业与丙物业服务企业签订的合同为（ ）。

A. 物业委托合同

B. 物业服务合同

C. 前期物业服务合同

D. 专项物业服务合同

84. 甲企业违规选聘乙物业服务企业的行为，相关部门将给予警告，可以并处不高于（ ）万元的罚款。

A. 5　　B. 10

C. 15　　D. 20

85. 甲企业选聘丙物业服务企业应在该小区现售前（ ）日内完成。

A. 10　　B. 20

C. 30　　D. 60

（二）

2010 年 5 月 1 日，王某向甲房地产开发企业（以下简称“甲企业”）购买了一套 80 平方米的住房，单价为 8 000 元/平方米，可以使用其住房公积金。这是他购买的第一套自住普通住房，现已办理了房屋产权登记。入住后，王某发现购房合同约定的房屋面积比房屋产权登记的面积少了 3 平方米。买卖双方对房屋面积误差的处理方式未作约定。

86. 甲企业在销售房屋时应当缴纳的税金为（ ）。

A. 房产税　　B. 营业税

C. 契税　　D. 城市维护建设税

87. 王某购买该套住房应缴纳的契税税率为（ ）。

A. 1%　　B. 1.1%

C. 3% ~5%　　D. 6%

88. 关于王某合法使用其住房公积金的说法，正确的为（ ）。

A. 用于装修房屋

B. 用于购买国债赚取利息

C. 用于购买股票赚取收益

D. 用于购买住房

89. 王某的房屋权属证书应由（ ）颁发。

A. 市、县人民政府房产管理部门

B. 市、县人民政府土地管理部门

C. 区级以上人民政府房产管理部门

D. 区级以上人民政府土地管理部门

90. 甲企业因房屋面积误差应当返还王某（ ）万元。

A. 2.40　　B. 2.88

C. 3.36　　D. 4.32

（三）

某市政府将一宗闲置土地使用权无偿收回，提供给甲房地产开发企业（以下简称“甲企业”）开发经济适用住房。王某 2009 年 10 月预购了该项目一套住宅，并申请了住房公积金抵押贷款。预售合同约定房屋建筑面积为 65 平方米，单价为 2 000 元/平方米，面积误差比绝对值在 5% 以内的据实结算。2009 年 10 月甲企业对该房屋阳台变更了设计，并通知了王某。

2010 年 8 月该项目竣工并交付使用，乙物业服务企业（以下简称“乙企业”）负责该住宅小区前期物业管理。王某在验房时，发现房屋建筑面积已经增至 67.6 平方米，存在卫生间地面渗水、下水管道堵塞等质量问题。在办理入住手续时，王某还通过由甲企业代缴的方式，交纳了产权登记相关税费、住宅专项维修资金等。

91. 城市规划区范围内出让开发用地闲置土地满（ ）年未动工开发时，政府可以无偿收回土地使用权。

A. 1　　B. 2

C. 3　　D. 4

92. 王某所购房屋的质量问题，应由（ ）承担保修责任。

A. 甲企业　　B. 房产管理部门

C. 乙企业　　D. 工程质量监督部门

93. 关于中途变更房屋设计的说法，正确的为（ ）。

A. 预售合同签订即不得再变更设计

B. 甲企业应在变更确立之日起 10 日内书面通知王某

C. 王某如选择退房应在国家规定的时限内书面通知甲企业

D. 王某如在通知送达之日起 15 日内未予理会的，视同接受设计变更

94. 关于王某的房价款的说法，正确的为（ ）。

A. 交房时该市新建商品房的均价上涨了 15%，所以甲企业有权调整房价

B. 王某实际总房价款应为 131 300 元

C. 王某实际总房价款应为 133 900 元

D. 王某实际总房价款应为 135 200 元

95. 王某在整个购房过程中应申请的房屋登记类别为（ ）。

A. 房屋所有权初始登记

B. 房屋所有权更正登记

C. 房屋所有权转移登记

D. 房屋抵押权登记

96. 王某购房过程中应缴纳的税金为（ ）。

A. 契税　　B. 土地增值税

C. 土地使用税　　D. 印花税

97. 甲企业在开发该经济适用住房项目过程中应缴纳的税金为（ ）。

A. 耕地占用税　　B. 契税

C. 企业所得税　　D. 教育费附加

98. 关于住宅专项维修资金的说法，正确的为（ ）。

A. 业主交存的住宅专项维修资金属业主所有

B. 业主大会成立前，住宅专项维修资金由甲企业代管

C. 王某房屋卫生间渗水、下水管道堵塞的维修可以申请使用住宅专项维修资金

D. 业主分户账面住宅专项维修资金余额不足首期交存额的30%的，应及时续交

99. 如果乙企业物业服务收费实行酬金制，则其物业服务支出的构成包括（ ）。

A. 乙企业服务人员的工资、社会保险

B. 乙企业管理人员的奖金

C. 物业管理区域清洁卫生费用

D. 物业共用部位、共用设施的维修和更新改造费用

100. 王某在办理住房公积金贷款时，工作人员所做的下列解释中，正确的为（ ）。

A. 住房公积金贷款实行低利率政策

B. 使用住房公积金贷款的职工在还贷期间，不能提取住房公积金

C. 王某未还清贷款前，不得再次申请住房公积金贷款

D. 住房公积金贷款按法定利率调整时间分段计息

第四部分

参考答案及解析

各章练习题答案及解析

第1章

一、单项选择题

1.【答案】A

2.【答案】D

3.【答案】C

4.【答案】B

5.【答案】B

6.【答案】B

7.【答案】C

8.【答案】D

9.【答案】A

10.【答案】D

11.【答案】C

12.【答案】C

13.【答案】A

14.【答案】B

15.【答案】D

16.【答案】B

17.【答案】A

18.【答案】B

19.【答案】B

20.【答案】C

21.【答案】B

22.【答案】B

23.【答案】C

24.【答案】C

25.【答案】C

26.【答案】D

27.【答案】C

28.【答案】C

29.【答案】B

30.【答案】C

二、多项选择题

1.【答案】ADE

2.【答案】AD

3.【答案】ABCE

4.【答案】BCDE

5.【答案】BCD

6.【答案】ABDE

7.【答案】CD

8.【答案】BCE

9.【答案】ABCE

10.【答案】CD

11.【答案】CE

12.【答案】ABCD

13.【答案】ACD

14.【答案】CDE

15.【答案】ABCD

16.【答案】CDE

17.【答案】CDE

18.【答案】ADE

三、综合分析题

1.【答案】A

【解析】《城市房地产管理法》属于全国人大常委会制定的法律。

2.【答案】C

【解析】《房屋登记办法》属于部门规章。

3.【答案】B

【解析】省级人大制定的《××条例》属于地方性法规，不是政府规章。

4.【答案】C

【解析】省级政府制定的《××办法》属于政府规章，不是地方性法规。

5.【答案】A

【解析】《城市房地产管理法》作为全国人大常委会制定的法律，在备选项中效力最高。

6.【答案】D

【解析】用排除法，乙市人民政府出台的《乙市房屋登记办法》不属于法律、地方性法规、政府规章，是规范性文件。

第2章

一、单项选择题

1. 【答案】B

2. 【答案】A

3. 【答案】A

4. 【答案】C

5. 【答案】B

6. 【答案】D

7. 【答案】D

8. 【答案】D

9. 【答案】A

10. 【答案】B

11. 【答案】B

12. 【答案】D

13. 【答案】C

【解析】1公顷＝15亩，180亩＝180÷15＝12（公顷）。因此，该项目由Z省人民政府审批。

14. 【答案】B

15. 【答案】B

16. 【答案】C

17. 【答案】D

18. 【答案】A

19. 【答案】D

20. 【答案】B

21. 【答案】C

22. 【答案】B

23. 【答案】D

24. 【答案】C

25. 【答案】C

26. 【答案】B

27. 【答案】B

28. 【答案】A

【解析】以房地产转让方式取得出让土地使用权的权利人，其实际使用年限不是出让合同约定的年限，而是出让合同约定的年限减去原土地使用权已经使用年限后的剩余年限。商业用地土地使用权法定最高出让年限为40年。因此本题中王某取得该房的土地使用年限为33（40－2－5）年。

29. 【答案】C

【解析】《城镇国有土地使用权出让和转让暂行条例》规定，综合或其他用地土地使用权出让年限最高为50年。以房地产转让方式取得出让土地使用权的权利人，其实际使用年限不是出让合同约定的年限，而是出让合同约定的年限减去原土地使用权已经使用年限后的剩余年限。因此该办公用房占用的土地使用权的剩余使用年限为48（50－2）年。

30. 【答案】A

31. 【答案】D

32. 【答案】A

33. 【答案】D

34. 【答案】C

35. 【答案】B

36. 【答案】D

37. 【答案】A

38. 【答案】C

39. 【答案】D

40. 【答案】C

41. 【答案】C

42. 【答案】D

43. 【答案】D

44. 【答案】C

45. 【答案】A

46. 【答案】B

47. 【答案】A

48. 【答案】C

49. 【答案】B

50. 【答案】B

51. 【答案】C

52. 【答案】A

53. 【答案】C

54. 【答案】A

55. 【答案】C

56. 【答案】A

57. 【答案】D

58. 【答案】D

二、多项选择题

1. 【答案】ADE

2. 【答案】ABCE

3. 【答案】ABC

4. 【答案】CE

5. 【答案】ACDE

6. 【答案】ABCD

7. 【答案】ACE

8. 【答案】ABD

9. 【答案】ACDE

10.【答案】ACE

11.【答案】ABCE

12.【答案】ACDE

13.【答案】ACDE

14.【答案】AC

15.【答案】ABD

16.【答案】DE

17.【答案】BCDE

18.【答案】ABCE

19.【答案】ABCE

20.【答案】ADE

21.【答案】AE

22.【答案】ABCD

23.【答案】ABDE

24.【答案】CD

25.【答案】AD

26.【答案】ACD

27.【答案】BCE

28.【答案】AD

29.【答案】ABC

30.【答案】CD

31.【答案】ABCE

32.【答案】ABD

33.【答案】CDE

34.【答案】ABCD

35.【答案】ABDE

36.【答案】ABCD

37.【答案】ABCD

38.【答案】BC

39.【答案】ABD

40.【答案】CDE

41.【答案】CDE

42.【答案】ABCE

43.【答案】ACD

44.【答案】ABCE

45.【答案】BD

46.【答案】ABCD

47.【答案】AB

48.【答案】CDE

49.【答案】ABDE

三、综合分析题

1.（1）【答案】CD

（2）【答案】B

（3）【答案】ABD

（4）【答案】A

（5）【答案】BC

（6）【答案】ABD

（7）【答案】AD

2.（1）【答案】C

【解析】征收耕地的补偿费，为该耕地被征收前3年平均年产值的6至10倍。最低为129.6（600×360×6）万元。

（2）【答案】D

【解析】需要安置的农业人口数，按照被征收的耕地数量除以征地前被征地单位平均每人占有耕地的数量计算即为180（360÷2.0）人。

（3）【答案】A

（4）【答案】B

【解析】该建设项目用地属于基本农田，基本农田全部由国务院审批。

（5）【答案】ACD

（6）【答案】A

【解析】1公顷＝15亩，360÷15＝24（公顷）。征收基本农田、基本农田以外的耕地超过35公顷的，其他土地超过70公顷的，由国务院审批；其他用地由省级人民政府审批，并报国务院备案。因此该用地应由W省人民政府审批。征收农用地的，经国务院批准农用地转用的，同时办理征地审批手续，不再另行办理征地审批；经省、自治区、直辖市人民政府在征地批准权限内批准农用地转用的，同时办理征地审批手续，不再另行办理征地审批。

3.（1）【答案】D

（2）【答案】B

（3）【答案】A

【解析】对不属于政府、政府有关部门的行为造成动工开发延迟的，如果未动工开发满一年的，由市、县国土资源主管部门报经本级人民政府批准后，按照土地出让或者划拨价款的20%征缴土地闲置费。即应向W公司征缴土地闲置费为1 200（6 000×20%）万元。

（4）【答案】AD

（5）【答案】AC

【解析】用地单位改变土地利用条件及用途，必须取得出让方和市、县人民政府城市规划行政管理部门的同意，变更或重新签订出让合同并相应调整地价款。

（6）【答案】D

【解析】建设用地使用权出让合同由市、县人民政府土地管理部门与土地使用者签订。

（7）【答案】C

（8）【答案】C

【解析】不属于政府、政府有关部门的行为造成动工开发延迟的，对未动工开发满一年的，由市、县国土资源主管部门报经本级人民政府批准后，向国有建设用地使用权人下达《征缴土地闲置费决定书》，按照土地出让价款的20%征缴土地闲置费。未动工开发满两年的，由市、县国土资源主管部门按照规定，报经有批准权的人民政府批准后，向国有建设用地使用权人下达《收回国有建设用地使用权决定书》，无偿收回国有建设用地使用权。

4.（1）【答案】AD

【解析】房屋征收的主体是市、县级人民政府。市、县级人民政府应当组织有关部门对征收补偿方案进行论证并予以公布，征求公众意见。征求意见期限不得少于30日。

（2）【答案】ACD

【解析】作出房屋征收决定的市、县级人民政府对被征收人给予的补偿包括：①被征收房屋价值的补偿；②因征收房屋造成的搬迁、临时安置的补偿；③因征收房屋造成的停产停业损失的补偿。

（3）【答案】D

（4）【答案】C

【解析】《国有土地上房屋征收与补偿条例》第二十五条规定，房屋征收部门与被征收人依照本条例的规定，就补偿方式、补偿金额和支付期限、用于产权调换房屋的地点和面积、搬迁费、临时安置费或者周转用房、停产停业损失、搬迁期限、过渡方式和过渡期限等事项，订立补偿协议。

（5）【答案】BC

【解析】申请人民法院强制执行征收补偿决定案件，由房屋所在地基层人民法院管辖，高级人民法院可以根据本地实际情况决定管辖法院。人民法院应当自立案之日起三十日内作出是否准予执行的裁定；有特殊情况需要延长审查期限的，由高级人民法院批准。

5.（1）【答案】B

（2）【答案】B

（3）【答案】C

（4）【答案】ABC

（5）【答案】BC

（6）【答案】A

（7）【答案】C

（8）【答案】CD

（9）【答案】ABD

（10）【答案】CD

【解析】房地产开发企业预计利润率暂按以下规定的标准确定：①非经济适用房开发项目：位于省、自治区、直辖市和计划单列市人民政府所在地城区和郊区的，不得低于20%；位于其他地区的，不得低于10%；位于地级市、地区、盟、州城区及郊区的，不得低于15%；②经济适用房开发项目经济适用房开发项目符合建设部、国家发展改革委员会、国土资源部、中国人民银行《关于印发〈经济适用房管理办法〉》的通知（建住房［2004］77号）等有关规定的，不得低于3%。

6.（1）【答案】B

（2）【答案】D

（3）【答案】ACD

（4）【答案】C

（5）【答案】C

（6）【答案】ACD

（7）【答案】C

（8）【答案】D

第3章

一、单项选择题

1.【答案】C

2.【答案】B

3.【答案】A

4.【答案】C

5.【答案】A

6.【答案】C

【解析】城市总体规划、镇总体规划的内容应当包括：城市、镇的发展布局，功能分区，用地布局，综合交通体系，禁止、限制和适宜建设的地域范围，各类专项规划等。修建性详细规划的内容：①建设条件分析和综合技术经济论证；②建筑、道路和绿地的空间布局、景观规划设计，布置总平面图；③道路系统规划设计；④绿地系统规划设计；⑤工程管线规划设计；⑥竖向规划设计；⑦估算工程量、拆迁量和总造价，分析投资效益。

7.【答案】B

8.【答案】D

9. 【答案】D
10. 【答案】B
11. 【答案】D
12. 【答案】B
13. 【答案】B
14. 【答案】D
15. 【答案】B
16. 【答案】C
17. 【答案】D
18. 【答案】C
19. 【答案】C
20. 【答案】B
21. 【答案】B
22. 【答案】C
23. 【答案】A
24. 【答案】A
25. 【答案】D
26. 【答案】A
27. 【答案】D
28. 【答案】D
29. 【答案】C
30. 【答案】B
31. 【答案】B
32. 【答案】D
33. 【答案】B
34. 【答案】D
35. 【答案】B
36. 【答案】C
37. 【答案】C
38. 【答案】C
39. 【答案】D
40. 【答案】B

二、多项选择题

1. 【答案】BCDE
2. 【答案】ADE
3. 【答案】BCD
4. 【答案】ABCD
5. 【答案】ABC
6. 【答案】BCDE
7. 【答案】ABCE
8. 【答案】ABCD
9. 【答案】ABCD
10. 【答案】ABC
11. 【答案】CDE
12. 【答案】ABE
13. 【答案】ACD
14. 【答案】ABCD
15. 【答案】ABCD
16. 【答案】ABCD
17. 【答案】BD
18. 【答案】ACDE
19. 【答案】BCD
20. 【答案】AC
21. 【答案】ABC
22. 【答案】ABD
23. 【答案】ACE
24. 【答案】BCE
25. 【答案】BDE
26. 【答案】BE
27. 【答案】ABD
28. 【答案】ABDE
29. 【答案】BCD
30. 【答案】ACD
31. 【答案】DE
32. 【答案】AC
33. 【答案】AE
34. 【答案】ACE
35. 【答案】ADE
36. 【答案】BDE
37. 【答案】ACD
38. 【答案】ACDE

三、综合分析题

1. （1）【答案】ABD

（2）【答案】C

（3）【答案】ACD

（4）【答案】BC

（5）【答案】B

（6）【答案】AC

（7）【答案】ABD

2. （1）【答案】C

【解析】建设工期不足1年的，到位资金原则上不得少于工程合同价的50%，建设工期超过1年的，到位资金原则上不得少于工程合同价的30%。该项目建设工期为11个月，工程合同价为2 000万元，其到位资金原则上不得少于1 000（2 000 × 50%）万元。

（2）【答案】ACD

（3）【答案】ABD

（4）【答案】C

【解析】房屋建筑工程保修期从工程竣工验收合格之日起计算。2013 年 10 月 8 日，该项目竣工验收合格。

（5）【答案】B

【解析】《建设工程质量管理条例》明确规定，屋面防水工程、有防水要求的卫生间、房间和外墙面的防渗漏为 5 年。房屋建筑工程保修期从工程竣工验收合格之日起计算，即从 2013 年 10 月 8 日起，计算 5 年，算至 2018 年 10 月 8 日。

3. （1）【答案】C

【解析】建设工期不足 1 年的，到位资金原则上不得少于工程合同价的 50%，建设工期超过 1 年的，到位资金原则上不得少于工程合同价的 30%，该项目建设工期为 11 个月，工程合同价为 250 万元，即为 125（250×50%）万元。

（2）【答案】C

（3）【答案】ACD

（4）【答案】D

（5）【答案】B

（6）【答案】BC

第 4 章

一、单项选择题

1. 【答案】D

2. 【答案】D

3. 【答案】D

4. 【答案】D

5. 【答案】C

6. 【答案】C

【解析】面积误差比=(产权登记面积−合同约定面积)/合同约定面积×100%=(100−97)/97×100%=3.09%。根据误差的处理方式：面积误差比在 3% 之内（含 3%）的房价款由买受人补足，即为 399 640（97×103%×4 000）元。

7. 【答案】B

【解析】面积误差比=（产权登记面积−合同约定面积）/合同约定面积×100%=（96−100）÷100×100%=−4%。根据误差的处理方式：产权登记面积小于合同约定面积时，面积误差比绝对值在 3%（含 3%）以内部分的房价款由房地产开发企业返还买受人；绝对值超过 3% 的房价款由房地产开发企业双倍返还买受人，即为 475 000 {100×5 000−（100×5 000×3%）−[100×5 000×（4%−3%）×2]} 元。

8. 【答案】C

9. 【答案】C

10. 【答案】D

11. 【答案】A

12. 【答案】D

13. 【答案】B

14. 【答案】A

15. 【答案】C

【解析】最高人民法院《关于审理商品房买卖合同纠纷案件适用法律若干问题的司法解释》规定，当事人以约定的违约金过高为由请求减少的，应当以违约金超过造成的损失 30% 为标准适当减少；当事人以约定的违约金低于造成的损失为由请求增加的，应当以违约造成的损失确定违约金数额。

16. 【答案】B

17. 【答案】D

18. 【答案】D

19. 【答案】A

20. 【答案】A

21. 【答案】A

22. 【答案】C

23. 【答案】B

24. 【答案】B

【解析】商业国有土地使用权出让年限最高为 40 年。以房地产转让方式取得出让土地使用权的权利人，其实际使用年限不是出让合同约定的年限，而是出让合同约定的年限减去原土地使用者已经使用年限后的剩余年限，即为 23（40−2−15）年。

25. 【答案】B

26. 【答案】D

27. 【答案】C

28. 【答案】C

29. 【答案】C

二、多项选择题

1. 【答案】AE

2. 【答案】ABD

3. 【答案】AE

4. 【答案】AC

5. 【答案】ACE

6. 【答案】ABE

7. 【答案】DE

8. 【答案】CDE

9. 【答案】ABDE

10. 【答案】BD

11. 【答案】BE

12. 【答案】ACDE

【解析】《城市房地产管理法》规定商品房预售实行预售许可。《城市房地产开发经营管理条例》及原建设部《城市商品房预售管理办法》、《商品房销售管理办法》对商品房预售管理的含义、处罚等有关问题进一步作了细化。

13. 【答案】ABCE

【解析】要分清“按提供预售的商品房计算”和“按建设的商品房计算”的区别。

14. 【答案】CD

15. 【答案】ABE

16. 【答案】CD

17. 【答案】ACE

18. 【答案】ABCD

19. 【答案】BD

20. 【答案】ABCD

三、综合分析题

1. (1)【答案】BC

(2)【答案】AC

(3)【答案】B

(4)【答案】BD

(5)【答案】B

【解析】根据“面积误差比=(产权登记面积-合同约定面积)/合同约定面积×100%”，本题中，赵某所预购的商品房合同约定建筑面积为100平方米，产权登记建筑面积为104平方米，因此，该题面积误差比=(产权登记面积-合同约定面积)/合同约定面积×100%=(104-100)÷100×100%=4%。

(6)【答案】C

【解析】每平方米2 000元，合同约定面积为100平方米。赵某所预购的商品房建筑面积，经确权登记为104平方米。根据“面积误差比绝对值超过3%时，买受人有权退房。买受人不退房的，产权登记面积大于合同约定面积时，面积误差比在3%之内(含3%)的房价款由买受人补足；超出3%部分的房价款由房地产企业承担，产权归买受人”。赵某实际最终应付总房款=2 000×100×103%=206 000(元)。

(7)【答案】BCD

(8)【答案】B

(9)【答案】ABD

(10)【答案】A

【解析】房地产开发企业应当在签约之日起30日内，向房地产管理部门和市、县以上人民政府土地管理部门办理商品房预售合同登记备案手续。2014年3月1日，丙公司与赵某签订了商品房预售合同。

(11)【答案】D

(12)【答案】AB

2. (1)【答案】C

(2)【答案】C

(3)【答案】B

【解析】甲公司申领《商品房预售许可证》在其他条件均具备时，投入开发建设资金应达到1 500(6 000×25%)万元。

(4)【答案】AB

(5)【答案】C

(6)【答案】AC

【解析】①计算面积误差比。面积误差比 $=\dfrac{\text{产权登记面积}-\text{合同约定面积}}{\text{合同约定面积}}\times100\%$ =(108-100)÷100×100%=8%。②根据误差的处理方式，“合同未作约定的，按以下原则处理：面积误差比绝对值在3%以内(含3%)的，据实结算房价款；买受人不退房的，产权登记面积大于合同约定面积时，面积误差比在3%之内(含3%)的房价款由买受人补足；超出3%部分的房价款由房地产企业承担，产权归买受人”。本题面积误差比为8%，因此面积误差比在3%之内的“3平方米”房价款由王某补足；而超出3%部分的“5平方米”房价款由甲公司承担，产权归王某所有。因此，正确答案应为A和C。

(7)【答案】AD

【解析】①计算面积误差比。面积误差比 $=\dfrac{\text{产权登记面积}-\text{合同约定面积}}{\text{合同约定面积}}\times100\%$ =(95-100)÷100×100%=5%。②根据“买受人不退房的，产权登记面积小于合同约定面积时，面积误差比绝对值在3%(含3%)以内部分的房价款由房地产开发企业返还买受人；绝对值超过3%的房价款由房地产开发企业双倍返还买受人”，本题面积误差比为5%，因此，面积误差比绝对值在3%之内的3平方米房价款由甲公司返还高某；绝对值超过3%的2平方米房价款由甲公司双倍返还给高某，也就是要返还4平方米房价款；共计 7 平方米。因此，正确答案应为 A 和 D。

（8）【答案】AB

第 5 章

一、单项选择题

1.【答案】B

2.【答案】C

【解析】《商品房屋租赁管理办法》规定，有下列情形之一的房屋不得出租：①属于违法建筑的；②不符合安全、防灾等工程建设强制性标准的；③违反规定改变房屋使用性质的；④法律、法规规定禁止出租的其他情形。《关于加强经济适用住房管理有关问题的通知》（建保〔2010〕59 号）规定，对已购经济适用住房的家庭，不能提供住房保障部门出具的书面意见的，任何中介机构不得代理买卖、出租其经济适用住房；房屋租赁备案管理机构应当暂停办理其经济适用住房的租赁备案，房屋登记机构应当暂停办理该家庭购买其他房屋的权属登记，并及时通报住房保障部门。

3.【答案】C

4.【答案】C

5.【答案】C

6.【答案】B

7.【答案】A

8.【答案】B

9.【答案】B

10.【答案】C

【解析】承租人在租赁期内死亡，租赁房屋的共同居住人要求继承原租赁关系的，出租人应当继续履行原租赁合同。

11.【答案】D

12.【答案】C

13.【答案】C

【解析】出租人知道或者应当知道承租人转租，但在六个月内未提出异议，其以承租人未经同意为由请求解除合同或者认定转租合同无效的，人民法院将不予支持。

14.【答案】C

15.【答案】B

16.【答案】B

17.【答案】D

18.【答案】B

19.【答案】C

【解析】廉租住房租赁合同终止的情形主要有：①承租人已不符合规定条件的；②将所承租的廉租住房转借、转租、调换和转让廉租住房的；③改变廉租住房用途的；④无正当理由连续 6 个月以上未在所承租的廉租住房居住或者未交纳廉租住房租金的。

二、多项选择题

1.【答案】CD

2.【答案】ACDE

3.【答案】ABCD

4.【答案】ABDE

5.【答案】BCE

6.【答案】BCDE

7.【答案】BDE

8.【答案】ACD

9.【答案】DE

10.【答案】ABE

11.【答案】ACD

12.【答案】ADE

13.【答案】ABCE

三、综合分析题

（1）【答案】C

【解析】《经济适用住房管理办法》对经济适用住房上市进行了较严格的限制性规定：①经济适用住房购房人拥有有限产权；②购买经济适用住房不满 5 年，不得直接上市交易，购房人因特殊原因确需转让经济适用住房的，由政府按照原价格并考虑折旧和物价水平等因素进行回购；③购买经济适用住房满五年，购房人上市转让经济适用住房的，应按照届时同地段普通商品住房与经济适用住房总价的一定比例向政府交纳土地收益等相关价款，具体交纳比例由市、县人民政府确定，政府可优先回购；④购房人也可以按照政府所定的标准向政府交纳土地收益等相关价款后，取得完全产权。

（2）【答案】C

【解析】《经济适用住房管理办法》规定，经济适用住房购房人拥有有限产权。购买经济适用住房不满 5 年，不得直接上市交易，购房人因特殊原因确需转让经济适用住房的，由政府按照原价格并考虑折旧和物价水平等因素进行回购。

（3）【答案】ABC

【解析】商品房屋租赁合同属于诺成、双务、有偿合同。商品房屋租赁合同自双方当事人达成协议时成立，并不以房屋的交付为合同的成立要件，故为诺成合同而非实践合同。

（4）【答案】CD

【解析】当事人以房屋租赁合同未按照法律、行政法规规定办理登记备案手续为由，请求确认合同无效的，人民法院不予支持。未办理房屋登记备案的不影响合同的效力。

（5）【答案】B

（6）【答案】AD

（7）【答案】A

【解析】承租人在房屋租赁期间死亡的，与其生前共同居住的人可以按照原租赁合同租赁该房屋。

（8）【答案】ACD

【解析】商品房屋租赁转移的是房屋使用权而非所有权。出租人出卖租赁房屋的，应当在出卖之前的合理期限内通知承租人，承租人享有以同等条件优先购买的权利；房屋租赁期间内，因赠与、析产、继承或者买卖转让房屋的，原房屋租赁合同继续有效；承租人在房屋租赁期间死亡的，与其生前共同居住的人可以按照原租赁合同租赁该房屋。

（9）【答案】ABC

第6章

一、单项选择题

1. 【答案】A
2. 【答案】B
3. 【答案】B
4. 【答案】D

【解析】《物权法》规定下列财产不得抵押：①土地所有权；②耕地、宅基地、自留地、自留山等集体所有的土地使用权，但法律规定可以抵押的除外；③学校、幼儿园、医院等以公益为目的的事业单位、社会团体的教育设施、医疗卫生设施和其他社会公益设施；④所有权、使用权不明或者有争议的财产；⑤依法被查封、扣押、监管的财产；⑥法律、行政法规规定不得抵押的其他财产。

5. 【答案】B
6. 【答案】B
7. 【答案】D
8. 【答案】C
9. 【答案】B
10. 【答案】A

【解析】订立抵押合同前抵押财产已出租的，原租赁关系不受该抵押权的影响。抵押权设立后抵押财产出租的，该租赁关系不得对抗已登记的抵押权。

11. 【答案】C
12. 【答案】D
13. 【答案】D
14. 【答案】C
15. 【答案】B
16. 【答案】B
17. 【答案】B
18. 【答案】B
19. 【答案】D
20. 【答案】B

【解析】《物权法》规定，有下列情形之一的，抵押权人的债权确定：①约定的债权确定期间届满；②没有约定债权确定期间或者约定不明确，抵押权人或者抵押人自最高额抵押权设立之日起满两年后请求确定债权；③新的债权不可能发生；④抵押财产被查封、扣押；⑤债务人、抵押人被宣告破产或者被撤销；⑥法律规定债权确定的其他情形。

21. 【答案】C
22. 【答案】A
23. 【答案】A
24. 【答案】D
25. 【答案】C
26. 【答案】A

【解析】《物权法》规定，同一财产向两个以上债权人抵押的，拍卖、变卖抵押财产所得的价款依照下列规定清偿：①抵押权已登记的，按照登记的先后顺序清偿；顺序相同的，按照债权比例清偿；②抵押权已登记的先于未登记的受偿；③抵押权未登记的，按照债权比例清偿。

二、多项选择题

1. 【答案】ABCD
2. 【答案】CDE

【解析】《物权法》允许债务人或者第三人对其有权处分的下列房地产设定抵押：①建筑物和其他土地附着物；②建设用地使用权；③正在建造的建筑物；④法律、行政法规未禁止抵押的其他房地产。

3. 【答案】ACDE
4. 【答案】CE
5. 【答案】BCD
6. 【答案】AE

【解析】根据《担保法》第63条第1款规定，债务履行期届满抵押权人未受清偿的，可以与抵押人协议以抵押房地产折价或者以拍卖、变卖该抵押房地产所得的价款受偿；协议不成的，抵押权人可以向人民法院提起诉讼，即抵押权人不能单方处分抵押物。

7. 【答案】AC

8. 【答案】DE

9. 【答案】BCDE

10. 【答案】ABE

11. 【答案】BCE

【解析】房地产管理部门不得要求抵押当事人委托评估房地产抵押价值，不得指定房地产估价机构评估房地产抵押价值；《物权法》规定订立抵押合同前抵押财产已出租的，原租赁关系不受该抵押权的影响。抵押权设立后抵押财产出租的，该租赁关系不得对抗已登记的抵押权。抵押人未经抵押权人同意将已抵押的房屋出租的，抵押权实现后，租赁合同对受让人不具有约束力。

12. 【答案】ACDE

【解析】房地产抵押担保的范围包括主债权及利息、违约金、损害赔偿金和实现抵押权的费用。抵押合同另有约定的，按照约定。

13. 【答案】BCE

【解析】有下列情形之一的，担保物权消灭：①主债权消灭；②担保物权实现；③债权人放弃担保物权；④法律规定担保物权消灭的其他情形。

14. 【答案】ABCE

三、综合分析题

(1)【答案】ACD

【解析】冯某如符合住房公积金贷款条件，也可选择住房公积金贷款。

(2)【答案】BC

(3)【答案】AD

【解析】冯某和 W 银行应办理房屋抵押权登记。同一财产向两个以上债权人抵押，拍卖、变卖抵押物所得的价款按照抵押权登记的先后顺序清偿，顺序相同的，按照债权的比例清偿。《物权法》规定，抵押权自登记时设立。

(4)【答案】B

【解析】抵押人未经抵押权人同意将已抵押的房屋出租的，抵押权实现后，租赁合同对受让人不具有约束力。抵押人将已抵押的房屋出租时，如果抵押人未书面告知承租人该房屋已抵押的，抵押人对出租抵押物造成承租人的损失承担赔偿责任；如果抵押人已书面告知承租人该房屋已抵押的，抵押权实现造成承租人的损失，由承租人自己承担。

(5)【答案】CD

【解析】抵押权人与抵押人未就抵押权实现方式达成协议的，抵押权人可以请求人民法院拍卖、变卖抵押财产。

(6)【答案】AD

【解析】《合同法》规定，租赁期限不得超过 20 年，超过 20 年的，超过部分无效。租赁期间届满当事人可以续订租赁合同，但约定的租赁期限自续订之日起不得超过 20 年。

(7)【答案】A

(8)【答案】AC

【解析】2014 年 12 月，其租赁合同到期。

第 7 章

一、单项选择题

1. 【答案】B

2. 【答案】B

3. 【答案】C

4. 【答案】D

5. 【答案】C

6. 【答案】C

7. 【答案】B

8. 【答案】B

9. 【答案】C

10. 【答案】D

11. 【答案】C

12. 【答案】B

13. 【答案】D

14. 【答案】C

15. 【答案】B

16. 【答案】D

17. 【答案】A

18. 【答案】D

19. 【答案】C

20. 【答案】D

21. 【答案】C

22. 【答案】C

23. 【答案】A

24. 【答案】C

25. 【答案】C

26. 【答案】B

【解析】变更登记，是指因土地权利人发生改变，或者因土地权利人姓名或者名称、地址和土地用途等内容发生变更而进行的登记。

27. 【答案】A

28. 【答案】C

29. 【答案】B

【解析】变更登记，是指因土地权利人发生改变，或者因土地权利人姓名或者名称、地址和土地用途等内容发生变更而进行的登记。

30. 【答案】B

31. 【答案】B

32. 【答案】A

33. 【答案】C

34. 【答案】B

35. 【答案】B

36. 【答案】A

37. 【答案】A

38. 【答案】A

39. 【答案】B

40. 【答案】B

【解析】《土地登记办法》第五十条规定，有下列情形之一的，可直接办理注销登记：①依法收回的国有土地；②依法征收的农民集体土地；③因人民法院、仲裁机构的生效法律文书致使原土地权利消灭，当事人未办理注销登记的。第五十二条规定，非住宅国有建设用地使用权期限届满，国有建设用地使用权人未申请续期或者申请续期未获批准的，当事人应当在期限届满前十五日内，持原土地权利证书，申请注销登记。

41. 【答案】D

42. 【答案】A

43. 【答案】B

44. 【答案】C

【解析】《土地登记资料公开查询办法》第二条规定，本办法所称土地登记资料，是指：①土地登记结果，包括土地登记卡和宗地图；②原始登记资料，包括土地权属来源文件、土地登记申请书、地籍调查表和地籍图。

45. 【答案】B

二、多项选择题

1. 【答案】BCDE

2. 【答案】ACDE

3. 【答案】ABCE

4. 【答案】BCD

5. 【答案】ABCE

6. 【答案】AC

7. 【答案】ABCD

8. 【答案】ADE

9. 【答案】ABCE

10. 【答案】ABD

11. 【答案】ABCD

12. 【答案】ACD

13. 【答案】BCD

14. 【答案】BE

15. 【答案】ABC

16. 【答案】BD

17. 【答案】ACE

18. 【答案】BCDE

19. 【答案】AB

20. 【答案】ABCD

21. 【答案】ABC

22. 【答案】ABDE

23. 【答案】ABC

24. 【答案】ABDE

25. 【答案】ACDE

26. 【答案】ABC

27. 【答案】ABDE

28. 【答案】ABDE

29. 【答案】AE

30. 【答案】BCDE

三、综合分析题

1. （1）【答案】D

【解析】《物权法》规定，当事人签订买卖房屋或者其他不动产物权的协议，为保障将来实现物权，按照约定可以向登记机构申请预告登记。

（2）【答案】BD

（3）【答案】BCD

【解析】经规划部门批准的规划变更、设计单位同意的设计变更导致商品房的结构形式、户型、空间尺寸、朝向变化，以及出现合同当事人约定的其他影响商品房质量或使用功能情形的，房地产开发企业应当在变更确立之日起 10 日内，书面通知买受人。买受人有权在通知到达之日起 15 日内作出是否退房的书面答复。买受人在通知到达之日起 15 日内未作出书面答复的，视同接受规划、设计变更以及由此引起的房价款的变更。

（4）【答案】CD

【解析】王某 2012 年 10 月预购了该项目一套住宅，并申请了住房公积金抵押贷款。房屋所有权转移登记是指房屋因买卖、赠与、交换、继承等原因致使房屋所有权发生转移而进行的登记。房屋抵押权登记是指房屋登记机构根据抵押当事人申请，依法将抵押权设立、转移、变动等事项在登记簿上予以记载的行为。

（5）【答案】A

（6）【答案】B

2.（1）【答案】A

【解析】当事人预购商品房、以预购商品房设定抵押、房屋所有权转让（抵押）或有法律、法规规定的其他可以申请房屋预告登记情形的，可以向房屋登记机构申请房屋预告登记。

（2）【答案】ABC

（3）【答案】B

（4）【答案】C

（5）【答案】A

3.（1）【答案】ACD

【解析】建成W商品住宅小区后，必然进行房屋所有权初始登记；乙公司将商品住宅出售给购房户，要办理房屋所有权转移登记；购房户田某采取预售商品房抵押的方式，要办理房屋抵押权登记。

（2）【答案】C

（3）【答案】B

（4）【答案】CD

【解析】乙公司将商品住宅出售给田某，要办理房屋所有权转移登记；购房户田某采取预售商品房抵押的方式，要办理房屋抵押权登记。

第8章

一、单项选择题

1.【答案】C

2.【答案】B

3.【答案】B

4.【答案】D

5.【答案】C

6.【答案】B

7.【答案】C

8.【答案】B

9.【答案】C

10.【答案】C

11.【答案】D

【解析】《关于房屋、土地权属由夫妻一方所有变更为夫妻双方共有契税政策的通知》（财税［2011］82号）规定，婚姻关系存续期间，房屋、土地权属原归夫妻一方所有，变更为夫妻双方共有的，免征契税。

12.【答案】B

13.【答案】D

14.【答案】B

15.【答案】C

16.【答案】B

17.【答案】C

18.【答案】C

19.【答案】D

20.【答案】B

21.【答案】A

22.【答案】C

23.【答案】B

24.【答案】C

25.【答案】D

26.【答案】B

【解析】非出租的房产：房产原值×（1－10%～30%）×1.2%。最高：3 000×（1－0.1）×0.012＝32.40（万元）。最低：3 000×（1－0.3）×0.012＝25.20（万元）。因此B项25.20～32.40，最符合题意。

27.【答案】D

【解析】房产税采用比例税率。在不考虑税收优惠政策情况下，按房产余值计征的，税率为1.2%；按房产租金收入计征的：税率为12%。所以需缴纳房产税为864（600×12×12%）元/年。

28.【答案】D

29.【答案】B

30.【答案】B

【解析】土地使用税的计税依据是纳税人实际占用的土地面积。

31.【答案】C

32.【答案】C

33.【答案】C

34.【答案】B

35.【答案】B

36.【答案】D

37.【答案】B

38.【答案】B

39.【答案】B

40.【答案】D

41.【答案】C

42.【答案】D

43. 【答案】C

44. 【答案】B

【解析】从 2008 年 3 月 1 日起，对个人出租住房，不区分用途，在 3% 税率的基础上减半征收营业税，按 4% 的税率征收房产税，即王某每月应缴纳的房纳税为 30（2 000 × 1.5%）元。

45. 【答案】D

46. 【答案】B

47. 【答案】C

48. 【答案】B

49. 【答案】C

50. 【答案】B

51. 【答案】C

【解析】2008 年 3 月 1 日起，对个人出租住房取得的所得减按 10% 的税率征收个人所得税，即江某应缴纳的个人所得税为 1 200（12 000 × 10%）元。

52. 【答案】B

53. 【答案】B

54. 【答案】A

55. 【答案】D

56. 【答案】B

二、多项选择题

1. 【答案】ABD

2. 【答案】BDE

3. 【答案】ABD

4. 【答案】ABCE

5. 【答案】AB

【解析】房地产交易环节的收费，主要有交易手续费、房产登记费、房地产评估费、房地产经纪服务费、利用房地产档案费等类别，交易手续费、房产登记费、利用房地产档案费属于政府规费，房地产评估费、房地产经纪服务费则属于经营服务性收费。目前，有全国性收费标准的房地产交易环节收费主要是交易手续费和房产登记费。

6. 【答案】ABCE

7. 【答案】AC

8. 【答案】ABCE

9. 【答案】ABCE

10. 【答案】AB

11. 【答案】BCDE

12. 【答案】ABCD

13. 【答案】AD

14. 【答案】BCE

【解析】鉴于房地产开发企业开发的商品房在出售前，对房地产开发企业而言是一种产品，因此，对房地产开发企业建造的商品房，在售出前，不征收房产税；但对售出前房地产开发企业已使用或出租、出借的商品房应按规定征收房产税。股改铁路运输企业及合资铁路运输公司自用的房产、土地，免征房产税。

15. 【答案】ABDE

16. 【答案】ABCE

17. 【答案】ACDE

18. 【答案】ABCD

19. 【答案】ABCE

20. 【答案】ABCE

21. 【答案】ABD

22. 【答案】AB

23. 【答案】ABCE

24. 【答案】ABE

【解析】铁路线路、公路线路、飞机场跑道、停机坪、港口、航道占用耕地，减按每平方米 2 元的税额征收耕地占用税。

25. 【答案】BCDE

26. 【答案】BCE

27. 【答案】ACDE

28. 【答案】ABD

29. 【答案】BCD

30. 【答案】ABE

31. 【答案】ABCD

32. 【答案】AE

33. 【答案】BCDE

34. 【答案】ABCD

35. 【答案】ABC

36. 【答案】ABD

三、综合分析题

1. （1）【答案】B

（2）【答案】A

【解析】扣除项目为 850 万元，土地增值额为 750（1 600 − 850）万元，因此，土地增值额超过扣除项目金额 50%，未超过 100% 的。按照“土地增值额超过扣除项目金额 50%，未超过 100% 的，应纳税额 = 土地增值额 × 40% − 扣除项目 × 5%”，应纳税额 = 土地增值额 × 40% − 扣除项目 × 5% = 750 × 40% − 850 × 5% = 257.50（万元）。

（3）【答案】D

（4）【答案】D

【解析】根据“城镇土地使用税是采用分类分级的

幅度定额税率。每平方米的年幅度税额按城市大小分四个档次：①大城市 1.5～30 元；②中等城市 1.2～24 元；③小城市 0.9～18 元；④县城、建制镇、工矿区 0.6～12 元”。应适用“县城、建制镇、工矿区 0.6～12 元”，因此交纳的最高限度为 60 000（5 000×12）元。

（5）【答案】B

【解析】根据“城镇土地使用税是采用分类分级的幅度定额税率。每平方米的年幅度税额按城市大小分四个档次：①大城市 1.5～30 元；②中等城市 1.2～24 元；③小城市 0.9～18 元；④县城、建制镇、工矿区 0.6～12 元”。应适用“县城、建制镇、工矿区 0.6～12 元”，因此交纳的最低限度为 3 000（5 000×0.6）元。

2.（1）【答案】C

【解析】根据国务院令第 483 号《国务院关于修改〈城镇土地使用税暂行条例〉的决定》每平方米的年幅度税额按城市大小分四个档次：①大城市 1.5～30 元；②中等城市 1.2～24 元；③小城市 0.9～18 元；④县城、建制镇、工矿区 0.6～12 元。该项目应适用“中等城市 1.2～24 元”，4 公顷＝40 000 平方米。因此，应交纳的最高限应为 96（40 000×24）万元；最低限度为 4.8（40 000×1.2）万元。

（2）【答案】B

【解析】扣除项目金额为 4 500 万元，土地增值额为 500（5 000－4 500）万元。500÷4 500×100%＝11.11%。因此，土地增值额未超过扣除项目金额 50% 的，应纳税额＝土地增值额×30%＝500×30%＝150（万元）。

（3）【答案】D

【解析】项目工期为两年半，工程合同价为 5 000 万元。建设工期超过 1 年的，到位资金原则上不少于工程合同价的 30%。因此其到位资金达到 1 500（5 000×30%）万元。

（4）【答案】ACD

（5）【答案】B

【解析】从 2010 年 10 月 1 日起，对个人购买普通住房，且该住房属于家庭唯一住房的，减半征收契税。对个人购买 90 平方米及以下普通住房，且该住房属于家庭唯一住房的，减按 1% 税率征收契税。因此，高某应缴纳契税税额＝10 000×70×1%＝7 000（元）。

（6）【答案】D

【解析】自 2011 年 1 月 28 日起，对个人购买住房不足 5 年转手交易的，统一按其销售收入全额征税。销售不动产（房地产）的营业税税率为 5%。因此高某应缴纳营业税税额＝10 000×70×5%＝35 000（元）。

（7）【答案】C

【解析】2008 年 3 月 1 日起，对个人出租住房取得的所得减按 10% 的税率征收个人所得税。对个人出租、承租住房签订的租赁合同，免征印花税。对个人出租住房，不区分用途，在 3% 税率的基础上减半征收营业税，按 4% 的税率征收房产税，免征城镇土地使用税。

3.（1）【答案】B

【解析】2008 年 3 月 1 日起，对个人出租住房，不区分用途，在 3% 税率的基础上减半征收营业税，按 4% 的税率征收房产税，免征城镇土地使用税。

（2）【答案】C

【解析】2008 年 3 月 1 日起，对个人出租住房取得的所得税按 10% 的税率征收个人所得税。

（3）【答案】B

【解析】2008 年 3 月 1 日起，对个人出租住房，不区分用途，在 3% 税率的基础上减半征收营业税，按 4% 的税率征收房产税，免征城镇土地使用税。

（4）【答案】B

【解析】2008 年 3 月 1 日起，对个人出租住房，不区分用途，在 3% 税率的基础上减半征收营业税，按 4% 的税率征收房产税，免征城镇土地使用税。因此，孙某出租该套住房应缴纳房产税为 400（10 000×4%）元。

（5）【答案】B

【解析】自 2010 年 10 月 1 日起，对个人购买普通住房，且该住房属于家庭唯一住房的，减半征收契税。对个人购买 90 ㎡及以下的普通住房且属于家庭唯一住房的，减按 1% 税率征收契税。因此，孙某应缴纳的契税为 2 600（260 000×1%）元。

（6）【答案】AD

4.（1）【答案】CD

【解析】征收农地的，应先办理农用地转用手续。经国务院批准农用地转用的，同时办理征地审批手续；经省级人民政府在征地批准权限内批准农用地转用的，同时办理征地审批手续，超过征地批准权限的，应另行办理征地审批。为实施土地利用总体规划而将农用地转为建设用地的，按土地利用年度计划分批次由原批准土地利用总体规划的机关批准农用地转用。

（2）【答案】D

（3）【答案】ACD

（4）【答案】BC

（5）【答案】A

【解析】自2010年10月1日起，对个人购买普通住房，且该住房属于家庭唯一住房的，减半征收契税。对个人购买90㎡及以下的普通住房且属于家庭唯一住房的，减按1%税率征收契税。自2008年11月1日起，对个人销售或购买住房暂免征收印花税。

（6）【答案】C

5.（1）【答案】AC

（2）【答案】B

（3）【答案】A

【解析】谷某和甲、乙银行应办理房屋抵押权登记。同一财产向两个以上债权人抵押，拍卖、变卖抵押物所得的价款按照抵押权登记的先后顺序清偿，顺序相同的，按照债权的比例清偿。1995年颁布实施的《担保法》第四十一条规定，"当事人以本法第四十二条规定的财产抵押的，应当办理抵押物登记，抵押合同自登记之日起生效，抵押权自登记之日起设立"；2007年颁布实施的《物权法》第十五条规定，"当事人之间订立有关设立、变更、转让和消灭不动产物权的合同，除法律另有规定或者合同另有约定外，自合同成立时生效；未办理物权登记的，不影响合同效力"；《物权法》第一百八十七条规定，"以本法第一百八十条第一款第一项至第三项规定的财产或者第五项规定的正在建造的建筑物抵押的，应当办理抵押登记。抵押权自登记时设立。"显然，两部法律对抵押权成立时间的规定是一致的，即自登记时设立。但是，两部法律对于抵押合同生效时间的规定却存在不同。担保法中规定，"抵押合同自登记之日起生效"，而物权法中则规定，"合同自合同成立时生效；未办理物权登记的，不影响合同效力"。

（4）【答案】B

（5）【答案】CD

第9章

一、单项选择题

1.【答案】D

2.【答案】A

3.【答案】D

4.【答案】C

5.【答案】A

6.【答案】D

7.【答案】B

8.【答案】D

9.【答案】B

10.【答案】C

11.【答案】D

12.【答案】C

13.【答案】A

14.【答案】C

【解析】根据《业主大会和业主委员会指导规则》（建房［2009］274号）规定，业主大会决定以下事项：①制定和修改业主大会议事规则；②制定和修改管理规约；③选举业主委员会或者更换业主委员会委员；④制定物业服务内容、标准以及物业服务收费方案；⑤选聘和解聘物业服务企业；⑥筹集和使用专项维修资金；⑦改建、重建建筑物及其附属设施；⑧改变共有部分的用途；⑨利用共有部分进行经营以及所得收益的分配与使用；⑩法律法规或者管理规约确定应由业主共同决定的事项。督促业主交纳物业服务费及其他相关费用，属于业主委员会履行的职责。

15.【答案】B

16.【答案】D

17.【答案】D

【解析】根据《业主大会和业主委员会指导规则》（建房［2009］274号）规定，业主委员会履行以下职责：①执行业主大会的决定和决议；②召集业主大会会议，报告物业管理实施情况；③与业主大会选聘的物业服务企业签订物业服务合同；④及时了解业主、物业使用人的意见和建议，监督和协助物业服务企业履行物业服务合同；⑤监督管理规约的实施；⑥督促业主交纳物业服务费及其他相关费用；⑦组织和监督专项维修资金的筹集和使用；⑧调解业主之间因物业使用、维护和管理产生的纠纷；⑨业主大会赋予的其他职责。筹集和使用专项维修资金，属于业主大会的职责。

18.【答案】A

19.【答案】D

20.【答案】B

21.【答案】B

22.【答案】B

23.【答案】D

24.【答案】B

25.【答案】D

26.【答案】B

27. 【答案】C

28. 【答案】B

29. 【答案】B

30. 【答案】B

31. 【答案】B

32. 【答案】B

二、多项选择题

1. 【答案】BDE

2. 【答案】ABC

3. 【答案】AE

4. 【答案】ACDE

5. 【答案】ABDE

6. 【答案】ACDE

7. 【答案】ABCD

8. 【答案】CD

9. 【答案】BCDE

10. 【答案】ABDE

11. 【答案】ABCD

12. 【答案】BC

13. 【答案】ABCD

14. 【答案】ABCE

15. 【答案】BCE

16. 【答案】ABDE

17. 【答案】BCDE

18. 【答案】BC

19. 【答案】DE

20. 【答案】ABC

21. 【答案】ABCD

三、综合分析题

1. （1）【答案】A

（2）【答案】B

（3）【答案】A

【解析】2014 年 6 月 1 日，该小区召开了首次业主大会，并选举产生了业主委员会。业主委员会应当自选举产生之日起 30 日内，将业主大会的成立情况、业主大会议事规则、管理公约及业主委员会委员名单等材料向物业所在地的区、县人民政府房地产行政主管部门和街道办事处、乡镇人民政府备案。

（4）【答案】AB

（5）【答案】ABC

【解析】物业共用部位、共用设施设备的大修、中修和更新、改造费用，应当通过专项维修资金予以列支，不得计入物业服务支出或者物业服务成本。

（6）【答案】ABD

2. （1）【答案】B

【解析】红都小区为多层公房。售房单位按照多层住宅不低于售房款的 20%、高层住宅不低于售房款的 30%，从售房款中一次性提取住宅专项维修资金，即为 1 800（9 000×20%）万元。

（2）【答案】B

【解析】李某以当地房改成本价 800 元的价格，购买了自己租住的 70 平方米的公房。业主按照所拥有物业的建筑面积交存住宅专项维修资金，每平方米建筑面积交存首期住宅专项维修资金的数额为当地房改成本价的 2%，即为 1 260（900×2%×70）元。

（3）【答案】BC

（4）【答案】A

（5）【答案】BC

【解析】乙企业改变部分厂房用地用途开发建设住宅，必须办理出让手续，不可继续保留划拨方式。由丙公司以市场价出售给职工，因此属于商品房。

（6）【答案】A

【解析】2014 年 8 月 1 日，该小区召开了业主大会，并成立了业主委员会。业主委员会应当自选举产生之日起 30 日内，将业主大会的成立情况、业主大会议事规则、管理公约及业主委员会委员名单等材料向物业所在地的区、县人民政府房地产行政主管部门备案。

3. （1）【答案】D

（2）【答案】A

（3）【答案】B

【解析】邱某以确定的成本价 1 000 元/平方米，购买了自己租住的 80 平方米的该小区住房。业主按照所拥有物业的建筑面积交存住宅专项维修资金，每平方米建筑面积交存首期住宅专项维修资金的数额为当地房改成本价的 2%，即为 1 600（1 000×80×2%）元。

（4）【答案】B

【解析】根据“售房单位按照多层住宅不低于售房款的 20%、高层住宅不低于售房款的 30%”，从售房款中一次性提取住宅专项维修资金为 1 600（8 000×20%）万元。

（5）【答案】C

【解析】根据“售房单位按照多层住宅不低于售房款的 20%、高层住宅不低于售房款的 30%”，从售房款中一次性提取住宅专项维修资金为 900（3 000×30%）万元。

（6）【答案】D

（7）【答案】D

第10章

一、单项选择题

1.【答案】B

2.【答案】D

3.【答案】D

4.【答案】B

5.【答案】C

6.【答案】A

7.【答案】D

8.【答案】A

9.【答案】B

10.【答案】B

11.【答案】C

12.【答案】C

13.【答案】B

14.【答案】D

15.【答案】D

16.【答案】B

17.【答案】C

18.【答案】C

19.【答案】C

【解析】住房公积金月缴存额 =（职工本人上一年度月平均工资 × 职工住房公积金缴存比例）+（职工本人上一年度月平均工资 × 单位住房公积金缴存比例）。李某 2013 年的住房公积金月总缴存额 =（72 000 ÷ 12 × 5%）+（72 000 ÷ 12 × 7%）= 720（元）。

20.【答案】B

21.【答案】C

22.【答案】C

23.【答案】B

24.【答案】C

25.【答案】B

26.【答案】C

27.【答案】C

28.【答案】B

29.【答案】D

【解析】单位和个人分别在不超过职工本人上一年度月平均工资 12% 的幅度内，其实际缴存的住房公积金，允许在个人应纳税所得额中扣除，即为 420（3 500 × 12%）元。

30.【答案】B

二、多项选择题

1.【答案】BCDE

2.【答案】AC

3.【答案】BC

4.【答案】ABDE

5.【答案】ABCD

6.【答案】ACDE

7.【答案】ACE

8.【答案】ABCE

9.【答案】ABCD

10.【答案】ABCD

11.【答案】ABCD

12.【答案】CDE

13.【答案】ABCD

14.【答案】ABCE

15.【答案】ADE

16.【答案】BD

17.【答案】ABCD

18.【答案】ACE

19.【答案】ABCD

20.【答案】CDE

21.【答案】ABC

三、综合分析题

1.（1）【答案】BD

【解析】住房公积金管理中心运作是指每个设区城市依法成立一个住房公积金管理中心，为直属城市人民政府不以营利为目的的独立事业单位。

（2）【答案】C

【解析】住房公积金月缴存额为职工本人上一年度月平均工资分别乘以职工和单位住房公积金缴存比例后的和。李某夫妇二人 2014 年度的住房公积金月缴存额 =（职工本人上一年度月平均工资 × 职工住房公积金缴存比例）+（职工本人上一年度月平均工资 × 单位住房公积金缴存比例）=（2 700 × 5%）+（2 700 × 10%）= 405（元）。

（3）【答案】B

【解析】《经济适用住房管理办法》规定，经济适用住房购房人拥有有限产权。

（4）【答案】D

【解析】《经济适用住房管理办法》规定：经济适用住房建设项目免收城市基础设施配套费等各种行政事业性收费和政府性基金。经济适用住房项目外基础设施建设费用，由政府负担。经济适用住房建设单位可以以在建项目作抵押向商业银行申请住房开发贷款。

(5)【答案】B

(6)【答案】D

(7)【答案】A

2. (1)【答案】A

(2)【答案】AD

【解析】业主大会成立前，商品住宅业主、非住宅业主交存的住宅专项维修资金，由物业所在地直辖市、市、县人民政府建设（房地产）主管部门代管。业主分户账面住宅专项维修资金余额不足首期交存额30%的，应当及时续交。王某在验房时，发现存在卫生间地面渗水、下水管道堵塞等质量问题，应由甲企业负责。

(3)【答案】ABC

【解析】包干制或者酬金制，物业服务费的构成最主要是物业服务成本或者物业服务支出。其构成一般包括以下部分：①管理、服务人员的工资、社会保险和按规定提取的福利费等；②物业共用部位、共用设施设备日常运行、维护费用；③物业管理区域清洁卫生费用；④物业管理区域绿化养护费用；⑤物业管理区域秩序维护费用；⑥办公费用；⑦物业服务企业固定资产折旧；⑧物业共用部位、共用设施及公众责任保险费用；⑨经业主同意的其他费用。

(4)【答案】AC

【解析】职工提取住房公积金包括偿还购房贷款本息时的提取。职工没有还清贷款前，不得再次申请住房公积金贷款。个人住房公积金贷款遇法定利率调整，贷款期限在1年以内的，实行合同利率，不分段计息；贷款期限在1年以上的，于下年年初开始，按相应利率档次执行新的利率规定。

3. (1)【答案】C

【解析】单位和个人分别在不超过职工本人上一年度月平均工资12%的幅度内，其实际缴存的住房公积金，允许在个人应纳税所得额中扣除，即为288（2 400×12%）元。

(2)【答案】ABD

(3)【答案】ACD

(4)【答案】ABCE

【解析】单位和个人分别在不超过职工本人上一年度月平均工资12%的幅度内，其实际缴存的住房公积金，允许在个人应纳税所得额中扣除，即为264（2 200×12%）元。单位和职工个人缴存住房公积金的月平均工资不得超过职工工作地所在设区城市上一年度职工平均工资的3倍，具体标准按照各地有关规定执行。个人实际领（支）取原提存的住房公积金时，免征个人所得税。个人住房公积金作为储蓄性专项基金存款，其利息所得免征个人所得税。

(5)【答案】AC

【解析】职工提取住房公积金时，由单位审核，然后经住房公积金管理中心核准，由受委托银行办理支付手续。

(6)【答案】BD

附《物权法》相关内容辅导与练习

一、单项选择题

1.【答案】D

2.【答案】B

3.【答案】B

4.【答案】C

5.【答案】D

6.【答案】A

7.【答案】C

8.【答案】A

9.【答案】B

10.【答案】C

二、多项选择题

1.【答案】BCE

2.【答案】CE

3.【答案】BDE

4.【答案】ABD

5.【答案】ABC

6.【答案】AB

7.【答案】ABE

8.【答案】BCE

9.【答案】ABDE

10.【答案】ABCD

三、综合分析题

(1)【答案】ACD

(2)【答案】C

(3)【答案】ACD

(4)【答案】BC

(5)【答案】C

模拟试题答案及解析

模拟试题一

一、单项选择题

1. 【答案】B

2. 【答案】B

3. 【答案】C

【解析】规范性文件是指行政机关依法制定的具有普遍约束力的文件，具有约束和规范人们行为的性质，近两年房地产规范性文件主要有：《物业承接查验办法》（建房［2010］165 号）、《国有土地上房屋征收评估办法》（建房［2011］77 号）、《住房公积金行政监督办法》（建金管［2004］34 号）。

4. 【答案】D

5. 【答案】B

6. 【答案】D

7. 【答案】C

8. 【答案】B

9. 【答案】C

10. 【答案】D

11. 【答案】C

12. 【答案】B

13. 【答案】D

14. 【答案】C

15. 【答案】B

16. 【答案】B

17. 【答案】C

18. 【答案】D

19. 【答案】A

20. 【答案】D

【解析】①计算面积误差比。面积误差比 =（产权登记面积 - 合同约定面积）/合同约定面积 × 100% =（110 - 120）÷ 120 × 100% = -8.33%。

②返还孙某房价款。产权登记面积小于合同约定面积时，面积误差比绝对值在 3%（含 3%）以内部分的房价款由房地产开发企业返还买受人；绝对值超过 3% 的房价款由房地产开发企业双倍返还买受人。返还孙某的房价款 = 120 × 6 000 × 3% + 120 × 6 000 × 5.33% × 2 = 98 352（元）。

21. 【答案】C

22. 【答案】B

23. 【答案】B

【解析】《城镇国有土地使用权出让和转让暂行条例》规定，商业、旅游、娱乐用地国有土地使用权出让年限最高为 40 年。以房地产转让方式取得出让土地使用权的权利人，其实际使用年限不是出让合同约定的年限，而是出让合同约定的年限减去原土地使用者已经使用年限后的剩余年限，即为 30（40 - 10）年。

24. 【答案】C

25. 【答案】D

26. 【答案】A

27. 【答案】C

28. 【答案】D

29. 【答案】C

30. 【答案】B

31. 【答案】D

32. 【答案】C

33. 【答案】C

34. 【答案】C

35. 【答案】B

36. 【答案】C

【解析】房屋所有权变更登记是指，房地产权利人因法定名称改变，或是房屋状况发生变化而进行的登记。如权利人法定名称变更或者房地产现状、用途变更、房屋门牌号码的改变、路名的更改、房屋的翻改建或添建而使房屋面积增加或减少、部分房屋拆除等。

37. 【答案】B

38. 【答案】D

39. 【答案】B

40.【答案】A

41.【答案】C

42.【答案】D

43.【答案】A

44.【答案】A

【解析】800 ÷ 5 000 × 100% = 16%。对建造普通标准住宅出售的，增值额未超过扣除项目金额 20% 的，免征土地增值税。

45.【答案】C

46.【答案】D

47.【答案】A

48.【答案】C

49.【答案】C

50.【答案】B

二、多项选择题

51.【答案】CDE

52.【答案】ABE

53.【答案】CDE

54.【答案】ABE

55.【答案】ACD

56.【答案】ABC

57.【答案】BCD

58.【答案】ABCD

59.【答案】ABC

60.【答案】ABC

61.【答案】ABCE

62.【答案】BCD

63.【答案】ACE

64.【答案】ABCD

65.【答案】ACDE

66.【答案】BCDE

67.【答案】ACE

68.【答案】DE

69.【答案】BCDE

70.【答案】ABCD

71.【答案】BC

72.【答案】ABE

73.【答案】BCD

74.【答案】CD

75.【答案】ABCD

76.【答案】CDE

77.【答案】ABC

78.【答案】BCDE

79.【答案】ABDE

80.【答案】ABC

三、综合分析题

81.【答案】A

82.【答案】B

83.【答案】AD

84.【答案】D

85.【答案】AC

86.【答案】D

【解析】征收土地应由国务院批准的为：①基本农田；②基本农田以外的耕地超过 35 公顷的；③其他土地超过 70 公顷的。其他用地由省、自治区、直辖市人民政府批准，报国务院备案。在征地的审批中，要征收农用地，应首先或同时办理农用地转用审批。

87.【答案】ABD

88.【答案】B

89.【答案】CD

90.【答案】ABD

91.【答案】C

【解析】单位和个人分别在不超过职工本人上一年度月平均工资 12% 的幅度内，其实际缴存的住房公积金，允许在个人应纳税所得额中扣除，即为 288（2 400 × 12%）元。

92.【答案】ABD

93.【答案】ACD

94.【答案】ABCE

【解析】单位和个人分别在不超过职工本人上一年度月平均工资 12% 的幅度内，其实际缴存的住房公积金，允许在个人应纳税所得额中扣除，即为 264（2 200 × 12%）元。单位和职工个人缴存住房公积金的月平均工资不得超过职工工作地所在设区城市上一年度职工平均工资的 3 倍，具体标准按照各地有关规定执行。个人实际领（支）取原提存的住房公积金时，免征个人所得税。个人住房公积金作为储蓄性专项基金存款，其利息所得免征个人所得税。

95.【答案】AC

96.【答案】B

97.【答案】B

【解析】售房单位按照多层住宅不低于售房款的 20%、高层住宅不低于售房款的 30%，从售房款中一次性提取住宅专项维修资金，即为 1 700（8 500 × 20%）万元。

98.【答案】C

【解析】该企业职工刘某以当地房改成本价800元的价格，购买了自己租住的70平方米的公房。业主按照所拥有物业的建筑面积交存住宅专项维修资金，每平方米建筑面积交存首期住宅专项维修资金的数额为当地房改成本价的2%，即为1 120（800 × 2% ×70）元。

99. 【答案】B

100. 【答案】AD

模拟试题二

一、单项选择题

1. 【答案】B

2. 【答案】D

3. 【答案】D

4. 【答案】C

5. 【答案】B

6. 【答案】C

7. 【答案】D

8. 【答案】B

9. 【答案】C

10. 【答案】B

11. 【答案】D

12. 【答案】C

13. 【答案】B

14. 【答案】A

15. 【答案】C

16. 【答案】D

17. 【答案】C

18. 【答案】C

19. 【答案】D

20. 【答案】C

【解析】①计算面积误差比。面积误差比 =（产权登记面积 - 合同约定面积）/合同约定面积 ×100% =（105 - 100）÷100 ×100% =5%。②根据面积误差比绝对值超过3%时，买受人有权退房。买受人不退房的，产权登记面积大于合同约定面积时，面积误差比在3%之内（含3%）的房价款由买受人补足；超出3%部分的房价款由房地产企业承担，产权归买受人，即最后结算的房价款应为82.40［100 ×8 000 ×（1 + 3%）］万元。

21. 【答案】D

22. 【答案】C

【解析】以房地产转让方式取得出让土地使用权的权利人，其实际使用年限不是出让合同约定的年限，而是出让合同约定的年限减去原土地使用权已经使用年限后的剩余年限，即为55（60 - 5）年。

23. 【答案】A

24. 【答案】C

25. 【答案】B

26. 【答案】C

27. 【答案】D

28. 【答案】C

29. 【答案】D

30. 【答案】B

31. 【答案】C

32. 【答案】D

33. 【答案】A

34. 【答案】A

35. 【答案】B

36. 【答案】C

37. 【答案】D

38. 【答案】C

39. 【答案】A

40. 【答案】B

41. 【答案】C

42. 【答案】B

【解析】张某将其中一套以180万元出售给李某，应由李某缴纳契税。《中华人民共和国契税暂行条例实施细则》第十条规定，土地使用权交换、房屋交换，交换价格不相等的，由多交付货币、实物、无形资产或者其他经济利益的一方缴纳税款。交换价格相等的，免征契税。房屋交换：以交换的价格差额为契税计税依据（等值交换免征契税），即张某应缴纳的契税为1.2（40 ×3%）万元。

43. 【答案】D

44. 【答案】B

【解析】从2008年3月1日起，对个人出租住房，不区分用途，在3%税率的基础上减半征收营业税，按4%的税率征收房产税，免征城镇土地使用税刘某当月应缴纳的房产税为120（3 000 ×4%）元。

45. 【答案】C

【解析】自2011年1月28日起，对个人购买住房不足5年转手交易的，统一按其销售收入全额征税；个人将购买超过5年（含5年）的非普通住房对外销售的，按照其销售收入减去购买房屋的价款后的差额征收营业税；个人将购买超过5年（含5年）的普通住房对外销售的，免征营业税。销售不动产（房地产）的营业税税率为5%。从2008年3月10日，至2013年5月10日，已超过5年；180平方米的住宅应属于非普通住房。因此适用：个人将购买超过5年（含5年）的非普通住房对外销售的，按照其销售收入减去购买房屋的价款后的差额征收营业税。孙某应缴纳营业税 =（180 - 100）×5% =4（万元）。

46. 【答案】D

47. 【答案】C

48. 【答案】D

49. 【答案】C

【解析】遇法定利率调整，贷款期限在1年以内的，实行合同利率，不分段计息；贷款期限在1年以上的，于下年年初开始，按相应利率档次执行新的利率规定。

50. 【答案】C

【解析】根据财政部、国家税务总局《关于基本医疗保险费失业保险费住房公积金有关个人所得税政策的通知》（财税［2006］10号）单位和个人分别在不超过职工本人上一年度月平均工资12%的幅度内，其实际缴存的住房公积金，允许在个人应纳税所得额中扣除。单位和职工个人缴存住房公积金的月平均工资不得超过职工工作地所在设区城市上一年度职工平均工资的3倍，具体标准按照各地有关规定执行。周某缴存住房公积金免缴个人所得税的最高额为960（8 000×12%）元。

二、多项选择题

51. 【答案】ABD

52. 【答案】ABDE

53. 【答案】BCD

54. 【答案】ABCE

55. 【答案】BCDE

56. 【答案】BCE

57. 【答案】ABCD

58. 【答案】BCDE

59. 【答案】BDE

60. 【答案】ABCE

61. 【答案】AE

62. 【答案】BCE

63. 【答案】ABD

64. 【答案】BC

65. 【答案】BCDE

66. 【答案】BCE

67. 【答案】ABCD

68. 【答案】ACE

69. 【答案】ABCE

70. 【答案】DE

71. 【答案】ABCE

72. 【答案】BDE

73. 【答案】ABC

74. 【答案】AC

75. 【答案】ACDE

76. 【答案】ADE

77. 【答案】BCE

78. 【答案】ABDE

79. 【答案】ABE

80. 【答案】BCDE

三、综合分析题

81. 【答案】C

82. 【答案】B

83. 【答案】D

【解析】被征收房屋价值是指被征收房屋及其占用范围内的土地使用权在正常交易情况下由熟悉情况的交易双方以公平交易方式在评估时点自愿进行交易的金额，但不考虑被征收房屋租赁、抵押、查封等因素的影响。被征收房屋价值评估应当考虑被征收房屋的区位、用途、建筑结构、新旧程度、建筑面积以及占地面积、土地使用权等影响被征收房屋价值的因素。

84. 【答案】BD

85. 【答案】D

【解析】契税是在土地、房屋权属发生转移时，对产权承受人征收的一种税。自2008年11月1日起，对个人销售或购买住房暂免征收印花税。营业税是对提供应税劳务、转让无形资产、销售不动产（房地产）的单位和个人征收的一种税。

86. 【答案】C

【解析】成套房屋的建筑面积由套内建筑面积及共有建筑面积的分摊组成。套内建筑面积由套内房屋的使用面积、套内墙体面积，套内阳台建筑面积三部分组成。宋某所购房屋的建筑面积 =70 +15 =85（平方米）。

87. 【答案】BD

88. 【答案】A

89. 【答案】CD

90. 【答案】A

【解析】抵押该房，不征收印花税；自2010年

10月1日起，对个人购买普通住房，且该住房属于家庭唯一住房的，减半征收契税。对个人购买90平方米及以下的普通住房且属于家庭唯一住房的，减按1%税率征收契税。自2008年11月1日起，对个人销售或购买住房暂免征收印花税。2008年3月1日起，对个人出租住房取得的所得减按10%的税率征收个人所得税。

91. 【答案】BD

92. 【答案】D

【解析】该住宅用地出让年限为出让年限最高70年，从2012年8月17日开始计算，加计70年，即为2082年8月16日。

93. 【答案】AD

94. 【答案】CD

【解析】依据《城市房地产管理法》第六十一条第三款规定，“房地产转让或者变更时，应当向县级以上地方人民政府房产管理部门申请房产变更登记，并凭变更后的房屋所有权证书向同级人民政府土地管理部门申请土地使用权变更登记，经同级人民政府土地管理部门核实，由同级人民政府更换或者更改土地使用权证书”。李某购买房屋后，应当先申请房产转移登记，领取房屋所有权证书，然后申请土地使用权变更登记并办理土地使用权证书。李某应当持原土地权利证书、变更后的房屋所有权证书及土地使用权发生转移的相关证明材料，申请建设用地使用权变更登记。

95. 【答案】ABCD

96. 【答案】C

97. 【答案】ACD

98. 【答案】D

99. 【答案】CD

100. 【答案】C

模拟试题三

一、单项选择题

1. 【答案】D

2. 【答案】C

3. 【答案】A

4. 【答案】D

5. 【答案】B

6. 【答案】D

7. 【答案】D

8. 【答案】C

9. 【答案】B

10. 【答案】B

11. 【答案】A

12. 【答案】C

13. 【答案】B

14. 【答案】D

【解析】《城乡规划法》规定：“按照国家规定需要有关部门批准或者核准的建设项目，以划拨方式提供国有土地使用权的，建设单位在报送有关部门批准或者核准前，应当向城乡规划主管部门申请核发选址意见书。”其他的建设项目不需要申请选址意见书。

15. 【答案】C

16. 【答案】B

17. 【答案】A

18. 【答案】C

【解析】产权登记面积小于合同约定面积时，面积误差比绝对值在3%以内（含3%）部分的房价款由房地产开发企业返还买受人；绝对值超出3%部分的房价款由房地产开发企业双倍返还买受人。

19. 【答案】C

20. 【答案】B

21. 【答案】C

22. 【答案】C

23. 【答案】B

24. 【答案】B

【解析】商业、旅游、娱乐用地国有土地使用权出让年限最高为40年。以房地产转让方式取得出让土地使用权的权利人，其实际使用年限不是出让合同约定的年限，而是出让合同约定的年限减去原土地使用者已经使用年限后的剩余年限，即为20（40－20）年。

25. 【答案】C

【解析】商品房屋租赁期间内，因赠与、析产、继承或者买卖转让房屋的，原房屋租赁合同继续有效。

26. 【答案】C

27. 【答案】A

28. 【答案】D

29. 【答案】D

30. 【答案】C

31. 【答案】D

32. 【答案】B

33. 【答案】C

34. 【答案】C

35. 【答案】B

【解析】房屋所有权转移登记是指房屋因买卖、赠与、交换、继承等原因致使房屋所有权发生转移而进行的登记。

36. 【答案】A

37. 【答案】B

38. 【答案】B

39. 【答案】D

40. 【答案】B

【解析】2008 年 3 月 1 日起，对个人出租住房，不区分用途，在 3% 税率的基础上减半征收营业税，按 4% 的税率征收房产税，即刘某应缴纳房产税为 960（2 000 × 12 × 4%）元。

41. 【答案】D

42. 【答案】C

43. 【答案】C

44. 【答案】B

45. 【答案】C

46. 【答案】C

47. 【答案】B

48. 【答案】D

49. 【答案】B

50. 【答案】B

二、多项选择题

51. 【答案】CDE

52. 【答案】ABE

【解析】《房地产经纪管理办法》、《商品房屋租赁管理办法》属于部门规章。

53. 【答案】ABDE

【解析】《城市房地产管理法》规定的基本制度包括：国有土地有偿、有限期使用制度，房地产成交价格申报制度，房地产价格评估制度，房地产价格评估人员资格认证制度，土地使用权和房屋所有权登记发证制度。

54. 【答案】ABCD

55. 【答案】ABDE

56. 【答案】CDE

57. 【答案】ADE

58. 【答案】ABCE

59. 【答案】BCDE

60. 【答案】CD

61. 【答案】CDE

62. 【答案】ABD

【解析】在权属争议解决之前，该项房地产不得转让。在权利受到限制期间，房地产权利人不得转让该项房地产。2005 年 5 月 9 日，国务院决定，禁止商品房预购人将购买的未竣工的预售商品房再行转让。

63. 【答案】ADE

64. 【答案】ABC

65. 【答案】ABCE

66. 【答案】BCD

67. 【答案】CDE

68. 【答案】BCD

69. 【答案】BCD

【解析】《担保法》第三十六条：以依法取得的国有土地上的房屋抵押的，该房屋占用范围内的国有土地使用权同时抵押。《城市房地产管理法》第四十八条：依法取得的房屋所有权连同该房屋占用范围内的土地使用权，可以设定抵押权。《物权法》第一百八十二条：以建筑物抵押的，该建筑物占用范围内的建设用地使用权一并抵押。以建设用地使用权抵押的，该土地上的建筑物一并抵押。

70. 【答案】BDE

71. 【答案】ABCD

72. 【答案】ABCD

73. 【答案】ABDE

74. 【答案】CD

75. 【答案】CE

76. 【答案】ABCE

77. 【答案】CDE

78. 【答案】BE

79. 【答案】BCDE

80. 【答案】ABCE

三、综合分析题

81. 【答案】ABD

82. 【答案】B

83. 【答案】A

84. 【答案】BD

【解析】一个建设项目需要征收的土地，应当根据总体设计一次申请批准，不得化整为零。分期建设的项目，应当分期征地，不得先征待用。需要安置的农业人口数，按照被征收的耕地数量除以征地前被征地单位平均每人占有耕地的数量计算。D 村平均每人占有耕地数量 = 1 600 ÷ 800 = 2（亩）。需要安置 D 村的农业人口数 = 26 ÷ 2 = 13（人）。

85. 【答案】C

86. 【答案】BC

87. 【答案】C

【解析】王某购买商品住宅于2011年5月1日交房。商品住宅的保修期从商品住宅交付之日起计算。因此，王某购买商品住宅的保修期从2011年5月1日起计算。

88. 【答案】B

【解析】①计算面积误差比。面积误差比 =（产权登记面积 - 合同约定面积）/合同约定面积 × 100% =（96 - 100）/100 × 100% = -4%。②选择误差的处理方式。产权登记面积小于合同约定面积时，面积误差比绝对值在3%（含3%）以内部分的房价款由房地产开发企业返还买受人；绝对值超过3%的房价款由房地产开发企业双倍返还买受人，即王某实际支付该房的价款 = 100 × 5 000 -（100 × 5 000 × 3%）-［100 × 5 000 ×（4% - 3%）× 2］= 475 000（元）。

89. 【答案】BC

90. 【答案】AC

【解析】商品住宅的保修期从商品住宅交付之日起计算（即从2010年5月1日起计算），屋面防水为3年。房屋建筑工程保修期从工程竣工验收合格之日起计算（即从2009年8月1日起计算），屋面防水为5年。

91. 【答案】AD

92. 【答案】ABC

93. 【答案】ACD

94. 【答案】CD

95. 【答案】ABD

96. 【答案】ABD

97. 【答案】AB

98. 【答案】B

99. 【答案】C

【解析】成套房屋的建筑面积由套内建筑面积及共有建筑面积的分摊组成、套内建筑面积由套内房屋的使用面积、套内墙体面积、套内阳台建筑面积三部分组成。经当地房产测绘部门实测，李某所购买商品房套内建筑面积为85平方米，套内阳台建筑面积为5平方米，分摊的共有建筑面积为25平方米，该套房屋的建筑面积 = 85 + 25 = 110（平方米）。

100. 【答案】D

【解析】房屋所有权转移登记是指，房屋因买卖、赠与、交换、继承等原因致使房屋所有权发生转移而进行的登记。

模拟试题四

一、单项选择题

1. 【答案】C

2. 【答案】C

3. 【答案】C

4. 【答案】B

5. 【答案】D

6. 【答案】B

7. 【答案】B

8. 【答案】B

9. 【答案】A

10. 【答案】B

11. 【答案】B

12. 【答案】B

13. 【答案】B

14. 【答案】D

15. 【答案】C

16. 【答案】C

【解析】《住宅质量保证书》、《住宅使用说明书》制度中，屋面防水为3年。保修期自商品住宅交付之日（2014年1月10日）起计算，该商品住宅屋面防水的最低保修期限应至2017年1月9日。

17. 【答案】B

18. 【答案】B

【解析】①计算面积误差比。面积误差比 =（产权登记面积 - 合同约定面积）/合同约定面积 × 100% =（94 - 100）/100 × 100% = -6%。②选择误差的处理方式。产权登记面积小于合同约定面积时，面积误差比绝对值在3%（含3%）以内部分的房价款由房地产开发企业返还买受人；绝对值超过3%的房价款由房地产开发企业双倍返还买受人，即应当返还刘某购房款 = 100 × 8 000 × 3% + 100 × 8 000 × 3% × 2 = 72 000（元）。

19. 【答案】D

20. 【答案】A

21. 【答案】C

22. 【答案】B

23. 【答案】C

24. 【答案】D

25. 【答案】C

26. 【答案】B

27. 【答案】B

28. 【答案】B

29.【答案】C

30.【答案】B

31.【答案】C

32.【答案】B

33.【答案】C

34.【答案】B

35.【答案】C

36.【答案】D

37.【答案】B

【解析】房屋所有权转移登记是指，房屋因买卖、赠与、交换、继承等原因致使房屋所有权发生转移而进行的登记。

38.【答案】A

39.【答案】C

40.【答案】B

41.【答案】B

【解析】土地使用权交换、房屋交换：以交换的价格差额为计税依据（等值交换免征契税）即应缴纳的契税额为0.3［（100－80）×1.5%］万元。

42.【答案】A

43.【答案】C

44.【答案】D

45.【答案】C

46.【答案】B

47.【答案】D

48.【答案】C

49.【答案】D

50.【答案】C

二、多项选择题

51.【答案】CD

【解析】《房屋征收评估办法》、《物业承接查验办法》不属于部门规章，是规范性文件。《××省房地产交易管理条例》属于地方性法规。规范性文件是指行政机关依法制定的具有普遍约束力的文件，具有约束和规范人们行为的性质，近两年房地产规范性文件主要有《物业承接查验办法》（建房［2010］165号）、《国有土地上房屋征收评估办法》（建房［2011］77号）、《住房公积金行政监督办法》（建金管［2004］34号）等。

52.【答案】ABC

【解析】应由国务院批准的为：（1）基本农田；（2）基本农田以外的耕地超过35公顷；（3）其他土地超过70公顷的。1亩＝0.0667公顷，园地为其他土地，1200×0.0667＝80（公顷），超过70公顷，应由国务院审批。

53.【答案】BCDE

54.【答案】BCE

55.【答案】AC

56.【答案】BCDE

57.【答案】BCD

58.【答案】CDE

59.【答案】ABCD

【解析】《城乡规划法》规定：城市总体规划、镇总体规划的主要内容包括城市的发展布局，功能分区，用地布局，综合交通体系，禁止、限制和适宜建设的地域范围，各类专项规划等。

60.【答案】BCE

61.【答案】BDE

62.【答案】BD

63.【答案】BD

64.【答案】ABCD

65.【答案】BCE

66.【答案】ACDE

【解析】《城市房地产管理法》规定："房屋租赁，出租人和承租人应当签订书面租赁合同，约定租赁期限、租赁用途、租赁价格、修缮责任等条款。""当事人姓名"不是《城市房地产管理法》规定的房屋租赁合同必备条款。

67.【答案】ABC

68.【答案】ABE

69.【答案】DE

70.【答案】ACD

71.【答案】ABDE

72.【答案】ABD

【解析】当事人预购商品房、以预购商品房设定抵押、房屋所有权转让（抵押）或有法律、法规规定的其他可以申请房屋预告登记情形的，可以向房屋登记机构申请房屋预告登记。

73.【答案】BCDE

74.【答案】ABCE

75.【答案】ABD

76.【答案】ACD

77.【答案】BC

78.【答案】AB

【解析】住房转让手续费，按住房建筑面积收取。住房租赁手续费，按套收取。国家发展改革委《关于降低部分建设项目收费标准规范收费行为等有关问题的通知》（发改价格［2011］534号）规定，降低保障性住房转让手续费，减免保障性住房租赁手续费。经批准设立的各房屋交易登记机构在办理房屋交易手续时，限价商品住房、棚户区改造安置住房等保障性住房转让手续费应在原国家计委、建设部《关于规范住房交易手续费有关问题的通知》（计价格［2002］121号）规定收费标准的基础上减半收取，即执行与经济适用住房相同的收费标准；因继承、遗赠、婚姻关系共有发生的住房转让免收住房转让手续费；依法进行的廉租住房、公共租赁住房等保障性住房租赁行为免收租赁手续费；住房抵押不得收取抵押手续费。

79.【答案】ACD

80.【答案】ABD

三、综合分析题

81.【答案】AB

82.【答案】D

【解析】《土地管理法》第四十五条第三款规定，征收农用地的，应当依照本法第四十四条的规定先行办理农用地转用审批。其中，经国务院批准农用地转用的，同时办理征地审批手续，不再另行办理征地审批；经省、自治区、直辖市人民政府在征地批准权限内批准农用地转用的，同时办理征地审批手续，不再另行办理征地审批，超过征地批准权限的，应当依照本条第一款的规定另行办理征地审批。

83.【答案】ACD

【解析】支付征收土地补偿费用的责任单位：征收土地由用地单位。支付征收土地补偿费用的类别：土地补偿费、安置补助费、地上附着物和青苗补偿费。

84.【答案】AD

85.【答案】B

86.【答案】B

【解析】申领施工许可证的条件中，建设工期不足1年的到位资金原则上不得少于工程合同价的50%，建设工期超过1年的，到位资金原则上不少于工程合同价的30%，即为1 080（3 600×30%）万元。

87.【答案】A

88.【答案】D

【解析】面积误差比绝对值超过3%时，买受人有权退房。刘某所购商品住房的面积误差比＝（产权登记面积－合同约定面积）/合同约定面积×100%＝（104－100）/100×100%＝4%，因此刘某有权退房。

89.【答案】D

【解析】根据原建设部《房屋建筑工程质量保修办法》，屋面防水的最低保修期限为5年，且其房屋建筑工程保修期从工程竣工验收合格之日起计算。该项目于2012年11月1日竣工并验收合格。也就是从2013年11月1日起，算5年，即为2018年11月1日。

90.【答案】C

91.【答案】ACD

92.【答案】C

93.【答案】ABD

【解析】房地产开发企业实施的经济适用住房项目利润率按不高于3%核定；市、县人民政府直接组织建设的经济适用住房只能按成本价销售，不得有利润。建设单位在开工前应当向工程所在地的县级以上人民政府建设行政主管部门申请领取施工许可证。

94.【答案】ABC

95.【答案】ABC

【解析】建设资金已经落实。建设工期不足一年的，到位资金原则上不得少于工程合同价的50%，建设工期超过一年的，到位资金原则上不少于工程合同价的30%。建设工期为18个月，工程合同价为3 800万元，即建设资金已经落实1 140（3 800×30%）万元。

96.【答案】AD

97.【答案】ABC

98.【答案】A

99.【答案】D

【解析】自2011年1月28日起，对个人购买住房不足5年转手交易的，统一按其销售收入全额征税。销售不动产（房地产）的营业税税率为5%，应缴纳营业税＝10 000×70×5%＝35 000（元）。

100.【答案】B

【解析】从2010年10月1日起，对个人购买普通住房，且该住房属于家庭唯一住房的，减半征收契税。对个人购买90平方米及以下普通住房，且该住房属于家庭唯一住房的，减按1%税率征收契税，即王某应缴纳契税＝10 000×70×1%＝7 000（元）。

历年试题答案及解析

2012年《房地产基本制度与政策》考试试题

一、单项选择题

1. 【答案】C
2. 【答案】C
3. 【答案】C
4. 【答案】B
5. 【答案】D
6. 【答案】D
7. 【答案】C
8. 【答案】A
9. 【答案】B
10. 【答案】B
11. 【答案】A
12. 【答案】D
13. 【答案】B
14. 【答案】D
15. 【答案】D
16. 【答案】B
17. 【答案】B
18. 【答案】A
19. 【答案】C
20. 【答案】A
21. 【答案】A
22. 【答案】C
23. 【答案】C

【解析】本题中，王某购房的面积误差比 = (93 − 90) ÷90×100% =3.3%，超出3%，王某实际应付购房款 = (3%×90+90) ×6 000=556 200（元）。

24. 【答案】D
25. 【答案】C
26. 【答案】D
27. 【答案】B
28. 【答案】B
29. 【答案】B
30. 【答案】D
31. 【答案】C
32. 【答案】A
33. 【答案】D
34. 【答案】A
35. 【答案】D
36. 【答案】C

【解析】房屋所有权变更登记是指，房地产权利人因法定名称改变，或是房屋状况发生变化而进行的登记。A项，房屋所有权注销登记是指，因房屋或土地灭失、放弃房屋所有权等情形，导致丧失房屋所有权等而进行的登记。C项，房屋所有权转移登记是指，房屋因买卖、赠与、交换、继承等原因致使房屋所有权发生转移而进行的登记。D项，异议登记是更正登记中发生的，土地登记簿记载的权利人不同意更正的，利害关系人可以申请异议登记。本题中，王某继承房屋，应申请房屋所有权转移登记。

37. 【答案】D
38. 【答案】D
39. 【答案】B

【解析】契税是在土地、房屋权属发生转移时，对产权承受人征收的一种税。土地使用权交换、房屋交换时，以交换的价格差额为计税依据。契税的税率为3%～5%。各地具体适用税率，由省级人民政府在规定的幅度内根据本地的实际情况确定，并报财政部和国家税务总局备案。本题中，李某应缴纳的契税 = (105 − 89) ×3% =0.48（万元）。

40. 【答案】B
41. 【答案】B
42. 【答案】D
43. 【答案】D
44. 【答案】C
45. 【答案】B
46. 【答案】A

47.【答案】D

48.【答案】A

【解析】住房公积金是政策性资金，实行免税政策。其收益也并入住房公积金实行封闭管理和使用，免予征收所得税和营业税。

49.【答案】A

50.【答案】D

二、多项选择题

51.【答案】ACD

52.【答案】AC

53.【答案】ACE

54.【答案】BCDE

55.【答案】BCD

56.【答案】ABE

57.【答案】BD

58.【答案】AB

59.【答案】ABCD

60.【答案】BCE

61.【答案】ACDE

62.【答案】ACE

63.【答案】ABCD

64.【答案】ABDE

65.【答案】ABC

66.【答案】ABE

67.【答案】ABC

68.【答案】BC

【解析】申请房屋所有权转移登记的，应当提交下列材料：①登记申请书；②申请人身份证明；③房屋所有权证书或者房地产权证书；④证明房屋所有权发生转移的材料；⑤其他必要材料。

69.【答案】BCD

70.【答案】ABC

71.【答案】ABDE

72.【答案】ABC

【解析】房屋原始登记凭证只在限定的范围内进行查询，不向社会公开：①房屋权利人或者其委托人可以查询与该房屋权利有关的原始登记凭证；②房屋继承人、受赠人和受遗赠人可以查询与该房屋有关的原始登记凭证；③国家安全机关、公安机关、检察机关、审判机关、纪检监察部门和证券监管部门可以查询与调查、处理的案件直接相关的原始登记凭证；④公证机构、仲裁机构可以查询与公证事项、仲裁事项直接相关的原始登记凭证；⑤仲裁事项、诉讼案件的当事人可以查询与仲裁事项、诉讼案件直接相关的原始登记凭证；⑥涉及国家安全、军事等需要保密的房屋权属登记信息，可以在国家安全、军事等机关同意查询范围内查询有关原始登记凭证。

73.【答案】ABC

74.【答案】DE

【解析】免征土地增值税的情形：①对建造普通标准住宅出售的，增值额未超过扣除项目金额20%的，免征土地增值税；②企事业单位、社会团体以及其他组织转让旧房作为廉租住房、经济适用住房房源且增值额未超过扣除项目金额20%的，免征土地增值税；③因国家建设需要依法征收、收回的房地产免征土地增值税；因城市实施规划、国家建设的需要而搬迁，由纳税人自行转让原房地产的，按照有关规定免征土地增值税；④对个人销售住房暂免收增值税。

75.【答案】ABDE

76.【答案】CE

77.【答案】ABDE

78.【答案】ABC

79.【答案】ABCE

80.【答案】BC

【解析】我国的住房公积金制度实行低存低贷的利率政策，最大限度支持职工贷款购房。职工当年缴存的住房公积金按结息日挂牌公告的活期存款利率计息；上年结转的按结息日挂牌公告的3个月整存整取存利率计息。职工住房公积金自存入职工住房公积金个人账户之日起计息，按年结息，本息逐年结转。每年6月30日为结息日。

三、综合分析题

81.【答案】A

82.【答案】B

【解析】《最高人民法院关于审理商品房买卖合同纠纷案件适用法律若干问题的解释》规定，出卖人交付使用的房屋套内建筑面积或者建筑面积与商品房买卖合同约定面积不符，合同有约定的，按照约定处理；合同没有约定或者约定不明确的，按照以下原则处理：①面积误差比绝对值在3%以内（含3%），按照合同约定的价格据实结算，买受人请求解除合同的，不予支持；②面积误差比绝对值超出3%，买受人请求解除合同、返还已付购房款及利息的，应予支持。买受人同意继续履行合同，房屋实际面积大于合同约定面积的，面积误差比在3%以内（含3%）部分的房价款由买受人按照约定的价格补足，面积误差比超出3%部分的房价款由出卖人承担，所有权归买受人；房

屋实际面积小于合同约定面积的，面积误差比在3%以内（含3%）部分的房价款及利息由出卖人返还买受人，面积误差比超过3%部分的房价款由出卖人双倍返还买受人。其中，面积误差比的计算公式为：面积误差比 = $\frac{产权登记面积-合同约定面积}{合同约定面积}\times 100\%$。则本案例中，蒋某购房的面积误差比 = |116 − 120| ÷ 120 × 100% ≈3.33%，超出3%，王某实际应付购房款 = [120 − 120 ×3% − 120 ×（3.33% − 3%）×2] × 6 000≈69.36（万元）。

83.【答案】B

84.【答案】C

85.【答案】BD

86.【答案】C

87.【答案】ABC

88.【答案】AC

89.【答案】A

90.【答案】B

91.【答案】D

【解析】房产税依照房产租金收入计算缴纳，税率为12%。王某应缴纳的房产税 = 5 000 ×12% = 600（元）。

92.【答案】BC

93.【答案】ABD

94.【答案】A

95.【答案】ACD

96.【答案】C

【解析】房屋征收的主体是国家，通常是由市、县级人民政府以行政命令的方式执行。

97.【答案】BC

98.【答案】D

99.【答案】AC

100.【答案】B

2011 年《房地产基本制度与政策》考试试题

一、单项选择题

1.【答案】C

2.【答案】D

3.【答案】B

4.【答案】A

5.【答案】B

6.【答案】C

7.【答案】D

8.【答案】D

9.【答案】B

10.【答案】C

11.【答案】B

12.【答案】C

13.【答案】B

14.【答案】B

15.【答案】C

【解析】法定出让住宅用地最高年限为70年，剩余使用期限 = 70 − 4 = 66（年）。

16.【答案】D

17.【答案】D

18.【答案】B

19.【答案】D

20.【答案】C

21.【答案】C

【解析】施工企业对房地产开发企业的屋面防水最低保修期为5年。从2003年1月10日起计至2008年1月9日。房地产开发企业对购房户的屋面防水最低保修期为3年。从2006年1月10日起计至2009年1月9日。按照“商品住宅的保修期不得低于建设工程承包单位向建设单位出具的质量保修书约定保修的存续期”，以2009年1月9日为准。

22.【答案】A

23.【答案】C

24.【答案】C

25.【答案】A

26.【答案】B

27.【答案】D

28.【答案】A

29.【答案】B

30.【答案】D

31.【答案】D

32.【答案】B

33.【答案】C

34.【答案】B

35.【答案】A

36.【答案】B

【解析】非住房登记的房屋权利人按规定申请并完成一次登记的为一件，收费标准为每件550元。甲公司该处办公用房属于非住房登记，而对于：因房屋坐落的街道或门牌号码变更、权利人名称变更而申请的房屋变更登记，按对应性质房屋登记收费标准的一半收取。因此，应缴费用总计为275（550 ÷2）元。

37. 【答案】A
38. 【答案】C
39. 【答案】D
40. 【答案】A
41. 【答案】B
42. 【答案】C
43. 【答案】D
44. 【答案】B

【解析】2008 年 3 月 1 日起，对个人出租住房，不区分用途，在 3% 税率的基础上减半征收营业税，按 4% 的税率征收房产税，即为 576（1 200 × 12 × 4%）元。

45. 【答案】A
46. 【答案】C
47. 【答案】C
48. 【答案】B

【解析】自 2011 年 1 月 28 日起，对个人购买住房不足 5 年转手交易的，统一按其销售收入全额征税；个人将购买超过 5 年（含 5 年）的非普通住房对外销售的，按照其销售收入减去购买房屋的价款后的差额征收营业税；个人将购买超过 5 年（含 5 年）的普通住房对外销售的，免征营业税。销售不动产（房地产）的营业税税率为 5%。150 平方米的住宅应属于非普通住房，按其销售收入减去购买房屋的价款后的差额征收营业税，即为 3.375［（120 − 52.5）× 5%］万元。

49. 【答案】D
50. 【答案】B

二、多项选择题

51. 【答案】BDE
52. 【答案】ADE
53. 【答案】ABC
54. 【答案】BDE
55. 【答案】ABC

【解析】技术难度大、情况复杂、耗用人员和时间较多的咨询报告，可适当提高收费标准，但一般不超过咨询标的额的 0.5%，最高收费 400（80 000 × 0.5%）万元，选项中只有 D、E 两项超过 400 万元，不适宜，应选 A、B、C。

56. 【答案】ABCD
57. 【答案】ACDE
58. 【答案】ABCD
59. 【答案】ACE
60. 【答案】BCDE
61. 【答案】AC
62. 【答案】ABD
63. 【答案】ABCD

【解析】工程投资额在 30 万元以下或者建筑面积在 300 平方米以下的建筑工程，可以不申请办理施工许可证。

64. 【答案】ABC
65. 【答案】BCDE
66. 【答案】ADE
67. 【答案】ACDE
68. 【答案】ABCD
69. 【答案】AC
70. 【答案】ACD
71. 【答案】ABCE
72. 【答案】ABE
73. 【答案】ABDE
74. 【答案】ADE
75. 【答案】AE
76. 【答案】ABCD
77. 【答案】ABCD
78. 【答案】BCDE
79. 【答案】BCDE
80. 【答案】ACDE

三、综合分析题

81. 【答案】C
82. 【答案】ABD
83. 【答案】C
84. 【答案】ABC
85. 【答案】ABC
86. 【答案】ABC
87. 【答案】ACD
88. 【答案】CD
89. 【答案】ABC
90. 【答案】ABD

【解析】2008 年 3 月 1 日起，对个人出租住房取得的所得减按 10% 的税率征收个人所得税。对个人出租、承租住房签订的租赁合同，免征印花税。对个人出租住房，不区分用途，在 3% 税率的基础上减半征收营业税，按 4% 的税率征收房产税，免征城镇土地使用税。

91. 【答案】ABD
92. 【答案】BCD
93. 【答案】ACD
94. 【答案】AC

95.【答案】A

【解析】从2010年10月1日起，对个人购买普通住房，且该住房属于家庭唯一住房的，减半征收契税。对个人购买90平方米及以下普通住房，且该住房属于家庭唯一住房的，减按1%税率征收契税。高等应缴纳契税 = 10 000 × 70 × 1% = 7 000（元）。

96.【答案】D

【解析】自2011年1月28日起，对个人购买住房不足5年转手交易的，统一按其销售收入全额征税。销售不动产（房地产）的营业税税率为5%，张某应缴纳营业税 = 10 000 × 70 × 5% = 35 000（元）。

97.【答案】C

【解析】2008年3月1日起，对个人出租住房取得的所得减按10%的税率征收个人所得税。对个人出租、承租住房签订的租赁合同，免征印花税。对个人出租住房，不区分用途，在3%税率的基础上减半征收营业税，按4%的税率征收房产税，免征城镇土地使用税。

98.【答案】C

99.【答案】ACD

100.【答案】AB

【解析】最高人民法院2010年11月5日发布实施的《最高人民法院关于审理房屋登记案件若干问题的规定》第一条规定：公民、法人或者其他组织对房屋登记机构的房屋登记行为以及与查询、复制登记资料等事项相关的行政行为或者相应的不作为不服，提起行政诉讼的，人民法院应当依法受理。对于登记机关对符合法定条件的申请不予登记或者超过法定时限不予答复的，当事人既可以提起行政复议，也可以提起行政诉讼。

2010年《房地产基本制度与政策》考试试题

一、单项选择题

1.【答案】A

2.【答案】B

3.【答案】B

4.【答案】B

5.【答案】A

6.【答案】D

7.【答案】D

8.【答案】C

9.【答案】B

10.【答案】D

11.【答案】C

12.【答案】D

13.【答案】D

14.【答案】A

15.【答案】A

16.【答案】B

17.【答案】A

18.【答案】B

19.【答案】B

20.【答案】D

21.【答案】C

22.【答案】D

23.【答案】C

24.【答案】B

25.【答案】B

26.【答案】C

27.【答案】C

28.【答案】D

29.【答案】D

30.【答案】A

31.【答案】C

32.【答案】D

33.【答案】A

34.【答案】C

35.【答案】C

36.【答案】D

37.【答案】A

38.【答案】A

39.【答案】A

40.【答案】B

41.【答案】C

【解析】住房公积金月缴存额为职工本人上一年度月平均工资分别乘以职工和单位住房公积金缴存比例后的和，即：住房公积金月缴存额 =（职工本人上一年度月平均工资 × 职工住房公积金缴存比例）+（职工本人上一年度月平均工资 × 单位住房公积金缴存比例）。所以本题中，张某的住房公积金月总缴存额为480（48 000 ÷ 12 × 12%）元。

42.【答案】A

【解析】非出租的房产：房产原值 ×（1 − 10% ~ 30%）× 1.2%。每年需要缴纳的房产税额最少：房产原值 ×（1 − 10% ~ 30%）× 1.2% = 500 000 × 70% × 1.2% = 4 200（元）。

43.【答案】D

44.【答案】B

45.【答案】B

【解析】土地增值税实行四级超额累进税率：①增值额未超过扣除项目金额50%的部分，税率为30%；②增值额超过扣除项目金额50%，未超过100%的部分，税率为40%；③增值额超过扣除项目金额100%，未超过200%的部分，税率为50%；④增值额超过扣除项目金额200%以上的部分，税率为60%。本题中，增值额占扣除项目的比例为17%（1 200÷7 000），未超过扣除项目金额的50%，所以，土地增值税税率为30%，甲房地产开发企业其应纳土地增值税额为360（1 200×30%）万元。

46.【答案】C

47.【答案】C

48.【答案】A

49.【答案】D

50.【答案】A

二、多项选择题

51.【答案】BCDE

52.【答案】CDE

53.【答案】ABC

54.【答案】BDE

55.【答案】ABC

56.【答案】BCDE

57.【答案】CE

58.【答案】ABCE

59.【答案】ACE

60.【答案】ACDE

61.【答案】BE

62.【答案】BDE

63.【答案】ACDE

64.【答案】ABCD

65.【答案】ACE

66.【答案】BD

67.【答案】ABDE

68.【答案】ABE

69.【答案】ADE

70.【答案】ABCD

71.【答案】ABCE

72.【答案】BE

73.【答案】ABCE

74.【答案】ACDE

75.【答案】AC

76.【答案】BE

77.【答案】ACE

78.【答案】ABC

79.【答案】BC

80.【答案】ACDE

三、综合分析题

81.【答案】ABCD

82.【答案】CD

83.【答案】C

84.【答案】B

85.【答案】C

86.【答案】BD

87.【答案】A

88.【答案】D

89.【答案】A

90.【答案】B

【解析】本题中，面积误差比＝（产权登记面积－合同约定面积）/合同约定面积×100%＝－3÷80×100%＝－3.75%。根据误差的处理方式：产权登记面积小于合同约定面积时，面积误差比绝对值在3%（含3%）以内部分的房价款由房地产开发企业返还买受人；绝对值超过3%的房价款由房地产开发企业双倍返还买受人，即应当返还张某购房款＝80×8 000×3%＋80×8 000×0.75%×2＝28 800（元）。

91.【答案】B

92.【答案】A

93.【答案】BCD

94.【答案】D

【解析】面积误差比绝对值在5%以内的据实结算。65×（1＋5%）＝68.25（平方米）。发现房屋建筑面积已经增至67.6平方米，未超过68.25平方米，王某实际总房价款＝67.6×2 000＝135 200（元）。

95.【答案】CD

96.【答案】AD

97.【答案】CD

98.【答案】AD

99.【答案】ABC

100.【答案】AC

《2014年房地产经纪人资格全国统考专用辅导教材系列——房地产基本制度与政策（名师解读版）》
编读互动信息卡

亲爱的读者：

感谢您购买本书。只要您以以下三种方式之一成为普华公司的会员，即可免费获得普华每月新书信息快递，在线订购图书或向我们邮购图书时可获得免付图书邮寄费的优惠：①详细填写本卡并以**传真（复印有效）或邮寄的方式**返回给我们；②**登录普华公司官网注册成为普华会员**；③关注微博：@普华文化（新浪微博）。会员单笔订购金额满300元，可免费获赠普华当月新书一本。

哪些因素促使您购买本书（可多选）

○本书摆放在书店显著位置	○封面推荐	○书名
○作者及出版社	○封面设计及版式	○媒体书评
○前言	○内容	○价格

○其他（　　　　　　　　　　　　　　　　）

您最近三个月购买的其他经济管理类图书有

1.《　　　　　　　　》　　2.《　　　　　　　　》

3.《　　　　　　　　》　　4.《　　　　　　　　》

您还希望我们提供的服务有

1. 作者讲座或培训　　2. 附赠光盘

3. 新书信息　　4. 其他（　　　　　　）

请附阁下资料，便于我们向您提供图书信息

姓　　名　　联系电话　　职　　务

电子邮箱　　工作单位

地　　址

地　　址：北京市丰台区成寿寺路11号邮电出版大厦1108室
北京普华文化发展有限公司（100164）

传　　真：010-81055644

读者热线：010-81055656

编辑邮箱：chengzhenzhen@puhuabook.com

投稿邮箱：puhua111@126.com，或请登录普华官网“作者投稿专区”。

投稿热线：010-81055633

购书电话：010-81055656

媒体及活动联系电话：010-81055656　　邮件地址：hanjuan@puhuabook.com

普华官网：http://www.puhuabook.com.cn

博　　客：http://blog.sina.com.cn/u/1812635437

新浪微博：@普华文化（关注微博，免费订阅普华每月新书信息速递）